王朝物语

12幅名画里的波旁王朝

[日]中野京子 著
王健波 译

中信出版集团 · 北京

图书在版编目（CIP）数据

王朝物语．12幅名画里的波旁王朝 /（日）中野京子著；王健波译．-- 北京：中信出版社，2018.10 （2020.4 重印）
ISBN 978-7-5086-8843-5

Ⅰ．①王… Ⅱ．①中… ②王… Ⅲ．①波旁王朝－历史－通俗读物 Ⅳ．① K109 ② K565.3-49

中国版本图书馆 CIP 数据核字（2018）第 069956 号

王朝物语 12幅名画里的波旁王朝

著　　者：[日] 中野京子
译　　者：王健波
出版发行：中信出版集团股份有限公司
（北京市朝阳区惠新东街甲4号富盛大厦2座　邮编　100029）
承 印 者：鸿博昊天科技有限公司

开　　本：787mm×1092mm　1/32　　印　　张：8.5　　字　　数：120千字
版　　次：2018年10月第1版　　印　　次：2020年4月第3次印刷
京权图字：01-2017-8555　　广告经营许可证：京朝工商广字第8087号
书　　号：ISBN 978-7-5086-8843-5
定　　价：168.00元（全四册）

前言 >>

波旁家族是欧洲名门中的名门，与哈布斯堡家族不相上下，但是作为王朝——从亨利四世开始，路易十三、路易十四、路易十五、路易十六、路易十八、查理十世共七代——君临法国是从16世纪下半叶（经过一次中断）到19世纪初的大约250年。与哈布斯堡家族延续了近650年的命脉相比，让人感觉短得可怜。

如果说像变形虫一样不断增殖的哈布斯堡家族的没落像巨大的庙宇缓缓倒塌，逐渐湮灭在蒙蒙的尘烟中，那么波旁的终结则像断头台的刀刃落下一样，干脆利落。（后来的短暂复辟不过是可有可无的返场曲目。）

然而这个波旁家族，特别是太阳王路易十四的统治对欧洲的影响却有如太阳一般巨大。

他树立了一个典范，告诉人们集财富和权力于一身的专制君主该如何行事，宫廷生活该豪华绚烂到什么程度。从此以后，各国的王侯贵族竞相模仿凡尔赛宫廷。他们放弃本国的语言，而用法语交谈、写信，乐此不疲地吸收法国文化。

就连普鲁士的腓特烈大帝和奥地利的玛丽亚·特利莎，日常中也用法语读书写字；直到200年后，巴伐利亚国王路德维希二世还在模仿凡尔赛宫修建城堡。即使到了现在，说到王者风范，依然非路易太阳王那戴着高高的羽毛装饰的帽子、穿着系有红色丝带的高跟鞋的雄姿莫属。

强大而华丽的君主专制的建立与破产——这样的戏剧肯定不会让人感到乏味，而且，因为众多的出场人物不可避免地和哈布斯堡家族有着千丝万缕的联系，所以在拙作《12幅名画里的哈布斯堡王朝》中一带而过的配角在这里成了主角，而原先堂堂正正的主演却要作为反派再次出场。

但愿读者能从一幅幅名画中领略历史（在德语中，“历史”和“故事”是同一个单词）的妙趣。

波旁家族族谱图（节选）

（注）□→法国波旁家族

仅收录与本书内容有关的人物，
特别详细介绍的人物附有生卒年。

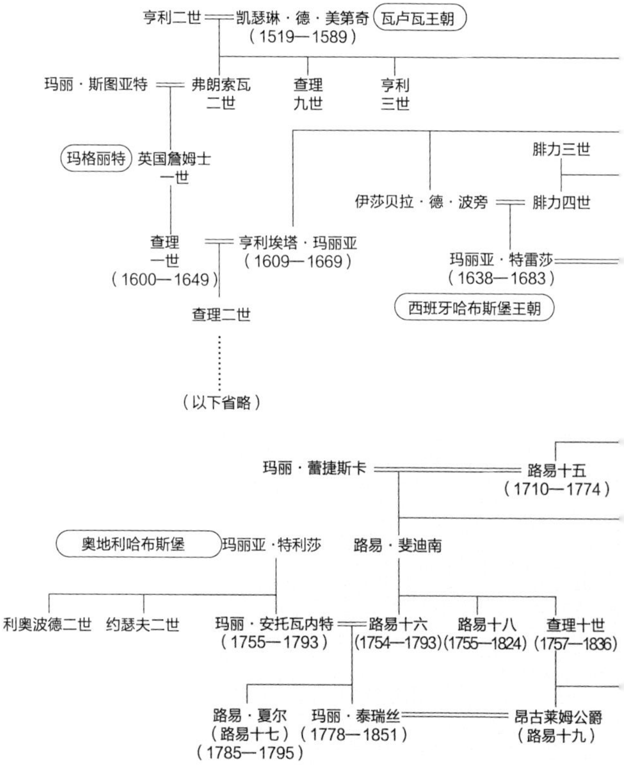

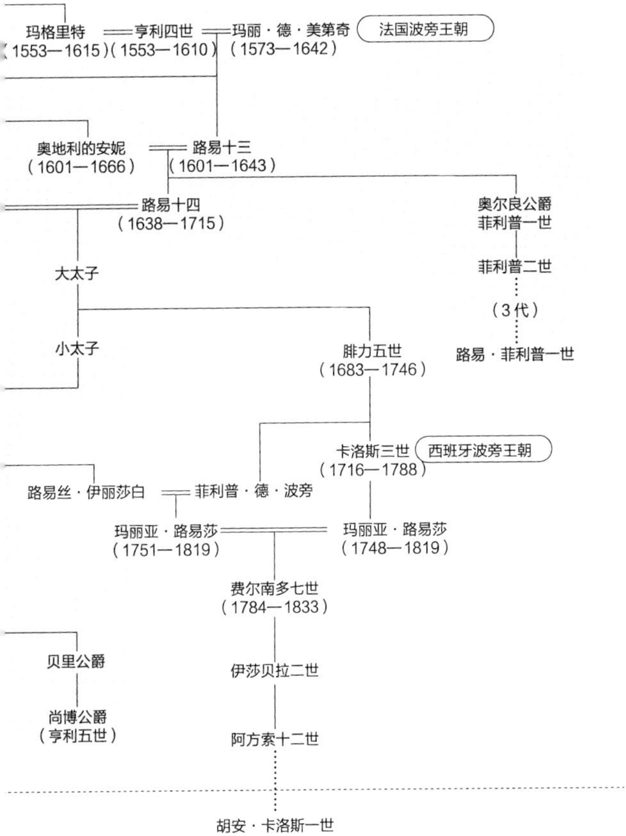

玛格里特
(1553—1615)
亨利四世
(1553—1610)
玛丽·德·美第奇
(1573—1642)
法国波旁王朝
奥地利的安妮
(1601—1666)
路易十三
(1601—1643)
路易十四
(1638—1715)
奥尔良公爵
菲利普一世
菲利普二世
(3代)
路易·菲利普一世
大太子
小太子
腓力五世
(1683—1746)
卡洛斯三世
(1716—1788)
西班牙波旁王朝
路易丝·伊丽莎白
菲利普·德·波旁
玛丽亚·路易莎
(1751—1819)
玛丽亚·路易莎
(1748—1819)
费尔南多七世
(1784—1833)
贝里公爵
尚博公爵
(亨利五世)
伊莎贝拉二世
阿方索十二世
胡安·卡洛斯一世

目录

Contents

12幅名画里的
波旁王朝

序章 >>

▶凡尔赛宫门柱上闪耀的波旁家族的家徽

“恶女”凯瑟琳·德·美第奇 >>

1559年，瓦卢瓦王朝的亨利二世在骑马比武的事故中——正如诺查丹玛斯所预言的——被刺穿了一只眼睛，不治身亡。长年失宠、徒有虚名的王后凯瑟琳·德·美第奇仿佛早就对此做好了准备，40岁的她由此登上了政治舞台。

对于她长达30年的执政生涯，有一种解释说她是“因为作为女人没有得到回报，所以在政治游戏中寻找安慰”，这未免太过片面了。

确实，凯瑟琳做的第一件事就是驱逐国王的情妇戴安娜·德·普瓦捷，没收了国王对她的馈赠（城堡、宝石和地位），但是这样的打击报复只不过是任何一个王后都会做的小事。这位出身于佛罗伦萨富豪美第奇家族的烈女读过马基雅维利的《君主论》，而且天生就擅长权谋术数。比起追求

▶凯瑟琳·德·美第奇

作为女人的幸福，政治斗争更适合她的性格，所以她才会把全部精力都投入到王权的确立和王朝的维持上。

而且她很幸运，生下了四个儿子，当时全都健在。她此时恐怕无论如何也想象不到，由自己延续血脉的瓦卢瓦王朝竟会断绝。尽管如此，她似乎还是有某种不祥的预感，请来占卜者为儿子们算命。结果算出来——每个人都将登上王位。

这是一个恼人的预言。往好的方面解释，儿子将来会分别占据不同国家的王位，像哈布斯堡家族一样扩张领土，可喜可贺。但是如果往坏的方面解释，长子没有后嗣所以传位给次子，次子没有后嗣便传位给三子，儿子相继死去，这样把同一个王冠依次传下去的凄凉景象也不是没有可能。这也和女巫们向麦克白做出的“只要勃南的树林没有移动，便可高枕无忧”的虚伪承诺有着相似之处。

——现实是什么样呢?

有一个没有说中。四子在登上王位之前就病逝了。别的都被说中了，而且应验了糟糕的预测。三个儿子都做了法国国王，又都一个接一个死去……

继承人的混乱和屠杀事件 >>

15 岁的长子首先继位，成为弗朗索瓦二世。据说他曾亲眼看见父王浑身是血翻身落马的情景，当场就吓昏过去。在兄弟四人中，他是身心最孱弱的一个，所以身边的人都盼望着比他年长一岁的新王后玛丽·斯图亚特能早日怀孕。

结果还是没有赶上。弗朗索瓦二世仅仅在位一年就病逝了，任何人都没有想到会这么快。没有生下子嗣的玛丽·斯图亚特哭着回到了故乡苏格兰。（如果她生下孩子，后来就不会有被伊丽莎白一世囚禁、斩首的悲剧了吧。）

接下来加冕的是年仅 10 岁的查理九世。凯瑟琳继续摄政，全权掌握，这样的情况在查理九世在位 13 年的时间里几乎没有改变过。年幼的新国王对母亲唯命是从也是出于无奈。因为从这个时期开始，法国陷入了严重的宗教内乱。

▶圣巴托洛缪大屠杀

这就是天主教与新教之间以血洗血的“胡格诺战争”。战争几经起落，旷日持久。国内的领主纷纷举起各自教派的旗号，与反对派冲突不断，导致国土沦为焦土。

凯瑟琳·德·美第奇之所以被冠以“恶女”“毒妇”的恶名，是因为人们认为她是发生在这场战争的后半段的“圣巴托洛缪大屠杀”的罪魁祸首。如果真的是她一个人策划了这场屠杀，那她无疑是魔鬼的化身吧。（天主教守护者、西班牙国王腓力二世黑幕说也根深蒂固。）

凯瑟琳认为有必要拉拢胡格诺派（加尔文派新教）的首领——波旁家族的亨利（后来的亨利四世），决定将自己的

▶亨利三世

女儿玛格丽特嫁给他。这场预示着相互仇视的两个教派握手言和的婚礼在巴黎举行，无数新教徒也从各地聚集到这里。

在喜宴期间的圣巴托洛缪节这天，一声枪响如同导火索一般引燃了长年的积怨。群众冲向新教徒，制造了一场歇斯底里的随机杀戮，共计 3000 名牺牲者，据说塞纳河水都被染成了鲜红色。

据说查理九世当时在卢浮宫的阳台上异常兴奋地眺望着这一幕地狱般的景象。他在两年后——有一种说法认为他是被后悔折磨，弄垮了身体——死于结核病。因为没有孩子，王冠传给了下一个弟弟。

他就是凯瑟琳最溺爱的儿子——24 岁的亨利三世。

从“三亨利之战”到瓦卢瓦王朝的终结 >>

亨利三世有一个很大的问题：他对女人不感兴趣。

当然他有妻子，不过是政治婚姻，因为他对妻子不置一顾，母亲把无数的美女召集到宫廷，做着徒劳的努力，盼望儿子传宗接代。她不可以放弃，因为占卜说得不对，第四个儿子安茹公爵弗朗索瓦（曾前往英国向伊丽莎白一世求婚）因病去世了。原来的四个儿子，如今只剩下一个……

亨利三世在位第15年，一直精力充沛地支撑着王权的凯瑟琳在眼看就要70岁的时候病倒了。宗教内乱还在继续，并逐渐发展成了王权争夺战，史称“三亨利之战”。这是名字都叫亨利的三个人——亨利三世、名门贵族吉斯家的亨利

▶《吉斯公爵遇刺》（德拉克洛瓦，1834 年）

和波旁家的亨利——之间展开的你死我活的激烈战争。起初，亨利三世和吉斯的亨利因为同属天主教，联合起来占了上风。后来，吉斯的亨利因为在实战中赢得胜利，所以获得了民众的支持，他本人也毫不掩饰对王冠的野心。亨利三世一气之下自作主张，派人暗杀了他。

卧床不起的凯瑟琳听了他的暴行会做何感想呢？她多半已经意识到瓦卢瓦王朝将要覆灭，但是不管怎样，她大概会感谢神明没有让她亲眼看着最爱的儿子死去吧。

就在母亲死后的第七个月，一位年轻的多明我会修士请

▶亨利四世（普布斯作品）

求晋见亨利三世。修士以事关重大为由，让国王喝退了旁人，然后从怀里掏出了一封密函。

不，那不是密函，而是一把将要沾满鲜血、带来死亡的匕首。就这样，瓦卢瓦王朝被画上了句号。

改宗换来的和平 >>

最后一个亨利，也就是波旁家的亨利坐收了渔翁之利——从结果来看，确实可以这样说。但是通往冠冕的道路绝非坦途。

现在通行的说法是波旁王朝由第一代国王亨利四世于1589年创建，因为他是在这一年称王的。但事实上，承认亨利四世为法国国王的只是占国民总数不到1/5的新教徒。他身为国王，却连巴黎的城门都进不了。而且天主教这边还推戴亨利的叔父做新国王，于是出现了同时存在两个国王的情况。所以亨利不得不用武力把所有的天主教领主全都镇压下去。

等到国内终于平定之后，又出现了腓力二世这个劲敌。天主教的根据地西班牙如今已发展成“日不落帝国”，腓力

▶西班牙国王腓力二世（科埃略作品，1570 年以后）

二世把扼杀新教当成了自己的使命。他绝不能容忍由新教徒担任邻国法国的国王，因此把长长的触手伸了过来。他以自己的第三任妻子（已经去世）是凯瑟琳·德·美第奇的女儿为由，向法国施压，希望让拥有瓦卢瓦血统的女儿做法国女王。（如果此举成功，法国也将成为西班牙哈布斯堡家族的领土。）

亨利争取到了英国的援军，击退了腓力二世。此时他终于醒悟，要想平定国内，除了改宗再也没有其他办法。他宣布改信天主教，并用钱收买了对此心怀不满的大贵族（比战争便宜）。亨利四世之所以在历代国王中有着较高的人气，原因之一就是他的政治决断力：他颁布《南特敕令》，承认信仰自由，结束了旷日持久的宗教战争。

1594年，40岁的亨利四世终于以天主教徒的身份加冕为国王，在一片欢呼声中入主巴黎。可以说这一年才是波旁王朝真正的起点。

波旁家族是古老的卡佩王朝的一个分支，波旁这个名字来自波旁·拉尔尚布特这一地名。波旁家族第五代国王路易十六被剥夺王位后，曾被称为路易·卡佩（他死之后，玛丽·安托瓦内特成了“寡妇卡佩”）。这个称呼之所以带着轻蔑的色彩，是因为卡佩王朝的创建者属于所谓的“来历不明者”（从这个意义上讲，哈布斯堡家族也是一样）。

反复无常与情场得意 >>

亨利四世在血统上没有问题。他的父亲是波旁家的族长，是瓦卢瓦王室的首席亲王。父亲去世后，亨利继承了他的权力。也就是说，如果瓦卢瓦家后继无人，他就可以继承王位。他的母亲是纳瓦拉国王的女儿，因为她信仰新教，亨利在其影响下，逐渐被捧为胡格诺派的中心人物。

但是正如前面所说，亨利娶了凯瑟琳·德·美第奇的女儿玛格丽特。他在圣巴托洛缪大屠杀之后迫于无奈改信天主教，被软禁在宫廷长达 4 年。后来他成功逃脱，又重新改信新教，在“三亨利之战”中奋勇战斗，登上王位之后再次改信天主教。他因此被称为“反复无常的亨利”。

亨利还有另一个绰号——“色豪”。他从来不缺艳闻，这也是他受民众欢迎的原因之一。法国人真是有趣，他们似乎希望看到自己的国王有阳刚之气，受女性欢迎。

在亨利的一生中，战争和政治问题接连不断，但尽管如此，他还是忙里偷闲地有了一个又一个情人（有一种说法是他有共计50位情人！）。他和王后只是表面夫妻，彼此都对对方毫不关心。玛格丽特本来爱的是吉斯家的亨利，因此对这场政治婚姻心怀不满，而亨利四世原本就讨厌他的岳母凯瑟琳·德·美第奇（传闻亨利的母亲是被凯瑟琳毒死的），所以他大概也很难接纳她的女儿。

夫妻二人长年分居，当然也就没有孩子。玛格丽特（后来大仲马将她的故事写成了小说《玛戈王后》）过着放纵的生活，情人的数量和丈夫不相上下。亨利登上王位后，为了解决继承人问题，打算将已经为自己生了三个孩子的情人加布里埃尔·德斯特雷立为王后，于是向玛格丽特提出离婚。但是她拒绝了。就在这期间，加布里埃尔突然死了。

她的死是西方历史上的一大悬案，并有一幅相关的名画《加布里埃尔·德斯特雷和她的妹妹》。无论谁是凶手——嫌

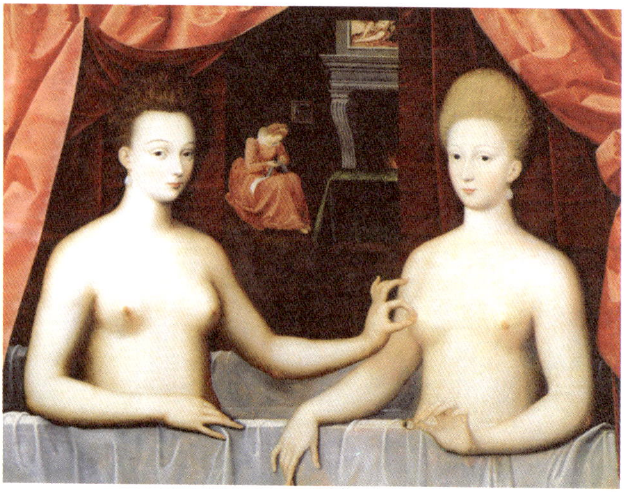

▶《加布里埃尔·德斯特雷和她的妹妹》
（右边是加布里埃尔，枫丹白露派无名画家，约1600年）

疑人名单里有玛格丽特、廷臣、美第奇家族，甚至亨利本人也在其列——都不意外。

加布里埃尔死后，玛格丽特以高额的年金为条件同意了离婚，亨利四世决定再婚。

天主教不是不允许离婚吗？

没错。但是就像西班牙哈布斯堡家族让教廷承认舅父与外甥女的近亲婚姻一样，在力量对比中处于弱势的罗马教皇在这里也做出了让步。解决的办法就是宣称这并非离婚，而是婚姻本身就是无效的。任何事情都是有漏洞可钻的。

亨利名正言顺地成为单身，因为战争不断手头拮据，结婚人选自然也就不难锁定了——能带来巨额陪嫁的女人是最理想的。

就这样，和凯瑟琳一样出身于佛罗伦萨美第奇家族的27岁的玛丽被选中了。

〈玛丽王后在马赛港登陆〉

鲁本斯

1622~1625 年，油画，卢浮宫博物馆，364cm×295cm

第 1 章

Rubens

《玛丽王后在马赛港登陆》

鲁本斯

亨利四世的再婚对象，佛罗伦萨的大富豪美第奇家族的玛丽抵达马赛，带了据说堪比国家预算的陪嫁、几千名随从和18艘桨帆船。

盛大出嫁 >>

这幅作品似乎表现了神话的某个场面，但事实上，它描绘的是亨利四世的再婚对象，佛罗伦萨的大富豪美第奇家族的玛丽抵达马赛时的情景。她带了据说堪比国家预算的陪嫁、几千名随从和 18 艘桨帆船，热闹非凡。

可能是因为女主人公并没有多少魅力，所以画家在周围加入了绚烂的神话色彩进行粉饰。

不管怎样，最引人注目的不是玛丽·德·美第奇本人，而是毫不吝惜地暴露着丰满裸体的美丽仙女们。她们把身体扭成复杂的姿态，用纤绳牵引着豪华的帆船，从臂部到大腿处的水滴的描绘充分表现了鲁本斯的精湛技艺。那些水滴是如此逼真，以至于观者禁不住想用手去摸一下，来确认画布是不是湿了。

油画左下角还画进了留着花白胡须、体格健壮的海神尼普顿（即波塞冬）。他手拿三叉戟，骑在海马（跟前可以看到两个马头）上推着船头。崔莱顿在一旁吹着海螺壳。

营造欢庆气氛的，不光有海的居民。

玛丽走上红毯，头戴头盔迎接她的人物是法国的拟人像，因为他身上披着带有百合花饰的蓝色斗篷。而他旁边的女人则是马赛的拟人像，因为她头上所戴的是城墙形状的头冠。上空是“名声”的拟人像，他长着翅膀，一边卖力地吹着两支长长的喇叭，一边来回飞舞。

唯我独尊 >>

海里、地下、天上联合起来祝贺玛丽出嫁，场面自然是热闹非凡，但是了解后来的历史的人恐怕都会感到疑惑，为什么要如此盛赞没有留下任何功绩的玛丽王后呢？

而且令人吃惊的是，这幅画只是号称《玛丽·德·美第奇平生》21幅系列作品中的一幅。也就是说，玛丽还在另外20幅作品中担当女主角。她有时是聪明伶俐的少女，在岩窟里接受希腊众神的教育；有时作为战争和智慧女神密涅瓦的化身；有时，她又是迷倒亨利四世的美女。这样的出镜率，连好莱坞女星都自愧不如。

这一系列作品的作者是当时被誉为欧洲最杰出画家的天才鲁本斯，所以每一幅都十分华丽且富有戏剧性。无奈的是，女主角的相貌平淡无奇，缺乏魅力，让人不禁为这些杰作感到惋惜。

如此规模庞大的大型系列作品，究竟是谁订的呢？是亨利四世吗？不是，鲁本斯创作时他已经入土（如果他活着应该会反对）。是她的儿子？不是，因为母子的关系差到极点。是鲁本斯自作主张画的吗？不是，像他这样的大师，只有别人求他画，完全不需要自己推销。

那么是谁呢？这个对王后如此崇拜，相信她是这个国家不可或缺、至高无上的王后的人，究竟是谁呢？

玛丽居住的卢森堡宫

——正是玛丽本人。

她不惜重金，亲自聘请了鲁本斯。她提出想法，对创作参与意见，打造了这一系列自我吹嘘的巨幅画作，不知羞耻地将自己的半生（这时她50岁）描绘得犹如世界史上的大事一般，在卢森堡宫的墙壁上一字排开。

这不禁让人想起那句话："爱张扬的人少有逸闻，缺乏趣味。"

如果玛丽具有普通人的感性，就应该请鲁本斯描绘已故的亨利四世的生平吧。亨利开创了波旁王朝，广受民众爱戴，有"好王"之称，无论是谁，都会觉得他比他的妻子更加重要，而他波澜壮阔的人生也非常适合当作绘画的题材。为了让王朝顺利延续，也应该将第一代国王神格化才对。然而玛丽却把自己排在了前面，准备等完成这一系列作品之后再为国王作画（最终没有实现）。虽然在其中几幅画里亨利也有出场，但那只不过是用来衬托她的配角罢了。

难道政治还不如她的自我陶醉重要？她似乎迫不及待地想要告诉世人："看啊看啊，快来看我！"不得不说，她的长处在于对旁人皱起的眉头完全没有感觉。不过，这些运用了虚构手法的作品无疑也是她自我保护的手段。

因为，玛丽·德·美第奇真实的生平是——

结婚与不幸的开始 >>

玛丽幼年丧母，由脾气不合的继母带大，15 岁时又失去了父亲，被寄养在叔父家。与亨利订婚时，她 27 岁。当时上流社会女性的适婚年龄是 14 到 17 岁，再晚 20 岁也嫁人了，所以她属于结婚特别晚的。

虽然也有文献说求婚者蜂拥而至，选出能让双方都满意的对象大概也并不容易。但即便如此，这样的晚婚还是太奇怪了，所以感觉她的叔父对她置之不理这一理由还是比较有说服力的。她甚至没有学过法语（绘画作品中却讲她从众神那里接受了全面的教育）。

她和年长 20 多岁的法王的婚事动机也非常露骨：一方图的是钱财，另一方图的是声誉。当然，在那个政治婚姻盛行的时代，这并没有什么稀奇。亨利打过几次宗教战争，

▶《里昂相会》(选自《玛丽·德·美第奇平生》，1622—1625年)

国库已空，对他而言，既可以将旧账一笔勾销（他已经向美第奇家族借下巨债），还能带来陪嫁的玛丽是最棒的新娘。

在启程前往法国之前，由亨利的代理人充当新郎，人们在佛罗伦萨举行了庆典。现存最早的歌剧《优丽狄茜》就是这个时候首演的。

然后，玛丽就像这幅画中所描述的那样抵达了马赛。然而不要说海中的仙女和“名声”前来迎接，就连亨利都没有露面。接下来玛丽要从马赛去里昂，但是却在这里等了一个月。这期间，还未见面的丈夫正在和情人一起旅行！

在玛丽请鲁本斯画的画中，有描绘亨利对着玛丽的肖像出神，或者眼睛直勾勾地盯着玛丽裸露的胸部的情景，但现实却并非如此。听说新娘已经抵达里昂，亨利快马加鞭，赶在正式见面之前偷偷地验了货。男人似乎就是这样好奇，即使知道马上就能见面，还是想事先偷偷地看上一眼。以前哈布斯堡家族的美男子腓力就提前去看西班牙的胡安娜，一下子被冲昏了头脑，迫不及待地把新娘抱上了床（参见《12幅名画里的哈布斯堡王朝》）。

亨利如果这个时候对玛丽满意，大概也会直接自报家门。然而，他看到的新娘块头比自己还大，肥胖异常。他偏爱身材苗条的美女，因此对玛丽大失所望，连初夜都等了一段时间才度过。他的情人背地里骂玛丽是“商人家的胖女儿”，他也不会反驳。

传宗接代的竞争 >>

一开始就这样，后来的夫妻生活也很难和睦。

亨利不仅不喜欢玛丽的外表，对她的态度也很不满。她盛气凌人，认为是自己的陪嫁挽救了法国，而且从拥有文艺复兴以来的艺术遗产的富饶的佛罗伦萨，下嫁到文化落后的贫穷的法国（长期的战争导致国内一片荒芜是事实），对她来说似乎已经是一种让步。她只和那些善于讨好她的同乡人交流，法语也一直没有进步。优雅的举止和机智的对话在宫廷里是必不可少的，她的表现却不及格。

玛丽也有苦衷。丈夫已经接近老年，却依然没有摘掉“色豪”这个绰号，婚后也没有停止他放纵的生活。他向前妻玛格丽特支付着巨额的年金，在情人身上的花销毫不节制，经常买宝石送给她们。同一座城堡里不但住着妻子和情

▶亨利四世的前妻玛格丽特，也就是著名的“玛戈王后”

人，还住着一群私生子；在宫廷里最有势力的不是王后自己，而是国王的情妇。她觉得这太荒唐了，因为怒火和嫉妒，有时玛丽会大呼小叫，于是亨利就会毫不客气地叫她滚回佛罗伦萨，两人的不和已经没有办法掩饰。

不过，不管怎样，只要生下男嗣就赢了。亨利心情好的时候就会向情人口头许诺，只要生下男孩就立她为王后。两个女人争相生下一个又一个孩子，最后玛丽赢了。她不仅率先生下了嗣子，而且在几年后把情妇赶出了宫廷（不过她没有想到的是，亨利很快又有了新的情妇……）。

充当媒人的佛罗伦萨大使当初曾经保证，玛丽拥有多产的血统。玛丽果然生了三男三女，长子是后来的路易十三，除了次子夭折以外，几个女儿全都长大成人，长女做了西班牙国王腓力四世的王后，次女做了萨伏依公爵夫人，小女儿做了英国国王查理一世的王后。

平庸的玛丽虽然政治能力远不及凯瑟琳·德·美第奇，但还是为与自己血脉相连的王朝奠定了坚实的基础。

加冕典礼次日的悲剧 >>

结婚第 10 年，即将远征德国的亨利决定将自己离开期间的统治权交给王后，并在圣德尼教堂举行了加冕典礼。这可以说是她的人生巅峰，当然也成为鲁本斯的系列作品中的一幅，这就是《在圣德尼教堂举行的玛丽·德·美第奇的加冕典礼》(后来大卫将其作为《拿破仑一世加冕大典》的范本)。

在空中播撒金币的天使的右边，亨利正在观看典礼。后方的一群女人当中，有一个和玛丽一样胖的女人正用嫉妒的表情注视着加冕的情形，她就是因为没有生育而被离婚的前妻玛格丽特。从这种刻意将败者安排在画中进行鞭挞的做法，我们大概可以想见玛丽的为人。

国王不在期间，将全部权力暂时交给王后的情况并不稀

▶《在圣德尼教堂举行的玛丽·德·美第奇的加冕典礼》（选自《玛丽·德·美第奇平生》，1622—1625年）

奇。但是这次加冕是玛丽强烈要求的，而且就在第二天——时机是不是太巧了？——亨利被杀了。

亨利的死与肯尼迪遇刺一样蹊跷，很难看清究竟是偶然，还是巧妙安排的陷阱。

当天亨利为了接见宠臣，坐四轮马车出了卢浮宫。不知道为什么没有卫队护卫，随从明明骑着马，却逐渐被国王的马车远远地甩在了后面。后来马车进了一条狭窄的街道。忽然被大车（而且是两辆！）挡住了去路。

马停了，随从为了找人把大车移走，离开了国王的身边。就在警备变得薄弱的这一瞬间，一个不知从哪儿冒出来的男人，从窗户外面用匕首朝亨利的心脏刺了一下……

就这样，曾经在“三亨利之战”中胜出的亨利四世也像另外两个亨利一样，死在了刺客的手上，享年56岁。

在亨利的统治下，天主教和新教彼此对立的法国保持着岌岌可危的均衡。但是一直有人怀疑亨利的内心向着新教（大概确实如此），所以一般认为是天主教一方的不满引起了这一事件。

审判结果认定是狂热的信徒单独作案，但“王后黑幕说”从当时就开始流传。如今，真相已无从知晓。

亨利四世遇刺

母子不和 >>

因为新国王路易十三才 8 岁，所以玛丽摄政，掌握实权。本来她应该自称王太后，但她却以国王尚未结婚为由，继续使用着“王后”的称号，这样的事情似乎也只有她才做得出来。

这个没有国王的王后与擅长权谋术数的前任凯瑟琳不同，空有强烈的自我意识和自恋情结，但却缺乏鲜明的个性和感召力，难以服众。

她以为现在是自己的天下，把自己从意大利带来的名叫孔奇尼的下等贵族提拔为元帅，不仅对“国家被意大利人篡夺”的不满置若罔闻，而且无视亨利不惜几次改宗才实现和解的宗教融合政策，鲜明地表现出反对新教的态度。而这样就无法保持国家的稳定。带有宗教战争复燃迹象的小规模冲

▶《国王的母亲离开巴黎》（选自《玛丽·德·美第奇平生》，1622—1625 年）

突此起彼伏。

就这样过了大概 7 年，长大成人的路易十三对抓住政权不放的母亲非常气愤，发动了叛乱。他令人暗杀了孔奇尼。他毕竟不能杀亲生母亲（虽然有想要杀她的心），因此把她从巴黎驱逐到了遥远的布卢瓦城堡。

母子二人似乎很难和平共处，据说路易小的时候，玛丽一次都没有抱过他，她总是肆无忌惮地说儿子无能。路易曾经有个绰号叫“任性王子”，可见也不是好惹的。这两个彼此厌恶的人或许还挺像的。

这次驱逐也被画进了画里。在这幅以“国王的母亲离开巴黎”为题的画中，玛丽身穿丧服，被“诽谤”的拟人像追着，看上去非常可怜（因为后来没有被收进系列，所以唯独这一幅被收藏在慕尼黑）。

接下来画的是《和解》。凭借着“神的正义”（实际是靠宠臣黎塞留的调解），路易与玛丽重归于好——由此可知，解除驱逐返回巴黎的玛丽是带着再也不要有这样的遭遇的心愿，并出于让民众了解自己迄今为止为法国做出的贡献的需要，才请鲁本斯创作这一系列作品的。

遗憾的是，儿子和政敌对画作都没有任何感触。在他们看来，她不过是为求自保，倾其所有找人画了一堆自我膨胀的画（事实也确实如此）。

流浪的尽头 >>

这一系列作品完成 5 年后，玛丽再次干政，企图推翻深受路易信任的黎塞留。这一招适得其反。儿子马上站到了黎塞留一边，把不让人省心的母亲软禁在贡比涅城堡。从此再也没有人从中调停，玛丽的野心也就此破灭了。

半年后，玛丽逃出城堡，此后辗转尼德兰、比利时、英国等地，经历了 11 年的亡命生活之后，在德国科隆稍稍地结束了一生。她或许再也不想见到儿子了，但她一定想再看一眼鲁本斯的画，不，准确地说是画中自己光芒四射的形象。

儿子呢，虽然画中都是母亲那令人厌烦的脸，但是他并没有打算把这些画卖掉。因为他知道鲁本斯的画对法国而言是一大财富。事实上，《玛丽·德·美第奇平生》如今已从卢森堡宫搬到了卢浮宫博物馆，引得无数人为之感叹。

▶《和解》(选自《玛丽·德·美第奇平生》，1622—1625 年)

《查理一世行猎图》

凡·戴克

约 1635 年，油画，卢浮宫博物馆，266cm × 207cm

第 2 章

Dyck

《查理一世行猎图》

凡·戴克

这幅作品是众多王侯肖像中屈指可数的名作。它不仅确立了查理一世的形象，而且为后世树立了典范。从此以后，描绘大自然中放松的人物成了英国肖像画的一种风格。

继承祖母的威严 >>

这幅作品是众多王侯肖像中屈指可数的名作。它不仅确立了查理一世的形象，而且为后世树立了典范。从此以后，描绘在大自然中放松的人物成了英国肖像画的一种风格。

在这幅画中，我们看不到象征国王身份的物品。但是手套，尤其是左手手套被认为是高贵的象征、狩猎权的标志，因此用戴手套的左手拿着右手手套这个姿势可能暗示着最高的权力。

衣服的款式非常简单，但质地精良。讲究的蕾丝高领衬衫，光泽亮丽的缎面夹克，红色短裤，皮靴上装有马刺，上部有翻卷折边。斜挎在肩膀的剑带上，挂着被称为护手刺剑（rapier）的用于防身的细长双刃剑，剑柄在流线型护手的点缀下流光溢彩。帽子形状小巧，是纯黑色的。

▶祖母玛丽・斯图亚特

波浪似的长发，瘦削的面庞，标志性的山羊胡在黑色的映衬下格外漂亮。他戴着耳环，上面缀着当时流行的大颗的巴洛克珍珠。

构图经过画家的精心安排。国王站在画面稍微偏左的位置，是为了让明媚的阳光照到全身，就如同站在聚光灯下一般，与笼罩在树木浓郁的阴影里的两个配角形成了鲜明的对比。侍从照料的骏马也向主人深深地垂下头。

查理在狩猎这项高贵的运动中稍事休息，从马上下来，优雅地伫立，忽然将视线投向我们……这就像是戏剧中的一个场景，永远地凝固在凡·戴克的肖像画中。这与历代国王在画面正中面朝正前方，露骨地显示威严的——以霍尔拜因的亨利八世像为代表的——正面像是多么不同啊。

凡·戴克流利的画笔，赋予了查理某种浪漫而慵懒的气氛。但是，国王却一点儿都不平易近人。他一手抵在腰上，把肘部冲向观众这边，明确地传递出“不要靠近”的信息，更重要的是他眼神中那种居高临下、难以言喻的冷漠，或许这才是君主气场的来源。

查理信奉的是主张君权是由神授予的绝对权力、不受任何人限制的君权神授思想。他不顾国情，丝毫不肯妥协，甚至为此丢了性命。

祖母玛丽·斯图亚特坚称自己是正当的女王，最终被伊丽莎白一世斩首，孙子查理可以说重蹈了祖母的覆辙。

波旁的新娘亨利埃塔 >>

查理一世是斯图亚特王朝的第二代君主，他的妻子是波旁家的亨利埃塔·玛丽亚。亨利埃塔·玛丽亚是亨利四世和玛丽·德·美第奇的小女儿，1岁时父亲遇刺，8岁时亲眼看着哥哥路易十三驱逐母亲玛丽。她的少女期一直在担惊受怕中度过（不过当时公主的境遇都大同小异）。幸运的是，她15岁成为查理一世的王后时，激烈的母子矛盾正处于休战期，鲁本斯的连作也接近完成，母亲心情很好，跟着出嫁的队伍送她到出港地点。

年幼的新娘心中想必充满了离开故乡的不安。前途飘着乌云。这场婚姻当然是出于政治上的考虑，目的之一是抑制哈布斯堡家族势力，但是两国国内都还存在着宗教争端的隐忧。她要嫁的地方因为亨利八世的政策脱离了罗马教廷，受

▶王后亨利埃塔·玛丽亚（凡·戴克，1632 年）

“英国国教会”管辖。一个不承认天主教总部的国家的国王，要从天主教国家迎娶王后。国内的激进派清教徒怀疑宫廷有复活天主教的打算，明确表示反对联姻。

法国方面要求查理一世承诺在英国拥护天主教，作为这次结婚的条件。亨利埃塔·玛丽亚以此为由令人在圣詹姆士宫内修建了华丽的天主教礼拜堂，进一步激起了民众的担心和不满。她是虔诚的信徒，无论身在何处都想保持忠诚，但是拒绝按照英国国教会的要求接受加冕，很难说是明智之举

▶詹姆士一世

（因为没有接受加冕，所以她后来领不到寡妇年金，生活得很艰苦）。

尽管为宗教问题所扰，但是夫妻关系却很好。他们得到了爱情的馈赠，这在政治婚姻中是非常稀有的。国王非常疼爱这个比他小 9 岁的可爱的王后，而且始终如一，没有找过情妇。在 24 年的婚姻生活里，他们生下了 9 个孩子。如果两个人是乡村的下等贵族，或者身处和平年代，或许会像童话故事一样有一个美好的结局吧。

突如其来的清教徒革命 >>

现实却不允许。财政恶化，与议会对立，没有胜算的对西班牙战争和宗教争端，顽固的君权神授思想，国王在这些方面和他的前任詹姆士一世如出一辙。正如人们所说："詹姆士把国家这艘大船驶向了岩石，而把失事交给了儿子。"查理只能认倒霉。他不能停止战争，向议会要求财政拨款遭到拒绝之后，他立即解散了议会，错误地估计了时代的趋势。

在苦于前任留下的负遗产这一点上，后世的路易十六也一样。据说后者曾经熟读并研究休谟的名著《英国史》，特别是查理一世一章，并引以为戒。尽管如此，他还是没能改变时代的潮流，招致了相同的命运。岩石越来越近，船已经来不及掉头，这种时候是否任何人都无能为力，还是说如果他再多少有一些能力，就能减少损害呢?

向查理袭来的，是由贵族阶级克伦威尔领导的清教徒革命。国王的军队被唱着圣歌行进的革命军打败，查理被审判。在这之前，他让王后逃回了故乡法国（这点与路易十六的情形有很大不同）。亨利埃塔·玛丽亚——和安托瓦内特一样，异国的王后都很难做——受到反对天主教的人的憎恨，甚至被批品行不端。

她 1642 年逃亡，恰好就在这一年，她的母亲玛丽·德·美第奇在逃亡之地结束了 69 年的人生。

殉教王查理 >>

从革命到审判的几年时间里，王后曾几次返回英国，又很快逃往法国。终于在1649年，查理一世以“暴君、叛徒、虐杀者、民众的敌人”的罪名被斩首。

一个君主可能会遇刺，可能会战死，但是接受民众的审判并被公开斩首还是史无前例的（比法国革命还要早150年！）。因为那个时候朴素的民众依然相信国王是神一般的存在，还在举行由国王用手抚触治疗疾病的仪式，所以人们把这视为天地变异的开始，惊恐万分。还有很多人把布浸在国王所流的鲜血中，当作圣遗物。克伦威尔与民众的背离严重至此。从人头离开身体的那一瞬间开始，查理成了殉教王，人气急剧上升。

▶查理一世公开处决的情形

这样一来，王朝的复辟不言自明。建立了共和制的克伦威尔 9 年后因为流感英年早逝，转眼之间，查理一世的长子就加冕成为查理二世，并试图反转时间。长寿的亨利埃塔·玛丽亚也恢复了名誉，亲眼看着自己的儿子登上王位。

顺便一提，19 世纪法国画家德拉克洛瓦（他有很多以英国历史为题材的作品，例如《处死简·格雷夫人》）画过一幅《克伦威尔和棺材中的查理一世》。

即使没有题目，看到那瘦削的面庞，独特的山羊胡，还有脖子上血迹，我们也可以马上知道这就是查理一世。用斧

▶《克伦威尔和棺材中的查理一世》（德拉克洛瓦，1831 年）

头砍下的人头已经重新放回原来的位置，政敌克伦威尔正要亲手合上棺材盖。然而胜利者的脸上却没有喜悦，可能是因为画家已经知道了后来的历史吧。王朝复辟后，克伦威尔全家老小都被杀害，他本人的遗体也被掘出，斩首示众。

——历史的浊流发人深省。

肖像画的命运 >>

查理一世没有能力渡过像狂风暴雨一般席卷整个欧洲的宗教战争。他不能像亨利四世那样根据政治的需要几次改变信仰，也不能像伊丽莎白一世那样对任何事都保持模棱两可的态度，他从一开始就想控制违抗自己的议会，可以说是自掘坟墓。在自己的亲信被捕时，他华丽转身（亲信在处刑台上大喊："不要相信国王和耶稣。那里没有救赎。"），极力主张君主的无谬性。

另一方面，他却有着在艺术落后的英国极其罕见的审美眼光。他曾邀请鲁本斯创作天顶画。曼托瓦公爵的收藏品出售时，他也尽数购买。他还任命佛兰德斯的画家凡·戴克为宫廷画家，请他画了许多王室成员的肖像。

凡·戴克对查理的美术收藏也做出了很大的贡献，后来

路易十五的情妇杜巴丽（维杰·勒布伦，1781 年）

名列贵族，娶了王后的女官。他在清教徒革命之前就去世了，应该不可能想象得到国王会被处决。但是在他的笔下，国王和王后都带着一种说不出的忧愁，让雕塑家贝尼尼发出感叹："不幸都写在脸上！"即使是这幅《查理一世行猎图》，也不会让人把"暴君""虐杀者"之类的罪名与画中的国王联系在一起，这一点又催动着观者各种各样的情感。

不过，你难道没有觉得奇怪，为什么这幅杰作会藏于卢浮宫博物馆？

其实可能是因为革命政府不了解画的价值，也可能是为了筹集资金，查理一世的珍贵藏品几乎全被拍卖处理了。

当时，能与查理一较高下的绘画收藏家，除了西班牙哈布斯堡家族的腓力四世，再也没有第二个。他抓住这个机会，根据宠臣委拉斯开兹的建议，竞买到了提香的《牵猎犬的查理五世肖像画》、拉斐尔的《圣家族》、丢勒的《自画像》等。凡·戴克的这幅作品落入了法国手中；或许是因为波旁家的公主嫁给了画中的国王，所以不希望它落入旁人手中吧（也可能是王后逃亡法国时带过去的）。

就这样，这幅画到了法国，后来又不知怎的到了路易十五最后一个情妇杜巴丽——曾在宫廷中与玛丽·安托瓦内特发生矛盾——手中（后来，法国宫廷花了 2.4 万里弗尔的天价将其买下）。因为没听说过她喜爱艺术，所以买画可能是用来投资，或者别人作为贿赂送给她的。

路易十五去世后，杜巴丽自然被逐出宫廷，不过她凭借之前攒下的金银财宝，继续过着不亚于王侯贵族的奢靡生活。法国革命爆发后，她勉强保住性命，逃到了英国，却又——有人说是为了取回宝石——返回法国，结果遭到逮捕，因恐惧而大吵大闹了一番，结果还是在断头台上被砍了头。

命运真是奇妙。

不过，查理一世如果知道自己的肖像画一度被挂在娼妓出身的杜巴丽家里，想必会在坟墓之下恨得咬牙切齿吧……

1622 年，油画，普拉多美术馆，129cm × 106cm

第 3 章

Rubens

《奥地利的安妮》

鲁本斯

朦胧如烟的金发、绿宝石般的碧眼、略微突出的下唇和稍稍下垂的鼻子……她广为人知的并不只有美貌，还有她不幸到极点的遭遇。

在三个火枪手保护之下的美女 >>

亨利四世遇刺后，摄政的玛丽·德·美第奇改走亲西班牙路线，推进了王室擅长的双重联姻。

她决定让长女伊丽莎白（西班牙名伊莎贝拉）嫁给腓力四世，让路易十三迎娶腓力的姐姐安娜（在法国被称作奥地利的安妮）。不过，当时4个人都还只是7—10岁的少男少女。实际上，奥地利的安妮踏上法国的土地是在4年后，那时她14岁，与路易十三同龄。

之所以叫奥地利的安妮，是因为她虽然是西班牙的公主，但是血统几乎完全来自奥地利哈布斯堡家族。

这一点我们在鲁本斯所画的这幅肖像中也可以看出。朦胧如烟的金发、绿宝石般的碧眼和通透白皙的皮肤表明她来自北方，略微突出的下唇和稍稍下垂的鼻子很有哈布斯堡家

▶路易十三（尚帕涅绘）

族的特点。虽然有些小缺点，但是作为王后，如此的美貌已经算是稀有了。不过她广为人知的并不只有美貌，还有她不幸到极点的遭遇。所以在大仲马的痛快冒险小说《三个火枪手》（1844 年）中，达达尼昂等人才会舍命救她。

画中的安妮21岁，坐在带有百合花饰的缎帐下面，证明她已成为波旁家的一员。她右手拿着一支皮手筒，脖子处有奢华的蕾丝立领，戴着价值超过10万里弗尔的大颗珍珠项链。但是她看上却一点儿都不年轻，也没有很幸福的样子。这也难怪，她在前一年刚刚经历了第二次流产。她内心充满着不安，担心自己是否再也不能生育。丈夫路易十三对她，不，应该说是对所有女人都很冷淡，为了传宗接代才勉为其难地与她上床，而她竟然还流产了。路易十三非常生气，从此以后几乎再也没有临幸她。

对远嫁异国的王后而言，国王是她唯一的依靠。但她被国王疏远，又没能生下儿子，从故乡带来的侍从也都回国了，因此只剩下无尽的孤独。安妮夜夜哭泣的传闻如涟漪般扩散开来。

不过，长得漂亮肯定是有好处。虽然国王只对同性感兴趣，无法欣赏安妮那充满女人味儿的优雅，但在其他男人眼里，遭受不当的待遇却默默忍耐的王后是愈发美丽的，开始有人对她表示同情和赞赏（这与其貌不扬的玛丽·德·美第奇的情形是多么不同！）。

就这样，她的艰难处境逐渐缓解。

定情项链 >>

这时——本肖像画完成后的第三年——发生了被写进《三个火枪手》中的著名的恋爱事件。

英国王子、后来的查理一世与亨利十三的妹妹亨利埃塔·玛丽亚的婚事正在筹备当中，查理非正式地（或许他也想提前一睹未来新娘的芳容）访问巴黎，欣赏宫廷演出。当时随行的亲信是号称“全英国最帅的男人”的白金汉公爵。这个发迹于贵族阶级的美男子无所畏惧，竟对在舞台上扮演女神的王后安妮一见钟情，甚至还表白了。

这还没完。第三年，白金汉公爵前来迎接亨利埃塔·玛丽亚去做查理一世的王后，此时奥地利的安妮比以前更美了。他开始向她热烈地求婚：花园里，两人短暂地单独相处，随后王后惊叫，人们闯进卧室，看到公爵跪地求爱……

▶白金汉公爵（鲁本斯绘，约1625年）

证词各式各样。可以肯定的一个事实是，当时在场的，准确地说是应当在场而未在场的女官们受到了路易的惩罚。即使没有爱，还是会嫉妒。不难想象作为丈夫的路易心中的不满。

在《三个火枪手》中，围绕这时安妮作为定情信物送给白金汉公爵的钻石项链，描写了国王的宠臣黎塞留的诡计和火枪手们在两国之间的活动。白金汉公爵后来因为这段不被允许的恋情被杀了。现实中也是，公爵在几年后遇刺，只不

▶宰相黎塞留（尚帕涅绘，1637 年）

▶安妮的弟弟腓力四世（委拉斯开兹，1656年）

过这与恋爱无关，而是与宗教战争有关。

短暂的恋爱对象突然离世，安妮是否为此流过眼泪呢？她已经27岁了，依然和国王做着假面夫妻。

另一个爱的秘密 >>

在大仲马的小说中，黎塞留被塑造成了阴险的反派角色，但是对路易十三和法国而言，他的存在不得不说是一个令人难以置信的侥幸。作为红衣主教和宰相，现实中的独裁者黎塞留并没有贪图一己私利，而是为弘扬法国的国威不遗余力。可以肯定地说，没有他，就没有波旁王朝君主专制的安宁。

黎塞留为了强化王权，对大贵族进行牵制，并采取了富国强兵以及反天主教政策，不过他最重视的还是阻止哈布斯堡家族的势力扩张。宿敌哈布斯堡当时称霸半个欧洲，已经对法国形成包围之势。所以在三十年战争中，法国站在了新教一边，最终与奥地利、西班牙两大哈布斯堡家族展开了漫长的战争（历时二十多年）。

▶马萨林（米格纳尔德绘，1661 年）

安妮出生在西班牙，她的日子变得越来越艰难。她希望能结束丈夫和亲弟弟（腓力四世）之间的战争，于是在给故乡的信中暗藏了有关法军的情报。信被黎塞留扣了下来——也就是说他一直用怀疑的眼光看着王后——她不得不在国王和宰相的面前解释、道歉。这样的屈辱加剧了她对黎塞留的憎恨。

几乎同一时期（安妮 30 多岁），一个意大利人作为教皇特使从罗马来到法国，并取得了黎塞留的信任。黎塞留行事谨慎，不苟言笑，所有人都害怕他。但是新来的特使却刚好和他相反，前者天性开朗，和颜悦色，有“诳人”的本事（所以罗马教皇让他做外交工作），又有政治敏感度。他，马萨林，才是上天创造的理想的宰相接班人。后来马萨林归化法国，和黎塞留一样成为红衣主教，和黎塞留一样作为实质上的宰相，不负众望。

——王后安妮和马萨林是从什么时候开始彼此吸引的呢？是在四目交汇的瞬间一见钟情，还是在很久之后，在路易十三去世后，两个异邦人在同心协力主持政务的过程中日久生情的呢？

没有人否认他们二人相爱，甚至有有力的证言称他们晚年秘密结婚。然而他们的恋情从何时开始至今仍是个谜。或许是因为事关路易太阳王的身世，会踩到地雷吧。

奇迹之子诞生 >>

1638 年春，王后怀孕的消息惊动了全国。

距离结婚已经过去了 23 年，距离最后一次流产也过了 17 年，这是令所有人都难以置信的重大新闻。当然，这个消息在宫廷里早已传遍（进入稳定期，不再有流产的担忧之后才正式公布），人们都在悄悄议论孩子的父亲是否真的是路易。特别是王位第一继承人，路易的弟弟加斯东，因为如果路易十三一直没有子嗣，他就是下一任国王（他后来因企图叛乱被囚禁）。他对将要出生的王子的血统提出异议，大肆散播带着恶意的谣言。

那么，在推算的怀孕时间，前一年的 12 月，安妮在哪里，和谁在一起呢？实际上那一整个月，国王夫妇都在圣日耳曼昂莱度过，而马萨林还远在意大利。

▶圣日耳曼昂莱城堡

不在场证明成立？

不好说。如果是在推理小说里，这恐怕是犯人刻意的安排。在意大利和法国之间偷偷往来也并非难事。因此，还有这样一种可能——马萨林令安妮意外怀孕后，与黎塞留商议。黎塞留为顾全大局，把怀孕一事隐藏下来，说服路易再试一次，把夫妻二人送到了圣日耳曼昂莱……

这并不完全是荒唐的无稽之谈。究竟为什么到了这个时候突然就怀孕了呢？毕竟，路易可是把繁难的政务都交给黎塞留去打理，不上战场的时间里都在打猎。他在小村庄凡尔赛建起一座狩猎行宫（后来变成了凡尔赛宫），和年轻男子们流连忘返。

年幼的路易十四（埃格蒙特绘）

尽管如此，只要国王承认就可以了。当时又没有 DNA（脱氧核糖核酸）鉴定，不管真相如何，孩子的诞生都值得庆贺。

第一道难关已经过了。但是谁也不能保证生下来的就是男孩儿，只能说安妮甚至是法国的运气真是太好了。9 月，“奇迹之子”路易十四呱呱坠地。

37 岁的母亲对这个孩子的疼爱有口皆碑。她毫不吝惜地倾注母爱，还亲自教他宫廷礼仪——毕竟她出身的西班牙王室，是全欧洲对礼仪要求最为严格的。一般来说，异国的王后如果没有生下子嗣，在国王驾崩后就要回到自己原来的国家，安妮多半也做好了这样的心理准备。

但是现在，她终于第一次真正地成为法国王后。为了自己的孩子，为了孩子的荣耀，她毫不犹豫地把婆家波旁家族摆在娘家哈布斯堡家族的前面。

奥地利的安妮之所以深受人们喜爱，固然有她的女性魅力的功劳，但更多的是因为这种母性。她给予儿子的不是盲目的爱，而是贤明的爱。她引导他，把他培养成了伟大的国王，儿子也用深深的爱回报她。

幸运还在继续。两年后，安妮又生下一个儿子。他就是后来的奥尔良公爵菲利普。已经没有人再去追究是谁的孩子。她大获全胜。

渡过危机的安静的爱 >>

王位继承人诞生了，自己也找到了接班人马萨林，黎塞留似乎了却了心事，不久便病逝了。短短半年之后，没有给人留下什么印象的路易十三也因为结核病去世。路易十四尚且年幼，42岁的安妮登上了摄政之位。

每逢政权交替之际，政策都会发生变动。安妮对黎塞留的憎恨是众所周知的，所以黎塞留手下的人都做好了被驱逐的心理准备。但是她并没有这样做。马萨林担任顾问，又是新国王的老师，不过就算有他的忠告，安妮要做到这一点也绝不简单。

安妮在宫廷里长期被排除在主流之外，或许是旁观者清，她的慧眼见过无数的阴谋和背叛。婆婆王太后玛丽·德·美第奇因为和儿子争夺实权被囚禁起来，弟弟加斯

▶投石党之乱

东为争夺王位发动叛乱而被囚禁，这些都引起安妮深思。她最后得出结论，应该继续走黎塞留的王权强化路线。

从历史上看来（当然只是从波旁王朝发展史的角度），这是一个正确的判断。黎塞留死后不久，大贵族又开始为争夺权力活动起来，爆发了投石党之乱。有一段时间，宫廷甚至被逼得不得不撤离巴黎，但在渡过这次危机之后，就比较顺利了。不仅国内平定，而且凭借马萨林漂亮的外交手腕，以对法国极为有利的条件终结了对西班牙的战争（因此路易十四也将从西班牙迎娶新娘）。

奥地利的安妮还懂得急流勇退。她在儿子年幼时全力支持，等到他成人开始新政之后，就再也不插嘴，过着以慈善事业和祈祷为主的平静日子。这让人联想起她的曾祖父查理五世把一切都交给儿子腓力二世，在修道院隐居的干脆态度。

另外她在守寡之后，尽管不再化妆，却依然保持着洁白细腻的皮肤，美貌也未曾衰减。在那个女人 15 岁结婚，30

岁就过了最好年纪的时代（在日本，将军妻妾过了30岁就不再侍寝），她年近40岁才生第一胎，还一直光彩照人，无疑是因为幸福。她用忍耐和知性挨过了前半生的苦日子，收获了后半生的荣耀。

儿子成器，法国日渐强盛，身边有恋人陪伴。她之所以能收获幸福，或许正是因为她有爱的能力，而且能够把爱坚持到底吧。

1701 年，油画，卢浮宫博物馆，279cm × 190cm

第 4 章

Rigaud

《路易十四》

里戈

傲岸的面庞与奢华的服装、绚烂的宝石比起来也毫不逊色。真正的王中之王是何等风范，在这幅画中表现得淋漓尽致。

王中之王 >>

这个姿势似曾相识。

右手拄着权杖，右肘向观众这边撑着，体重落在右腿上，左腿看似随意地伸在前面。这样好看的姿势，是习惯了受周围人注视的人所特有的。还有那居高临下的眼神。

——没错，和早在半个多世纪以前，凡·戴克所画的英国国王的站姿（参见第2章）一模一样。那幅《查理一世行猎图》已经被卖到法国，宫廷画家里戈想必也可以参考。不过画中出现的道具不同，威慑感不能相提并论。

看啊，这位扬言“朕即国家”的路易太阳王是多么高傲，简直就是妄自尊大的代名词。看他那傲岸的面庞，与奢华的服装、绚烂的宝石比起来也毫不逊色。作为一幅政治宣传画，画的人和被画的人都很用力。专制主义鼎盛时期欧洲第一强国的真正的王中之王，是何等风范，又必须是何等风范，在这幅画中表现得淋漓尽致。它已成为“伟大的世纪”的象征之作。

本作尤其难得的是，在创作时，国王亲自作为模特儿，在画家面前站了很久（一般情况下，王侯贵族只让画家画好脸部的草图，后面就把衣服挂在木框上，或者让替身穿上，由画家来画）。作品完成之后，路易十四非常满意。原本这幅画是准备赠呈西班牙宫廷的，但路易改变了想法，把它留在了自己身边。

当时路易 63 岁，将法国推上欧洲霸主位置的荣耀赫赫地笼罩着他的全身。虽然身材偏矮使他自卑，但借助乱蓬蓬的假发和系有红色丝带的高跟鞋，足以让他显高 20 厘米。他年轻时受过芭蕾训练的双腿（在那个时代，腿部曲线美是属于男人的）仍然保持着良好的形状。虽然他的牙齿差不多都掉光了，不过只要把嘴闭上就没有人知道。

既然衣服能显示一个人的地位、阶级、财产，就尽管在人物身上加各种各样的装饰来炫耀权势吧。“伟大的世纪”也是流行夸张假发的时代，是王室在衣服和装饰品上的支出几乎可以导致国家破产的时代，也是男性时尚凌驾女性时尚的时代。

画中的太阳王腰间插着嵌有宝石的王者之剑，脚上穿着

▶马上的幼年路易十四（乌伟绘，1648 年）

由财政大臣柯尔贝尔设立的皇家工厂谨制的丝袜，脖子上围着最高级的蕾丝领巾（领带的祖先），身上披着在典礼时用的厚重的披风。披风从肩膀那里故意翻起来，是为了让人看到昂贵的白鼬毛皮里子。表面是蓝色天鹅绒底，上面用金线绣着百合花。百合从 12 世纪开始就是波旁王室的标志——选择百合花的原因是因为它的形状像权杖，而且花的香味可以驱蛇——所以椅背、放王冠的垫子、桌布都用了同样的布料和花纹。

除此之外，国王身上还有用眼睛看不到的装饰。那就是香水。

凯瑟琳·德·美第奇从意大利带来的香水，如今已经成了法国宫廷人的必需品。因为医生异口同声地说洗澡有害（他们认为水中的毒素会渗入体内），所以人们一年才洗几次澡。而且他们洗内衣的次数也极少，如果不猛喷香水，就无法消除体臭。

很遗憾，豪华绚烂与清洁卫生并没有联系在一起。

另一个“奇迹之子” >>

这事姑且不说，让我们把时间倒回到很久以前。尽管从这幅画中很难想象，不过太阳王也是有过童年时代的。

奥地利的安妮在年近40岁时生下的“奇迹之子”，与同样被称为“奇迹之子”最终却断送了西班牙哈布斯堡王朝的卡洛斯二世不同，前者有着完成真正意义上的奇迹的运势和能量。

最重要的是，他得到了丰盈的母爱，这对王室子弟来说是很罕见的。虽然喂奶的是奶妈，但是安妮很疼爱这个迟来的孩子，一有时间就频繁地去儿子的房间。投石党之乱爆发，暴徒逼近少年国王的卧室时，安妮也拼命保护路易。

知道什么是爱的人，也能给予爱。安妮终其一生都和路易十四保持着良好的母子关系，这也给宫廷带来了正面的影响。毕竟在先王的时代，母亲和儿子各自成立派系，展开激烈的权力斗争，败北的母亲两次被逐出城堡，最终客死逃亡之地。

另外，比关心政治更加关心狩猎的父王路易十三早早地去世，在某种意义上也是一种幸运。代替父亲的马萨林（说不定是真正的父亲……）在路易能够独当一面之前始终作为宰相守护着王权，他教给了新国王现实主义的政治手段。换句话说，也就是政治的冷酷无情——与杀死查理一世的罪魁祸首克伦威尔结盟便是其中一例。

当时，查理的遗孀亨利埃塔·玛丽亚（路易的姑姑）投靠在法国宫廷。按理说，他完全可以照顾她的感受，对英国采取强硬政策。然而马萨林并没有让情感或面子影响他做决定，这个决定最终在对西班牙的战争中将法国引向了胜利。

路易跟随马萨林学习帝王学，11 岁就开始上战场（他后来对战争乐此不疲，想必从这个时候就埋下了种子）。此外他还学会了在公开场合保持适当的言行举止，对自己是受命于天的“被选中的人”的认识越来越根深蒂固。

马萨林死的时机也恰到好处。1661年，路易23岁，正是自立的好时候，教父完成了使命，安静地离开了人世。马萨林留给年轻而干劲十足的国王的，是通过签订《威斯特伐利亚和约》和《比利牛斯条约》带来的欧洲和平（虽然只是一时），以及通过镇压“投石党之乱”而进一步加强的王权。

“自然”也帮了路易的忙。亲政统治的前半段时间，气候一直比较温和，农业生产有所增加——无论是过去还是现在，法国都是农业大国——经济趋于稳定，民众对国王很满意。

开端是极好的。路易十四亲政后做的第一件事，就是废除宰相制（据说是听从了马萨林的遗言）。从此以后，国王亲自兼任宰相，不让王族和大贵族插手国政，任人唯能（商人之子柯尔贝尔就是这样受到提拔的），而且把大臣都降格为执行王命的行政官员，以免他们掌握过大的权力。年轻的国王建立了真正意义上的“专制”。

▶柯尔贝尔（勒费弗尔绘）

战争与荣耀的岁月 >>

有趣的是，路易十四无论如何也谈不上有学养。在少年时代，他因为投石党之乱逃出巴黎，没能沉下心来学习拉丁语等必要知识，但这并不是唯一的原因。他是读书无用论的坚定支持者。

另外，他非常爱打仗，就连鞋跟上都要找人画上小幅的战争画。他亲自发动了四次大战——“遗产战争”（1667—1668）、“法荷战争”（1672—1678）、“大同盟战争”（1689—1697）、“西班牙王位继承战争”（1701—1713）——在他亲政54年的时间里，法国有32年都处在战争状态，但是他没有军事才能却是公认的。许多胜仗并不是他亲自指挥，而是名将奋战的结果。他会在打败仗的时候一边撤退一边宣告胜利，还会毫不客气地把臣下的功劳据为

▶战场上的路易十四

己有。直到晚年，他才开始后悔自己过于沉溺战争。

这么说他是个昏君？绝非如此。深得马萨林熏陶的路易发挥了他出色的记忆力和敏锐的直觉，在外交谈判中展现出他不易对付的一面。在与两大哈布斯堡家族的霸权争夺中，他收买小国与自己站在同一战线，在与各国交涉的过程中八

▶扮成太阳神阿波罗的路易十四

面玲珑，令敌人都不得不佩服。

他在国内政策方面采取重商主义，到治世中期为止，各项政策都取得了显著的成果。加上实质上相当于宰相之职的财务、军事负责人柯尔贝尔的手腕，设立了一个又一个皇家工厂，通过限制进口以保护国内产业，通过出口以蓄积大量的外汇，创设征兵制以强化军队，最终连海军也名列欧洲第一（西班牙和英国的衰落已不言自明）。

被模仿的法国文化 >>

同时，路易还花费了大量精力来将自己神格化。“我最大的热情是对荣耀的爱”——路易 30 岁时这样写道。这爱无疑持续了一生，当然不仅仅是自我表现或者自我陶醉。他的目的是让自己的全能性广为人知，从而谋求国内的向心力，同时也是一种有力的对外宣传。这些宣传彻底而巧妙，成功地达到了目的。

他也成了艺术的大资助人。当时的王侯贵族必须能歌善舞，路易本人年轻时就曾经打扮成太阳神阿波罗，在宫廷舞台上舞蹈（太阳王的绰号便由此而来）。在路易的文化振兴政策下，许多艺术院和科学院诞生了，法国文化迎来了鼎盛期。这对其他国家产生了广泛而深远的影响，无论国家大小，王侯贵族个个都想成为路易十四。他们把自己的宫廷修

▶路德维希二世修建的赫莲基姆湖宫

建成小型的凡尔赛宫，雇用法国人，学习法语，效仿法国的礼仪。

半个多世纪以后，法国哲学家伏尔泰前去拜访普鲁士的腓特烈大帝时，得知以腓特烈大帝为首的宫廷成员在平日里全都讲法语，惊呼：“这里是法国。只有士兵和马才讲德语！”足见法国才是文化中心的想法为多少人所共有。

腓特烈大帝的宿敌玛丽亚·特利莎也用法语写信。德国科学家莱布尼茨用拉丁语写论文，而用法语写一般性的著作。再往后推半个世纪，俄国作家普希金在《叶甫盖尼·奥涅金》中描写的乡下贵族的日常中也出现了受雇的法国人和用法语写情书的女主人公，仿佛理所当然一般。

时代进一步往后推，到了19世纪下半叶，巴伐利亚国王路德维希二世出于对太阳王的景仰，兴建了布局、结构、样式都与凡尔赛宫一模一样的小型版宫殿赫莲基姆湖宫。就连第二次世界大战结束后的日本，还有志贺直哉这样的名人认真地呼吁将法语（而不是英语）作为公用语以取代日语（这可能是战败所导致的暂时性错乱）。至于法国时装的潮流，更是一直持续至今。

凡尔赛宫与神格化完成 >>

法国文化的优势无论怎么说都离不开凡尔赛宫的贡献。

这座华丽的城堡犹如献给阿波罗的神殿一般，说它是太阳王统治的集大成者也不为过。或许因为在童年时代植下了对巴黎的恐惧，路易开始在别的地方寻找新宫殿的候选地。他找到了父王的狩猎行宫所在的凡尔赛。凡尔赛位于巴黎西南方向 20 公里，是一片沼泽，交通水利都不便利，也可能越是条件恶劣，越能激起他征服自然的欲望，他开始一门心思地建设新宫殿。

修建工程从 1668 年，路易 30 岁时开始，一直持续了 30 多年，其间无数工人死伤。路易没有等工程竣工，便于 1682 年迁都。此后直到法国革命，凡尔赛宫一直是法国王宫。

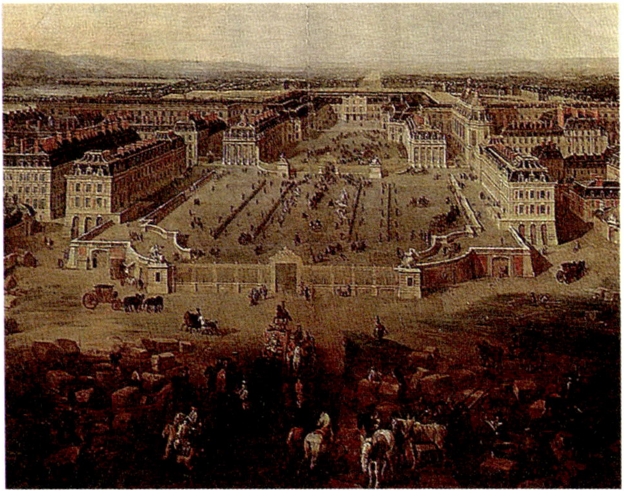

▶路易十四修建的凡尔赛宫

关于凡尔赛宫的热闹，我们放到下一章再讲，不过这座宫殿有着比作为社交场所更加重要的元素。在此之前，王室每个季节、每次活动都要巡回各地（行宫），在住进凡尔赛宫之后，国王就再也没有离开过。反而是大贵族们——就像江户时代的参勤交代①一样——把领地交给家臣，搬到凡尔赛宫来住。通过缩短与国王的距离，拉大与自己领地的距离，成功地将他们的叛乱扼杀在萌芽时期。王权越来越坚如磐石。

有这样一则逸事，大致是说路易十四询问臣下的年龄，臣下毕恭毕敬地答道："全凭陛下决定，您说几岁就几岁。"以一知万。这充分反映了那时对露骨的阿谀奉承欣然接受的宫廷文化。

但是另一方面，国王受到了更多人的注目，一天24小时，几乎没有私人时间。他必须时刻保持着太阳王的形象，

① 参勤交代是日本江户时代一种制度。根据此项制度，各藩大名每年都要有一段时间在江户辅佐幕府将军。这项制度成为幕府监督大名（特别是外样大名）的重要手段。——译者注

像太阳一样处在世界的中心，光芒万丈，有时甚至要将对手烧成灰烬。凡尔赛宫就是一个舞台，而路易十四就是这个舞台上永不谢幕的主角。

这说起来容易，要么是特别中意这个角色，要么是下定了非比寻常的决心，要么就是感觉异常迟钝，否则无法做到。请再看一下这幅肖像画。只是一件披风就有相当的重量，却让人一点儿都察觉不出来。画中人多半是把自己当作神一样活着，就是这么回事。

1652—1653 年，油画，维也纳艺术史博物馆，127cm × 98.5cm

第 5 章

Velazquez

《玛丽亚·特蕾莎》

委拉斯开兹

路易太阳王的王后，就是这位玛丽亚·特蕾莎。路易虽然身为专制君主，却还是放弃娶自己爱的人为妻，最终迎娶了这位从头到脚百分之百的公主。

百分百公主

路易太阳王的王后，就是这位玛丽亚·特蕾莎（法语读作玛丽·泰蕾兹）。

很般配的一对？

这很难讲，不过可以肯定的是，他们并非相亲相爱。年轻时的路易爱上了马萨林的侄女、才华横溢的玛丽·曼奇尼。据说他曾跪在地上恳求母亲和宰相，非要娶她不可。不过即便是宠臣的亲戚，门不当户不对的婚姻也不会被王室考虑，所以很快这对恋人就被拆散，初恋——虽然没有结果的情况居多——就是这么不堪一击。玛丽嫁到了意大利，路易想必十分悔恨，所以有一段时间耍起脾气，说讨厌西班牙公主。

国王的婚姻并不是私人领域的事，而是有可能影响国家的重要政策。更何况这次波旁家族和西班牙哈布斯堡家族的

▶因为《比利牛斯条约》的签订而走近的路易十四和腓力四世。
腓力（右侧）身后站着玛丽亚·特蕾莎

婚姻是《比利牛斯条约》这一战后处理的和解条款。该协定包括法国国王与西班牙公主之间的婚约。公主的嫁妆为50万埃居，以代替战败国的赔款，不过，将来出生的孩子没有西班牙王位继承权。这个协定必须遵守。

所以，路易最终还是同意与玛丽亚·特蕾莎结婚。就像一个不能养相熟的可爱的流浪猫，而不情愿地按照父母的吩咐接受带有血统保证书的猫的孩子一样，路易虽然身为专制君主，却还是放弃娶自己爱的人为妻，最终迎娶了一位从头到脚百分之百的公主。

过时的裙子 >>

玛丽亚·特蕾莎的父亲是腓力四世，母亲是路易十三的妹妹，所以和路易是表兄妹（而且同龄），是婆婆安妮的外甥女。

委拉斯开兹的这幅肖像画创作于玛丽亚·特蕾莎出嫁前七八年，她 14 岁的时候。因为她的腰间用绳子挂着两块怀表，所以又被称为“带两块表的肖像”。

与其说是用绳子“挂着”，倒不如说是“放着”，因为她穿着一种用鲸骨裙撑向左右大幅度增宽的裙子，腰部附近就像一个小桌子似的。

裙子很漂亮，不会因为布料下垂而形成立体皱纹，但其实，这样的裙子在法国早已不时兴，然而玛丽亚·特蕾莎在 22 岁出嫁的时候竟还穿同样的款式，所以被太阳王的宫廷人员在背地里嘲笑。曾经长时间引领欧洲时尚的西班牙时装，也随着国力的衰微，不得不让位于法国（后来可可·香奈儿也毫不客气地说她的打扮“就像破旧的家具”，不禁让人觉得她有点儿可怜）。

这种款式夸张的裙子，以及用丝带和羽毛装饰的头盔似的发型，出现在委拉斯开兹以及腓力四世聘用的其他宫廷画家留传下来的好几幅王后、公主肖像中（参见《12幅名画里的哈布斯堡王朝》）。遗憾的是她们——除了幼小的少女时代——个个都缺乏视觉魅力，故事都是骗人的，血统纯正的公主并不一定是美女。

玛丽亚·特蕾莎也不例外。不过，其他女性都在画中酿造出一种紧张的气氛，唯独她，就像我们所看到的，眼睛里似乎带着笑意，感觉人应该不错。实际似乎也确实是这样。这幅画不是送给法国的，而是送给奥地利哈布斯堡家族的。父王原打算让女儿做哈布斯堡的王妃，将来就是神圣罗马帝国皇后，然而第二年，王子早早地去世了，只得作罢。而且自己又迟迟没有男嗣，万一不得不选择女王这一选项，如果把女儿嫁出去就比较麻烦，所以婚事一拖再拖。敌国法国原本不在考虑范围之内，所以玛丽亚·特蕾莎的法语教育一直马马虎虎，这也是她嫁到法国后受语言问题困扰的原因之一。

生活安逸？ >>

那么，对于这场父亲和未婚夫都没有多少兴趣的婚姻，玛丽亚·特蕾莎本人又是如何看待的呢？

当上王后不久，一个法国朝臣曾问她这样一个无聊的问题："在故乡有没有喜欢的男人？"玛丽亚·特蕾莎吃惊地否定说："西班牙只有父亲一个国王。"

这则逸事可以告诉我们很多。异国的新娘成了周围调侃的对象。面对这样的调侃，玛丽亚·特蕾莎完全不能巧妙应付。对她而言，只有"国王"才看得入眼，进一步说，只要是国王，她谁都会爱。

宫廷里的人喜欢捉弄人。对他们而言，玛丽亚·特蕾莎大概是再适合不过的调侃对象。这位来自战败国的公主姿色平庸，时尚品位落伍，性格内向，在盛大的场合会胆怯，只想躲在自己的房间，法语讲得结结巴巴，机智的对话她也听不懂。她对从故乡带来的患侏儒症的“玩物”们的溺爱让人们觉得怪异，就连她对路易的卑微的爱和崇敬都看起来有些滑稽。

“国王和可可是我的两大热爱”——王后曾这样直言。然而国王见异思迁，有十多个私生子，甜可可则令她变得肥胖异常。

为宫廷增光添彩的情妇们 >>

不过，路易也还是以他自己的方式对王后表示了敬意。因为在那个时代，无法恋爱结婚的王侯贵族有一种奇怪的思想，他们会觉得爱上妻子是下流的，始于“形式”，维持“形式”才是对对方的尊敬。路易十四也是，他像履行义务似的玩乐，像履行义务似的打仗，同样，他也一直像履行义务似的临幸王后。

他的功夫没有白费，结婚第二年就有喜讯，继承人路易（作为东方人实在很难理解为什么西方人总喜欢取同样的名字），别称“大太子”诞生了。从此以后几乎每年都接连不断有新生儿降临，一共生了三男三女。不过只有长子身心健康地长大成人，下面的弟弟妹妹全部夭折，最终太阳王的嫡子只有一个。

▶凡尔赛宫宽阔的庭院

第六个孩子去世后，路易十四依然定期去玛丽亚·特蕾莎的房间，不过他不再久留。我们也不能一味地指责他冷漠无情。王后无论是外表还是内心都有些孩子气，对政治、社交、艺术概不关心，是个无聊至极的女人。宫廷里的美女才女多如繁星，国王即使和玛丽亚·特蕾莎面对面，也根本无事可做。

在对王后尽完义务之后，路易马上就飞入了情人们甜蜜的怀抱。

弟弟奥尔良公爵菲利普的妻子亨利埃塔，传言被人毒死的芳达姬，生下四个孩子的露易丝·德·拉瓦利埃尔，生下七个孩子的蒙特斯庞，最后一个情妇曼特农，等等。

国王仿佛在向初恋复仇似的，过着放纵的生活。不过，更多的是女人主动接近他。那些女人知道，如果能得到这轮太阳的照耀，就意味着取之不尽的宝石和爵位，所以她们即使有丈夫也不顾体面，两眼放光地想要获得一点儿温暖。送到嘴边的肉男人哪有可能拒绝。

▶曼特农（米格纳尔德绘，1694 年）

▶蒙特斯庞和她的孩子们（安德烈·查尔斯·布尔绘，1675 年）

给国王添麻烦 >>

玛丽亚·特蕾莎温顺地接受了这样的现实。父亲腓力四世渔猎女色的荒唐行径她一直看在眼里，她也许觉得贪得无厌地追求快乐是国王的资格。

不过，她还是不能原谅曾经是自己女官的蒙特斯庞。看到她像跟自己比赛似的生下一个又一个孩子，在城堡里住着奢华的房间，打扮得珠光宝气，俨然一副王后的做派，玛丽亚·特蕾莎就忍不住暗骂："那女人是魔鬼。"当蒙特斯庞被负责孩子教育的曼特农赶下马时，她想必心理平衡不少。

无聊的人，日常生活也是无聊的。玛丽亚·特蕾莎的工作就是在正式活动中坐在国王的旁边，孩子都交给乳母抚养。她讨厌舞会，自己的丈夫上战场有情妇陪着，轮不到她，所以她白天祈祷，晚上则花几个小时赌牌。因为她只输

▶路易十四的四世同堂家族画像（拉吉利耶绘，1711 年）
将手伸向穿少女装的曾孙路易十五的就是路易十四。站在左手边的女人是曼特农。

不赢，所以谁都把她当冤大头。

路易则投身于凡尔赛宫的建设，没有无聊的工夫（除了和王后在一起的时候）。梦中的宫殿正一步一步地显露它的全貌。

他从国内外选拔艺术家和技术人员，决心打造最大且最雄伟的非宗教性建筑。他想要建筑、庭院、雕塑、绘画、工艺全部华丽统一，将空间本身作为前所未有的艺术品，将法国的威风昭告天下——太阳王的强烈意志成功地实现了。直到今天，凡尔赛宫仍然吸引着全世界的游客，带给人们目眩神迷的震撼体验。

1682年，路易宣布将宫廷和政府迁到尚未落成的凡尔赛宫。玛丽亚·特蕾莎成了凡尔赛宫的女主人，但她拥有的房间数还不如那些情妇多，而且才搬过去一年之后就得了病，留下一句“自从当王后以来，只过了一天幸福的日子”，于44岁去世了。这句话真是让人伤感。

这一天是哪一天呢？是新婚之夜，是生下王太子得到路易赞美的那天，还是第一次赌博赢到手软那天呢？

得知王后的死讯后，路易的感想是：“这是她第一次给我添麻烦。”……越发让人伤感。

西班牙升起波旁的太阳 >>

玛丽亚·特蕾莎死后过了 17 年的 1700 年，人们才明白她给法国送了一份大礼。

在故国西班牙，腓力四世最小的儿子卡洛斯二世没有留下子嗣便去世了（参见《12 幅名画里的哈布斯堡王朝》)，继承人问题浮出水面。西班牙被哈布斯堡家族的支流统治了将近 200 年，现在路易太阳王冠冕堂皇地插了进来，其依据就是玛丽亚·特蕾莎。

她在嫁到法国时，本应带 50 万埃居的嫁妆，但实际上，她只带了可可，因为衰败的西班牙宫廷已经无力支付。路易的主张是，这笔嫁妆实际是充当赔款，既然已经成了空头支票，那么条约就是无效的。这样一来，波旁的血统就有出任西班牙新国王的权利。当然，哈布斯堡家族强烈反对，西班

▶西班牙波旁王朝第一任国王腓力五世（里戈绘）

牙王位继承战争由此爆发。

经过长达13年的漫长战争，曾经的“日不落帝国”西班牙上空，哈布斯堡的太阳落下，波旁的太阳升起。从此以后，奥地利哈布斯堡家族永久地断绝了与西班牙的关系，西班牙国王从奥地利人换成了法国人（一直被外国国王统治的西班牙人想必很懊恼吧）。

这时，路易的大太子已经有了三个儿子。次子，也就是路易十四的孙子成了西班牙的新国王腓力五世。太阳王在为孙子送行时叮嘱他："好好做一个西班牙人，但也不要忘记你是法国人。"

西班牙波旁家族自此而始。

1720 年，油画，柏林 / 夏洛滕堡宫，163cm × 306cm

第 6 章

Watteau

《热尔桑画店》

华托

细腻、优美、不可名状的抒情性……看到这幅画，无论是谁都会直观地感受到，绚烂与威严的太阳王式的巴洛克时代已经完全过去了。

一个时代的终结 >>

细腻、优美、不可名状的抒情性……看到这幅画，无论是谁都会直观地感受到，绚烂与威慑的太阳王式的巴洛克时代已经完全过去了。

这是风雅画家华托为他的朋友，艺术品商人热尔桑的画廊创作的招牌画，只用了 8 天时间就画好了。热尔桑把这幅画在入口处挂了几天，过往行人交口称赞，后来换成了摹本，而将原作以高价售出。

后来《热尔桑画店》几经转手，离开了法国，意外地成了腓特烈大帝的收藏。腓特烈大帝将普鲁士发展成军事大国，被宿敌玛丽亚·特利莎骂作“怪物”“窃取西里西亚的盗贼”，这幅画感觉有点儿不太适合他。他购买这幅作品，是为了把新宫夏洛滕堡装饰成洛可可风格（不过这还是 30

年后的事）。

这是一次从夸张到轻盈的转换。

这么说不仅仅是因为光顾画店的人们都穿着光泽亮丽的丝绸衣裳，在画面的左下部也有暗示——店员们正在收进木箱的，正是路易十四的肖像画。它和随意放在门口的一捆稻草一起塞进木箱，封上盖子，恐怕再也没有机会重见天日。实际上，晚年的太阳王严重地失去民心，在华托画这幅画5年前，路易十四死的时候，巴黎人甚至发出欢呼，沿道目送送葬队伍的人数也寥寥无几。

为什么会变成这样呢？

没有阴云的王朝 >>

路易十四保持着法国在位时间的最长纪录，就像到放在凡尔赛宫回廊尽头的王座的距离一样长。从他 5 岁加冕开始持续了 72 年，也就是说从 1643 年到 1715 年一直在位。即使从亲政开始算起，也超过了半个世纪。

这有多厉害，只消与近邻国王频频更换一比就一目了然。这期间，西班牙换了三任国王：腓力四世，卡洛斯二世，腓力五世。奥地利哈布斯堡家族换了四任：斐迪南三世，利奥波德一世，约瑟夫一世，查理六世（玛丽亚·特利莎的父亲）。英国则换了六任：查理一世，查理二世，詹姆士二世，威廉三世，玛丽二世，安妮女王。

在位时间长也带来了悲哀。首先是唯一的嫡子“大太子”没能即位，做了一辈子太子，于 49 岁病故，王位继承

大太子

小太子

权转移到他的长子（被称为“小太子”，次子如上一章所述，成了西班牙国王腓力五世）。

然而小太子又染上天花，于 29 岁夭折了，继承权又转移到他的年幼的儿子。第二年，竟然连这个孩子也病死了，最终王位传给了比他更小的弟弟。也就是说，年迈的路易十四不得不依次为儿子、孙子还有一个曾孙吊丧。

不过路易一生运势都很强，这次也在最坏的情况刹住了。要不是剩下来的最后一个曾孙（后来的路易十五）身体健壮，波旁完全可能像西班牙哈布斯堡家族一样绝嗣。

另一方面，民众已经厌倦了这颗照个不停的太阳。他们期待着一场雨，至少来一阵凉风也好，然而不死的老国王却踩过三代太子的尸体，仍然顶着王冠，民众对此甚至有些气愤。经济动摇的时候，民众更有怨言。

国王的兴趣（？）是打仗，因为战争，法国的财富开始见底，年轻人都被征召入伍，田地荒芜，外汇减少，增加的只有税收，肚子都填不饱，却要满足“对荣耀的爱”。只要换一个国王，这些不好的事情统统都会消失——就像深海底部的暗潮加快流速一般。人们都期盼着太阳王驾崩。

厌倦

虽然想说满足于现状的只有那些宫廷贵族，但实际上他们也渐渐地对僵化的宫廷生活产生了厌倦。晚年的路易在朴素而虔诚的情妇曼特农夫人的影响下，奢华之风有所收敛，这也为他的荣耀投下了阴影。毕竟，凡尔赛就是几十年如一日地上演同样的节目的舞台，全都仰仗主演强烈的魅力。一旦光环变淡，人们很快就会厌倦生活，倦怠如一层薄薄的尘埃笼罩着宫殿。

另外人们早就发现，这座城堡并不宜居。因为它太大了（总面积 800 公顷，有 2000 个窗户，700 个房间！），办一点儿小事也要走上几公里路。可是却有超过一万人挤在这里，简直就像闹市区一样混乱。因为原则上可以自由出入，抢劫、盗窃时有发生。通风不良的阴暗房间连成一片（这成

▶凡尔赛宫内的王室礼拜堂内部

了结核蔓延的温床），下水道设施既不完备又不卫生，庭院里的水也容易混浊，常常散发恶臭。

尽管如此，凡尔赛依然是人们向往的地方，人们为了获得在凡尔赛居住的特权而你争我夺。能够在路易的身边生活，就如同在神的座前一样。国王独自用膳时，在旁边——当然是站着——看着（？）也是一种光荣，只有宠臣才能得到允许。国王一举手一投足都是宫廷生活的轴心，从起床到就寝，由谁来宽衣，谁来递睡衣，谁把枕头放平都作为宫廷

▶广大的用地内有人造的“洞窟”。入口处陈列着太阳神阿波罗等雕塑

▶用于仪式、谒见的壮丽的“镜厅”

仪式加以规定，需要严格遵守。

对于只知道卑躬屈膝和钩心斗角的宫廷中人来说，循规蹈矩的行动是轻松的，偶像崇拜也并不令人讨厌。不过他们也和民众一样，对偶像变老有所不满。就算是阿谀奉承，差不多也该换个新的对象了。他们希望自己的生活能够一如既往，却希望尊敬的国王更新换代。

然而等到真的有了新国王，人们才会明白，能够演绎仪式、国家和自己化为一体的日常的，只有路易十四……

十足的偶像 >>

抛开是非判断，也抛开周围的困惑，纯粹从一个男人一生的角度来回顾太阳王的人生，我们不得不承认，有那么多人羡慕他也是理所当然的。他的一生，是付出了辛苦和努力，而得到回报和满足的一生。人生的乐趣，他都充分地体验过了。

少年时期，他曾经直面生命的危机。他有母爱，有教父的帝王教育。他在青年时期和别人一样为爱情而苦恼，后来又有无数的风流韵事，最后和情妇曼特农夫人秘密结婚，得到了安稳的爱情。

他壮年时期热衷于战争，曾为胜利而欣喜，也曾为失败而切齿扼腕。他决定修建有史以来最豪华的新宫殿，就得到了符合他想象的凡尔赛。他想把法国发展为大国的心愿也完美地实现了。

他大胆地在宫廷生活中引进了复杂、烦琐的仪式，虽然有作茧自缚之感，但从某种意义上，这也是因为喜欢才会去做的，而且帮助自己和国家提高了威信。他追求荣耀，最终得到了能够期望的最高荣耀。他是自己人生里唯一的赢家，他成了十足的偶像。这样的人生一定特别充实吧。

如果没有晚年，路易十四堪称完美。然而寿命却不会为人的意愿所左右。他知道自己打过太多战争，几次弊政想必也令他内心羞愧。

特别是《南特敕令》的废除。这是当年亨利四世为了平定血流成河的宗教战争而承认的新教怀柔政策，路易十四却希望通过将法国变成纯粹的天主教国家来团结民众，结果却适得其反。他原本打算只把新教牧师驱逐出境，没想到连信徒都逃到国外，逃亡新教徒人数约 20 万。这其中有许多优秀的技术人员和富裕的工商业者，这些人为他们所到之处——普鲁士等近邻国家——带去了巨大的财富。

新国王的时代 >>

然而在无数阿谀奉承者的重重包围之下，路易十四很难察觉到问题的严重性。年过 70，这轮太阳终于显出了浓浓的暮色，能量不比当年。曾经让人不断地在身边演奏华丽热闹的音乐的他，渐渐地变得只要一把小提琴、一把吉他就好了。

他也没有因为自己人气下降而变得慌张。如果放在过去，他肯定又会制定新的形象策略吧。

不管怎样，经过岁月的流逝，随着新任国王的无能日渐显现，人们的心态又起了变化。他们忘记了路易十四的老年，开始怀念鼎盛时期那最辉煌的时代。他们能够回想起来的，都是昔日伟大的路易的雄姿。

路易十四在 77 岁生日前不久去世了，死因是坐骨神经

▶路易十五加冕（里戈绘）

痛导致的膝下坏疽恶化。

据说他给自己的继承人，曾孙路易十五——只有5岁——留下的遗言是："少战事。"

新国王的摄政由路易十四的侄子奥尔良公爵菲利普担任。菲利普急于摆脱戒律繁多令人压抑的太阳王时代，毫不犹豫地想要营造一个浮华、轻松、享乐的新时代。这受到了全国人民的欢迎，尤其受到宫廷的热烈欢迎。

来啊，尽情玩乐吧！

▶约 1755 年，粉彩画，卢浮宫博物馆，175cm × 128cm

第 7 章

La Tour

《蓬帕杜侯爵夫人全身像》

康坦·德·拉图尔

"身材修长，举止端庄优雅，漂亮的瓜子脸，栗色的头发……性感的嘴唇……"——这是宫廷中人对蓬帕杜侯爵夫人的赞美。

具备一切的情妇 >>

“身材修长，举止端庄优雅。漂亮的瓜子脸，栗色的头发，淡茶色的眼睛，完美的鼻形，性感的嘴唇，牙齿也长得非常漂亮。”——这是宫廷中人对蓬帕杜侯爵夫人的赞美。这幅画就是她的代表性肖像。粉彩画很少会有这样大幅的作品。据说画家拉图尔获得了 2.4 万里弗尔的巨额报酬。在历代杰出的宫廷情妇——阿涅丝·索蕾、黛安·德·波迪耶、加布里埃尔·德斯特雷、蒙特斯庞等——之中，蓬帕杜夫人无论在美貌上还是在政治影响力上都更胜一筹。要讲路易十五时代，就绕不开她。在法国王朝史书中，就算不出现路易十五的皇后玛丽·蕾捷斯卡的名字，也不会有一本不记载蓬帕杜的名字。

当然她们在世的时候也是，各国的大使和要人对王后的问候都是草草了事，却都带着高昂的礼品和不便告人的请求涌到蓬帕杜的居室。

这幅画中的她，是在成为情妇之后过了大约10年，三十四五岁。一般人到了这个年纪，都会担心容色衰减，或者出现年轻的竞争对手，但是她的态度却非常自然而放松，一定是相信自己完全掌握了国王的心，所以才会如此从容。看她脸上的表情，恰似一个能干的职业女性。即使直接把她带到现代的高楼大厦里，让她坐在办公室的电脑前，大概也不会叫人感觉出丝毫的不和谐。可以说，她是任何时代任何国家都有的，凭着美貌和才智爬上高位的女性的典型。

这位宫廷首屈一指的实力派美女也非常善于展现自己。在本作中也充分展现了她才色兼备的气质。完美的时尚品位是她作为华丽而细腻的洛可可文化的牵引者的证明。用指尖轻轻翻起的乐谱和背后的乐器、桌子上摆放的厚重的书籍（《论法的精神》《百科全书》）和地球仪、脚边的素描本（一般认为是她本人画的）分别显示着她对音乐、对最前沿的学问和对美术的关心和贡献。

但是，拥有可以随心所欲的权势的她，并不是出身于贵族人家。“侯爵夫人”这个说法容易让人误以为她有一个侯爵丈夫，但事实并非如此。是国王把蓬帕杜的领地和侯爵这个贵族的地位封给了她（后来升到公爵），准确地说应该称为“蓬帕杜女侯爵”。

这么说她没有丈夫？——有过。她的丈夫就像被大卫王夺走妻子拔士巴的乌利亚一样。但是与乌利亚不同的是，德·蒂奥勒没有丢掉性命，而且路易十五还以高官厚禄为诱饵，让他献出妻子，虽然这被他愤然拒绝了。

蓬帕杜夫人的乳名叫让娜·安托瓦内特·普瓦松。她出身于新兴统治阶级——富裕的资产阶级，有着较高的文化修养和不逊于贵族的举止。她 20 岁时嫁给了年长 4 岁的法官德·蒂奥勒，生下两个孩子（都夭折了）。也有人说她是个野心家，早就把目标锁定在凡尔赛。她在别墅举办宴会，请来伏尔泰、孟德斯鸠等文化人；为了引起前去打猎的路易十五注意，她还亲自驾起四轮马车。结婚第三年，她终于成功地赢得了国王的爱（丈夫如梦初醒）。24 岁，她正式成为国王的情妇。

把持国际政治 >>

蓬帕杜非常明确自己要做的工作，那就是讨国王的欢心。她做到了。国王在她的身边感到无拘无束，让她一同出席政务的场合，受了她很大的影响。他们最初作为热烈的恋人，后来作为信赖的朋友，或者作为能干的政治顾问和不可或缺的同伴，一起走过了将近 20 年。

王后和王子等国王的家人都敌视并憎恨着蓬帕杜。这在情理之中，蓬帕杜也可以理解，所以她对他们一味地卑躬屈膝，竭尽所能地避免冲突。但是对宫廷里的其他人，那些鄙视她的平民出身，一有机会就想拉她下位的人，她会毫不客气地加以反击，甚至把他们赶回领地。这一招非常见效。

自太阳王时代以来，身居高位的贵族已经把宫廷当成了他们的整个世界。让他们回到自己乡下的领地，就像流放到鸟不拉屎的孤岛一样（和喜爱乡村生活的英国贵族太不一样了）。有不少人因为被赶出凡尔赛，对生活失去了希望，身心憔悴，提早结束了生命。

人们渐渐地开始拜倒在国王的情妇脚下。她得到了越来越多人的支持，不但成了艺术文化的伟大的资助人（安排在宫廷演出，资助《百科全书》出版，创办国立塞弗勒工厂等），而且承担着和大臣一样繁重的公务。因为路易十五对政治的兴趣不大，替他执掌政务也就成了取悦他的手段之一。

著名的“三条衬裙（女性内衣）”之一就是蓬帕杜。奥地利哈布斯堡家族的玛丽亚·特利莎、俄国的伊丽莎白女皇和蓬帕杜三位女杰联起手来，意欲包围打压方兴未艾的普鲁士国王腓特烈大帝。法国和奥地利多年以来一直相互敌对，现在他们终于意识到敌人的敌人是朋友，于是建立起友好关系，为后来玛丽·安托瓦内特的出嫁铺好了轨道（好坏暂且不论）。

▶玛丽亚·特利莎女皇

▶伊丽莎白女皇

▶腓特烈大帝

荣华的终结 >>

在 1756 年爆发的奥地利对普鲁士的战争（即“七年战争”）中，“三条衬裙”联合了起来。这是一场争夺欧洲霸权的战争，一开始，玛丽亚·特利莎有法国和俄国两个战友，占据上风，差点儿将可恶的腓特烈打得体无完肤，结果却因为伊丽莎白的突然离世而败北。最终，奥地利和法国衰退，普鲁士跻身大国，和普鲁士站在同一阵线的英国也取得巨大的成功，不但接管法国在美洲的领地，而且夺取了印度。

这样的结果令蓬帕杜非常痛心。周围就像等着这一天似的指责起这个一步登天的女人，连国家的财政恶化也全部归咎于她。实际上，这并不能说是她的政策失误，只能说腓特烈大帝运气太好了。伊丽莎白女皇死后，新即位的愚蠢的沙皇彼得三世（不久就被他的妻子叶卡捷琳娜女皇暗杀）竟然是腓特烈大帝的狂热崇拜者，因为他轻易地脱离战线，才上演了这一幕逆转剧情。如果伊丽莎白女皇能够活得再久一点儿，蓬帕杜很可能树立卓越的功勋。

不过，受到指责也无可奈何。宫廷情妇这一体制就像便利的安全阀，一旦有事就把责任推到情妇身上，从而让国王和大臣免受责难。没有权利而享受荣华的人，也要随时准备承担不属于自己的罪责。

战败后，蓬帕杜的身体状况进一步恶化。当时，年幼的莫扎特由父亲带领着来到宫廷，展现神童的天赋，但是夫人却一句话也没有说。莫扎特的父亲以为这是因为她性格冷淡，其实并非如此，而是因为她正忍受着病魔的折磨。她42岁去世。她的朋友伏尔泰认为她是劳累过度而死，并由衷地为她的死感到难过。

按照宫廷的规矩，王侯以外的人是不可以死在凡尔赛的。无论病情多么严重，都要送到别的地方。但是因为有路易十五的特赦，蓬帕杜得以一直待在自己的居室，结束了她短暂而华丽的一生。据说国王在阳台上俯瞰送葬的队伍，流下了眼泪。

另一方面，王后在几天后写道："已经没有人再提起她，仿佛从来就没有存在过一样。"是啊，谁会向王后提起已经死去的情妇呢？

在蓬帕杜死后的4年时间里，国王一直让宫廷情妇的位子空着。但在王后去世才一个月之后，他就把娼妓出身的杜巴丽拉进了凡尔赛。这时，人们再次认识到蓬帕杜这样的女人是多么罕见。

20 岁的路易十五（里戈绘，1730 年）

“被喜爱的”美王 >>

那么，我们来讲讲这个路易十五。

请看太阳王的画家里戈笔下的20岁的路易十五。他对得起“美王”这个绰号吧。

如果说富裕人家的孩子是“含着银勺出生的”，那么路易十五恐怕应该说是“嘴里塞满了纯金的特大号勺子出生的”。作为全欧洲最显赫的国家的王室成员、全欧洲最受仰慕的国王路易十四的曾孙，他是在祝福的狂风暴雨中长大的。在那个男孩儿生存率低的时代，他不但全身健全，聪明伶俐，而且是个美男子。虽然他即位时只有5岁，但是曾祖父已经为他碾平了坚实的道路，叔父的摄政政治也顺风顺水，在他成人之后向亲政的过渡也非常平稳。

此时的他，“脸庞漂亮得像姑娘，是个面带忧郁，冷若

▶享乐的时代——洛可可的绘画《秋千》（弗拉戈纳尔绘，1767 年）

冰霜的无情的俊美青年”。他从懂事时起就已经是国王，周围的视线和阿谀奉承就像香水一样环绕着他，在把保持尊贵看得比一切都重要的宫廷里长大，形成把人不当人的“无情”个性或许是必然的吧。

15 岁的时候，他和年长 6 岁的波兰公主结婚（因为波兰是小国，所以这曾遭到强烈的反对），生下 11 个孩子，因此早就不再需要担心没有王位继承人。他的情妇和私生子也接连不断。因为他毕竟是美貌的“被喜爱者”，要从围拢过来的女人中间挤过去就已经很累了。

路易十五不费吹灰之力就得到了在人世间所能得到的一切。健康、魅力、除了神以外至高无上的地位、可以随意挥霍的财富……不过这是否意味着幸福却是另一个问题。拥有一切，想要的东西今后也将全部得到。这样一来，那就不能称之为想要的东西了。那么，他又如何拨动活着的热情呢？

所有人都在指责路易十五的倦怠。他百无聊赖。安托瓦内特嫁到波旁家以后，母亲玛丽亚·特利莎曾在信中责备她耽于玩乐，她发牢骚道：“母亲为什么生气呢？我只不过害怕无聊罢了。”而同样的无聊，或者比这更为根深蒂固的无聊，路易十五却背负了半个多世纪。

他没能找到自己想做的事情。国政由大臣维持着，运转还算正常，最重要的是，贵族们厌倦了太阳王晚年戒律森严的生活，他们唯一的希望就是以年轻的美王为中心轻松愉快地玩乐。国土扩张等问题被束之高阁，路易十五不再像他的曾祖父那样走上战场。虽然国库一直在减少，但即便如此，和其他国家比起来依然绰绰有余。

漫长的绝望 >>

民众的苦恼呢?

这种东西在当时王侯贵族的眼中根本就不存在。在君权神授说的控制下，他们还没有产生民众的概念。比起他们的法国同胞，其他国家的王侯贵族更让他们感到亲近。贫穷、邋遢的民众只是看到就觉得烦。

就和有太多玩具的小孩儿会变得没有精神一样，不幸的美王青年时期的无所作为持续了一生。可惜他的聪明都没有用武之地，就像没有竞争对手的海狗的一雄多雌集团一样，把苍白的热情都耗费在女色上，结果就是被人背地里说:“国王唯一的能力就是作为男人的能力。”他被蓬帕杜迷住的真正原因，可能也是因为她在玩乐上的擅长，减轻了他对无聊和死亡的恐惧。

▶路易十六和安托瓦内特的婚礼

在选择26岁的杜巴丽作为宫廷情妇时，国王眼看就要60岁了，大概是想借着她的年轻和美貌来延缓衰老吧。他已经不再是“被喜爱者”，而是沦落为“无差别地喜爱年轻女子的国王”，宫廷中人对他的尊敬和他在民众中的人气都已经低到了尘土里。

因为儿子死得早，孙子（后来的路易十六）成了王位继承人。据说，在前去品评王储的新娘候选人安托瓦内特的大使回国之后，路易十五问的第一个问题竟然是：“胸大吗？”

路易十五的死因是天花，而且传闻是“因为和平民出身的年轻的红发女子有关系而感染”。之所以有这样的传闻，是因为他真的就是这样一个色鬼。据说，即便是蓬帕杜和杜巴丽在时，他的情人也多达几百个，让人感觉有点儿冷。

茨威格在《玛丽·安托瓦内特》中这样描写他的死亡：“与其说是人死，不如说是一块黑色的腐肉逐渐垮掉。然而路易十五的肉体却如同凝聚着波旁祖先全部的力量，像巨人一样抵抗着一刻不停的毁灭。”

上天恩赐的健壮的肉体，反而延长了他死亡的痛苦，这是多么讽刺啊。

在64岁时，他漫长的无聊终于画上了句号。而国王这一恐怖的死法竟有了一个意想不到的效用，那就是减弱了医生们以前对种痘固执的反对态度。

格勒兹

〈富兰克林像〉

▶ 1777 年，油画，美国哲学学会博物馆，72cm × 57cm

第 8 章

Greuze

《富兰克林像》

格勒兹

发鬓，额头的形状，眉间深深的竖纹，富有特点的嘴形——应该在哪里见过吧。没错，他就是现在美国百元纸币上头像的主人，本杰明·富兰克林。

百元美钞上的头像 >>

发量，额头的形状，眉间深深的竖纹，富有特点的嘴形——应该在哪里见过吧。没错，他就是现在美国百元纸币上头像的主人，本杰明·富兰克林。

在钞票上他的眼睛还要大一点儿，脸颊也更丰润，给人的感觉更加亲切，可以说是“善良的美国人的典型”，但是在这幅画里却找不到一丝亲切的影子，如果再套上假发，完全是一副高傲的法国贵族的嘴脸。

这也难怪，因为这幅画的作者是当时的法国学会会员格勒兹。他还留下了思想家狄德罗和少年莫扎特等肖像。他在画这位来自新大陆的名人时，大概是觉得应当把他粗鲁的一面掩藏起来，稍微加以粉饰，来增加宫廷式的威严（跟好莱坞电影里的东方人总感觉不像东方人一样的道理。非要套用自己那一套标准不可吗？)。

这样一来，富兰克林就变得一点儿都不像富兰克林了。富兰克林是贫穷的劳动者一家的第十五个孩子，尽管10岁就辍学了，却成了成功的实业家。他在暴风雨中放起风筝，冒着生命危险证明打雷是一种电现象。他发明了避雷针和远近两用眼镜，创办了美国第一家公共图书馆。他还是著名的作家，作为政治家成为美国《独立宣言》起草委员之一，他的《富兰克林自传》至今仍被全世界的人阅读。他性格乐观，充满人格魅力，而且多才多艺。这一切，我们从这幅画里都看不到。

▶在美国流通的百元美钞上的富兰克林

从美国吹来的自由之风 >>

不过，这个天生的自由主义者跟波旁家族究竟有什么关系呢？那关系可大了。70岁的他不辞辛苦，乘船千里迢迢来到法国，不是为了游山玩水，而是为了向路易十六争取独立战争的资金援助。他于1776年12月抵达。美国刚刚在夏天宣布独立，接下来面临着与英国的持久战。

富兰克林凭着天生的幽默和直率的言行（法语也会讲一点儿），很快成了沙龙里的红人。巴黎的青年贵族们已经陶醉在《独立宣言》中的“自由”“独立”等词语中，在当面听了富兰克林的讲述后更是受了刺激，很多人作为义勇军涌到了新大陆。其中就有后来在法国革命中发挥重要作用的拉法耶特。

富兰克林在巴黎一共待了9年。他在达到预期的目的，

▶1777 年的萨拉托加战役（特朗布尔绘，1822 年）

与法国签订条约，让人们见识到了他的才干之后，又作为大使留了下来（令人遗憾的是，他的《富兰克林自传》到 1757 年就结束了。真想读一下他对路易十六和玛丽·安托瓦内特的直率描写）。

1783 年，美国正式成为独立国家。然而投入了无数人命和莫大开支——10 亿里弗尔！——的法国却只得到了西印度的多巴哥和非洲的塞内加尔之类的微薄的战利品。如此亏本的结果，如实地体现出法国外交实力的衰退。

1781 年的约克镇战役实质上结束了独立战争（特朗布尔绘，1787 年）

加入美国独立战争 >>

一开始路易十六并没有打算参战，因为一个专制的君主去支持一个自由主义国家确实有点儿奇怪。但是英国毕竟是法国的宿敌，为了削弱英国，他一直在暗中煽动美洲殖民地叛乱。富兰克林来法之后并没有立即谒见，表面上一直摆出宫廷与己无关的态度。

后来在萨拉托加战役中，原以为贫弱的美军战胜了英军，形势有利的消息传来以后，亲信们开始催促说早日参战为好。就这样，优柔寡断的国王迟疑地望着空虚的国库，在条约上签下了名字。

英国不好惹。在意识到自己将要失败之后，英国马上转变了思路，决定今后将美国作为本国产品的市场。随后，英国暗中使美国疏远法国，单独议和。法国应了那句话，“赢了打架却输了比赛”，形势不利。尽管挽回了些许在欧洲的威信，实质性的利益几近于无。

以高利息筹措的战争费用，令原本就捉襟见肘的国家财政雪上加霜。5年后，即革命爆发前一年的1788年，也是路易十六加冕后的第十四年，这期间的借款已经增加到了45亿里弗尔——其中将近1/4都浪费在美国身上。同样是在1788年，国家支出大约是路易十五时代前期的3倍，有6亿里弗尔，其中一半充当了借款的利息。这已经不是濒临破产，而是已经破产了。

尽管如此，宫廷里依然日复一日地继续着奢华的生活。这并非不可思议的事情。就像把青蛙扔进开水里它会跳起来逃走，而将水慢慢地加热它就会老老实实地被煮熟一样，波旁家族的借款也从太阳王治世后期开始变成常态，因为持续了太长的时间，已经没有人能看清危机的分界线在哪里了。

也或许他们心里清楚？因为内心深处已经觉察到日益逼近的大爆炸，所以宫廷中人才沉溺在狂躁的奢靡生活里……

闭门不出的国王 >>

回顾历史，有些人的出场方式只能说“时机太差”，路易十六也是其中之一。他全盘继承了前任留下的负遗产，不得不承担全部责任，用自己的生命抵偿。

路易十六不是路易十五的儿子，而是他的孙子。他 10 岁成为王太子，是一个做任何事都没有自信、唯唯诺诺的少年。原因之一可能是他其貌不扬，根本想不到是美王的孙子。另一个原因据说是他的父母在抚养他的过程中一直认为他无能。本来按顺序讲，他是 5 个儿子中的老三，王冠轮到他的可能性比较小。长子很优秀，父母将其作为完美的继承人加以偏爱，结果却病死了，次子也死得很早。

可怜的路易十六承受着残酷的视线，似乎在责备他为什么没有代替长子去死，或者只是他以为那视线中带着这样的责备。在这种扭曲的内疚中，他刻苦学习，博览群书，期待着有朝一日能够改变父亲对他的看法。并非没有这样的可能。

然而不幸的是，本应成为下一任国王的父亲在36岁早早地病逝了，年幼的路易十六成了王太子，被交到了祖父路易十五的手中。有些忧郁而又不甘寂寞的路易十五虽然对女人有兴趣，对孩子却并不关心。更何况在他的眼里，这个孙子呆头呆脑，身体孱弱，态度举止没有一点儿王者的威严，可悲可叹。

宫廷对气派的要求很高，要仪表堂堂，而且能随机应变地进行机智的对话。而这个继承人这两点都不及格。祖父的冷笑，很容易就会演变成整个宫廷对他的轻蔑。未来的国王绝不像他外表看上去那样愚蠢，但是却连他的两个弟弟都看不起他，他的愚蠢甚至点燃了他们的野心。

王太子还一次都没有机会出席国政会议（据说路易十五和蓬帕杜一同出席过），因此他所接受的帝王教育仅限于抚育官所传授的知识性的东西。通过书籍了解到的政治，在实务中几乎派不上用场，路易十六继承王位之后所表现出的懦弱和缺乏决断力——除了性格因素之外——无疑也来源于此。

不想当国王却不得不坐上王位的他变得越来越自闭。制锁、读书和打猎是他的三大爱好，只要轮流反复地做这几件事，他就知足了。路易十四超级自恋而又热爱战争，路易十五好色异常，路易十六则接近一个“闭门不出的宅男”。他不喜欢抛头露面，比路易十五还要讨厌那些宫廷礼仪，加冕第二年连国王圣礼也停止了。国王圣礼原本是一项惯例，因为有民间信仰认为经国王的手触碰可以治病。他认为这已经不符合时代精神，以此为由切断了与民众直接接触的机会。

这可以说是严重的决策错误。即使单纯地相信国王的手是神圣之手的人减少了，可一旦将奇迹的因素从君权神授的依据里剔除，国王就不再神圣，延续王朝的意义也就变得淡薄了。更何况路易十六既没有太阳王那般强烈的感召性，也没有路易十五那样的美貌，再失去神圣性，那就只剩下一个没有王者之才的平庸的人了。

为什么周围的人会支持他这样做呢？很简单。周围的人也不知何时变成了一群只会说漂亮话的平庸之辈。凡尔赛这座牢笼里已经飘荡着腐臭。

不受欢迎的新国王夫妇 >>

路易十六在15岁还是王太子的时候迎娶了比他小一岁的玛丽·安托瓦内特。由此波旁家族和哈布斯堡家族联系在了一起（关于安托瓦内特，参见《12幅名画里的哈布斯堡王朝》）。

他明显对这场婚姻没有兴趣。这并不是因为不喜欢安托瓦内特，而是因为他和早熟的路易十五不同，对结婚生子还没有自信。他留下了一段有名的逸事——

在结婚的晚宴上，新郎狼吞虎咽，路易十五看不过去，提醒他："今晚不要给胃太大的负担。"他却反问："为什么？晚饭吃饱了睡觉才香。"这让新娘大为沮丧。

由此可以看出包括路易十五在内的宫廷中人的坏心眼儿。在他们的心目中，像宙斯一样妻妾成群才是"理想的国王形象”，而对可爱的新娘爱答不理，只顾吃饭的王太子只不过是一个笑柄。

他们结婚 7 年才有孩子。受责备的是安托瓦内特，其实真实原因是路易十六胆小怕事，本来只是一个小小的手术，他却迟迟下不了决心。与其说迟，不如说太迟了。在这期间，安瓦托内特已经完全染上了法国式的倦怠，化装舞会、戏剧、纸牌赌博、宝石、衣服，尽情地玩乐、购物，败坏了名声。路易十六的弟弟对他后继无人深信不疑，一门心思地打起了下任王冠的主意。

最终，他们生了两男两女（次女夭折），但是路易十六的人气在 19 岁加冕时达到顶峰以后就一直下降，加上安托瓦内特扯后腿，人气更是一落千丈。他对异国的王后言听计从，不找情妇，神圣的责任也没有履行，而且也没有太阳王所接受的骑士教育和战场上的实战体验。这使得他与人们所期望的国王形象相去甚远。不过因为体重激增，倒是使他多了几分威严，原本瘦弱的外表得到了些许的改善。

我在第2章里提到，路易十六曾阅读休谟的《英国史》，尤其对关于查理一世的章节进行了研究。因为他发现了这位同样从前任那里继承了巨额负债的英国国王和自己有许多共同点，他得出的结论是，如果不想落得和查理一样的下场，就必须放弃他所采取的高压政策。这也是他不断妥协的原因之一。但是在周围的人看来，这却成了懦弱的表现，因此对他越发轻视。

革命的孤独与幸福 >>

自古以来，死亡恐惧病都是王侯贵族的通病。这源于得到想要的一切的人陷入的暗渠般的虚脱感。路易十五表现得就很明显。

但是，路易十六就没有这个问题。

革命爆发后，国王被囚禁了起来。可是当我们了解他在囚禁中的生活，反而能感受到某种平静的幸福感。他读书，在狭小的院子里散步，和儿子玩耍，饱食三餐，还玩台球。

处决前夜，安托瓦内特希望能够全家人在一起度过，国王却想独处，躲进了自己的房间。第二日清晨，他也避开了想见他一面的妻子，独自一人从容地用了早餐，坐上去断头台的马车。有人说他是不想让大家悲伤，或者不想

豪华绚烂的凡尔赛宫内部，安托瓦内特的卧室

看到大家悲伤的样子，不过，也可能是因为他觉得独处更舒服吧。

他就这样淡泊地面对了死亡。

安托瓦内特的长子路易·约瑟夫和长女玛丽·泰瑞丝

玛丽·安托瓦内特

路易十六

休伯特·罗伯特

《卢浮宫的大画廊成为废墟的想象景象》

▶1796 年，油画，卢浮宫博物馆，115cm × 145cm

第 9 章

Robert

《卢浮宫的大画廊成为废墟的想象景象》

休伯特·罗伯特

太阳王路易十四把宫廷从巴黎迁到了凡尔赛，被扔在巴黎的正式宫殿卢浮宫，虽然作为王宫变得萧条，但学院却依然保留着，一直是美术的中心。

公共美术馆的形象 >>

太阳王路易十四虽然把宫廷从巴黎迁到了凡尔赛，但是却并没有打算把这个小乡村城市化。从搬迁到革命差不多经过了一个世纪，凡尔赛镇本身并没有变大，只是有一座宏伟壮丽的宫殿而已，就像过分花哨的巡回马戏团在乡下小镇经营一样显得有些不合时宜。

而被扔在巴黎的正式宫殿卢浮宫，虽然作为王宫变得萧条，但学院却依然保留着，一直是美术的中心。在路易十五在位时开始的启蒙思想的潮流中，为了教化民众，公开王室收藏的要求变得强烈起来，王室一度在卢森堡宫举办了为期很短的画展。后来，思想家狄德罗提出将卢浮宫辟作博物馆的建议，路易十六接纳了这一建议，并准备付诸实施。就在这个时候，革命爆发了。

▶卢浮宫的大画廊改革方案

国王被废黜，王室的物品被国有化。在革命政府的推动下，将卢浮宫辟作博物馆的工程得以继续。1793 年，在卢浮宫内的巨大通道大画廊举办了作品展，卢浮宫博物馆正式开放。

画家罗伯特从革命前就开始参与该画廊的改建，并在革命后成为绘画收藏负责人。1796 年，他在沙龙上展出的两幅作品博得好评。一幅是《卢浮宫的大画廊改革方案》，具体展现了未来的公共博物馆是多么美好；另一幅就是本作《卢浮宫的大画廊成为废墟的想象景象》。

当时，因受到意大利的庞贝古城被发掘出来的影响，知识阶层都对废墟和古代产生了浓厚的兴趣。罗伯特本人也长期在罗马学习，画过许多历史遗迹，甚至得到了“废墟画家”的绰号，所以他会创作这样的作品并不奇怪。

尽管如此，这幅作品还是令人们受到了不小的震撼。这或许只能归因于他把科幻小说般的想象的舞台放在了巴黎的旧王宫。两年前发生了热月政变（参见第11章），新生的法国还不知该走向何方，所以很难说这幅画里的景象不会变成现实。当时的人们看到这幅画的感受，或许和我们看到“9·11”恐怖袭击事件的录像时差不多吧。

名为废墟的辉煌 >>

画面上部是朗朗的蓝天。玻璃天井全部碎落，屋顶的残骸上杂草丛生。粗大的圆柱上锈迹斑斑，里面有人生起火来取暖。原本挂在墙上的画已经一幅都没有了，毁坏的罐子和雕塑散落一地（右下角可以看到米开朗琪罗著名的《濒死的奴隶》)。唯独有一件，《观景殿的阿波罗》完好无损地屹立在画面中央，一个画家正坐在它前面写生，仿佛揭示着艺术的永恒……

罗伯特是在歌颂自己生活的新时代和古代一样崇高吗？看起来是这样，事实可能并非如此，因为罗伯特在感情上是保王派。路易十六批准了将卢浮宫改建为博物馆，而且革命后罗伯特曾一度被关进监狱。他和逃亡的女画家维杰·勒布伦（因为画了许多安托瓦内特肖像而知名）是朋友关系，革命的前一年还请她画过肖像。

废墟离不开昔日的辉煌。或者更准确地说，没有对辉煌的记忆，废墟就无从谈起。

罗伯特将卢浮宫以废墟的形式加以呈现，与其说是对（尚未看到的）博物馆，不如说是对（曾经的）王宫，进而对君主制度的终结——路易十六之子路易·夏尔的死讯传来时，他正在创作这幅作品——百感交集。那是对一个美好的旧时代的惋惜。

资产阶级的胜利 >>

法国革命并不是被欺压的穷苦大众对君主制度的自发反抗，而是典型的资产阶级革命，即新兴势力为掌握国家政权而进行的战斗。

当时法国总人口约 2300 万。其中第一等级教士（高阶教士统统是贵族出身）12 万，第二等级贵族 40 万，这二者形成特权阶级，免缴直接税，霸占着地位和名誉。其余全部是第三等级。但是第三等级中大资产阶级（路易十五的情妇蓬帕杜就是出身于这一阶级）已经在金融和商业领域获得了巨额财富，具备了雄厚的实力，农村地区也形成了一定程度的富农阶层。

前任留下的赤字，再加上对美国独立战争的援助，使路易十六苦于资金周转。他企图向特权阶级征税，却因为贵族们的顽强反对而受挫。不仅如此，他们还开始反击，要求召开三级会议限制国王的权力，并强迫路易十六同意。然而接下来却出乎意料，贵族的主导权被资产阶级夺走了。

就这样，从贵族的反抗开始的小雪球，随着从山坡上滚下被大资产阶级吞掉，法律工作者和商人、自由行业者等小资产阶级也加入进来，最后连遭受饥荒的平民和农民都混在一起，演变成雪崩，葬送了君主制度。

近邻各国都为之震惊。

如果只是波旁家族绝嗣，那不过是改朝换代，无须在意，但如果是君主专制本身崩溃，那就另当别论了。明天就会轮到自己。

各国的君主都感到了危机，他们无论如何都要处理这个严重的事态，想方设法要把革命军连根拔起。

让我们按照年代，来简略地看一下革命前后的动向。

1780 年

安托瓦内特的母亲玛丽亚·特利莎女皇去世。奥地利哈布斯堡家族失去顶梁柱。

1785 年

发生“项链事件”（以安托瓦内特的名义行骗的事件）。

尽管事后证明与王后没有任何关系，反体制派却对此事最大限度地加以利用。这注定了安托瓦内特要当替罪羊。

1786年

普鲁士国王腓特烈大帝去世。（继特利莎之后）又少了一位一直压制欧洲的专制君主。

1787年

法国和俄国签订通商条约。

1788年

因为夏天遭遇了天降冰雹的异常寒潮，人民苦于饥馑。英国农学家杨格考察了法国的农村，指出农业的前现代性与农地的荒废。农民暴动频发似乎在为他的话背书。

西班牙波旁家族的卡洛斯四世即位。实权由王后玛丽亚·路易莎及其情夫戈多伊掌握。

英国的乔治三世精神病发作。除了遗传性的疾病之外，美国独立等国际局势动荡带来的压力也被认为是发病的原因之一。

1789年

攻陷巴士底监狱。路易十六和大臣的对话——“巴士底狱的司令官被杀，他的首级被挂在枪头上在整个巴黎游街示众。”“这是叛乱吗？”“不，陛下，是革命！”（摘自茨威格

▶涌到巴士底狱的民众

《玛丽·安托瓦内特》)。

在法国的刺激下，德国、瑞士、波兰、意大利等地发生叛乱，均遭到镇压。

1790年

安托瓦内特最后的依靠，哥哥约瑟夫二世去世。弟弟利奥波德二世即位。

俄国叶卡捷琳娜女皇认为有必要加强王权，将批判农奴

▶安托瓦内特的亲兄弟利奥波德和约瑟夫

▶叶卡捷琳娜女皇

制的思想家拉季舍夫流放到西伯利亚。

1791 年

路易十六一家在瓦雷纳出逃失败。当时直接施以援手的是瑞典的费尔森（安托瓦内特的恋人），但是他替他们伪造的身份是“俄国贵族柯尔夫男爵一行”，可见受到了俄国的援助。

叶卡捷琳娜女皇就逮捕王室事件发表声明称：“这是对全欧洲君主的重大侮辱。”

罗马教皇庇护六世谴责法国的《人权宣言》。

利奥波德二世和普鲁士国王腓特烈·威廉二世发表共同声明《皮尔尼茨宣言》，呼吁各国支持王室并进行武力干预。俄国和西班牙提供军费。俄国还要求英国保持善意中立。

西班牙秘密地对革命派进行收买。

1792年

利奥波德二世突然去世。因为时期敏感，有暗杀的嫌疑。其子弗兰茨二世即位。对他而言，安托瓦内特只是一个素未谋面的姑母。

一直支持法国王室的瑞典国王古斯塔夫三世在化装舞会上被人从背后枪击身亡（后来成为威尔第的歌剧《化装舞会》的原型）。

巴黎的民众袭击王室蛰居的杜伊勒里宫。议会宣布废黜国王，成立共和国。

国王一家被囚禁在圣殿塔。

1793年

革命法庭判处路易十六死刑，1月行刑。走上断头台的国王似乎想对聚集的群众说些什么，但是他的声音却被淹没在了队列中士兵连续击打小鼓的声音里。

据说叶卡捷琳娜女皇在得知处决的消息后哭了。另一方面，她又趁着奥地利为法国的事忙得不可开交，和普鲁士联

▶被送上断头台的路易十六

起手来进行了“第二次瓜分波兰”(总而言之就是夺取小国的土地),显示了她老奸巨猾的一面。她限制来自法国的报道,撕毁通商条约。

西班牙、奥地利、荷兰、英国、普鲁士等国结成反法同盟。美国首任总统乔治·华盛顿宣布在对法战争中中立(对曾经支持过独立战争的路易十六而言,一切都是徒劳)。

安托瓦内特和孩子们分开,被送往巴黎古监狱。经审判,她被判处死刑,10月行刑。与处死国王时相比,各国没有太大反应。

1795年夏

10岁的路易·夏尔(路易十七)在圣殿塔死去。此后

▶1793 年，囚禁安托瓦内特的巴黎古监狱

▶路易·夏尔（路易十七）

一直有人主张死的是替身，2000年通过DNA鉴定，证明确实是法国王子。

1795年冬

路易·夏尔的姐姐玛丽·泰瑞丝通过人质交换，回到了母亲安托瓦内特的祖国奥地利。据说那时她才第一次被告知父母的死讯，当场昏倒。

1800—1801 年，油画，普拉多美术馆，280cm × 336cm

第10章

Goya

《卡洛斯四世一家》

戈雅

这是首席宫廷画家戈雅笔下的西班牙波旁家族第四代、卡洛斯四世及其亲属的形象。天才的画笔无意之间揭露了堕落的宫廷、徒有其表的权威和王朝终结的预兆。

预感 >>

这是首席宫廷画家戈雅笔下的西班牙波旁家族第四代，卡洛斯四世及其亲属的形象。

戈雅曾扬言自己有三个老师——委拉斯开兹、伦勃朗和自然。他在创作这幅画时，想到了150年前委拉斯开兹的作品《宫娥》(参见《12幅名画里的哈布斯堡王朝》)，并借鉴了画家本人站在巨大的画布前看向观众的构图。

但是，两者是多么不同啊。

委拉斯开兹让有纵深的巨大空间里充满了王族和直接服侍他们的人的自尊，以及不容侵犯的威严，而戈雅却把人物像纪念照片一样排列，他们的面貌和表情没有一个配得上华丽的衣裳。法国作家戈蒂耶的感想——“仿佛是中了彩票的面包房老板一家”——之所以有名，不就是因为他说到了多数人心里去了吗。

天才的画笔无意之间揭露了堕落的宫廷、徒有其表的权威和王朝终结的预兆……

西班牙波旁家族的起源 >>

让我们把时间倒回一些。

如第 5 章所述，18 世纪初，波旁家族从哈布斯堡家族手中夺取了西班牙的王冠。路易十四的孙子，也是路易十五的叔父——安茹公爵菲利普于 17 岁时作为腓力五世，成了西班牙波旁家族的鼻祖。

太阳王在为年轻的国王送行时，鼓励他：“好好做一个西班牙人，但也不要忘记你是法国人。”然而，他一直也没能适应西班牙的环境。在全欧洲最华丽的凡尔赛宫出生并长大，在他的眼里，衰败的西班牙只是一片穷乡僻壤。他禁止在宫廷使用加泰罗尼亚语，对西班牙恶语相加，还召集来法国艺术家，把墙上的艺术品基本都换成了法国宫廷式绘画，以此来镇定心神……却没有达到目的。

在因为改朝换代而阴谋四伏的异国宫廷，腓力五世的神经渐渐地变得失常。最终，他在41岁时决定退位，将王位让给16岁的长子，然而不幸的是，儿子在这一年里突然得病死去了。他不得不再次戴上王冠，而这次，王冠变得比之前更加沉重了。

到了50多岁，他严重的抑郁症看不到治愈的希望。正当人们担心他会朝着狂躁一直发展下去时，一个偶然的机会，他听到了受邀来到马德里的意大利阉伶（阉人歌手）法里内利的歌声。国王凭直觉认为发现了一条治愈之路。这就是现在所说的音乐疗法。

就这样，腓力五世不惜重金聘请了这位被誉为“只有一个上帝，也只有一个法里内利”、令全欧洲的歌剧观众为之疯狂的大歌手，每晚为他唱安眠曲。这就好比把活生生的迈克尔·杰克逊或者帕瓦罗蒂当成CD（激光唱片）一样独自占有（在那个时代，听音乐只能听现场表演）。这令国王的神经多少得到了缓和。

法里内利虽然再也没有站上舞台，但却通过作曲和导演歌剧，引领着马德里的音乐界，同时又作为宫廷中人，在20年的时间里先后服务了两任国王。他最终离开马德里，是因为第三代的卡洛斯三世讨厌阉伶，他毫不客气地说：“只有放在餐桌上的鸡才允许阉割。”这令他很不舒服。他在

▶《法里内利肖像》（贾昆托绘，1753 年）

故乡博洛尼亚度过晚年，但是他的名声依然未减，不断有人从各国前来拜访他（连安托瓦内特的哥哥约瑟夫二世也慕名约见）。

腓力五世于 63 岁去世。儿子作为费尔南多六世即位，但是他在位时间很短，而且没有子嗣，因此王位传给了他同父异母的弟弟卡洛斯三世。

这位新国王是历代国王中最正常的一个。作为启蒙君主，他使西班牙的国力有了——虽然不能说是大幅——相当

▶卡洛斯三世（门斯绘，1761 年）

程度的恢复。他还进行了马德里的城市建设，其中一个部分就是普拉多（“牧场”的意思）的动工。不过他只关心自然科学，他的设想是将这里建成博物馆（作为普拉多美术馆开放是在他死后）。

将戈雅任命为宫廷画家的也是卡洛斯三世。另外他还兼任那不勒斯国王，曾下令发掘庞贝古城的遗迹。但是这一行为被指责为大规模的盗掘而非学术调查，最后被罗马教皇勒令停止。

他娶了德国的公主为王后，生下13个孩子，其中7个长大成人。因为长子有智力障碍，所以次子成为王太子（后来的卡洛斯四世）。这位的脑袋也没有多聪明，但是身体却像教堂的吊钟一样结实。卡洛斯三世非常沮丧，每次遇到事情都会慨叹："你怎么这么笨！"也许因为一直被父王这样贬低，儿子变得更加不行了。

活在父王和王后的阴影里 >>

王太子 17 岁时，新娘子来了。她就是比他小 3 岁的堂妹——玛丽亚·路易莎。她的父亲是卡洛斯三世的弟弟，母亲是路易十五的女儿，祖父是腓力五世。她有着毫无争议的波旁血统，这也是一场毫无争议的近亲婚姻。

虽然玛丽亚·路易莎后来被评为“西班牙史上最差王后”，但是看她刚刚结婚十四五岁时活泼的肖像（门斯绘），令人禁不住感慨，这张脸竟会在三十几年后被戈雅画得像踏扁的蟾蜍一样。前后对照如此鲜明，这中间到底发生了什么呢？

婚事定下之后，王太子对自己力量的自信也不知哪儿去了，完全乱了阵脚，泄气地说不知该如何对付女人，被父王大喝了一声。这位王太子喜欢打猎和摆弄钟表，只要有这两

▶《卡洛斯四世一家》(局部)中的玛丽亚·路易莎

▶年轻时的玛丽亚·路易莎(门斯绘,1775年)

件事做,其他什么也不需要。直到婚后第七年,夫妻二人才有孩子。

——这样的故事似乎在哪里听过……

没错,路易十六和玛丽·安托瓦内特,卡洛斯四世和玛丽亚·路易莎,同时代的这两对夫妇的情形简直一模一样,仿佛是上天开的玩笑。

安托瓦内特和玛丽亚·路易莎的出生只差4年。两人都出身名门,14岁嫁给王太子,迟迟没有孩子,丈夫缺乏男性魅力到可悲的程度,也没有领导力,对女人不感兴趣,令周围的人都瞧不起。最让人难以忍受的是他们的兴趣（打猎因为无论哪个王侯都喜欢，所以暂且不谈）都是精细的手艺活儿，简直可以作为弗洛伊德式的心理分析的绝佳案例。这足以令懂得享受生活的她们幻想破灭，很快沾染宫廷的污浊，在玩乐、宝石、衣服等嗜好中堕落下去。

但是西班牙组和法国组相比运气要好得多，理由之一就是前一任国王很有能力，而且长寿。路易十六是在19岁加冕的，而卡洛斯四世却是在40岁。只要父王在位，王太子就没有失政的担忧，即使被人说成傻瓜，至少不会引来仇恨。

另一方面，王太子妃玛丽亚·路易莎作为已故王后的代理，很早就在公公身边处理公务，而且因为办事周到，赢得了欢心。她因此变得傲慢起来，开始牵着丈夫的鼻子走——尽管有人这样指责，不过反正卡洛斯四世在戴上王冠之后也没有打算搞政治。成为国王之后的变化只是增加了打猎的次数。

据实画出 >>

请再看一下戈雅的肖像画。

如前所述，画面左侧靠后的微暗处，画家本人站在画布前。这当然是在模仿委拉斯开兹，也有人说是因为王族的人数是 13，不吉利，所以画家亲自出场凑一个人数。

主角是站在正中央的穿得富丽堂皇的王后玛丽亚·路易莎。她此时已经生下 14 个孩子，传闻其中两个——站在她两侧的小女儿和小儿子——不是国王的，而是她和情夫戈多伊生的孩子。画上的她看起来似乎有什么怪僻，风度全无甚至有些丑陋。对于这样的画法，她为什么没有提出不满也是一个谜。有人说因为画得跟本人一模一样，所以她很满意（或者忍了），但却难以令人信服。戈雅为王后画过多幅肖像，如此毫不留情地表现是第一次（这也是他最后一次画她）。

卡洛斯四世胸前挂着灿烂的勋章，大腹便便地站在和玛丽亚·路易莎隔着一个人的位置。训斥他“你怎么这么笨”的父亲早已不在人世，他登基已有12年，政务全部交给戈多伊（因为受到王后的宠爱，从军人一跃升为首相，用令人无法放心的手法掌舵国家）。这时法国那对夫妇已经在革命中被送上了断头台，或许他觉得与他们相比西班牙太平得多，并没有露出紧张的神色。

但是站在画面左起第二个位置的年轻的王太子（后来的费尔南多七世）却满心不满。他讨厌他的父母，在母亲的情夫把持的宫廷里形成反对派，很受民众欢迎。不过这里又有一个前后对照，再看1814年戈雅所画的加冕不久的费尔南多的形象，变化多么大啊。

他的第一任王后曾在给自己母亲的信中这样写道：“感觉迟钝，无所事事，骗子，卑鄙，腹黑，（中略）不读书，不写字，不思考，总之就是一无是处。”感觉这幅画几乎把这些统统都画了出来。

以戈雅的能力，要想把人物美化到任何样子都绝非难事。但是他没有这样做，而他们也没有要求他重画。在专制主义行将就木之时，无论哪国的宫廷都已经变得松散不堪，但至少其他国家还会做一些表面功夫，肖像画也会要求加上其实本身并不具有的气质。在某种意义上，他们可能已经不

▶加冕不久的费尔南多七世（1814 年）

在乎体面了。

这样的西班牙波旁家族，令人不禁为之担忧（？），不要紧吧？当然，不可能不要紧。

拿破仑驱逐王族 >>

本作完成后不久，企图称霸世界的拿破仑开始显示他对西班牙的野心。这个时候为拿破仑带路的是谁呢？正是费尔南多王太子。可以说他出卖了自己的父母。

据说玛丽亚·路易莎大发雷霆，在法军面前骂儿子："你这个私生子！"此事不知真伪，但这样的传闻却表达出了人们对她混乱的男性关系和被戴绿帽子的国王的嘲笑。

卡洛斯四世退位，带着妻子、戈多伊和满车的金银财宝出了国。玛丽亚·路易莎称长期一起过着逃亡生活的三个人为"地上的三位一体"——在旁人看来不过是"无能的丈夫、话多嘴碎的妻子、玩弄女性的妻夫"的冤家——她还算长寿，67 岁时在意大利感冒恶化，在戈多伊的照料下死去。与安托瓦内特相比，可以说是相当幸福的晚年了。被迫退位

▶戈多伊的肖像（戈雅绘，1801 年）

的国王因为妻子的死很受打击，不到半个月就紧随其后去世了。戈多伊在那之后却又活了 32 年，一直到伦敦世博会举办那年，他写下了回忆录，最后死在巴黎。

而赶走父王、成为费尔南多七世的儿子得意扬扬地前往法国与拿破仑会面，马上就被抓了起来。皇帝本来的目的就是使王室内部分裂，并没有打算将王冠一直戴在费尔南多之流的头上。他很快就将自己的哥哥约瑟夫作为何塞一世派到西班牙担任国王。

此后由民众发起的反法运动（戈雅的杰作《1808 年 5 月 3 日夜枪杀起义者》充分反映了当时的情况）开始了，西班牙人呼吁法国归还他们的国王，但是仔细想想，这个国王也是波旁家的人，没有一滴西班牙的血统，真是奇怪。

5年后，拿破仑倒台，何塞一世此前无非是仗着弟弟的威风，所以此时也出逃了，费尔南多七世重新坐回王位。前面提到戈雅画的披红色斗篷的单人肖像画就是出自这一时期。回归的国王马上开始复仇。

他重拾了被何塞一世视为中世纪的野蛮而加以禁止的异端裁判所，将（他所认定的）叛徒一个接一个地处以火刑。他对一切反对君主专制的人加以镇压，甚至处决了在独立运动中有功绩的人。其残暴程度比法军在时有过之而无不及，使西班牙化为一片血海。人们这才意识到，费尔南多七世完全不是他们所期待的样子。

与西班牙近代史的联系 >>

看到西班牙的这段不幸遭遇，我不禁想起伊索寓言中《想要国王的青蛙》的故事。

池塘里的青蛙央请宙斯赐给它们一个国王。宙斯扔给它们一截木桩。青蛙们被溅起的水花吓得老实了几天，但是渐渐地习惯了以后，就爬到木桩上放肆起来。它们又求宙斯给他们换一个国王，这次宙斯赐给他们了一只兔子。好脾气的兔子整天无所事事，青蛙看不起它，吵着要再换一个国王。于是宙斯送了它们一只苍鹭。苍鹭每天都把青蛙当作美食，最后池塘里一只青蛙都没有了……

费尔南多七世没有儿子，只好将 3 岁的女儿立为伊莎贝拉二世。此举再次引发了继承问题。女王出逃，从意大利来了新国王，但不久就因为政变而退位，伊莎贝拉女王的儿子阿方索十二世即位，接着是阿方索十二世的儿子十三世，然后是佛朗哥独裁政权的开始。

到了这里已经是近代史的范畴。众所周知，西班牙如今是君主立宪制国家。现在的国王胡安·卡洛斯一世[①]是阿方索十三世的孙子，是波旁的后人。

① 胡安·卡洛斯一世已于2014年退位。——译者注

1807 年，油画，卢浮宫博物馆，621cm×979cm

第 11 章

David

《拿破仑一世加冕大典》

大卫

《人权宣言》并不能控制面包价格的高涨，争取面包的暴动在各地频频发生。法国就像暴风雨中的一艘小船，持续着剧烈的颠簸。

革命的大混乱 >>

1789年8月，国民议会通过了《人权宣言》。宣言共17条，其中包括高歌人类理想的“人生来是自由的，在权利上是平等的”。1792年又召开了国民公会，宣布废除君主制度，建立共和制度。

乍看起来，革命似乎进展得很顺利。

然而，单凭宣言并不能控制面包价格的高涨，争取面包的暴动在各地频频发生。虽然砍了国王和王后的脑袋，但是年幼的王位继承人——虽然已经被关进了单身牢房——还活着，路易十六的两个弟弟已经出逃，正在煽动其他国家的王族帮助波旁家族复辟。四周都是敌人。法国就像暴风雨中的一艘小船，持续着剧烈的颠簸。

这时就发生了内部派系斗争。

▶领导雅各宾派、实施恐怖政治的罗伯斯比尔

如前所述，这场革命是由新兴的产业资本家大资产阶级主导的。因为他们把自己的利害放在第一位，所以并没有考虑在推翻君主制时并肩作战的民众和农民的权利，他们构成吉伦特派，不断右倾。左边则有雅各宾派，起初试着做资产阶级和民众的中间人，最终决裂。后来以罗伯斯比尔为中心的雅各宾派驱逐了吉伦特派，进入独裁体制。

但是很快，雅各宾派内部又发生了派系斗争。昨天的朋友成了今天的敌人，而且比原来的敌人更加可恨。罗伯斯比尔先后肃清了丹东等右翼和埃贝尔等极左翼政敌，拉开了世

▶《跨越阿尔卑斯山圣伯纳隘口的拿破仑》（大卫绘，1801 年）

人所称的恐怖政治的序幕。断头台上刀刃吸的血比以前更多了。然而这不但没有增强，反而削弱了罗伯斯比尔的力量。这是必然的吧。把自己党派的右端和左端都削掉之后，获得的支持就会变少。

吉伦特派趁机发动政变（这就是“热月政变”），这次罗伯斯庇尔被送上了断头台。

事情发生得令人眼花缭乱。这期间，路易十六和安托瓦内特之子路易·夏尔在单身牢房里无人问津地死去。这时距离宣布废除君主制，才过去两年不到的时间。

革命的方向决定性地指向了右。资产阶级——将自己和民众割裂开来——虽然掌握了控制权，但是地盘还不坚固。残存的雅各宾派还在煽动民众，由逃亡贵族组成的保王派也乘机活跃起来。路易十六的弟弟普罗旺斯伯爵自己在安全区，自立为路易十八（立路易·夏尔为路易十七），虎视眈眈，企图复辟波旁王朝。

资产阶级深切地感受到有必要以武力保护自己。这只能依靠军队。而军队的指挥官，就是如今已控制了北意大利，被奉为国民英雄的实力派，出身于科西嘉岛的那个男人，拿破仑·波拿巴！

英雄的野心 >>

就这样，拿破仑就像一个压轴出场的演员，不慌不忙地登上了历史的舞台。

毫无疑问，他是“革命之子”。国王手下的将军都逃亡了，革命政府相互碾压，正是在这种缺少大人物的混沌中，他才得以爬上去。但是他并没有打算做家犬，1799年，他发动雾月政变，掌握了政权，成为比罗伯斯比尔更甚的独裁者，最后在1804年加冕为皇帝拿破仑一世。

之所以不选择国王而选择“皇帝”这一称号，虽然也是因为皇帝可以管束多个国王，但最重要的，他是为了告诉世人，自己不是继承波旁王朝的“法国国王”，而是“法国人民的皇帝”。当然他本人也知道这是诡辩。他有自我矛盾的一面，他的支持者是资产阶级和拥有土地的富农，而他自己却是强大的军事政权的领袖。而且他还希望让自己的子子孙孙继承皇位，所以这无非是一个新王朝的开幕。《人权宣言》的“平等”究竟会怎样?

很多同时代人的幻想就这样破灭了。拿破仑的生母就强烈反对，并缺席了自己儿子的加冕典礼（这不是一位令人尊敬的女杰吗？）。

贝多芬也很气愤。“他也不过是凡夫俗子，接下来肯定会为了自己的野心，践踏一切人权，成为一个专制君主。”于是把原定献给拿破仑的第三交响曲的曲名从“拿破仑”改为“英雄”。司汤达谴责道:“他不想再做革命之子，而想成为一个普通的君主。”出身于西班牙世家、出生在南美加拉加斯（现委内瑞拉）的玻利瓦尔虽然出席了加冕典礼，但是他目睹新皇帝的反动化之后，就返回了南美，投身于独立运动，成为玻利维亚的总统（而非国王）。

拿破仑大概也有危机感，觉得不称帝就没有办法平定国家。但是毫无疑问，他作为男人的野心更胜一筹。在当时的时代，要想摆脱君主制的意识并不是那么容易的。

即使是憎恶旧体制，远渡重洋来到新大陆，并通过战争从英国赢得独立的美国人也不能幸免。首任总统乔治·华盛顿部下的军官就曾恳请他担任“君主”。华盛顿义愤填膺，在信中拒绝道：“从来没有感到这样不愉快……再也不想听到同样的意见。”但是如果这个时候他有一点儿拿破仑那样的想法，合众国完全可能变成和现在不同的样子。

包藏谎言的加冕礼 >>

言归正传，让我们继续讲“科西嘉的暴发户”的加冕典礼。典礼在巴黎的圣母院大教堂举行，有两万人到场，耗时5个小时，场面非常隆重。

这幅画的作者是原雅各宾派党员大卫，花了3年时间才完成这幅画作。为处死路易十六投出了赞成票，并在路旁画下了被送往断头台的安托瓦内特，憎恶王侯贵族的他，对拿破仑称帝并没有表现出任何抵触。他受聘成为首席画家，为皇帝画了一幅又一幅政治宣传画。

拿破仑平日里常说：“大即是美，可以让人忘掉许多缺点。”（他本人身材矮小）他对这幅纪念碑般的大作一定非常满意吧。如果把画放在地上，我们就会知道它有多大——将近60平方米，相当于两室一厅的房子的面积。近景中

▶加冕礼（局部。右侧披红色披风的人物是塔列朗）

背朝观众站着的男性，一个个都比真人大上许多，身高均超过两米。

头戴月桂冠，又瘦又高，相貌英俊的（大幅度的美化！）拿破仑正准备为爱妻约瑟芬戴上宝冠的瞬间凝固在画布上。在画面的左上角，天光从高处斜照在新皇帝身上，暗示着皇帝受到上帝祝福的荣耀。

加冕典礼的实际情形并没有这样庄严。坐在画面中央的贵宾席上，面朝正前方的是拿破仑的母亲，但实际上如前面所述，她认识到了儿子犯下的错误，并没有到场。

另外，教皇庇护七世坐在皇帝身后，虽然他脸上没有表情，但是内心想必非常气愤。拿破仑把他从罗马叫来，却并没有让他主持加冕仪式。因为拿破仑自己给自己加冕，做了一场否定教皇神权的华丽表演。

前列右端，披着红色披风，面带微笑的人是外长塔列朗。他在3年后就对拿破仑失去了信心，策划了路易十八的回归。在后来的“维也纳会议”上，他作为法国代表，提出“正统主义”，维护君主专制的旧体制，充分展现了一个老奸巨猾的谋士形象。

至于约瑟芬，尽管处在了人生的巅峰，但却心中不安。她感觉自己已经没有生育能力，担心拿破仑将来会不会换一个能为他生下子嗣的女人——5年后两人离婚，她的预感应验了。拿破仑强娶了名门哈布斯堡家族的公主，因为他想提高自己王朝的威信（关于这次再婚，参见《12幅名画里的哈布斯堡王朝》）。

新皇帝的转变 >>

君主专制长期持续，阶级严重固化之后，即使可以从一介少尉一跃成为皇帝，但是要维持下去，无论对什么样的天才来说都并非易事。拿破仑只能通过征服欧洲，来确保自己的权力不可动摇。他也因此走向了毁灭。

在没有间断的战争中，起初他战无不胜，让几个兄弟分别登上这里那里的王位（如上一章所述，让哥哥约瑟夫做了西班牙国王），后期则败仗不断（在俄国战场上几乎全军覆没）。帝政时期的法国人口约 3000 万，其中在拿破仑发动的战争中战死的士兵人数据说多达百万。这样的人员损失令人瞠目结舌。不用说其他国家，就连法国国内也必然是怨声载道。

无法取胜的拿破仑被流放到厄尔巴岛，在进行战后处理

▶厄尔巴岛上残存的拿破仑宅邸

的维也纳会议上，波旁重获新生。

路易十八在经历了1/4个世纪的逃亡生活之后，乘着套八匹马的马车重返巴黎，登上王位。王政复辟。为革命而洒的无数鲜血，究竟换来了什么？知道德川的大政奉还的我，除了震惊还是震惊。抑或，是否日本的无血革命才是异常的呢……

59岁的路易十八——塔列朗说他“忘恩负义”“骗子”“什么也不忘，什么也不学”——似乎觉得可以回到那个美好的旧时代。他将拿破仑军队的军官免职或减薪，而将6000名没有实战经验的逃亡贵族提拔为近卫兵或军官。法国再一次笼罩在不稳定的气氛中。对新国王的嘘声，对拿破仑的怀念，人心是多么易变啊。

▶重返巴黎途中，受到士兵热烈欢迎的拿破仑

厄尔巴岛上的前皇帝笑了。不满分子遍布全国。流放还不到一年的他从岛上逃脱，带着逐渐壮大的支援者队伍，途中一枪未发，北上巴黎。

这一时期的报纸文章也不知该说是可鄙还是可笑，从《怪物逃出流放地》开始，《科西嘉之狼登陆戛纳》《王位篡夺者进入格勒诺布尔》《专制皇帝拿破仑占领里昂》《拿破仑逼近枫丹白露》，最后变成《皇帝陛下明日重返巴黎》。

百日王朝的终结 >>

当这位皇帝陛下时隔 14 个月再次踏入杜伊勒里宫时，路易十八早就躲了起来。在他还是普罗旺斯公爵的时候，我们就见识到了他的逃跑速度。他在哥哥一家于瓦雷纳出逃同一天，通过其他途径成功地突破了国境。这一次，他躲到了伦敦。

但是在这之后，占据天时之利的是路易十八，而不是拿破仑。以英国、德国为中心的反法盟军在滑铁卢击败了拿破仑的军队，英雄的时运已尽，世人所称的“百日王朝”就这样结束了。之后他被流放到圣赫勒拿岛，一直到 51 岁去世。有功亦有过的巨篇小说就这样结束了。

再次戴上王冠（毫无故事性）的路易十八没有从断头台和拿破仑的历史中汲取任何教训，他对大贵族的优待一如革

▶路易十八（盖兰绘）

命前，由此引发了“梅杜萨号”事件。

“梅杜萨号”是一艘向西非殖民地运送士兵和移居者的军舰，舰长原是逃亡贵族，典型的无能之辈，在军舰触礁之后，自己第一时间坐救生艇逃走，把 147 个人扔在临时搭建的木筏上。这些人在缺水的状态漂流了 15 天，病死，饿死，进而发展到自相残杀，最终只有 10 人获救。事件成就了籍里柯的极富戏剧性的《梅杜萨之筏》，加深了人们对波旁家

▶《梅杜萨之筏》（籍里柯绘，1819 年）

族的憎恶。

这些又诱发了新的事件。因为路易十八没有子嗣，所以定最小的弟弟阿图瓦伯爵为继承人。阿图瓦伯爵的嗣子贝里公爵在从歌剧院里出来时遇刺身亡，是希望波旁绝嗣的自由主义者所为。

螺丝被重新拧紧。君主专制复辟路线经过 1824 年路易十八死后登基成为查理十世的阿图瓦伯爵之手，变得更加激进。

▶1830 年，油画，卢浮宫博物馆，260cm × 325cm

第12章

Delacroix

《自由引导人民》

德拉克洛瓦

“自由”戴着弗里吉亚帽，在滚滚硝烟中，左手握着上了刺刀的枪，有力的右臂高高地举起三色旗。“自由”鼓舞着民众，踏过国王军队士兵的尸体和路障的残骸前进。

“自由”引导的法国 >>

这是浪漫主义代表画家德拉克洛瓦的杰作，对西方绘画不太关心的东方人看了大概会感到莫名其妙，为什么一个敞着怀的女人在指挥巷战呢？说不定会妄加揣测：战斗就在自己家附近打响，这位女中豪杰不能自制，光着脚就冲了出来。

其实她并不是人，而是化作人的形象的抽象概念。用人体来表现抽象名词，这非常符合信奉人文主义的欧洲的风格，但是东方人却很难习惯这种思维，一不小心就会将其混淆为登场人物之一。更何况在以史实为题材的写实的画面中，画家不但赋予了拟人像以人的情感，甚至给她画上了腋毛，这就更容易混淆了。

本作的准确的标题是“引导民众的‘自由’”。

以往的惯例是把“自由”的拟人像画成头戴弗里吉亚帽（一种帽尖弯曲的圆锥形帽子）的样子。这起源于罗马时代，在女神费洛尼亚的神殿给被解放的奴隶发放弗里吉亚帽，在法国革命中作为自由的形象有特殊的意义，涌到宫殿的巴黎市民甚至强行给路易十六戴上加以嘲笑。

这幅画中的“自由”也戴着弗里吉亚帽，在滚滚硝烟中，左手握着上了刺刀的枪，有力的右臂高高地举起三色旗。现代法国国旗的蓝、白、红配色，分别代表着“自由”“平等”“博爱”。王政复辟后路易十八禁止使用的旗帜，如今再度挥起。在这面旗帜下，“自由”鼓舞着民众，踏过国王军队士兵的尸体和路障的残骸前进。

用步枪、手枪、军刀武装的人们分别来自不同的阶级——从巴黎特有的流浪少年，到劳动者、学生、小资产阶级——仍旧是通过帽子来表现。布头巾、贝雷帽、三角帽、高筒礼帽——后景里还能看到军帽，反映了军队中也有大批士兵投靠民众阵营的事实。

在画面右端，路障的残骸上，画家得意地用鲜红的颜料签下名字“德拉克洛瓦，1830年”。他本人并没有参与这场被称为“七月革命”的追求自由的武装斗争；但是他大概想说他在感情上是和他们并肩作战的，有人推测画面中央，帽檐翘得厉害的高筒礼帽的主人可能是他的自画像。

尽管这只是推测，不过德拉克洛瓦虽然出生于富裕的外交官家庭，但是关于他的生父是曾经背叛拿破仑的塔列朗的说法很有力。这样一来，就变成了父亲让波旁复活，而儿子却对波旁说NO（不）。

复辟的王权 >>

1789 年爆发的“法国革命”也是在酷热的七月。时隔 41 年，渴望变革的民众愕然地看着“现在”。他们看到了经历了多次的动荡和流血，波旁王室竟然还骑在国家的头上的事实。

当然，站在波旁的立场上，看到的是一个截然不同的世界。王权明明是由神授予的神圣存在，底层人民要什么自由平等啊。

路易十八病故，弟弟阿图瓦伯爵登基成为查理十世是在 1824 年。曾经是安托瓦内特的好玩伴，一起参加化装舞会，滑雪橇，赌纸牌，在享乐的时代讴歌青春的无忧无虑的第三王子，也在经历了漫长的逃亡生活的辛劳和屈辱，将来承继王位的儿子被暗杀等变故之后，变成了一个顽固

▶查理十世

的 66 岁老人。

他一向不赞成二哥不断向自由主义者妥协的做法，下定决心要让国家回到专制主义的过去，所以恢复了许多华丽的王朝仪式，例如在兰斯大教堂举行的加冕典礼、祝圣仪式等。另外，他为了补偿逃亡贵族被没收的财产，支出了 10 亿法郎，并且恢复了以防止财产分割为目的的长子继承法。

不光是制度，令人怀念的名字也回来了。

查理十世的另一个儿子昂古莱姆公爵在逃亡途中和堂妹结婚（虽然只是名义上的），这个女人就是安托瓦内特的女儿玛丽·泰瑞丝。

父母死在断头台上，本应成为下一任国王的弟弟死在单身牢房，自己也被长期囚禁，最后才通过人质交换被送回母亲的娘家哈布斯堡。玛丽·泰瑞丝因为政治婚姻嫁给了父亲的弟弟的儿子昂古莱姆公爵，在多舛的命运的引导下，再次回到了可恨的法国，坐上了王太子妃的位子。她不承认新兴的贵族，态度严厉而高傲，被称为“为了复仇而回来的公主”（考虑到她在少女时期的残酷经历，也并非不能理解……）。

还有波利尼亚克。这个名字也和安托瓦内特关系不浅。安托瓦内特最信任和宠爱的人就是波利尼亚克伯爵夫人，并且把她的一家提拔到高位高官，年金、赏赐源源不断，导致

玛丽·泰瑞丝

自己失去民心。然而夫人却在革命爆发之后就逃走了。王政复辟后，她的儿子又给波旁带来了灾难，因为被查理十世任命为首相的朱尔·波利尼亚克接二连三地推出了触怒民众的反动政策。

▶波利尼亚克伯爵夫人（勒布伦绘）

三天的七月革命 >>

从优待逃亡贵族和圣职人员开始，以权力向国王集中为目的的政治上的倒行逆施，和当时的经济萧条互起作用，招致了民众和资产阶级的不满（另一面，在贵族回国的这段时间里，丝带和羽毛装饰再度流行起来，女性时尚恢复了优雅这一点倒是无可争议）。

查理十世在波利尼亚克的建议下，准备采取与历任国王相同的手段，即通过战争来转移国民的不满。他决定出兵阿尔及利亚（法国对阿尔及利亚的控制由此开始，一直持续到20世纪60年代戴高乐总统承认其独立为止，想必令阿尔及利亚不胜其烦吧）。

但是最终，这场侵略战争也没能安抚民众。在选举中，反政府派占据了多数。国王让步了吗？没有，恰恰相反。查

▶法军进攻阿尔及利亚

理十世深信，大哥路易十六就是因为一味软弱地接受对方的要求才招致了革命，被砍了头。所以，他绝不能重蹈覆辙，必须保持着强硬的态度，让人们知道国王的权威。

查理十世发出紧急敕令，企图解散尚未召集的下院，通过修改选举法来减少反对派，并停止报道自由。此举完全无视宪法的存在。

请回想一下，路易十六曾研究《英国史》，发现查理一世被处决的原因是他的强硬路线，所以他选择了与之完全相反的道路。之所以没有奏效，可以说是因为时代和条件都相差太多。而这次弟弟又研究哥哥的失败，得出了应该采取相反策略的结论，也可以说他效法了查理一世路线，完全没有考虑时代的变迁和人权思想的兴起。

巴黎市民对这项严重落后于时代的敕令极为愤怒。很快巷口就筑起了路障，自发聚集的人们振奋精神，带有波旁家徽的百合花旗被扯下，三色旗飘扬。这就是历时三天的“七月革命”。

强势到底的国王立即出动了军队。枪声响起，刀剑交锋，怒吼，惨叫，鲜血喷涌。即便如此，市民依然没有停止抵抗，士兵的补给却跟不上了。因为士兵们缺乏斗志，有的投靠了市民一方，有的逃跑，而且因为阿尔及利亚战争投入了大量的兵力，人数原本就已经不多了（实在是个糊涂

▶七月革命

的国王）。

人群涌到了卢浮宫。狼狈的查理十世宣布罢免波利尼亚克，撤回敕令，但为时已晚，因为所有人都要罢黜老国王。可以说，这次后来被称为“光荣的三天”的革命给了波旁致命的一击。

波旁王朝的遗产 >>

在战斗的走势变得明朗之后，大资产阶级在水面之下决定了下一步棋。他们最想避免的，是曾经的恐怖政治再次到来。革命后的混乱是最可怕的。于是，他们想出一条秘计。为了阻止第二个罗伯斯比尔、第二个拿破仑出现，最后保留君主制，但必须是民主的君主制，像查理十世这种梦想着在法国再次实行君主专制的国王不在讨论范围之内。

那有谁呢？只有一个人。波旁支流的奥尔良公爵路易·菲利普。从路易十四的弟弟开始，他是第六代。

就这样，路易·菲利普一世诞生，查理十世被迫退位。脑袋还能长在身上就已经很好了。不，这或许是更大的屈辱。这无异于对他的蔑视：就算让你活着你也不能上场比赛了。被废失意的国王和儿子、儿媳玛丽·泰瑞丝以及一帮溜须拍马之徒一起逃亡英国，6 年后死在意大利。兄弟两人，不足 15 年便演完了昙花一现的王政复辟剧。

波旁家族——不，准确地说是核心的波旁支持派——还没有放弃。他们将已经放弃王位继承权的昂古莱姆公爵奉为路易十九，然后又将他的弟弟贝里公爵的儿子尚博公爵奉为亨利五世，抓着未做完的梦（大概是感觉太舒服了吧）不放。然而无论无力的贵族在逃亡地点怎么闹，都不过是斗输了的狗在远远地嚎叫。两个人在留下子嗣之前去世后，波旁的直系就此断绝。

波旁王朝曾经极尽荣华，但是这样看下来，会有一个强烈的感觉：它的结束是必然的。昔日路易太阳王的光环太过耀眼，只是助长了自尊心，缺乏灵活性，最后自取灭亡。但是它还是为法国留下了凡尔赛宫，以及法国对世界的文化优势。

迟到的共和制 >>

在此稍微提一下之后的法国。

路易·菲利普一世在位18年，他在这期间变得越来越保守和反动，终于失去了民心，在“二月革命”中（法国好像在不断地革命，几乎让人觉得他们在滥用“革命”一词）被驱逐，君主制完全结束。终于建立了共和制。

然而这还没完。因为接下来的是路易·拿破仑，拿破仑·波拿巴的侄子（弟弟的儿子）。他通过选举成为总统，却抱着和伯父一样的野心，发动政变，从半途开始成了皇帝拿破仑三世!

对东方人而言，这种不屈不挠的反复——就像用人物来表达抽象概念的画一样——让人很难理解。法国完全恢复共和制，是从将拿破仑三世赶走的1870年开始的（这时也险

法国送给美国的自由女神像

些发生王政复辟）。也就是说，那不过是 140 年前的事情。

或许是抱着这次一定要得到“自由”的愿望，1886 年，在纪念美国独立 100 周年时，法国人募集捐款，将“自由女神像”作为礼物送给了美国。这就是现在屹立在纽约自由岛上的那座著名的铜像，让人不禁联想起德拉克洛瓦的《自由引导人民》。

后记 >>

本书是《名画解读　12幅名画里的哈布斯堡王朝》的姊妹篇，建议读者完整阅读《王朝物语》系列作品。通过了解一面看到的风景从另一面看是什么模样，可以感受到历史复杂而生动的发展过程。

哈布斯堡和波旁——彼此相邻的这两大家族在很长的时间里彼此仇视，在战场上剧烈冲突，又靠玛丽·安托瓦内特这一黏合剂维系了短暂的蜜月关系。国王、女皇、情妇个个施展权谋术数，在你死我活的斗争中开出一条血路。在这个过程中，他们的想法和行动都暴露无遗，而这些都超出现代的我们的想象；另一面，则是无论过去还是现在都未曾改变的爱憎之心。说这恰恰是人的不可思议和有趣之处也不为过。

受篇幅的限制，有几段轶事没能写进本书。《加布里埃尔·德斯德雷和她的妹妹》之谜、因为多代近亲结婚而灭亡的西班牙哈布斯堡家族的悲剧、大卫在路旁画下的安托瓦内特前往断头台的情形、阉伶巨星法里内利的晚年、《梅杜萨之筏》的背景等在拙著《胆小别看画》系列中有详细介绍，如果读者能一并阅读，我将非常高兴。

一开始，事件和人物都不过是一个个很小的点，但随着其间的连线越来越多，你的兴趣会变得比以前更加浓厚……这可能与人际关系的法则（“越了解越喜欢”）是一样的道理！

这次仍然是光文社的山川江美女士一如既往地为我“陪跑”。在此致以真挚的谢意。

中野京子

主要参考文献 >>

Allgemeine Deutsche Biographie(ADB[Bd.1~56]), Dunker & Humboldt/ Berlin 1967

Der Treppenwitz der Weltgeschichte, William Lewis Hertslet, Haude & Spenersche Verlagsbuchhandlunng/ Berlin, 1882

What Great Paintings Say, Rose-Marie & Rainer Hagen, Taschen, 2003

Daily Life at Versailles in the Seventeenth and Eighteenth Centuries, Jacques Levron, Macmillan Pub. Co., 1968

Die Kunst des 18. Jahrhunderts, Berlin, 1971

Letters in American History, Jack Lang, Crown

Publishers, 1982

Goya, Jutta Held, Rowohlt, 1980

《符号与意象事典》(*Dictionary of Symbols & Imagery*) A. de Vries/ 山下主一郎主编，大修馆书店，1984

《西方美术解读事典》(*Dictionary of Subjects and Symbols in Art*) J. Hall/ 高阶秀尔监修，河出书房新社，1988

《图解服饰百科事典》L. Kybalova, O. Herbenova, M. Romanova/ 丹野郁等译，岩崎美术社，1971 年

《世界名画之谜（作品篇）（作家篇）》R. Cumming/ 富田章等译，Yumani 书房，2000 年

《法国史（上、下）》A. Maurois/ 平冈升等译，新潮文库，1956、1957 年

《法国史（新版）》井上幸治编，山川出版社，1968 年

《法国文化史》J. Duby, H. Mandle/ 前川贞次郎等译，人文选书，1969 年

《凯瑟琳·德·美第奇》O. 内米、H. 法斯特 / 千种坚译，中央公论社，1982 年

《路易十五》G. P. Gooch/ 林健太郎译，中央公论社，1994 年

《18 世纪巴黎生活志（上、下）》L. S. Mercier/ 原宏译，岩波文库，1989 年

《疫病与世界史（上、下）》W. H. McNeill/ 佐佐木昭夫译，中公文库，2007 年

《改变历史的气候大变动》B. Fagan/ 东乡绘里香等译，河出文库，2009 年

《神圣王权波旁家族》长谷川辉夫，讲谈社选书 METIER，2002 年

《法国绘画史》高阶秀尔，讲谈社，1990 年

《凡尔赛宫的历史》C. Constant/ 伊藤俊治监修，创元社，2004 年

《戈雅（1—4）》堀田善卫，新潮社，1974—1977 年

《玛丽·安托瓦内特》S. 茨威格 / 中野京子译，角川文库，2007 年

《王朝物语　12 幅名画里的哈布斯堡王朝》中野京子，光文社新书，2008 年

年表 >>

（仅摘录与正文相关的事项）

1533

凯瑟琳·德·美第奇与亨利二世结婚

1547

亨利二世即位

1556

西班牙腓力二世即位

1558

英国伊丽莎白一世即位

1559

亨利二世在骑马比武中身亡。弗朗索瓦二世即位

1560

弗朗索瓦二世去世，查理九世即位，凯瑟琳摄政。玛丽·斯图亚特返回苏格兰

1562

胡格诺战争爆发

1572

圣巴托洛缪大屠杀

1574

查理九世去世。亨利三世即位。“三亨利之战”开始

1588

英国海军击败西班牙无敌舰队（阿尔玛达海战）

1589

亨利三世遇刺，瓦卢瓦王朝灭亡。亨利四世宣布继承法国王位

1593

亨利四世改宗天主教

1598

亨利四世颁布《南特敕令》，持续 30 多年的胡格诺战争结束

1599

亨利四世与玛格丽特离婚

1600

玛丽·德·美第奇嫁给亨利四世。最早的歌剧《优丽狄茜》首演

1610

玛丽的加冕礼举行。翌日亨利四世遇刺。路易十三即位，玛丽摄政

1615

奥地利的安妮与路易十三结婚

1617

元帅孔奇尼遇刺，玛丽囚于布卢瓦城堡

1618

基督教新旧两派之争引发三十年战争

1621

西班牙腓力二世即位

1622

鲁本斯创作《玛丽王后在马赛港登陆》(1622—1625，第1章)、《奥地利的安妮》(第3章)

1624

黎塞留就任宰相

1625

英国查理一世即位。亨利埃塔·玛丽亚出嫁

1635

凡·戴克创作《查理一世行猎图》(第2章)

1638

路易十四诞生

1642

玛丽·德·美第奇客死科隆

1643

路易十四即位。母亲安妮摄政，任命马萨林为宰相

1648

镇压投石党之乱。三十年战争结束

1649

清教徒革命。处死查理一世，英国变成共和国

1652

委拉斯开兹创作《玛丽亚·特蕾莎》(1652—1653，第5章)

1659

法国、西班牙两国之间签订《比利牛斯条约》

1660

玛丽亚·特蕾莎与路易十四结婚。查理二世即位，英国君主制复辟

1661

马萨林去世

1668

开始兴建凡尔赛宫

1682

路易十四将宫廷迁往凡尔赛宫

1685

路易十四废除《南特敕令》

1700

卡洛斯二世去世。西班牙哈布斯堡家族断绝。腓力五世即位（西班牙波旁家族开始）

1701

里戈创作《路易十四》（第4章）

1713

经过西班牙王位继承战争，腓力五世的王位得到承认

1715

路易十四去世。曾孙路易十五即位

1720

华托《热尔桑画店》（第6章）

1740

普鲁士腓特烈大帝、奥地利玛丽亚·特利莎即位。奥地利王位继承战争开始

1745

蓬帕杜成为路易十五的宫廷情妇

1750

富兰克林发明避雷针

1755

康坦·德·拉图尔创作《蓬帕杜侯爵夫人全身像》（第7章）

1756

七年战争开始。“三条衬裙”结盟

1762

俄国伊丽莎白女皇去世。叶卡捷琳娜女皇通过暗杀丈夫即位

1764

蓬帕杜去世

1765

玛丽亚·路易莎嫁给西班牙国王卡洛斯四世

1769

拿破仑在科西嘉岛诞生。英国这一时期正在进行工业革命

1770

玛丽·安托瓦内特与法国王储（后来的路易十六）结婚

1774

路易十五去世，路易十六即位

1775

美国独立战争爆发

1776

美国宣布独立。富兰克林抵达法国

1777

格勒兹创作《富兰克林像》（第8章）。萨拉托加战役

1783

美国独立战争结束

1788

卡洛斯三世去世。卡洛斯四世即位

1789

法国革命爆发

1792

法国废除君主制，宣布实行共和制。戈多伊掌握西班牙国政

1793

处死路易十六、玛丽·安托瓦内特。卢浮宫博物馆开馆

1794

热月政变，处死罗伯斯比尔

1795

路易·夏尔（路易十七）死在囚笼中

1796

罗伯特创作《卢浮宫的大画廊成为废墟的想象景象》（第9章）

1800

戈雅创作《卡洛斯四世一家》（1800—1801，第10章）

1804

拿破仑加冕为法国皇帝，并为约瑟芬举行加冕仪式

1806

神圣罗马帝国灭亡

1807

大卫创作《拿破仑一世加冕大典》（第11章）

1808

法军入侵西班牙。王族逃亡国外。费尔南多七世即位，四个月后王位被夺，拿破仑之兄约瑟夫作为何塞一世即位

1813

王位归还费尔南多七世

1814

拿破仑退位，被流放到厄尔巴岛

1815

拿破仑返回巴黎，后在滑铁卢战役中失利，波旁家族复辟，被流放到圣赫勒拿岛

1820

西班牙发生政变。西班牙自由主义政府成立

1823

法军入侵西班牙，西班牙君主专制复辟。后经历佛朗哥独裁政权，王室得以延续

1824

路易十八去世。查理十世 67 岁时即位

1830

七月革命爆发。查理十世退位。德拉克洛瓦创作《自由引导人民》（第 12 章）

1848

二月革命。奥尔良公爵菲利普逃亡英国。拿破仑侄子路易·拿破仑当选总统

1852

路易·拿破仑通过革命加冕为皇帝拿破仑三世

1870

法国恢复共和制，成为共和国制国家，直至今日

本书选取的画家简介 >>

（按出生年份顺序）

彼得·保罗·鲁本斯（1577—1640）被誉为巴洛克艺术最杰出的画家，其宏大的画风对后世产生了深远的影响。作品件数超过 2000 件。代表作《上十字架》《帕里斯的审判》。

安东尼·凡·戴克（1599—1641），佛兰德斯出身，却成为英国宫廷画家，留下了许多肖像画杰作。代表作《查理一世行猎图》《自画像》。

迭戈·委拉斯开兹（1599—1660），西班牙画家。凭借无与伦比的性格描写和被称为印象派先驱的技法，被誉为“画家中的画家”。代表作《宫娥》《教皇英诺森十世肖像》。

亚森特·里戈（1659—1743），路易十四时代的法国最重要的宫廷肖像画家。代表作《路易十四》《路易十五》。

安东尼·华托（1684—1721），法国洛可可艺术代表画家，以细腻、优美、娇媚的画风著称。代表作《舟发西苔岛》《小丑（吉尔）》。

康坦·德·拉图尔（1704—1788），粉彩画技法的完成者。留下了许多宫廷中人的肖像。代表作《蓬帕杜》《达朗贝尔》。

让·巴蒂斯特·格勒兹（1725—1805），认为艺术家应当宣扬道德观念，他的风俗画很受欢迎。代表作《乡村里的订婚》《打破的水壶》。

休伯特·罗伯特（1733—1808）对古代遗迹有极大的兴趣，有“废墟画家”之称。代表作《卢浮宫的大画廊成为废墟的想象景象》。

弗朗西斯科·德·戈雅（1746—1828），西班牙代表作家。高产，除500幅油画作品外，还有300幅蚀刻画等。代表作《1808年5月3日夜枪杀起义者》《黑画系列》。

雅克·路易·大卫（1748—1825），19世纪新古典派代表。作为拿破仑的宫廷作家，称霸画坛。代表作《拿破仑一世加冕大典》《雷加米埃夫人》。

欧仁·德拉克洛瓦（1798—1863），法国浪漫主义运动的引领者。他的日记和评论也很有名。代表作《撒丹纳巴勒斯之死》《自由引导人民》。

○图片来源

p.2：Photos.com/ Jupiterimages/ Thinkstock/ © Getty Images

p.8、p.38、p.74：Lessing/ PPS

p.12、p.41、p.60、p.77、p.80、p.103、p.143 上、p.172、p.175：The Art Gallery Collection/ Alamy

p.14：Lebrecht Music and Arts Photo Library/ Alamy

p.25、p.73、p.221：iStockphoto/ Thinkstock

p.32：Hilary Morgan/ Alamy

p.36：INTERFOTO/ Alamy

p.49、p.84、p.170、p.171 右 下、p.185、p.211：Photos.com/ Thinkstock/ © Getty Images

p.91：World History Archive/ Alamy

p.126、p.194、p.224：The Art Archive/ Alamy

p.127 下：Comstock/ Thinkstock

p.154：American Philosophical Society

p.198 右：AKG/ PPS

p.237：The Print Collector/ Heritage Images

○家谱图制作

Design Place Demand

王朝物语

12幅名画里的哈布斯堡王朝

[日] 中野京子 著
王健波 译

中信出版集团 · 北京

图书在版编目（CIP）数据

王朝物语 . 12 幅名画里的哈布斯堡王朝 / (日) 中野京子著 ; 王健波译 . -- 北京 : 中信出版社 , 2018.10 （2020.4 重印）
ISBN 978-7-5086-8843-5

Ⅰ . ①王⋯ Ⅱ . ①中⋯ ②王⋯ Ⅲ . ①欧洲 – 历史 – 通俗读物 Ⅳ . ① K109 ② K500.9

中国版本图书馆 CIP 数据核字（2018）第 069957 号

王朝物语　12 幅名画里的哈布斯堡王朝

著　　者：[日] 中野京子
译　　者：王健波
出版发行：中信出版集团股份有限公司
（北京市朝阳区惠新东街甲 4 号富盛大厦 2 座　邮编　100029）
承 印 者：鸿博昊天科技有限公司

开　　本：787mm × 1092mm　1/32　　印　　张：7.75　　字　　数：131 千字
版　　次：2018 年 10 月第 1 版　　印　　次：2020 年 4 月第 3 次印刷
京权图字：01-2017-8555　　广告经营许可证：京朝工商广字第 8087 号
书　　号：ISBN 978-7-5086-8843-5
定　　价：168.00 元（全四册）

前言 >>

哈布斯堡王朝从中世纪一直延续到20世纪初，前后历时约650年，是历史上寿命最长的王朝之一。在这漫长的岁月里，哈布斯堡家族几乎独揽了神圣罗马帝国的皇位，坐拥欧洲中心，并积极地与周边各国联姻，如蜘蛛结网一般扩张领土。毫不夸张地说，哈布斯堡家族构成了欧洲史的核心和基础。

哈布斯堡家族统治时间如此之长，地域如此之广，其中的人和事也自然波澜壮阔，不亚于一部长篇小说。

哈布斯堡家族的两大美女之一玛丽·安托瓦内特被拖上断头台，另一位美女伊丽莎白皇后被无政府主义者刺杀；腓力二世因为扩充军备和异端审判，成了世界史上板上钉钉的大反派；因为反复近亲结婚，卡洛斯二世成了西班牙哈布斯堡王朝的末代国王；委屈下嫁拿破仑·波拿巴的玛丽·路易丝生下了拿破仑二世；弗兰茨·约瑟夫的弟弟马克西米连远赴墨西哥当皇帝，最后被枪决……

这些历史与人物编织的华丽而又沾满鲜血的世界错综复

杂，时而让人无比振奋，时而让人毛骨悚然，同时又与现代的欧洲形势形成鲜明的对比，所以人们才会乐此不疲地阅读与哈布斯堡有关的海量书籍吧。

哈布斯堡帝国也成了许多艺术作品的舞台。就像歌剧有威尔第的《唐·卡洛》(原作席勒)，传记有茨威格的《玛丽·安托瓦内特》，音乐剧有里维的《伊丽莎白》等杰作一样，在绘画领域中，也有丢勒、提香、委拉斯开兹、格列柯等天才挥舞画笔。

本书就尝试为您解读这些名画，以窥哈布斯堡帝国史的一斑。

这是一次小小的尝试，可能会有很大的偏差。因为，与杰出画家辈出的西班牙相比，德语圈里从来都是听觉动物(音乐)多于视觉动物(绘画)，在近现代以前的美术史上留下名字的德语画家只有丢勒和克拉纳赫等寥寥数人。所以奥地利哈布斯堡这一分支留下的名画也很少，就连代表哈布斯堡的女中豪杰玛丽亚·特利莎，都没有留下一张有价值的肖像画，真是令人遗憾。

这种文化史上的偏差大概是不可避免的。如果读者能够在从丢勒到马奈的12幅作品中，透过画家敏锐的眼睛感受到这些杰出人物的魅力，体会到画面所讲述的历史的惊人与不可思议，笔者将深感欣慰。

哈布斯堡家族族谱图（节选）

（注）▭→西班牙哈布斯堡家族

仅收录与本书内容有关的人物，详细介绍的人物附有生卒年。

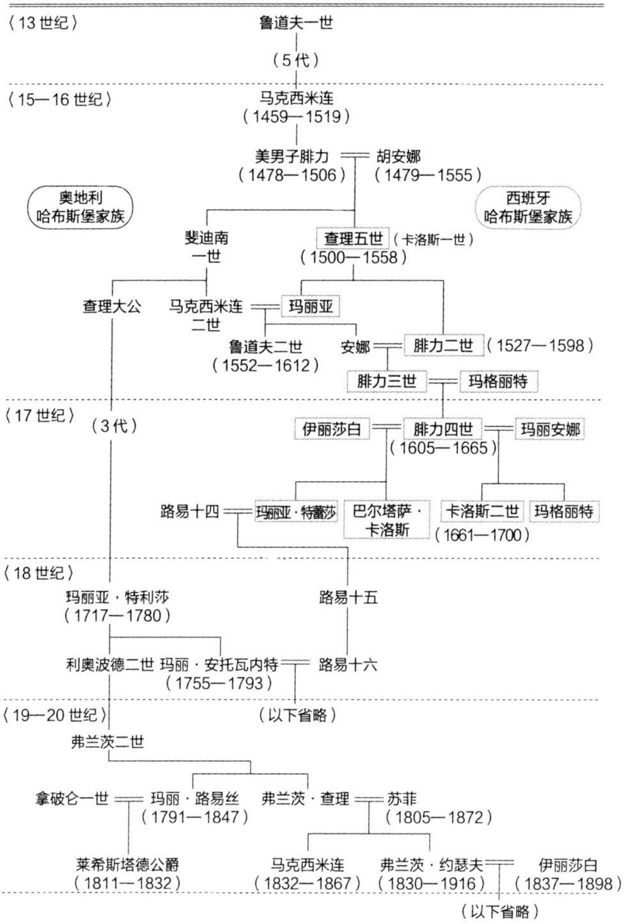

目录

Contents

12幅名画里的
哈布斯堡王朝

序章 >>

▶查理五世的纹章（绘有哈布斯堡家族的双头鹰族徽）

蓝血一族 >>

哈布斯堡家族的族人认为自己受到神的特殊眷顾，拥有高贵的蓝色血液，他们以此为豪。这种自豪的背后，是他们连续几个世纪统治五大宗教和十二个民族，几乎独揽了神圣罗马帝国皇帝宝座而建立起来的自信。

哈布斯堡王朝的势力范围覆盖了现在的奥地利、德国、西班牙、意大利、比利时、荷兰、捷克、波兰、匈牙利、罗马尼亚、葡萄牙、巴西、墨西哥、加利福尼亚和印度尼西亚。一人兼任最多个国家君主的也是哈布斯堡家族的族人。查理五世拥有七十多个头衔，为欧洲历史之最；玛丽亚·特利莎的正式称号为“奥地利女大公，兼施泰尔马克女公爵，兼克恩顿女公爵，兼蒂罗尔女伯爵，兼波希米亚女王，兼匈牙利女王……”，一连四十多个“兼”字。即使到了帝国末期，在弗兰茨·约瑟夫加冕的19世纪中叶，王朝的领土面积依然是欧洲除俄国以外最大的。

出人意料的是，如此强大的一族起源既不在奥地利也不在德国，而是10世纪末出现在瑞士东北部偏僻乡间的一个相对弱小的家族。这个家族通过两三代人的努力，在11世纪初筑起了“哈布斯城堡”（Habichtsburg，瑞士布鲁格至今仍保留着城堡的一部分）。哈布斯（Habicht）的意思是“大鹰”，堡（burg）的意思是“堡垒”“城堡”，哈布斯堡（Habsburg）这个名字便是这样来的。到了12世纪，以这座城堡为根据地的子孙自称哈布斯堡伯爵，哈布斯堡家族的历史便由此开始。

说是“伯爵”，却与我们现在所说的爵位不同，这一名号是他们自封的。在那个为了争夺领地而混战的混沌时代，自报家门时夸张一点儿是没有坏处的。不过即便如此，也还是从侧面证明了哈布斯堡家族此时已经具备了自称伯爵并获得周边认可的实力。家族的领地虽然零零散散，但也以包括巴塞尔在内的莱茵河上游一带为中心扩张了不少。

之后又经过100年，到了13世纪初，仍是乡村大族的哈布斯堡伯爵鲁道夫迎来了堪称命运转折点的大好机会，那就是神圣罗马帝国皇帝的宝座。

▶现存的哈布斯城堡

神圣罗马帝国的威风 >>

不过，我们需要先解释一下什么是“神圣罗马帝国”。“帝国”是指统一多个民族和国家的君主国，“神圣”表示由罗马教皇加冕，得到了天主教盟主的承认。自 962 年奥托一世加冕开始，德意志（包括北部意大利）国王便自动获得皇位并接受罗马教皇的加冕。或许是因为梦想着有朝一日占领整个意大利，重现古代罗马帝国，所以帝国才换成这个名称。

德国纳粹把神圣罗马帝国（962—1806）称为“第一帝国”，把俾斯麦时代的普鲁士（1871—1918）称为“第二帝国”，把 1933 年开始的希特勒独裁国家（1933—1945）称为“第三帝国”。这些命名都以建设德意志民族的理想国家为目标，然而众所周知，它们的结局都非常悲惨。

说回 13 世纪，德国在名义上依然处在神圣罗马帝国的控制下。然而实际情况却与战国时代的日本类似，群雄割据，诸侯之间明争暗斗，很难建起中央集权的国家。而且，因为没有出现一个有实力统一全国的英雄皇帝，所以德意志国王，也就是神圣罗马帝国皇帝的宝座不是世袭的，而是由七个有力的诸侯（选帝侯）选举产生的。

正如后来伏尔泰所调侃的："神圣罗马帝国既不神圣，又非罗马，更非帝国。"神圣罗马帝国早已是徒有虚名，当上皇帝，既不能增加领土，也得不到集中的权力。

然而有趣的是，尽管这个皇帝称号只是象征性的，有名无实，但是它毕竟结合了天主教权威和对古代罗马帝国的继承，在心理上还是有着巨大的威慑力。虽然与财富和权力没有直接的关系，但这好歹是欧洲最高头衔（"皇帝"是"王中之王"的意思），是无上的荣誉——这样比喻可能过于粗暴——皇位之争才会愈演愈烈。

选帝侯们并不希望他们中的任何一个脱颖而出，于是会找各种理由推迟德意志国王的选举。尽管罗马教皇再三催促，帝位竟然还是空悬了近20年之久（大空位时代）。教皇终于等得不耐烦了，说“既然如此，就由我来指定吧”，选帝侯们这才开始无奈地物色人选，选择标准就是尽量找没什么能力，对自己唯命是从的人……这个人就是哈布斯堡伯爵鲁道夫。

皇位之争 >>

对选帝侯们而言，鲁道夫可以说是不二之选。除了在阿尔卑斯山附近有一点儿贫瘠的土地，他没有任何背景，而且已经55岁高龄，财产不多，因此战争能力也有限。只要把皇帝这个名号丢给他，哪怕只是个没有工资的名誉职位，他也会像狗一样摇尾尽忠吧，无论如何也不会对其他诸侯构成威胁。

无知真可怕。这个时候，没有一个人意识到鲁道夫的野心和潜力。但是，他们很快就会知道了。

当时，势力急速扩张的波希米亚国王奥托卡二世——奥托卡能力很强，选帝侯最不希望看到他登基——对鲁道夫的加冕提出了异议。他直接向罗马教皇进言，说哈布斯堡家族来历不明，没有资格称帝！

▶鲁道夫一世

教皇就此质问选帝侯，他们拿出鲁道夫虔诚的天主教信仰为其辩护。鲁道夫当时正在与巴塞尔大主教交战，但他不想放过这个千载难逢的机会，于是当即讲和，为了加冕而赶了回去（就如听闻本能寺之变立即撤兵的丰臣秀吉一样）。就这样，一介乡野伯爵，摇身一变成了神圣罗马帝国皇帝鲁道夫一世。哈布斯堡王朝由此迈出了第一步，尽管它是如此侥幸（而又步履蹒跚）。

然而，鲁道夫一世与奥托卡二世的不睦却逐年加深。这位波希米亚国王在几年前趁奥地利领主后嗣无人，攻陷了维也纳，鲁道夫要求返还，他也不以为意。这是公然向神圣罗马帝国皇帝举旗造反，必须将其击溃——对于鲁道夫的决心，选帝侯们都表示赞同。然而他们都只是口头上的支持，并不准备施以援手，而是想坐山观虎斗。对他们而言，既能见识一下鲁道夫的本领，又能在两败俱伤后瓜分领地，是最好不过的了。

于是，加冕 5 年后的 1278 年，在维也纳东北部的马希费尔德，徒有虚名的皇帝率领着贫弱的军队，与出身名门、财大气粗的国王率领的大军展开激战。大部分人都预测鲁道夫没有胜算。果然，战役打响不久，老迈的鲁道夫就狼狈落马，预测险些成真。然而在这关乎王朝能否延续的紧要关头，鲁道夫拼了老命爬回马上，战役变得势均力敌。

最后鲁道夫获胜，哈布斯堡家族都相信这是他的虔诚得到了神的保佑（后来族人都称鲁道夫为“神君”）的结果，其实那不过是类似桶狭间之战[1]的奇袭战术取得的成效。

当时的战场通常是骑士之间的形式化的对战。鲁道夫知道这样必败无疑，于是准备了五六十骑的伏兵，趁敌人不备，在半路突然从侧面袭击敌人。这个战术说得好听叫创新，说得难听就是违背骑士精神，的确是“来历不明”的卑鄙战术，

① 桶狭间之战是日本战国时代三大奇袭战之一。——译者注

▶马希费尔德之战（1278年）

纯属蛮干，毫无战术美可言，一切都只为了赢得胜利。

奥托卡被打了个措手不及，战死沙场，敌人全线崩溃。

那帮轻视鲁道夫，认为他不过一介乡村野夫的选帝侯想必都傻眼了。鲁道夫一世凭此一战，将波希米亚收入囊中，不久又将奥地利据为己有，并把根据地从瑞士的深山搬到了奥地利。此后，他并没有在意大利故步自封，而是把扩张和维持哈布斯堡王朝当作第一要务。为了能让哈布斯堡家族世袭神圣罗马帝国皇帝的宝座，他把人生剩下的十几年都用来为此奋战。

▶神圣罗马帝国皇冠

如果没鲁道夫一世这个打破常规的人，哈布斯堡家族可能会止步于阿尔卑斯地区的一个领主，而没有机会登上历史舞台。

无论哪个王朝的开创者都有着不凡的经历，但是考虑到鲁道夫的年龄和处境，哈布斯堡王朝建立的经过更像一个奇迹。也许正因为如此，才诞生了王朝持续近 650 年——只要和德川幕府持续 265 年、俄国罗曼诺夫王朝持续 304 年比较一下，就知道这是多么非比寻常——这一真正的奇迹吧。

▶1519 年，油画，维也纳艺术史博物馆，74cm × 62cm

第 1 章

Dürer

《马克西米连一世像》

阿尔布雷希特·丢勒

等到皇位安稳地握在哈布斯堡家族手上，竟过了150年之久。15世纪末，马克西米连一世登上德意志国王兼神圣罗马帝国皇帝的宝座。他才是哈布斯堡家族许久未出的英雄。

骑士、艺术家、金光闪闪的王 >>

在鲁道夫一世的努力下，哈布斯堡家族的强大已不可同日而语。不过，神圣罗马帝国皇帝的宝座也不是说世袭就世袭的。选帝侯已经开始警惕哈布斯堡家族，他们团结一心，坚决不让鲁道夫的儿子当皇帝。

于是，皇位落到了别人手里，不过很快又被鲁道夫的儿子夺了回来。这个儿子因此遇刺，皇位又被别人夺去，再由鲁道夫的孙子夺回来，战争爆发，他的曾孙又……就像橄榄球似的，一会儿到这边，一会儿到那边，等到皇位安稳地握在哈布斯堡家族手上，竟过了 150 年之久。

又过了 50 年，到了 15 世纪末，马克西米连一世登上德意志国王兼神圣罗马帝国皇帝的宝座。他才是哈布斯堡家族许久未出的英雄。

“中世纪最后的骑士”——马克西米连一世之所以受到这样的赞誉，是因为在他治世的26年间，曾进行过15次远征，而且他在战役中并没有像他的先辈一样采用奇袭战术，而是每次都身先士卒，像骑士一样正大光明地战斗。另外他采用了雇佣兵（他被称为“雇佣兵制度之父”），要求他们一定程度地臣服，且仅仅把战争当作手段。他把领土扩张到勃艮第、西班牙、匈牙利，把国号也改为“德意志民族神圣罗马帝国”。比起重建古代罗马帝国，他更加侧重于巩固哈布斯堡家族在德语圈的地位，使其跻身欧洲屈指可数的名门。

而且，这位勇猛果敢的骑士还是“德国最早的文艺复兴人”。他为人文主义者和艺术家提供庇护，自己还写诗。他还创立了宫廷礼拜堂少年圣歌队，为现在的维也纳童声合唱团奠定了基础。

因为宫廷不设在维也纳，而是设在因斯布鲁克（岩盐的产地，具有财政上的优势），所以蒂罗尔的小城里至今仍保留着荣华的痕迹——“黄金屋顶”。这是马克西米连一世为了观看在广场上举行的马上枪术比赛，在原有的领主宫殿的基础上增筑的阳台，屋顶的2657块铜瓦全部贴着金箔。这样做的效果非常显著——阳台在阳光的照耀下灿烂辉煌，站在阳台上的皇帝的形象也变成了黄金般的颜色。想必人们都

▶现存的“黄金屋顶”

忍不住要拜倒在那神圣而庄严的情景下。

马克西米连一世是非常老练的政治家，懂得利用艺术来做政治宣传。他陆续委托当时已经声名远播的阿尔布雷希特·丢勒创作了《凯旋门》《凯旋车》等大幅木版画，以及分发给臣下的祈祷书的插图。然而他并没有足够的资金来资助艺术家——因为战事不断，他欠下了奥格斯堡的富格尔家族一笔巨款——所以他没有能力雇用丢勒为宫廷画家，也没有委托他创作大幅的油画。不过，要以低廉的价格大肆宣传哈布斯堡的威风，版画（据说有上千种）的效果更大一些也未可知。

▶丢勒《凯旋门》（1515年）

▶丢勒《凯旋车》（1522年）

死后的画 >>

我们来看《马克西米连一世像》。这是皇帝亲自委托的油画肖像。这幅画的尺寸不大，只有 74 厘米 ×62 厘米，但是却充分展现了模特儿的风采。

丢勒曾两度前往意大利学习当地的文艺复兴绘画，所以在这幅画里，我们既能看到德国式的精确描线，又能看到意大利式的优美。虽然这幅画不像他平时的版画那样个性鲜明，但是依然保持了独特的味道，让人一眼就能看出是他的手笔。

你有没有注意到，画面右端刚好与帽子尖的高度相同的地方，有一个淡黄色的小小的（因为印刷的关系可能看不太清楚）签名——AD。这是阿尔布雷希特的首字母 A 和丢勒的首字母 D 的组合，类似于现在的品牌标志。A 有点儿像

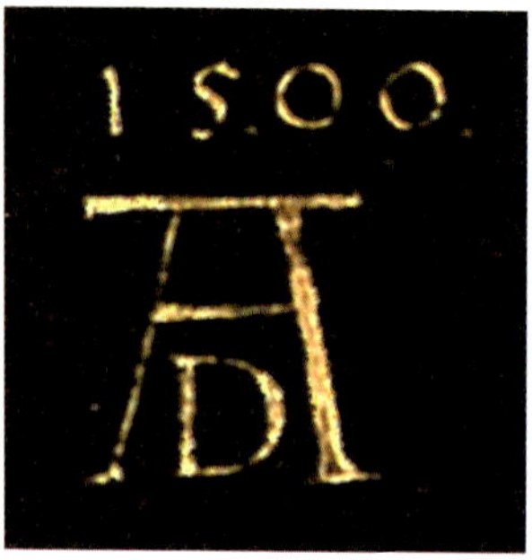

▶丢勒的签名（由 1500 年的作品放大）

神道教神社的鸟居，恰好把 D 套在中间。丢勒带着德国最杰出画家的自负——在画家稀缺的德国，丢勒至今仍被誉为最杰出的画家——在所有的完成作品上都画上了这款品位不俗的字母组合标记（不过讽刺的是，在这款签名家喻户晓之后，因为容易模仿，导致赝品到处都是）。

这幅画遵循了当时的肖像画惯例，是一幅中规中矩的四分之三面半身像。

画中的马克西米连一世头戴黑色天鹅绒大檐贝雷帽，站在深绿色的背景前。从右手手指的样子来看，作画时右手大概是轻轻扶在桌子或者地球仪上的；他的左手还握着一颗石榴。这种水果因为果肉里长满了密密麻麻的籽，所以一直是“丰收”的象征，又因为无数的籽都被结实的皮包裹着，因此又被视为在君主的统治下团结在一起的人民的象征。神圣罗马帝国皇帝统治着多个国家，在画中用石榴作为代表物（也就是用来象征人物身份的物品）再适合不过了。

他身上穿着奢华的红色外套，里料是毛皮。衣领和袖口朝外翻着，外翻的衣领把肩膀和上臂盖得严严实实，这样的设计大概是为了保暖。老皇帝年事已高，无法忍受北国的严寒。灰白的头发、发黑的眼圈、松弛的脸颊和满脸的皱纹无不向人揭示着他的年龄。他已经年近六十。唯独沉重的眼睑下露出的目光依然锐利，然而已经看不到往昔雄壮豪迈的风采。与其说是骑士，这更像一张老谋深算的政治家面孔。

画面的左上角是哈布斯堡家族的纹章——双头鹰，画在顶着皇冠的徽章上，旁边是称颂皇帝的拉丁文铭文。它的大意如下：

“史上最伟大的马克西米连大帝，其正义、智慧和宽容，特别是其卓越，超过所有其他国王。皇帝于 1459 年 3 月 22 日出生，于 1519 年 1 月 12 日驾崩，享年 59 岁 9 个月 21 天。愿这位伟大的国王永垂不朽。”

也就是说，这是马克西米连一世去世不久之后的作品。

1518 年，帝国议会在奥格斯堡召开。丢勒就在这期间为皇帝画了素描，并在此基础上制作了版画，油画的完成却晚了一些。他对这位已故英杰的脸做了少许修改，使巨大的鹰钩鼻、突出的下巴这些哈布斯堡家族的特征没有那么明显。

在丢勒画素描时，皇帝可能已身患不治之症，也或许只是疲惫之色太浓，我们已无从知晓。不管怎样，晚年的马克西米连一世确实已经心力交瘁。

马克西米连一世的一生几乎都是在战场上度过的，但毕竟也做不到百战百胜。瑞士事实上已经独立；在和英王亨利八世联手的威尼斯战役中屈辱议和；马丁·路德领导的宗教改革燃起烽火；自己英俊的儿子腓力的突然死亡还有被人下毒的嫌疑；马克西米连一世欠富格尔家族的债款越来越多，连答应给丢勒的报酬都还没有付。

丢勒的执念 >>

画完《马克西米连一世像》的第二年，49 岁的丢勒为了讨回尚未收到的 200 盾报酬，并要求继续领取马克西米连一世承诺的每年 100 盾的养老金，于是带着妻子和用人离开了故乡纽伦堡，准备直接到马克西米连一世的孙子、查理五世在亚琛举办的加冕仪式上去请愿。

这次旅行还兼有开拓新业务、游山玩水的目的，所以丢勒并没有直奔亚琛，而是花了整整一年的时间环游尼德兰（现在的荷兰），一路创作了许多作品，一边卖画，一边前进。丢勒在旅行期间还记了日记。

日记的内容叫人颇感意外。

与其说是日记，不如说是记账本——一个小气德国人的形象跃然纸上。交通费、住宿费、伙食费不用说，还有服装

丢勒36岁前后创作的《裸体自画像》(约1507年)

费、理发费、小费、礼物、赌博输的钱（很少）、没用自己的钱支付的伙食费（感觉赚到了）、送出去的画本来应得的报酬（惋惜），买了那个，收了这个，花了多少钱，大概值多少钱，花多了，赚了，亏了，每一天都有详细的记录，可说是了解当时物价和风俗的最佳资料。

如果说永井荷风在《断肠亭日乘》中专写食物，可以理解为对生的执着，那么丢勒这种行为该如何理解呢？不管怎么说，这股在金钱方面不可思议的较真劲儿，无疑也体现在他的版画作品那令人叹为观止的线条中。要不是受过意大利绘画的影响，他恐怕在创作油画时也会在画布的每个角落精心地填满线条、线条、线条。

不管怎样，有这股韧劲儿，向新皇帝请愿的结果就不难想象了。丢勒心满意足地踏上了回国的旅程。

“结婚去吧” >>

回过头来讲马克西米连一世。

晚年的皇帝确实已经失去了昔日的风采，乍看上去，缺少生气。甚至有些诸侯开始觉得“哈布斯堡家族已不足为惧”。然而，马克西米连一世毕竟继承了鲁道夫的血统，尽管屡遭逆境，却绝不会淡出历史舞台。

能够证明他那即使跌倒了也绝不吃亏的性格的，是婚姻外交。

这原本是优柔寡断的父亲腓特烈三世为了逃避战争而抽中的一张幸运牌。他让儿子马克西米连一世娶了勃艮第公国（当时欧洲最繁荣的国家，地跨现在法国的勃艮第、比利时、卢森堡、荷兰）的玛丽亚，不费吹灰之力就为哈布斯堡家族带来了莫大的财富和领土。

据说，哈布斯堡家族的著名家训——“战争尽管交给别人。幸运的奥地利，结婚去吧！”（不知道是谁说的）——就是由此而来的。

马克西米连一世尝到了结婚的甜头，于是效仿父亲的做法，早早地就为子女做好了安排。他让儿子，美男子腓力娶了西班牙公主胡安娜，把女儿玛格丽特许给西班牙王子胡安。哈布斯堡家族和西班牙王室的双重联姻当然是有条件的：任何一方绝嗣，领地由剩下的一方继承。

至于结果，腓力和胡安娜生有两男四女，而胡安和玛格丽特之间却没有孩子。这位西班牙王子在结婚半年后突然死亡。

这样的结果对哈布斯堡家族简直太有利了。因为根据协议，西班牙王位迟早会传给腓力和胡安娜的孩子，也就是哈布斯堡家族的男嗣。

谁知天有不测风云（不过是在胡安死亡9年后），腓力突然死了。虽然没有证据证明是西班牙方面的复仇，但两个王子相继死亡，很难让人相信他们都是自然死亡。政治联姻之黑暗可见一斑。

丧子使马克西米连一世深受打击。不过幸运的是，奥地利后继有人，而且是一号杰出人物。

就这样，老皇帝有幸亲眼看着16岁的孙子查理登上西班牙国王的宝座，并确认了在自己死后，由其继承神圣罗马帝国的皇位。当时西班牙已经掌握了中南美洲，因此哈布斯堡家族的领土扩张可以用爆炸性来形容。

直到此时，那些觉得马克西米连一世年老体衰并对其掉以轻心的诸侯才惊呼上当。

而且，联姻战术并没有就此结束。马克西米连一世在临死之前，连孙子的婚姻都决定好了。查理迎娶葡萄牙公主，但这次没有换来更多的领土；查理的弟弟与波希米亚、匈牙利公主，查理的妹妹与波希米亚、匈牙利王子的双重联姻，都是和西班牙一样的协议联姻。

不可思议的是，与西班牙同样的情况再次发生了。儿子这边生了三男十女，而和女儿结婚的波希米亚、匈牙利王子却早早战死，没有留下子嗣！

哈布斯堡家族为自家的幸运欢欣鼓舞，但是真的只是靠“运气”吗？

不管怎样，哈布斯堡家族就这样得到了波希米亚和匈牙利。马克西米连如果地下有知，一定会纵声大笑吧。

1877 年，油画，普拉多美术馆，340cm × 500cm

第 2 章

Platina

《疯女胡安娜》

弗朗西斯科·普拉蒂纳

当时已经是卡斯蒂利亚女王的胡安娜在腓力突然死亡时正怀着第六个孩子。她知道自己必须接受丈夫已经死了的事实，却抱着丈夫肯定还会复活的愿望。这种矛盾的心理击垮了她。

彷徨的葬列 >>

冬日荒凉的原野上，夜已泛白。低矮的老树光秃秃的，狂风席卷着这片到处是石头的不毛之地。

从人们疲惫不堪的样子中可以看出，这支举着十字架的长长的队伍已经走了整整一夜，现在才终于可以休息一会儿了。不过，为什么不去前面不远处的小山岗上的修道院呢？到了那里，既不用靠篝火取暖，还能让身体得到充分的休息，为什么非要在这没遮没掩的荒野里点起数根蜡烛（眼看就要被风吹灭），让司祭（白色装束，留着胡子）做弥撒呢？这真是太诡异了。

没错，这就是一个诡异的情景。

这点从画面中央穿着丧服的女主角也可以很明显地看出来。她刚从放着厚坐垫的椅子上站起来，全身僵硬，像猫一样瞪着双眼，一副失魂落魄的样子。围毯轻飘飘地掉落在地上。从腹部的大小可以看出她怀有身孕。

周围所有人都筋疲力尽，唯独她清醒异常，仿佛感觉不到寒冷，也感觉不到疲惫。然而，谁都没有对她这个突然的举动感到惊讶。只有坐在司祭身旁的女人从《圣经》上抬起了双眼，但眼睛里看不到特别的感情。

这群人真是太奇怪了。明明是一支送葬的队伍，却没有一点儿纪律，后方的人还在拖着沉重的脚步向前挪动。烤火的少女们似乎都在发呆，面无表情，甚至还有人在打盹儿。男人们毫不掩饰他们厌烦的表情，甚至背过身去聊起天来。

一身黑衣的女主角是那么悲怆，越发反衬出其他所有人的态度的冷淡。难道不能对她再多一些同情吗？难道不该对死者再多一些敬意吗？毕竟，棺材里躺的是对她而言非常重要的人啊。

“疯女胡安娜”>>

气派的黑漆卧棺上镶有金色的双头鹰纹章，因此可以看出死者是哈布斯堡家族的人。棺材的垫布上绣着勃艮第的纹章，由此可知，这是马克西米连一世的儿子腓力。这么说来，这个举止异常的女人就是他的遗孀胡安娜。她被称为“疯女胡安娜”的很大一部分原因，就是她这种常人难以理解的行为。

当时已经是卡斯蒂利亚女王的胡安娜在腓力突然死亡时正怀着第六个孩子。她的精神状态一直都不太稳定，一方面，她知道自己必须接受丈夫已经死了的事实；另一方面，却抱着丈夫肯定还会复活的愿望。这种矛盾的心理击垮了她，她对遗体做了防腐处理，和遗体一起，在西班牙的荒郊野外彷徨了很长一段时间。

名义上她是要将遗体送往丈夫希望的埋葬地格拉纳达，

实际上她是怕遗体被哈布斯堡家族夺走，导致自己不能和他合葬。走夜路时，时而绕远，时而走回头路，毫无章法。而且在此期间，胡安娜会犯病似的让队伍停下来，找人做弥撒，或者打开棺盖检查。她无法控制自己，忍不住要去确认遗体是否还在，或者丈夫有没有活过来。

于是，这幅画的谜团就解开了。腓力死的时候是夏天，所以这幅画里的时间距离这场日夜颠倒的漫漫旅程开始已经过去了半年。臣下和宫女都已身心俱疲，厌倦了看不到尽头的服侍工作，对女王的同情和崇敬也早就抛到了脑后。事到如今，即使表现出同情和崇敬，对方也感受不到。

从椅子上站起来的胡安娜大概是要命人打开棺材吧。随从们以前心里可能还会有同情或不耐烦的情绪，而现在都知道说什么也无济于事，有气无力，动也不想动。而且再走几步就到修道院了，非要在这种地方做弥撒，让他们疲劳倍加。

然而，胡安娜已经没有余力去忖度他们的心情了，她眼里只有至爱的丈夫。有时，她觉得丈夫已经到了神的座前；有时，她又觉得丈夫仅仅是睡着了；有时，她想给丈夫办一场隆重的葬礼；有时，她又相信那双手臂还能再次拥抱自己。明明是政治婚姻，而且已经结婚 10 年了，准备生第六个孩子了，和丈夫第一次见面时感受到的强烈的爱意竟然无可救药地一点儿都没有改变。

血脉传承的悲剧 >>

“极富西班牙特色，并且极富戏剧性”，所以才不能自已地要画胡安娜，弗朗西斯科·普拉蒂纳如是说。

诚然，纵观西班牙历史，与资助哥伦布发现新大陆的伊莎贝拉女王相比，在政治上无所作为、饱受心病折磨的胡安娜更能胜任王室第一女主人公（就像与女强人玛丽亚·特利莎相比，玛丽·安托瓦内特更受欢迎一样）。而胡安娜的悲惨故事之所以能够流传到国外，很大程度上要归功于普拉蒂纳这幅历史画。

虽然也有人批评这幅画太过煽情，然而也正因为这种煽情式的感伤，这幅画才能将几个世纪之前发生的事展现在世人眼前，受到人们的喜爱。这幅画于创作后第二年，1878年在西班牙国内美术展上获得名誉奖，在同年举办的巴黎世博会上获得荣誉勋位勋章，并在4年后的维也纳世博会上获得荣誉奖。创作这幅画的年轻画家由此一跃成为画坛权威，胡安娜的悲剧也因此受到世人的瞩目。

胡安娜的悲剧根源可能要追溯到祖母的精神疾病。种子发芽需要光和营养，而胡安娜从来不缺这些物质条件。她的父母是阿拉贡国王斐迪南二世和卡斯蒂利亚女王伊莎贝拉，这也意味着她无缘过上那种没有压力的安稳生活。

西班牙一度长期处于伊斯兰教的控制之下，直到15世纪才由天主教徒夺回控制权。当时达成的协议是，阿拉贡（东部）国王和卡斯蒂利亚（中西部）女王结婚，由两个王共同统治。换句话说，这对夫妇的关系并非国王与王后，而是一个国家同时有国王和女王，两人地位平等。不难想象，这在将来会造成什么样的麻烦。

两个王生下一男四女，如上一章所述，嗣子胡安和次女胡安娜分别被指配给了哈布斯堡家族的女儿玛格丽特和儿子腓力。然而，胡安在结婚半年后突然死了。两个王马上指定已经嫁到葡萄牙的长女为王位继承人，而这个长女又难产而死，生下的孩子也在两岁的时候夭折。因此，王位继承人轮到了次女胡安娜。不久，母亲伊莎贝拉也去世了，情况变得更加复杂。正常的话，因为身为国王的父亲还健在，可以继续统治，不会发生王位继承问题，但阿拉贡和卡斯蒂利亚原

▶胡安娜与父母。摘自《给胡安娜的祈祷书》，马可埃略的工笔画

本是两个不同的王国，所以根据伊莎贝拉的遗言，胡安娜成了卡斯蒂利亚女王。

这样一来，胡安娜的丈夫腓力不高兴了。他并不甘心做女王的男人，而想自己登上王位。为了寻求支援，他开始与敌国法兰西接触。胡安娜的父亲斐迪南因此勃然大怒，开始谋划由自己来兼任卡斯蒂利亚国王，娶个年轻的继室，再生一个孩子来继承王位。

被夹在中间的胡安娜所承受的痛苦是世人无法想象的。对任何一方而言，自己都是多余的。既然这样，只有死死抓住女王的王冠……

这早已超出了家人吵架的范畴，而是以命相搏的权力之争。但这战争尚未结束，腓力便离奇死亡了。

爱情的开始与嫉妒 >>

说得太急了。还是先从未经世故的新娘和新郎的相遇讲起吧。

16岁的胡安娜才色兼备。在被许给哈布斯堡家族的长子、勃艮第公爵腓力时，她的内心充满了期待。

年长一岁的腓力一点儿也不随他的父亲马克西米连一世，是远近闻名的美男子（被称为“美男子腓力”），他有朝一日要继承哈布斯堡的全部领地。这样的婚姻是很理想的。幻想着尚未谋面的丈夫和王国，胡安娜于1496年离开了故乡。

胡安娜一到勃艮第，腓力没有提前通知便前来迎接。两个年轻人就像罗密欧与朱丽叶（不过那时莎士比亚还没有出生）一样一见钟情。腓力像传闻中一样英俊，胡安娜一下子坠入了爱河，而腓力——算不算是爱情呢？——至少，在这位黑眼睛、黑头发、充满异国气息的美人儿身上，他感到了新鲜的魅力。明明正式的婚礼还在几天之后，他却马上唤来城中的司祭，当场举行了空有形式的婚礼，迫不及待地抱起新娘进了卧房。

在300年后的法国，上演了几乎同样的情节，它发生在急于想要后嗣的拿破仑和哈布斯堡家族的玛丽·路易丝身上。然而，尽管性急地把新娘抱上床的行为本身是相同的，但是拿破仑不像腓力那样受年轻热血的驱使，而是一门心思地想要混合高贵的蓝血。玛丽·路易丝也不像胡安娜那般有似火的激情，到底是沦为一个暴发户的牺牲品的感慨占了上风。

不过，这两对夫妇到底哪一对更不幸，真是难分伯仲。

一开始，胡安娜无疑感到无比幸福。然而在顺利地生下长女和嗣子查理（后来的查理五世）之后，腓力的态度就开始变了。他不再掩饰对妻子的厌倦，频频夜不归宿。

胡安娜也终于明白，丈夫在床上的魅力都是长年在娼馆游荡的结果。爱得越深，打击就越大。胡安娜妒火中烧，歇斯底里，在旁人眼中，她已有些病态。

后来，胡安娜继承卡斯蒂利亚王位的事情确定了。为了处理相关事宜，夫妻二人前往西班牙。在故乡，胡安娜再度怀孕。继承事宜处理完毕后，腓力就一个人先回去了。有句话这样说：“翻过比利牛斯山就是非洲。”红土上的西班牙对于在富饶而又令人享受的勃艮第住惯了的腓力来说太煞风景，严格的天主教式的宫廷生活也无聊透顶。

在母亲的挽留下，胡安娜一直待到孩子出世才返程。她对丈夫的思念与日俱增，精神状态也变得更加不稳定。生下第三个孩子之后，胡安娜马上赶回勃艮第，却在宫女中发现了丈夫的情人，她发疯似的用剪刀剪了对方的头发。于是有关那个西班牙女人精神不正常的谣言就如涟漪一般在宫廷里传开了。

囚禁至死 >>

不久，母亲伊莎贝拉女王去世，夫妻再次踏上西班牙的土地。这回，腓力和胡安娜的父亲斐迪南的对立已经包藏不住了。明明胡安娜才是卡斯蒂利亚女王，两个男人却开始争夺实权，胡安娜容易受伤的神经更是难以承受。不巧的是，她再度怀孕，而不久之前还朝气蓬勃的丈夫竟意外倒下……

这成了压倒骆驼的最后一根稻草。胡安娜如同流离失所的鬼魂一样，开始和丈夫的遗骸一起在西班牙的荒野上游荡。不过，对于她究竟游荡了多长时间，人们说法不一，有的说不过几个星期，有的说到她腹中的胎儿出世为止共有接近半年的时间，还有的说持续了整整两年，直到她被囚禁起来为止。

不管怎么说，这场闹剧不可能无休止地进行下去。手握

▶普拉蒂纳《囚禁中的胡安娜》(1906 年)

实权的斐迪南将自己 29 岁的女儿胡安娜囚禁在托德西拉斯宫殿。对没有能力处理政务的胡安娜而言，可能并不会感到囚禁有多么难受。在这里，有宫女服侍着，她沉浸在自己的世界里，一直活到 75 岁高龄(被胡安娜深深吸引的普拉蒂纳也曾留下描绘囚禁中的胡安娜的历史画)。

可能是因为单调的日常，胡安娜疯癫的发作似乎有所减轻。她只是在别人劝她退位时仍会激动起来，不肯让出女王的宝座，到死都没有忘记在签名后面加上“女王”二字。这个头衔大概是她的最后一道防线，哪怕只是徒有虚名。

说起被囚禁长达数十年的王室美女，还有一位，那就是乔治一世的王后索菲亚·多鲁西亚。她仿佛是用自己的悲惨命运作为交换，将杰出的孙子腓特烈大帝带到了世上。

胡安娜也因生下了长子查理而为历史做出了贡献，尽管她完全没有亲自抚养他。在查理五世的统治下，西班牙铺好了通往“日不落帝国”的道路，哈布斯堡家族也在西班牙深深地扎下了根。

提香·韦切利奥

《查理五世骑马像》

▶ 1548 年，油画，普拉多美术馆，332cm × 279cm

第 3 章

Tiziano

《查理五世骑马像》

提香·韦切利奥

他继承了父亲美男子腓力的爵位，是勃艮第公爵；继承了外祖父的王位，又是西班牙国王；继承了祖父马克西米连一世的王位，所以还是德意志国王……

头衔最多的皇帝 >>

对我们而言，欧洲国家的王侯贵族的称号和名字因为发音复杂，很难搞得清楚。查理五世尤其如此。就算知道查理和卡洛斯的词源相同，一听说查理五世和卡洛斯一世是同一个人便开始讨厌世界史的人，恐怕不在少数吧。

要说为什么会这样，完全是因为领土的扩张（控制着欧洲的 2/3 和中南美洲）。

这位查理五世，即卡洛斯一世，继承了父亲美男子腓力的爵位，所以是勃艮第公爵；因为继承了外祖父的王位，所以又是西班牙国王；因为继承了祖父马克西米连一世的王位，所以还是德意志国王；罗马国王、匈牙利国王……头衔有七十多个，是欧洲历史之最。因此，他作为神圣罗马帝国皇帝是查理五世，作为西班牙国王是卡洛斯一世（后来他的玄孙称卡洛斯二世）。

查理——既不在德国，也不在西班牙——在父亲腓力的领地佛兰德斯出生，6 岁丧父，母亲精神异常，无力抚养他，因此他由哈布斯堡家族领去抚养。

查理的教育由姑母（祖父马克西米连一世的女儿）负责，用的是当时佛兰德斯宫廷用语——法语。所以他是地道的佛兰德斯人，德语只会一星半点，西班牙语一句不会讲。无论是对哈布斯堡家族的大本营奥地利而言，还是对母亲的故乡西班牙而言，查理都是异邦人。然而，尽管是异邦人，但因为有父母结婚时的协议，所以在外祖父斐迪南死后，身为第一继承人的他 16 岁便成了西班牙国王卡洛斯一世。

第二年，为了参加继承仪式，卡洛斯一世第一次踏上西班牙的土地，并在那里第一次见到了比他小三岁的弟弟（后来的神圣罗马帝国皇帝斐迪南一世）。

弟弟是胡安娜在西班牙生下的次子，一直留在外祖父斐迪南身边，在西班牙宫廷长大，母语是西班牙语。外祖父希望让这个孩子继承西班牙王位，但最终以和哥哥交换的形式，见面后不久便被送到了奥地利（不过后来的事情证明，两兄弟的关系并不差）。

卡洛斯一世还要见一个重要的人，那就是被囚禁着的母亲胡安娜。她现在仍不肯放下卡斯蒂利亚女王的地位和亡夫，不知是否还记得从小便和她分居两地的孩子的模样。他又是怎么想的呢？他什么也没有说过。

罗马之劫 >>

19 岁时，卡洛斯一世登上神圣罗马帝国皇帝的宝座（30 岁接受教皇加冕），成为查理五世（仍然是由七个选帝侯选举产生的）。

这次登基经过了一番意料之外的苦战。因为一直以来，皇位由哈布斯堡家族成员继承成了一种默契，本来已经和德意志国王画上了等号，没想到却被人横插了一杠。一个完全不相关的人——法国国王弗朗索瓦一世和罗马教皇合谋，要参加竞选。

结果，查理五世为了收买选帝侯，不得不向富格尔家族借下巨债（给这个富商的回报是赎罪券的垄断销售权）。债务加重了西班牙的税赋，他失去了民心，甚至还拖欠雇佣兵的军饷。

▶1530年博洛尼亚加冕礼上的查理五世和罗马教皇

站在法国的立场上，周围是西班牙、奥地利和佛兰德斯，且完全被哈布斯堡家族包围了，所以法国无论如何都要打破这样的局面。此后，两者曾四度交战。查理五世以三胜一平取得压倒性胜利，甚至有一次还俘虏了弗朗索瓦一世，强迫他签下了不平等条约。然而，弗朗索瓦用签字换取自由以后，马上反悔，教皇竟然还对此表示支持。查理一怒之下，出兵罗马。

这就是臭名昭著的“罗马之劫”（1527年）。没有拿到军饷的雇佣兵在司令官阵亡之后，烧杀掳掠，无所不用其极，城池尽毁，据说罗马的人口减少到原来的1/3。

当时，胜利者的掠夺行径在一定程度上是被默许的，然而这次却因为太过惨无人道，受到了全欧洲的指责。当时只有27岁的查理五世强辩道:“自己不在当地，没有责任。”不过据说他还是受到了不小的精神打击。

而且，在这次恶劣的事件之后，仗还是不能不打。敌人不仅是法国，对基督教构成威胁的强大的土耳其、动摇天主教威信的新教，查理都想扳倒，实现统一天主教世界之梦。

查理五世在位39年的时间里共出征过40次，其中德国9次，意大利7次，法国4次，英国2次，非洲2次。用“一天到晚在打仗”来形容他一点儿也不夸张。（“战争尽管交给别人”的家训都不要了吗？）

虽然总的来说，他打胜仗的时候居多，但是战争毕竟是烧钱的，它就像黑洞一样吸光了来自中南美洲的莫大收入，查理五世也因此遍体鳞伤。他患有痛风、哮喘，才四十几岁就已经像个筋疲力尽的老人，也正因为如此，他更需要向世界彰显其英明神武。

轮到提香出场了。

查理五世 30 多岁时，在意大利邂逅了这位大画家的作品。威尼斯画派以亮丽鲜艳的色彩著称，精妙的写实和舒展的画风一下子俘获了查理的心。从此以后，查理五世一直请提香为自己和妻子画肖像。这位意大利画家虽然一直住在威尼斯，却顶着西班牙宫廷画家的头衔，到后来的腓力二世为止，服务了父子两代皇帝，并享受着养老金（还留下了“我已经 90 岁了，需要养老金”的书信。有趣的是，提香在这里虚报了十几岁）。

甚至还有一则逸事，说查理五世曾在提香的画室里帮他捡起掉落在地上的画笔。虽然很难相信这是事实，但既然有这样的传说产生，足以见得皇帝对画家的工作有多满意了吧。

纪念碑式的大作 >>

《查理五世骑马像》是为庆祝 1547 年在米尔贝格战役中对新教同盟军取得压倒性胜利而创作的，完成于该战役结束的第二年。这是一幅高度超过 3 米的纪念碑式的大作。

画面截取了英姿飒爽的皇帝单枪匹马跃出树丛，来到晚霞辉映的原野上的瞬间——这正是英雄出场的瞬间。他用缰绳勒住正要顺势向前冲的骏马，极目远望。那是除他以外任何人都无法看到的遥远的远方，是一个理想的世界。

带护面的头盔上红缨跃动，查理五世全身披挂的甲胄闪闪发光。他右手握着一杆长枪，让人联想到屠龙圣人圣乔治，胸前挂着金羊毛骑士团（为保护天主教不受异端侵犯而创建）的勋章。这些细节暗示了米尔贝格战役是一场圣战，皇帝取得了胜利，但是战争仍未结束。

47 岁的查理五世尽管眼角已经有了皱纹，但是脸庞依然精悍，就连前凸的下颚都带着一往无前的意味，充满了王者的威严。然而，他的眼神中却带着忧郁，表情甚至有点儿像哲学家。[这与同时代的亨利八世那张写满私欲的可怕面孔（72 页）是多么不一样啊！] 皇帝为了实现神所赋予的使命，舍身忘我地战斗，这为他增添了超然物外的气质……

肖像画家往往会迎合买主，在对待大人物时尤其如此。提香想必也对模特儿进行了很大程度的美化、理想化。事实上，皇帝当时已无法骑马，在战场上都是以马车代步，骑马这一形象本身就是虚构的。提香非常清楚自己的工作是什么，他肯定知道这幅肖像所要达到的目的，并用画笔加以实现。那么，这是否是一幅纯粹的迎合之作呢？不，名画之所以是名画，就是因为它没有那么简单。

提香才华横溢，精力充沛，名利双收。他享受人生，热爱世界。对于人，他基本上是喜欢的。他笔下的裸体，例如《乌尔比诺的维纳斯》，往往洋溢着健康的性感，肖像画里也完全看不到恶意和讽刺的影子。他可以在一瞬间抓住模特儿的优点，与其说是迎合，不如说是喜欢上了这些美，希望把它们画下来，所以才画的。如果模特儿器宇轩昂——就像查理五世那样——自然逃不过提香的眼睛。

王侯贵族争相请提香画肖像画，并不是没有原因的。

▶提香《乌尔比诺的维纳斯》（1538 年）

母亲之死与引退 >>

然而，在这幅威风凛凛的肖像画完成之后，查理五世的身体状况不但没有好转，反而继续恶化。耿直的性格和虔诚的信仰也催动着他对退隐的向往。在56岁那年，他把族人召集到布鲁塞尔，宣布退位，到修道院隐居。

这在当时可以说是史无前例。在专制主义的背景之下，还有哪个国家的哪个国王曾经像这样主动让位？在那个年代，国王看到亲生儿子势力膨胀都会动杀心，为了争夺王位而兄弟反目，即使落败，至死都不肯交出王冠的例子比比皆是。查理五世提出的理由——体弱多病，妻子早逝，独生子很优秀，已经不需要自己——都不能够成为退位的理由。

所以，查理五世退位并非出于外部原因，而是源自他内心的需求（因此我们更加觉得提香对他的刻画仿佛有着预言性的力量）。罗马之劫、印加帝国的灭亡，都可能触动了这个天主教徒。最重要的是，对于一直到死都不肯放弃女王身份的母亲胡安娜，他一定有着复杂的感情。他宣布退位的时间，正是胡安娜75岁去世之后的第二年。

查理五世在退位时就把一切都安排妥了。他让儿子腓力二世继承了与西班牙有关的地位和领土，让斐迪南一世继承了包括神圣罗马帝国在内的奥地利相关地位和领土，整个过程都是在和平状态下进行的。从此，哈布斯堡家族分成了西班牙和奥地利两个分支。在分裂时，西班牙在中南美洲拥有取之不尽的金矿脉，并且全部由天主教把控，占据着压倒性的有利条件，不过，他大可以不进行分割，而是全部传给自己的儿子。查理五世的英明决断让人不得不叹服。

在修道院祈祷的日子持续了大约两年之后，他去世了。

这里想提一下被当作有名的遗传案例的“哈布斯堡下巴和下唇”。当时的无名画家画的《马克西米连一世及其家人》（62页）很好地反映了这一点。

后排左边戴大檐贝雷帽的国王就是马克西米连一世。因为是侧脸，鹰钩鼻和下唇突出的嘴很明显，与丢勒的肖像判若两人。旁边戴黑帽子的，是胡安娜深爱的美男子腓力，右边是马克西米连一世的王后玛丽亚。前排左边是马克西米连的孙子，后来继承奥地利哈布斯堡家族的斐迪南一世。关于

▶《马克西米连一世及其家人》(16世纪)

[后排左起：马克西米连一世、美男子腓力、马克西米连之妻玛丽亚。前排左起：斐迪南一世、查理五世(卡洛斯一世)、姓名不详的人物]

右边的人物说法不一，甚至性别都存在争议（查理五世的妻子、马克西米连的孙女婿等等）。

引人注目的是中间戴黑帽子、下巴格外大的那个，这就是查理五世年轻时的样子。提香肖像画里的查理五世都蓄着胡子，并不十分明显，不过根据同时代人的证言，查理因为下唇严重突出，牙齿的咬合情况很差，嘴一直是张着的状态。下唇下垂、下颚前凸的情况恐怕比画中还要严重。

这项显性遗传因为反复的近亲结婚，传给了子子孙孙，特别是在西班牙哈布斯堡家族这边，家庭成员的面部都出现了严重的畸形。

《穿军服的腓力皇太子》

提香·韦切利奥

▶约 1551 年，油画，普拉多美术馆，193cm × 111cm

第 4 章

Tiziano

《穿军服的腓力皇太子》

提香 · 韦切利奥

这是提香为查理五世的嫡子腓力二世画的第一幅肖像，当时的腓力二世二十三四岁。他年纪轻轻，已经结过一次婚，妻子死在产床上，膝下有一子。这张肖像画据推测是用作再婚相亲的。

“一种别样的性感魅力”>>

这是提香为查理五世的嫡子腓力二世画的第一幅肖像，当时的腓力二世二十三四岁。他年纪轻轻，已经结过一次婚，妻子死在产床上，膝下有一子。这张肖像画据推测是用作再婚相亲的。

身材修长的腓力二世腰间佩剑，身穿锃亮的铠甲。铠甲是定制的，上面有镂金和圆形装饰，过于轻量而不适于实战，作为一流的工艺品倒可能有些价值。他的无名指和小指上戴着并不显眼的戒指，脖子和袖口处露着高档的亚麻布，证明了他那名不虚传的时尚品位。

他塞着衬垫的短裤很短，衬托出修长漂亮的腿形（当时，男人也追求漂亮的腿部曲线）。从裤子中间探出头来的股囊，是从上个世纪开始流行的装饰性护具，最初是在战场上打仗的雇佣兵为了保护重要部位而戴的，后来颜色、形状、材质越来越高档。在现代人的眼里，这显得有些滑稽，但作为时尚领域的过度补偿的极端案例，倒是颇有意思。

腓力背后的桌子上铺着红色天鹅绒的桌布，上面放着带有饰穗、两侧有护面的头盔。腓力二世右手放在头盔上，将难以捉摸的目光投向画外的我们。

鹅蛋脸，宽额头，笔挺的鼻子，眼看就要连到一起的长长的弓形眉毛，红色性感的嘴唇。他蓄着小胡子的下巴有着明显的哈布斯堡家族的特征，不过不像他父亲那般严重，倒是有曾经是俊男美女的祖父母美男子腓力和胡安娜的影子。

他文静的外表之下，却有着不容掉以轻心的气场。提香想必已经看穿了这个未来将登上王位的青年的复杂内心，以及他压抑的感情。

腓力二世在给姑母的信中说不喜欢这幅画，甚至想让提香重画。对于提香的才能，腓力二世是欣赏的，所以还当他是宫廷画家，一直请他画画，只是他再也没有让提香为自己画像（也有说法称还有一幅）。他大概是感觉自己被看穿了吧。

但是，不管当事人怎么想，永久地凝固在画布上的这位年轻统治者的形象还是很有魅力的（新婚候选人也是这么觉得的）。我想起堀田善卫的一段话："西班牙人散发着某种难

以形容的忧郁，这忧郁在男人身上又作为一种别样的性感魅力表现出来。”(《谁一旦凝视过美本身》)

诚然，虽然同样是南方，西班牙却不如意大利那般热情奔放。炽烈的太阳，太阳炙烤下的红土和斗牛所象征的杀戮、狂热揉在一起，造就了西班牙男人忧郁、残虐而又性感的特点。从这幅肖像画来看，腓力二世身上也有着浓厚的西班牙气息。

然而，他只能算八分之一个西班牙人。

不过，腓力坚定地认为自己是西班牙人。虽然他皮肤白皙，外貌也有北方人的特征，但他的内心却完全是个西班牙人。他生在西班牙，长在西班牙，说西班牙语，由西班牙人服侍着，在西班牙宫廷学习帝王之道，在21岁之前从未踏出西班牙一步。

与英格兰的婚姻 >>

腓力二世统治时期是西班牙的黄金时代。然而这黄金是掠夺印加帝国、镇压尼德兰得到的财富，渗着浓浓的血腥味。再加上接连不断的阴谋、叛乱、宗教战争、异端审判、鼠疫，这位专制君主的生涯——尽管不像他父亲那样驰骋沙场，而是几乎都在宫殿处理文件（有“文件王”之称）——可以说是沾满鲜血的一生。

甚至连他结婚似乎都免不了血光之灾。不仅仅是因为他经历了四次婚姻，还因为分别来自葡萄牙、英格兰、法兰西、奥地利的四个妻子无一例外地先他而去，以及虐杀新教徒，意外死亡，杀死儿子……

我们慢慢讲。

腓力二世第一次结婚是在他 16 岁的时候。对方是同龄的葡萄牙公主，无论从父方论，还是从母方论，都是他的表妹。遗传了哈布斯堡家族下垂的下唇、性格开朗的她为沉默寡言、不擅长社交的腓力皇太子带来了朝气蓬勃的喜悦。然而，幸福的时光持续了不到两年。难产之后没过几天，她便撒手人寰，把虚弱的儿子留给了年仅 18 岁的腓力。这个沿袭了祖父的名字卡洛斯的小男孩儿，就是后世威尔第的杰作《唐·卡洛斯》的原型。

第二次婚姻开始于他 27 岁的时候，对方是比他年长 11 岁的英格兰女王玛丽一世。这是父亲查理五世的命令，皇太子不得不从。在天主教与新教的斗争再度燃起的英格兰实现天主教化，是他的使命。根据结婚协议，玛丽不需要离开英格兰，西班牙不在英格兰驻军，生下的孩子继承英格兰王位。如果腓力的儿子唐·卡洛斯死了，则一并继承西班牙王位。

就这样，腓力为了制造后代，前往英格兰。玛丽已经看过腓力的肖像画（提香的真迹或临本），心中充满期待，怀着爱情迎接了年轻的新郎。她得知腓力二世的想法后，已经血祭了几百个新教叛乱者。“血腥玛丽”（Bloody Mary，后世成了鸡尾酒的名字，西方人的感觉真是叫人佩服）由此得名。

腓力二世彬彬有礼，在异国宫廷的名声不错，但是据说

▶腓力二世的第二任妻子玛丽

他并不流露情感，因此没有人知道他内心的想法。这原本就是政治联姻，大概没有人会相信他对妻子抱有爱情。腓力二世提前看过她的肖像画，对妻子的容姿恐怕也没有任何期待。

玛丽是亨利八世和凯瑟琳（胡安娜的妹妹。也就是说，腓力二世和玛丽是远房亲戚）的孩子，人生饱尝艰辛。因为父母的离婚风波，她一度沦为私生子，和母亲一同被囚禁起来，因为担心安妮·博林（父亲的第二任妻子，后来的伊丽莎白一世的生母）投毒，所以她营养失调，在登基之前险

▶玛丽的父亲亨利八世

遭暗杀。她经历了这些地狱般的遭遇，在结婚的前一年才刚刚当上女王。或许是因为生命一直受到威胁，她看上去比实际年龄老许多，头发和牙齿都开始脱落，体弱多病，骨瘦如柴。尽管如此，她还是希望自己能生下子嗣。

这个愿望几乎要实现了。半年后，侍医宣布玛丽怀孕，腓力二世也为自己完成了任务而感到高兴。如果生的是男孩，西班牙将更加壮大，近邻各国听说这个消息都惊惶失措。然而，事实并非如此，可怜的玛丽是假性怀孕。而且，她腹部的膨胀被诊断为肿瘤（这最终要了玛丽的性命）。

腓力的态度表面上没有什么变化，不过他大概已经看明白了，要让年近四十的玛丽怀上孩子已经是不可能的任务。他以父亲宣布退位为由，离开了住了还不到一年半的英格兰。玛丽寄了一封又一封写满相思的信札，一直等他回国。但是，已经成为西班牙国王腓力二世的他再次出现，已经是一年零三个月以后的事了。

不祥的预言 >>

就从这个时期开始，腓力二世逐渐暴露他作为反派的特征。他这次回来并不是因为想念妻子，而只是为了利用她对自己的爱，请求资金支援其对法兰西的战争。资金筹措完毕之后，他不但马上消失不见，甚至背着肿瘤恶化、命不久矣的玛丽，暗地里向下一任女王候选人伊丽莎白打探结婚的意向。

当然，他也没有出席玛丽的葬礼。伊丽莎白一世加冕之后，他立即正式求婚。遗憾的是，对于伊丽莎白一世，腓力二世的魅力一点儿神通也没有了。他千方百计地想把女王的领土，也就是英格兰弄到手，结果却被伊丽莎白百般愚弄，最后伊丽莎白以一句“不和天主教徒结婚”，断然拒绝了他。

善变的腓力二世开始接近仇敌法兰西。他与亨利二世讲和，顺便和亨利二世的女儿伊丽莎白订了婚，他的转变之快令英格兰目瞪口呆。按照当时的习俗，腓力二世委托代理人，在法国和伊丽莎白举行了婚礼。婚礼上，腓力二世的岳父亨利二世亲自参加了马上枪术比赛。

作为诺查丹玛斯成功预言的例子经常被提及的，就是在这喜庆场合发生的骇人事故。

诺查丹玛斯的诗文如下：

年轻的狮子战胜老人，
在一对一的对决中，
他将刺破金笼中的眼睛，
伤口有两处，并残酷死去。

在马上比武的“一对一的对决”中，“年轻的”对手的枪折断，穿过“老”亨利的金盔（“金笼”），刺中了“眼睛”。国王在饱受了9天的痛苦之后，“残酷死去”。

这就是腓力二世的第三次婚姻的不祥开端。32岁的新郎和14岁的新娘到底会不会幸福呢?

还有一点令人担心。其实，伊丽莎白刚出生不久便与腓力二世的儿子卡洛斯（与她同龄）定下了娃娃亲。虽然这样的婚约是国家之间常有的政治策略，随着局势的变化，也会

▶英格兰女王伊丽莎白一世

有一定的变数，况且两个人素未谋面，但在形式上，腓力二世确实是夺了儿子的未婚妻。而且，卡洛斯和伊丽莎白在9年之后，也就是23岁的时候相继去世，令黑色的传说更加具有说服力了。

威尔第的歌剧《唐·卡洛斯》也是根据这一黑色传说

▶桑切斯·科埃略《唐·卡洛斯》（约 1560 年）

改编的。故事有纵横两条线索，纵线是相亲相爱的伊丽莎白和卡洛斯被“老国王”腓力二世拆散的悲恋，横线则是支持当时独立运动盛行的尼德兰的卡洛斯被父亲横加干涉，最后惨死。

不肖之子 >>

事实又如何呢？首先，腓力二世不但不老，而且魅力是儿子的几倍。关于卡洛斯，当时的波希米亚大使曾在信中这样写道："他两边肩膀不一样高，右腿比左腿短，走路总是拖着。脑袋太大，胸部凹陷，背上有瘤。"然而，真正的问题并不在于外表。"他像七岁小孩一样，净问一些很傻的问题，除了吃以外，对任何高尚的事物都不感兴趣。因为饮食无度，他经常得各种病，脸色很差，恐怕活不久。"

其他的证言也大同小异，卡洛斯在宫廷里并不招人待见。查理五世接见他时，看到这个袭了自己名字的孙子言行举止如此不堪，毫不掩饰地表现出了不悦。腓力二世可能也觉得，与其传位给这个废物儿子，不如再生一个。至少，卡洛斯这边是感觉父亲抛弃了自己，怪异的行为变本加厉。

最后——这部分和歌剧里的情节是一样的——卡洛斯背叛了父亲，企图前往尼德兰，随后被捕入狱，一度自杀未遂，半年后病死在牢里。虽然腓力二世没有直接动手，但说他间接杀死了儿子也不为过吧。

故事到这里还没有结束。就在卡洛斯去世两个月后，伊丽莎白早产，仿佛受到卡洛斯的诅咒似的，母子双亡，只留下两个女儿。

据说，腓力二世对这位来自法国的娇妻宠爱有加，给了她锦衣玉食的生活，不过，他下一步动作之迅速又令人惊讶。就在失去第三任妻子的同一年里，腓力二世准备迎娶他的第四任妻子。就算是急着要生下子嗣，也还是显得太过冷血。这次的对象一定要健康而又多产。要说多产，就数自己那生了十个孩子的妹妹，于是，他选择了现代人无法接受的叔侄婚。准确地说，他娶的是堂兄和亲妹妹的女儿安娜。

这层血缘关系近得可怕。可能正是由于这个原因，安娜虽然多产，生下的孩子却一个接一个夭折，最终只留下一个

▶第四任妻子安娜

儿子（腓力三世），她自己在12年后死在了产床上。在那个时代，生育对女人的身体造成的负担是多么大啊，真的是要冒生命危险。

这一年腓力53岁，又一次变成单身。他终于有了儿子，是总算不再考虑结婚了，还是像传闻中那样，又开始考虑苏格兰女王玛丽·斯图亚特了呢？他是否谋划着和她结婚，夺下伊丽莎白一世头上的王冠，一举拿下苏格兰和英格兰呢？不管怎样，因为腓力二世与囚禁中的玛丽暗中联络，后者最终被伊丽莎白定为叛国罪并斩首。

有人说“西班牙一有动作，世界就颤抖”，至少“腓力一有动作，就会有人流血”是没错的。

《奥尔加斯伯爵的葬礼》

埃尔·格列柯

▶约 1586 年，油画，圣托美教堂，480cm × 360cm

第5章

Greco

《奥尔加斯伯爵的葬礼》

埃尔·格列柯

《奥尔加斯伯爵的葬礼》是埃尔·格列柯的代表作，画面上的下葬场面庄严肃穆，灵魂升天的场面则分外的热闹。

“那个希腊人” >>

出生于希腊克里特岛的埃尔·格列柯（并非原名。“El Greco”在西班牙语中是“那个希腊人”的意思，后来成了通用名）曾游历威尼斯、罗马学画。他之所以来西班牙，是因为腓力二世正在新首都马德里郊外修建埃斯科里亚尔修道院，他是来找工作的。

埃斯科里亚尔名为修道院，实为以教堂为中心，包括王家陵墓、神学院、图书馆、美术馆、王宫以及16个庭院和15个回廊在内的复合建筑（现已列入《世界遗产名录》），经过20多年才最终建成。它可以说是腓力为彰显国威而建的宏伟的纪念碑。在修建过程中，修道院需要大批的画家来绘制用于装饰内部的宗教画。来自国内外的自荐、他荐的画家都云集到这里，格列柯也在其中。

▶埃斯科里亚尔修道院外观

格列柯的才能得到了腓力的认可，受托制作埃斯科里亚尔教堂用的《圣莫里斯的殉教》。然而，画好的画却没能符合腓力的心意（腓力二世本人也经常画画），他说它“叫人没有祈祷的欲望”，把它送去了教士会议厅。教堂里则悬挂了由意大利画家创作的同名作品。

格列柯原本觉得这是成为宫廷画家的机会，所以画得格外用心，而这样的结果大大地伤害了格列柯的自尊心。从此以后，格列柯和王室再也没有了联系，但这对他自由地发挥自己的风格——奇异的色彩与构图、拉长的人体、摇曳上升的动作——可能反而有利。他在故都托莱多安定下来（最后取得了市民权并定居），赢得了教会相关人士和知识阶层的支持，创作了许多作品。

▶埃尔·格列柯《圣莫里斯的殉教》(1580—1582年)

250 年前的肖像 >>

《奥尔加斯伯爵的葬礼》是格列柯的代表作，由托莱多的圣托美教堂订购。盾牌形状的画面分成上下两部分，地上部分的下葬场面庄严肃穆，而灵魂升天的场面——天上部分——分外热闹。而且，地上部分画的都是当时托莱多实际存在的知名人士（可以说是一种集体肖像画），别具一格，这幅画因此深受好评。

奥尔加斯伯爵也确有其人。传说他曾竭尽全力修复圣托美教堂，因为这一善行，在他死时，有两位天使把他的尸体护送到墓地。不过，这是 13 世纪的传说。而在格列柯的笔下，这一奇迹仿佛就发生在 250 年后自己所生活的现在一样。而且他还给奥尔加斯伯爵的遗体穿上了精致的铠甲（和年轻的腓力二世身上穿的那套很像），这连带着给因武器制造业而驰名的托莱多市做了宣传。

那从两侧抱起伯爵、身穿金色法衣的两个人是谁呢？他们是从天而降的圣者。右侧戴着主教冠的老人是圣奥古斯丁，左侧的青年副主祭是圣斯德望。圣斯德望被人群用石头砸死殉教，法衣的下摆上画着殉教时的情景。

在他们的上空，浮着一位长着翅膀的金发天使，他正小心地抱着一块云朵似的不明物体。这就是奥尔加斯伯爵的灵魂，左上方的圣母马利亚（红衣蓝袍）正伸手去接。旁边，施洗约翰（围着兽皮）似乎正在向站在至高点的耶稣基督述说奥尔加斯伯爵灵魂的善良。另外还有掌管天国钥匙的圣彼得、演奏乐器的天使、长翅膀的小天使，右边也是熙熙攘攘的圣者，好不热闹。

天上的圣者之间，混进了一个本来不该在那里的人。可能不太容易分辨，就是前排右起第四个人，其他圣者穿的都是罗马式的长袍，唯独他戴着皱领（地上的名士也戴着），由此可判断此人还活在世上。明明还活着，却跻身于天上的圣者之间，有这种殊荣的人，除了担任“天主教的守护神”“统治着半个世界”的西班牙国王，再无第二个。虽然并不明显，但还是能看到他突出的下唇和下巴——年近六十的腓力二世不知何时头发和胡须全都白了。

不过，格列柯为什么要把腓力二世画在这种地方呢？是

▶《奥尔加斯伯爵的葬礼》(局部)圆圈里的人就是腓力二世

委托者的要求，还是依然挂念着宫廷画家的职位，借此向宫廷献媚？这种让人百思不得其解的地方可能也是他的特色所在。正如和格列柯同时代的画家所说的："埃尔·格列柯就像他的画一样奇怪。"

日不落的西班牙 >>

早在这幅画面世的几年之前，腓力二世已经取得了葡萄牙王位。葡属安格拉、莫桑比克、果阿、锡兰、澳门、马六甲、巴西统统归入西班牙，加上原来的尼德兰、卢森堡、那不勒斯、西西里、米兰、非洲各城市、墨西哥、委内瑞拉、秘鲁、智利、阿根廷、加利福尼亚、佛罗里达、菲律宾等，一天 24 小时里，无论何时都有领土处于太阳的照射下，这就是“日不落帝国”这个称号的由来。

然而月盈则亏，极盛时期不可避免地孕育着衰退的征兆。更何况西班牙的黄金时代是建立在掠夺其他国家的基础上的，对方为摆脱武力和恐怖的控制而进行的反抗可想而知。

最终，腓力二世不得不接受尼德兰在事实上已经独立的现实，处心积虑想得到英格兰的计划也不得不罢手。在与

“处女”国王伊丽莎白一世的较量中，腓力二世可谓完败。他求婚时被戏弄，又因为玛丽·斯图亚特被处死，将英格兰天主教化的野心也彻底破灭了。而且德雷克领导的海盗活动也是受伊丽莎白支持的——我坚持认为这一时期的国王和诸侯与强盗并无区别，只是规模更大——忍无可忍的腓力二世派出无敌舰队，结果在阿尔玛达海战中惨败（如果腓力二世和伊丽莎白结婚，他们的孩子肯定了不得）。

西班牙无敌舰队与英国舰队的阿尔玛达海战图（1588 年）

另外，尽管腓力二世通过拷问、火刑、活埋等无所不用其极的异端审判（正如蒙提·派森的调侃：“无论遇上什么样的倒霉事儿，都比遭受西班牙的异端审判强。”）固守天主教的权威，仍没能阻止新教势如野火的蔓延趋势。

而且，掠夺来的金银财宝毕竟是不义之财，不劳而获的状态持续久了，只会助长奢侈之风，且腓力二世没有为发展本国产业做任何努力。享受荣华富贵的只是一部分王公贵族，穷人没有得到半点恩惠，这是黄金时代的实情。腓力二世老了，这个国家也开始每况愈下。

向宗教画的倾斜 >>

腓力二世越来越自大，也越来越谨慎（又有“谨慎王”之称）。他不放心把政务交给别人，什么都要亲力亲为，所有的文件都要亲自过目才放心。他工作如此勤奋（就像预算时期的现代精英官员），以至于“像腓力那样工作”成了一句俗语。他不再像年轻时那样喜欢打扮，穿的衣服都是黑色的，风貌也像严厉的僧侣，昔日的魅力已经大大减退。

从埃尔·埃斯科里亚尔宫快竣工的时候开始，腓力二世对美术的偏好似乎也起了变化。腓力二世在绘画方面独具慧眼，今天普拉多美术馆里悬挂的提香和希罗尼穆斯·博斯的许多杰作，都是他悉心收藏的。一边是娇艳欲滴的胴体，一边是奇形怪状的美，对这两位风格迥异的天才给予同样的热爱这一点足以体现腓力二世的审美眼光。

然而，随着腓力二世步入老年，信仰越发虔诚，性情越发内敛，喜欢被禁欲主义的宗教画环绕。他拒绝将埃尔·格列柯的画挂进埃尔·埃斯科里亚尔教堂，这或许正是他老了难以接纳新风的证明。

“我不想做国王，也不想当贵族，只想做个普通的骑士，活得轻松一些，哪怕穷也没有关系。”腓力二世晚年的述怀中想必夹杂着真心话，因为他的一生确实太不容易了。

腓力二世和他的父亲一样为痛风所扰，但比他的父亲长寿得多，一直到71岁，这位孤独国王波澜壮阔的一生才落下帷幕。

12

▶1656 年，油画，普拉多美术馆，318cm × 276cm

第 6 章

Velázquez

《宫娥》

迭戈·委拉斯开兹

《宫娥》是委拉斯开兹的最高杰作，被誉为“画中之画”，创作于委拉斯开兹去世前四年。在如歌剧舞台一般的巨大空间里，“国王的家人”栩栩如生。

国王与画家的蜜月 >>

结了四次婚，把长子卡洛斯逼上死路的腓力二世，最终只剩下一个糊涂儿子腓力三世。命运真是讽刺。

或许是因为一直看着父亲腓力二世忙于工作，心生厌倦，腓力三世把政务全都交给了宠臣，对他们中饱私囊的行为置若罔闻，一味地沉溺于狩猎，没有什么建树便早早地过世了。因此，他的儿子登基的时候只有 16 岁，一开始只能像父亲一样依赖宠臣。或许他原本就缺少动力和能力，所以后来也一直安于现状，在位 44 年，人送绰号“无能王”。

不过，或许是由于隔代遗传的关系，在艺术品特别是绘画的鉴赏上，腓力四世似乎继承了他的祖父腓力二世的审美品位，王室的收藏因此得到了进一步扩充［现在世界三大美术馆之一——马德里的普拉多美术馆（另外两座是巴黎卢浮宫和圣彼得堡艾尔米塔什博物馆）的基础可以说就是由腓力二世和腓力四世奠定的]。除了上一代传下来的提香画作，腓力四世还是当时被誉为世界最杰出画家的鲁本斯的画迷，他把鲁本斯死后拍卖的比较出色的作品几乎都买了下来。不过，腓力四世最大的功绩还是发现了初出茅庐的年轻画家迭戈·委拉斯开兹，任命其为宫廷画家，予以厚待（当时画家24岁，国王18岁）。

腓力四世在请委拉斯开兹画过一次肖像画之后，便再也无法忍受其他画家的作品，把它们统统撤出了王宫。高度写实、色彩美妙、表现丰富、笔法精巧，而且他似乎有一种魔法，能够不着痕迹地向观众传达王者的气度与威严——这不恰恰是委拉斯开兹本人所具备的气质吗？

委拉斯开兹笔下的腓力四世的脸并不算招人喜欢，又长又红的鼻子、突出的下唇和下巴这些代代相传的特征在画中表现得更加尖锐，即使是恭维，也没有办法说他是美男子，反倒算丑的。然而，这位相貌丑陋的国王穿着一身黑衣，往没有任何背景的空间里一站，竟散发着无法言说的王者风范。

看到如此理想化的君主形象，谁会不喜出望外呢？腓力四世对委拉斯开兹十分满意，甚至留下了为他捡画笔的传说。

▶委拉斯开兹《穿黑衣的腓力四世》（约1626—1628年）

是不是好像在哪里听过？没错，查理五世和提香之间也有同样的故事。这可能是用来证明国王与画家良好关系的约定俗成的桥段。

画笔的故事暂且不说，能够证明腓力四世对委拉斯开兹信任的证据不胜枚举。除了马德里市里的豪宅，腓力四世还在王宫内给他安排了专用的画室，甚至提拔他做官——最后升至宫廷总管——还授予他一般只授予贵族的圣地亚哥勋章。在那个把画家视为工匠而非艺术家的时代里，这是一个画家所能获得的最高地位了。

然而，沉默寡言、很少表达自己的委拉斯开兹是否感到幸福，我们却不得而知。甚至有艺术史家断言，没完没了地为完全没有魅力可言的国王一家画像，这样的工作绝不会带给他快乐。他会不会也想像鲁本斯那样，更加自由地创作一些神话、历史题材的规模宏大的作品呢？

他曾前往意大利收购绘画作品，一去就是三年，经腓力四世再三催促，才勉勉强强地启程回国。有人说他作品少是因为公务繁忙，死因是过劳死。他操办完腓力四世的女儿玛丽亚·特蕾莎和法王路易十四的婚礼两个月后猝死，享年61岁。

▶委拉斯开兹《玛丽亚·特蕾莎公主》(1652—1653年)

《宫娥》之谜 >>

《宫娥》是委拉斯开兹的最高杰作，被誉为“画中之画”，令后世的戈雅、毕加索、莫奈都为之倾倒。这幅画创作于委拉斯开兹去世前四年。

在如歌剧舞台一般的巨大空间里，“国王的家人”（这是当时的作品目录中记录的原题）栩栩如生。透过委拉斯开兹的技艺精湛的笔触，鉴赏者仿佛穿越了几个世纪，与画中人物面对面。

左边，站在巨大画布前的就是画家本人。他长着一双西班牙人标志性的忧郁的眼睛。

画中央的小女主角是5岁的玛格丽特公主，她噘着嘴，仿佛在撒娇。两个负责服侍公主的侍女，一个仿佛在哄她，跪在地上，正用托盘递上水壶，另一个正看着这边行宫廷式的鞠躬礼。

后面的修女是侍女领班，她的旁边是一名宫廷侍卫，两人正在交谈着什么。在他们身后，另一名侍卫正准备出门，又突然转回身来。

右下角是一只正在打瞌睡的大獒犬。一个少年正用脚轻轻地逗它。少年和他旁边的成年女性都是患了侏儒症的小丑[当时西班牙宫廷里养了许多软骨症、肥胖症、巨人症患者和黑人、傻瓜之类的“消遣”（！）和奴隶。委拉斯开兹还单独为那些侏儒症患者画过肖像画]。

画面上的出场人物共有9个，但这还不是全部。画中央后方的四方形镜子里，映着玛格丽特的父母，即腓力四世和王后。这就是画家和侍女看向这边的原因。他们看的是国王夫妇，而不是我们这些鉴赏者。

委拉斯开兹是想通过这幅充满玄机的作品给观众出难题吗？如果是这样，那么他的目的达到了。时至今日，在这幅画里画家正在画什么，依然是个未解之谜。

人们有各种各样的解读。有人说，画家正在画公主的肖像，国王夫妇突然驾临画室；有人说恰恰相反，画家是在为国王夫妇画肖像画，公主带着随从闯了进来；又有人从画布的大小推测，画家在画的正是这幅《宫娥》，这样画是为了让鉴赏者同时看到这幅画（画布）的正面和背面；还有人说这幅画是为了显示将要正式继承西班牙王国的是玛格丽特公主……

▶《宫娥》（局部）

承认女王的预告？>>

最后一种说法之所以会出现，理由不用说（又）是因为继承问题。

腓力四世年轻时娶了法王亨利四世之女，有了活泼的王子巴尔塔萨·卡洛斯（委拉斯开兹画下了他少年时可爱的样子）和一个女儿（前面说的玛丽亚·特蕾莎）。然而不幸的是，这个重要的嗣子17岁夭折，之后王后也死在了产床上。

于是腓力四世只得考虑再婚，不过王室的婚姻并不简单。西班牙是超级大国，所以对方的国家太小不行，太穷不行，而且非天主教国不考虑。此外，对方还必须身体健康，生育能力强，这样一来人选就很有限了。最后，腓力四世——和腓力二世一样——娶了自己亲妹妹的女儿，也就是他的外甥女（这就是《宫娥》镜子里的王后玛丽安娜）。

▶委拉斯开兹《身穿猎装的巴尔塔萨·卡洛斯王子》（约 1635—1636 年）

实际上，玛丽安娜原是王子巴尔塔萨·卡洛斯的未婚妻（原定是表兄妹结婚）。因为王子死得早，玛丽安娜没了去处，索性嫁给了未婚夫的父亲，也就是她的舅舅。这样的思考回路，放到今天恐怕很难为世人所接受，而且天主教本身也是禁止近亲结婚的。但是王室基于上面的种种理由，选择面太窄，不得已而为之，教会也就视而不见。就这样，45 岁的舅舅和 15 岁的外甥女的婚姻成立了。

让我们从第一代开始，重新回顾一下他们近亲结婚的情况有多严重。

第一代，卡洛斯一世娶了表妹；第二代，腓力二世娶了外甥女（亲妹妹和堂兄的女儿）；第三代，腓力三世娶了堂兄的女儿；第四代，腓力四世娶了外甥女（亲妹妹的女儿）。婚姻线错综复杂，外祖母同时又是姑母，近亲关系之扭曲令人震惊。

在这样的状态下，出现死婴、先天性疾病、婴儿早夭的概率自然很高。对于这样的危险，王室并非全然不知，但他们宁可如此，也不愿在高贵的蓝血中混入低劣污秽的血液。"血统的纯洁"才是最重要的，这便是王室的选择。

就这样，玛丽安娜接连生了四个孩子，除了玛格丽特以外，都没能长大成人。委拉斯开兹画《宫娥》的时候，腓力四世 51 岁。这样的年龄在当时已经算是老年了，无论是他本人还是宫廷，都不再对男孩儿的出世抱有希望。

因为腓力四世和第一任妻子生的玛丽亚·特蕾莎已经许配给了路易十四，所以能够继承西班牙的就只剩下 5 岁的玛格丽特了。"为了让国内外承认将来的女王，这幅画很好地发挥了预告作用"这样的说法便由此而来。

▶委拉斯开兹《王后玛丽安娜》（约 1652—1653 年）

西班牙王国的夕阳 >>

然而，奇迹发生了。5 年之后，腓力四世最后的努力有了成果，玛丽安娜生下一个男孩儿。他就是玛格丽特的弟弟，将来的继承人。

玛格丽特的命运也因此改变了。她和她的母亲一样，在 15 岁的时候定了亲。男方是她母亲的亲弟，也就是她的舅舅，同时又是她父亲的堂弟（只是想象一下就觉得太疯狂了），奥地利的利奥波德一世。或许是因为近亲结婚的缘故，她和母亲一样，生下的孩子一个接一个夭折，最后在 21 岁的大好年华去世了（想到这些，图画中那任性地把脸扭向一边的表情也不禁叫人心疼起来）。

话说回来，这个姗姗来迟的男孩儿的诞生，对西班牙来说究竟是福是祸呢？至少对哈布斯堡家族而言是场灾难。如果玛格丽特当上女王，王朝的寿命或许还能稍微长一点儿。这个如奇迹一般诞生的男嗣沿袭了伟大的卡洛斯一世的名字，被称作卡洛斯二世，但是不久，他便成了人们口中的“被诅咒的孩子”。正是受频繁到异常的近亲结婚的诅咒，他没有繁衍后代的能力。

此时的西班牙已日薄西山。祖父和曾祖父辛辛苦苦打下来的家业，经过腓力三世、腓力四世、卡洛斯二世的消耗越来越少，不过历史早已证明，即便是连着几代国王都昏庸无能，也未必会导致王朝倒台。要说有什么可以彻底摧毁王室，那就是后继无人。西班牙哈布斯堡家族终于要面对这样的事态了。

据说腓力四世对长得像小丑一样的儿子大失所望，带去公众场合时都要让他蒙上面纱。腓力四世本人长得也并没有多么英俊，可见情况真的非常糟糕。此时委拉斯开兹早已不在人世，卡雷诺·德·米兰达为卡洛斯二世画了肖像画。不过这位宫廷画家似乎做了不小的粉饰，同时代人所说的“见

卡雷诺·德·米兰达《卡洛斯二世》(约1673年)

过国王的人都会感到不安”“跛足”“总是流口水”“智力低下且心理也不正常”等特点都被巧妙地隐藏了起来（尽管如此，卡洛斯二世身患疾病这一点还是能从画上清楚地看出）。

所有人都不约而同地预感到王子可能活不了太久。然而，在父王郁郁而终之后，卡洛斯二世 4 岁即位，在乳母和众多医生、占星师、祈祷师对待易碎的瓷器一般的呵护下，竟一直活到了 39 岁。当然，结婚也是免不了的。

可怜的是女方。路易十四的弟弟的女儿被逼着从华丽的法国宫廷嫁入了阴郁沉闷的西班牙宫廷，背着无法生育的指责（国民并不知道原因在卡洛斯二世），因压力导致体重攀升，忧郁早逝。

西班牙落幕，法国崛起 >>

宫廷仍在盼望着奇迹发生。因为有着多产的血统，德国普法尔茨选帝侯的女儿成了再婚对象。这时卡洛斯二世的病情已相当严重，他曾掘开前妻的坟墓，而且非常喜欢看异端审判的拷问场面，看着别人的痛苦使他感到兴奋。终于，1700 年，这个“自从出生开始就濒临死亡”的国王咽下了最后一口气。

卡洛斯一世（即查理五世）诞生于 1500 年，距卡洛斯二世之死整整 200 年，仿佛计算好了似的。历经五代国王，西班牙哈布斯堡家族就此完全终结。

同根而生的奥地利哈布斯堡家族当然不甘心把西班牙拱手让人。他们一边焦急地等待着卡洛斯二世的死，一边考虑下一步棋要怎么走。早就与西班牙联姻的法国也是一样。早在卡洛斯二世生前，两国就已剑拔弩张，在他死后更是发展成了西班牙继承战争。这场战争持续了13年之久，最终，法国波旁家族夺得了西班牙的王冠，哈布斯堡家族永远地撤出了伊比利亚半岛。

从此，世界语也改变了。在整个“黄金世纪”，西班牙语是国际语言，而以此为分界，法语逐渐取代了西班牙语的地位。

▶约 1591 年，油画，斯考克勒斯特古堡（瑞典），70.5cm × 57.5cm

第 7 章

Arcimboldo

《装扮成四季之神威尔廷努斯的鲁道夫二世》

朱塞佩·阿尔钦博托

不知道是不是因为由一对针锋相对的父母养大的关系，23岁继承皇位的鲁道夫二世成了历代哈布斯堡家族成员中最特立独行的人。

全族第一怪人 >>

在西班牙哈布斯堡家族因为频繁的近亲结婚而自取灭亡之时，另一个分支奥地利哈布斯堡家族又是什么情况呢？

在另一种意义上，这边也是苦战连连。除了统治多个民族的困难——像波希米亚、匈牙利这种历史悠久的王国，即使是落入哈布斯堡家族的统治之下，仍会伺机独立——还有与奥斯曼土耳其之间的攻防，马丁·路德的宗教改革更是形成了一股强劲的逆风。因为哈布斯堡帝国自任天主教宗主国，在对抗新教的战争中只许成功，不许失败。

斐迪南一世从哥哥查理五世那里继承了神圣罗马帝国皇帝的称号和奥地利，他已经在为新教问题而苦恼，王子竟然还倾向于路德派，惹得国王不得不以剥夺继承权相威胁。此时的英国，腓力二世之妻玛丽女王正发挥着她血腥玛丽的本性，滥杀新教徒。

王子表面上假意顺从。然而在父王去世，他作为马克西米连二世即位之后，马上承认了帝国内的信仰自由，和自己的妻子反目成仇。

这位妻子是他的堂妹，查理五世的女儿，腓力二世的妹妹，不用说是个地地道道的天主教徒。在她看来，丈夫就是一个地下新教徒，不可原谅。尽管他们之间有 16 个孩子，夫妻关系却并不和睦。丈夫在快到 50 岁时去世，她马上就回到故乡西班牙，相传还说过“住在没有异教徒的地方更舒服”这样的话。

继承皇位的，是 23 岁的鲁道夫二世。不知道是不是因为由一对针锋相对的父母养大的关系，他成了历代哈布斯堡家族成员中最特立独行的人。这从他让阿尔钦博托画的这幅破格的肖像画也可以看得出。当然，他也有普通的肖像画传世，从这幅画里我们可以看出，他的实际样貌比堂兄妹结婚的父母特征更为鲜明，下巴前突，下唇肥厚，是典型的哈布斯堡脸。

按照当时的惯例，鲁道夫二世也早早地订下了婚约。女方是腓力二世的女儿（第三任妻子伊丽莎白·德·瓦卢瓦之女伊莎贝拉），又是一次为了保持血统纯正而安排的表兄妹婚姻。不过，他让准新娘伊莎贝拉等了 20 多年，最后却终身未娶。如果在这里继续近亲结婚，恐怕会重蹈西班牙哈布

亚琛《鲁道夫二世像》（约 1600 年）

斯堡家族的覆辙。插句题外话，鲁道夫的姐姐后来成了腓力二世的第四任妻子。所以如果他娶了伊莎贝拉，那么腓力二世不但是他舅舅、姐夫，还将成为他的岳父！

不过，鲁道夫没有正式娶妻恐怕并非出于这样的原因。如果不喜欢表妹，娶别的公主也并非没有可能（伊莎贝拉 30 多岁嫁给了托莱多大主教），既然有私生子，可见也并不讨厌女人。那么，为什么他身为皇帝，却选择了不留下嗣子呢……个中原因无人知晓，而这也越发证明了他的古怪，耐人寻味。

痴迷魔术，博学多识 >>

鲁道夫二世不但不愿结婚，对政治也毫不关心。在母亲的感化下，他一度对新教采取高压政策，在发生叛乱后又转而采取和解政策，阴晴不定（看来对宗教也不是很关心），最后把国政完全交给臣下，于1583年离开了首都维也纳，将官邸迁到了布拉格。

鲁道夫二世在这里做什么呢？他不惜重金，一味地满足自己的“宅男心”。因此，他很长时间以来一直被认为是“无能的怪人”。但是近年来人们对他的评价开始有所改变，开始说他尽管行事怪异，但却“具备当时最高的才智”，而且是“学问和艺术的庇护者”。

大航海时代开始以来，王侯贵族都争先恐后地收集来自新世界的奇珍异玩，热衷于布置珍奇屋，但论藏品的规模和数量，没有人比得过鲁道夫。他收集的东西可谓包罗万象——美术品不必多讲，还有异国的动植物、昆虫标本、珠宝饰品、古董、外国货币、自动玩偶、动物内脏、畸形活人（这样的气氛在《宫娥》里表现得很清楚）或骨骼标本——在多样性方面无疑是后世博物学的先驱。

如果因为他招聘占卜师、魔术师、炼金术士这些从事可疑职业的人，就片面地断定他是个迷信的皇帝，只能说这是不考虑时代背景的诽谤。当时，不用说王侯贵族，从圣职人员到下层百姓，所有人都真心相信有天使和魔鬼。天文学家和占星术士几乎是同义词，占星术还是大学的正规课程。就连炼金术，也只是因为当时还没有"金是一种元素，不可能由其他物质合成"这样的知识，尝试制造黄金的化学实验并非那么可怕（半个世纪之后，炼金术士贝特格在尝试制造黄金的过程中创造了梅森瓷，并大获成功）。

鲁道夫二世庇护的最著名的占星术士（天文学家）是开普勒。作为宫廷聘用的学者，开普勒发现了关于天体运行的"开普勒定律"，并在皇帝死后编制了以皇帝的名字命名的星行表——"鲁道夫星行表"。另一方面，开普勒的母亲竟还曾成为一起审巫案的被告，经受了严刑拷打但没有屈服，最后被认定不是女巫，无罪释放，但因为过了6年的牢狱生活，肉体受尽折磨，出狱不久便去世了。

天文学家开普勒

单纯通过这件事，大概就能了解那个科学与迷信并存的时代了吧。鲁道夫身为皇帝却终身不娶，对政治和战争都漠不关心，所以说他是怪人。而爱好神秘学、爱好收藏其实是那个时代的潮流，只不过他搞得规模更大，旁人无法模仿罢了。

神话的视觉化 >>

鲁道夫二世的美术鉴赏力之高，从他的绘画收藏（丢勒、勃鲁盖尔、科雷吉欧等）构成了现在维也纳艺术史博物馆的基础这一点上，也表现得很清楚。在同时代的画家中，他偏爱从祖父一代就开始担任宫廷画家、以奇异的画风著称的米兰人朱塞佩·阿尔钦博托，甚至赐给他贵族称号。

阿尔钦博托以创作“拼合肖像”著称，即将动植物、蔬菜、水果、鱼虾、书本等密密麻麻地组合起来，拼成一张人脸。这一独特的创意引来了无数的模仿者（甚至日本江户时代的浮世绘都受到他的影响）。现代的我们看到这种东拼西凑的画只会感觉滑稽、胡闹，但是他的作品里却饱含以较高的修养和学识作为支持的寓意和象征——恐怕今天已经难以完全解读——同时满足了看画人智力上的好奇心和视觉上的愉悦。

因此，这幅《装扮成四季之神威尔廷努斯的鲁道夫二世》虽然看上去全是蔬菜、水果和鲜花，但并不是对皇帝的嘲弄、不敬。事实上，这是鲁道夫二世亲自订制的宫廷肖像画，而且他本人对这幅画也十分满意。（不过，除了鲁道夫以外，还有谁会向画家订制这样的肖像画呢？）

威尔廷努斯是掌管四季变化的植物之神。奥维德的《变形记》等书中有一则关于此神的滑稽而幸福的故事——

威尔廷努斯暗恋果树与园艺女神珀莱娜，但是珀莱娜为了躲避向她求爱的众神和萨提洛斯[①]，终日躲在自己的果园里。于是威尔廷努斯发挥自己的变形能力，有时变成农民，有时变成园丁，或者摘葡萄的工人、士兵、垂钓者，千方百计地接近她，追求她，却都以失败告终。

最后，他变成白头发的老妇人，力劝她选丈夫一定要选威尔廷努斯。“因为他爱你，而且第一个品尝你种的水果的也是季节之神威尔廷努斯”，但珀莱娜仍不为所动。失望至极的威尔廷努斯便突然地变回自己原来的样子……

珀莱娜看到威尔廷努斯真实的样子如此年轻英俊，一下子就爱上了他。从此，两位神就幸福地生活在了一起。

① 萨提洛斯，古希腊神话中的半人半羊神。——译者注

▶阿尔钦博托自画像（约1575年）

▶阿尔钦博托《火》(1566 年)

▶阿尔钦博托《水》(1566 年)

用神的变形能力比喻季节的变迁，古人的想象力真可谓天马行空。阿尔钦博托也插上了想象的翅膀，将威尔廷努斯与皇帝鲁道夫的形象叠加，将他的变形能力诉诸视觉。

也就是说，这幅画描绘的是威尔廷努斯变成鲁道夫的形象的那个瞬间：

洋梨、葡萄、樱桃、桃、苹果、草莓、玉米、南瓜、喷瓜、洋葱、胡萝卜、豆、百合、玫瑰……不同季节的植物密密麻麻填满了画面，堆砌成一幅上半身像。当然，各种植物都可以根据图像学做出解释，例如苹果代表智慧，葡萄代表喜悦，洋葱代表长生不老，百合代表纯洁，等等。解读脸的哪个部位用的是什么植物，大概也能带来乐趣。但令人遗憾的是，就像前文中说过的，现在我们已经无法完全读懂这幅画的含义了。

不过大概可以确定的是，画家没有用宙斯或阿波罗来赞美鲁道夫二世，而是选择了威尔廷努斯，是因为这个神具有变形能力。因为皇帝甚至亲自做炼金术实验，提炼各种物质，想把它们变成黄金，而且还研究魔术，看来是真的想要变形。

三十年战争爆发 >>

就在鲁道夫沉浸在自己的世界，置帝国于不顾的这段时间里，担任匈牙利总司令官的弟弟马蒂亚斯正在和奥斯曼土耳其打仗。哥哥不务正业，他自然怒上心头。

野心勃勃的马蒂亚斯相信，比起无能的哥哥，自己当皇帝更有利于哈布斯堡家族，因此他接二连三地从哥哥手中夺取实权。有传闻称鲁道夫晚年处于抑郁状态，或许也有这方面的原因。他将神圣罗马帝国皇帝的位子让给了弟弟，最后被囚禁在城堡中，于60岁悄然离世。

王朝从此便由弟弟传下去了？并非如此，实际上马蒂亚斯也是近亲结婚，没有孩子。而且他在位5年后就英年早逝，皇冠因此再次易主。

坐收渔利的，是马克西米连二世的弟弟的孩子，也就是

▶三十年战争图（马格德堡战役，1631 年）

鲁道夫二世和马蒂亚斯的堂弟斐迪南二世。他和腓力二世一样是虔诚的天主教徒，因此对此前的新旧教徒和解政策未加一顾，哈布斯堡家族迈入了可怕的“三十年战争”（1618—1648年）。

席卷欧洲各国的三十年战争是天主教对新教最大的也是最后的宗教战争。德国沦为战场，遭到严重破坏，因此变得更加落后。哈布斯堡家族被波旁家族打败，法国在欧洲的优势由此得以确立。不过，哈布斯堡家族虽然领土面积缩小了，但因为自己领土上的新教徒被一扫而光，从此再也没有宗教问题的困扰。

顺便提一下，鲁道夫二世花费毕生精力收集的珍贵藏品，有很大一部分都在这场战争中损坏、遗失了。

《腓特烈大帝的长笛演奏会》

阿道夫·门采尔

1852年，油画，柏林旧国立美术馆，142cm×205cm

第 8 章

Menzel

《腓特烈大帝的长笛演奏会》

阿道夫·门采尔

这里是位于柏林效外波茨坦的无忧宫的礼堂。壁镜、椅子、谱架等的装饰飘荡着德国洛可可的奢华，在明亮的枝形吊灯和摇曳的烛光中，一场小型演奏会正在举行。

只有男人的演奏会？ >>

这里是位于柏林效外波茨坦的无忧宫的礼堂。壁镜、椅子、谱架等的装饰飘荡着德国洛可可的奢华。在明亮的枝形吊灯和摇曳的烛光中，一场小型演奏会正在举行。

露出端正的侧脸、专心致志地吹奏长笛的男人并不是身份低下的音乐家，因为除了女人以外，没有人敢坐在椅子上，都是站在那里聆听。这个男人才是这座宫殿的主人——使普鲁士跻身欧洲列强的“大帝”腓特烈二世。

腓特烈大帝虽然身为德国人，却认为“德语是马夫的语言”，不屑于使用。他醉心于法国文化，用法语读写说话（无忧宫——Sans Souci 这个名字也是法语），还曾邀请启蒙思想家伏尔泰会面。不过他唯独在音乐方面喜欢意大利和德国的作品，所以他在这里演奏的可能是约翰·塞巴斯蒂安·巴赫所赠的赋格《音乐的奉献》。老巴赫的儿子卡尔·菲利浦·埃马努埃尔·巴赫做了很长时间的宫廷乐师，画中的他正在用羽管键琴伴奏。

右边靠近墙壁的，是腓特烈大帝的长笛教师匡茨。从他的表情中，我们无法看出他对学生的演奏水平是否满意。虽然有同时代的人做证说“所有人都为国王的演奏所陶醉”，但和年轻时候扮成太阳跳芭蕾的路易十四一样，国王的实际水平到如今已无人知晓（毕竟，能够被邀请观看大帝的演奏会就已经是莫大的荣耀了）。

大概是为了将这些也表现出来，德国写实主义画家阿道夫·门采尔再现百年以前的宫廷演奏会时，在由衷地欣赏演奏的观众（最左边）之外，还画进了一个无聊地望着天花板的观众（左起第三个）。

坐在红色的沙发上、把头歪向一边的是他的姐姐。应当在这里的王后却一次也没有踏进无忧宫——他们结婚后便一直分居。

这并非王后的过错，只是因为腓特烈讨厌女人——他只爱自己的母亲和姐姐——对其他女人碰都不愿碰（当然他也不考虑留下子孙，王位最后让给了侄子）。大帝的身边都是军人和文人。普鲁士宫廷与其他国家的宫廷相比，女性人数极少。在这个意义上，这幅历史画可能会令鉴赏者产生误解，让人误以为大帝的私人演奏会的观众有一半是盛装出席的女性。

肩负帝国的公主 >>

那么，这位开明专制君主腓特烈大帝是哈布斯堡血统吗？——绝非如此。他们甚至是不共戴天的敌人。

就像曾经腓力二世遇上劲敌伊丽莎白一世一样，现在哈布斯堡家族又遭遇了不好对付的对手，和玛丽亚·特利莎女皇交手的，是“恶魔”。讽刺的是，跟腓力二世与伊丽莎白一样，玛丽亚·特利莎和腓特烈年轻的时候也曾定过亲（如果成真的话，因为一个孩了也不会生，当然也就不会有玛丽·安托瓦内特的悲剧）。

玛丽亚·特利莎的父亲是查理六世。在上一章中写到王朝从鲁道夫二世传给马蒂亚斯，又传给斐迪南二世。由此往下数四代，便是查理六世。不过他也不是长子，而是在哥哥突然死去之后继承皇位，留下来勉强重建由于西班牙继承战争而凋敝的国家。但是，继承人问题又来了。查理六世没有儿子，只好把国家托付给长女玛丽亚・特利莎。

让我们把时间再稍微往后倒退一点儿。

就在查理六世君临哈布斯堡家族将近 20 年的时候，邻居普鲁士上演了一场激烈的父子之争（或者说是父亲虐待儿子更为贴切）。新兴的普鲁士虽然只是一个人口 200 万的小国，但在第二代腓特烈・威廉一世的统治下，逐渐变身为一个质朴而刚毅的军事国家。遗憾的是，国王在长子（后来的腓特烈大帝）身上并没有看到和自己一样成为士兵国王的资质。吹笛子、读哲学书、穿得像法国人，又有恋母情结，这样的儿子在父亲眼里只不过是个“软骨头”。

于是他没收了儿子的藏书，毁了乐器，用棍子打他，不让他吃饭，进行着令旁观者都感到异常的“教育”。终于，18 岁的儿子在少尉朋友的帮助下，打算逃往祖母索菲亚・多萝西娅的出生地英国，结果却被父亲发现。少尉朋友在儿子的眼前被处决（儿子冲着赴死的朋友大喊“请你原谅我！”，然后不争气地昏死过去），后者也被囚禁在要塞。

腓特烈・威廉一世当时真打算连儿子一起处决。幸亏查理六世从中求情，儿子才免于一死，而且没有被罢黜，平安无事地活到 10 年后即位，成了腓特烈二世。按说，他应该对哈布斯堡家族感恩戴德才对。

▶11 岁的玛丽亚·特利莎（1728 年）

再回来说哈布斯堡家族，这边依然没有子嗣。只要有个男孩儿，就可以让玛丽亚·特利莎和普鲁士的软弱儿子结婚（尽管对方是新教徒，可行性并不高），按照一贯的路数来扩张国土，然而天不遂人愿。

后来，软弱儿子奉父王之命和布伦瑞克-吕讷堡公爵的女儿结婚（虽然如前文所述，并无夫妻之实），玛丽亚·特利莎则如愿地和初恋、洛林公爵的长子弗兰茨·斯蒂芬结合。查理六世最后的心愿是在自己有生之年看到孙子，然而

▶腓特烈二世

玛丽亚·特利莎却连着生了三个女孩儿。

不过，查理六世也并非糊涂的乐观主义者。以防万一，他早早地拟好了领土不可分和长子继承（承认女性继承）相关的诏书，不惜一切代价迫使法国、英国、西班牙、普鲁士等国同意。情形和丰臣秀吉恳请德川家康等有力人士让自己儿子丰臣秀赖继承天下一样。就这样，1740年，查理六世去世，玛丽亚·特利莎继位。

化为恶魔的腓特烈 >>

结果怎样呢?

诏书变成了废纸。

半年前刚刚登上普鲁士王座的 28 岁的腓特烈二世最先采取了行动。这是“软骨头”成功变身为“怪兽”的瞬间。他不经宣战，直接往奥地利的领地西里西亚动员了三万大军。这一乘虚而入、有违人道的行径，被后世的历史学家断为“近世最骇人听闻的犯罪”。

所有人都大吃一惊。之前，谁也没有把这个对父王唯命是从的新国王放在眼里，更何况对哈布斯堡家族而言，这不是恩将仇报吗?

很快，周边各国也开始追随腓特烈的脚步。以“萨利克法不支持女性继承”为由，法国、西班牙、拜仁、萨克森陆续参战，意图消灭哈布斯堡家族。持续8年的“奥地利王位继承战争”就此打响。此时，23岁的玛丽亚·特利莎正怀着第四个孩子。她推开靠不住的丈夫——不过，弗兰茨·斯蒂芬在积蓄钱财方面能力过人，就像男版的山内一丰之妻[①]一样，源源不断地为妻子提供军费——亲自上阵，与匈牙利结盟，经过一番奋战，总算保住了神圣罗马帝国皇帝的宝座。全欧洲都见识到了她巾帼不让须眉的政治手腕，对她刮目相看。

但是她最终不得不妥协，让丈夫作为弗兰茨一世出任神圣罗马帝国皇帝，玛丽亚·特利莎名义上是他的皇后（实际上政治由她全权处理，因此通常称其为“女皇”）。不过，最让她不甘的，是最终没能收复富饶的谷仓地带西里西亚。

玛丽亚·特利莎一直到死都像面对蛇蝎一样忌惮着腓特烈，骂他是“恶魔”“怪物”“窃取西里西亚的盗贼”。连他爱喝咖啡这一点都成了她咒骂的素材。

① 山内一丰之妻以贤妻闻名，曾用嫁妆购买良驹使一丰受赏识。——译者注

令敌人也欣赏的国王 >>

在哈布斯堡家族来看，腓特烈大帝确实是不懂得知恩图报的恶魔。不过，并非只有哈布斯堡家族的繁荣才是“好的历史”，大帝也有大帝应当保卫的国家。事实上，他曾公然说自己的侵略行为是为了国民而履行的“国王义务”。而且在夺取西里西亚之后，他并没有要求进一步扩大领土。

因为这样的新式君主登上了历史舞台，欧洲的势力版图被改写了，普鲁士这道刀刃从此插在了奥地利的侧腹。而且因为普鲁士与英国走得很近，奥地利不得不与以前的敌人法国联手（于是引出了安托瓦内特和路易十六的联姻）。

有趣的是，腓特烈大帝渐渐成了当时的超级明星。新兴国的年轻国王给强国好好地上了一课，这令曾经苦于哈布斯堡的压制的人们不由得拍手称快，而他宽容的宗教政策，又引得那些在各国饱受宗教镇压的人纷纷涌入普鲁士。大帝一代就将国家的人口增加到了600万，是原来的3倍（哈布斯堡领地800万，英国700万）。普鲁士成了与哈布斯堡比肩的军事大国，人们钦佩他的才干也在情理之中。

其中，俄国的彼得三世——因为在政治上过于无能，最终为妻子叶卡捷琳娜（后来的女皇）所杀——就对腓特烈大帝崇拜得五体投地，陈列大帝的胸像、肖像画，穿着普鲁士的军服。同时代的哲学家康德曾称赞说“这是腓特烈的时代”，莫扎特（虽然不确定是否也是仰慕者）的遗物中有《腓特烈二世遗稿集》也是众所周知的，想必是曾经读过吧。

不仅如此，令人惊讶的是，就连玛丽亚·特利莎的长子约瑟夫——大帝发动奥地利王位继承战争时她所怀的哈布斯堡子嗣（！）——都是他的仰慕者。因为腓特烈大帝倡导“国王是国家第一公仆”，他的改革——废除刑讯和审查、信仰自由、法律秩序和军队现代化——无一不是同样以开明专制君主为目标的约瑟夫的理想，而且大帝过着禁欲的生活，却能够熟练地演奏乐器，还会自己作曲，振兴艺术，和伏尔泰等当时最优秀的知识分子深入交流，这样的形象让他不由得心生尊敬和憧憬。

长大后与母亲共同执政的约瑟夫二世明知母亲会生气，还是多次与大帝会见，甚至共同瓜分了波兰，这让晚年的玛丽亚·特利莎哀叹不已。

革命之路 >>

腓特烈大帝又是如何看待玛丽亚·特利莎的呢?

私下里似乎也是佩服的。在那个弱肉强食的炽烈的领土争夺战的时代，能够挨过继承战争，守住哈布斯堡家族，不屈不挠地坚持联姻策略，成功地领导一个多民族国家，可见玛丽亚·特利莎是世上罕见的女中豪杰。无论腓特烈多么蔑视女性，也不得不承认这一点。而且她在繁忙的政务之中，竟还生了16个孩子（其中6个夭折）。这是最终也没有组建家庭的腓特烈学不来的。

互为宿敌的两个人，在性格方面虽然一个打破常规，一个脚踏实地，但在敏锐的政治能力上，以及行事的冷静和透彻程度上有着非常相似之处。大帝以纯粹的科学探究的名义，用活人做过实验，尤其残酷的是用弃婴做实验。在实验中只给婴儿喝奶，禁止一切身体接触，看会发生什么。结果婴儿陆陆续续全都死了，由此证明对人类而言，皮肤的温暖有多重要。绝对主义时代的君主口中的“开明”的内容，很难被现代人接受。

女皇也一样。她把自己的女儿当作政治牌来打的做法——自己明明和初恋对象在一起，享受着圆满的夫妻生活——令人心寒，感觉不出她有多少母爱。想必对她而言，比起女儿们的幸福，还是哈布斯堡的繁荣更重要。

玛丽亚·特利莎对长大成人的女儿是这样安排的——

次女玛丽亚·安娜。因为身体虚弱，貌似不能生儿育女，于是特利莎建了一座女子学校，让安娜担任校长。安娜后来进入修道院，51 岁去世，终身未婚。

四女玛丽亚·克里斯蒂娜。人们一致认为唯独这个女儿得到了溺爱，被准许和小国的公子恋爱结婚。56 岁去世。

五女玛丽亚·伊丽莎白。玛丽亚一度打算把她嫁给路易十五，但后来因为染上天花，容貌变丑，于是和姐姐安娜一样被送去了女子学校。65 岁去世，终身未婚。

六女玛丽亚·阿玛丽亚。明知帕尔马公爵愚笨，玛丽亚却还是为了维持领地，不顾女儿意愿，强行让她出嫁。后来公国财政破产，断绝了关系。57 岁去世。

九女玛丽亚·约瑟法。在嫁给那不勒斯国王之前去世，

晚年的玛丽亚·特利莎

年仅16岁。

十女玛丽亚·卡洛琳娜。因为这个女儿跟自己最像，原本被寄予厚望，但因为九女突然去世，只好由她顶上，嫁给那不勒斯国王。生了18个孩子，62岁去世。

十一女玛丽亚·安托尼亚，也就是无人不知的玛丽·安托瓦内特。政治家玛丽亚·特利莎对路易十六的无能和女儿的凡庸了如指掌，但还是毫不犹豫地将女儿当作棋子来用。

38 岁被处决。

这样看下来，玛丽亚·特利莎作为帝王的决断令人惊叹，但又不能不感到命运的讽刺。如果九女没有那么早就死去，按照原先的安排嫁到那不勒斯，那么成为法国王妃的将是第一才女卡洛琳娜。而安托瓦内特嫁到一个更适合自己的小国，没准儿能过得很幸福。

法国革命可能就……

然而历史没有如果。

腓特烈大帝和玛丽亚·特利莎分别在革命爆发的 3 年前和 9 年前离开了人世。

《玛丽·安托瓦内特和她的孩子们》

伊丽莎白·维杰·勒布伦

▶1787 年，油画，凡尔赛宫，275cm × 215cm

第 9 章

Lebrun

《玛丽·安托瓦内特和她的孩子们》

伊丽莎白·维杰·勒布伦

画家用温暖的色彩描绘出了母亲和孩子们充满爱意的交流，但是却没有传递出幸福感。玛丽·安托瓦内特的表情有些恍惚，因为原先躺在这张床上的次女刚刚死去。

决定命运的政治联姻 >>

看到英国和普鲁士联手，长期对立的奥地利和法国都有了危机感，遵循着“敌人的敌人是朋友”这条历史真理，他们改走友好路线。于是哈布斯堡家族的家训——“战争尽管交给别人。幸运的奥地利，结婚去吧！”——突然又复活了。

各种方案浮出水面。路易十五的妻子已经过世，情妇蓬帕杜夫人也先他而去，那把玛丽亚·特利莎的五女儿许配给他怎么样？（然而路易十五很快就找到了新任情妇杜巴莉夫人。）约瑟夫二世刚刚失去了他的第二任妻子，让他迎娶路易十五的三个女儿中的一个如何？（约瑟夫以不喜欢老女人为由拒绝了。）路易十五的孙子、王位继承人路易·奥古斯特和十女玛丽亚·卡洛琳娜呢？（卡洛琳娜最后成了那不勒斯王后。）

弹翼琴的玛丽·安托瓦内特（1769年）

最终，双方谈妥了路易·奥古斯特（后来的路易十六）和玛丽亚·安托尼亚（法语读作玛丽·安托瓦内特）这一对的婚约，不过从婚事谈妥到正式决定还需要等上一段时间。这令玛丽亚·特利莎忧心不已，因为这证明法国国内的反奥情绪仍未消除——因此后来安托瓦内特才被安上“奥地利女人”这个充满恶意的称呼——有人公然反对联姻，而且夜长梦多，如果拖得太久，难保腓特烈大帝那个恶魔不会从中作梗。

所以当提亲的外交文书终于平安抵达，女皇悬着的心一下子松懈了下来。虽然传闻这位未来的女婿生性平庸，其貌不扬，非王者之材，但是她并不在意；而自己最小的女儿迄今为止没有通读过一本书，任性贪玩，浅薄无知，她能否胜任一个强大国家的王后，似乎也不足为虑了。

不祥的婚礼 >>

玛丽亚·安托尼亚变成玛丽·安托瓦内特的地点定在沿国境线而流的莱茵河中的小岛上。在一座匆忙赶建的圣所里，这位 14 岁的新娘被交给了法国。

那座建筑在仪式结束后不久便被拆除，如今已了无踪迹，不过幸运的是，我们有一个最有力的历史证人，他就是当时斯特拉斯堡大学的学生，后来的德国文豪歌德。他花钱买通了看门人，和朋友一起溜进了建筑内部（详见歌德自传《诗与真》）。室内挂着华丽的葛布兰式花壁毯，细看之下，发现毯子上的图画讲的竟然是希腊神话《美狄亚》——异国公主无法原谅丈夫的背叛，杀死了自己为丈夫所生的两个孩子——的血腥故事。歌德大吃一惊，激昂地说道：

“太过分了！年轻的王太子妃初进国门，就要目睹如此骇人听闻的婚姻悲剧吗！难道没有一个人明白，图画是会影响人的感觉和情绪，惹起人的预感的！”

然而，不祥的预兆还不止于此。在凡尔赛宫举办的婚宴上，原定将燃放史上最盛大的焰火，但是刚刚还晴空万里，突然却乌云骤起，电闪雷鸣，一场大暴风雨冲散了聚集的市民。改日换了地点重新举行焰火盛典，这次又因为人满为患，混乱之中死伤100多人。

最后是在礼拜堂举行的结婚协议书签订仪式。安托瓦内特用她幼稚的笔迹签下自己的名字“玛丽·安托瓦内特·约瑟法·约翰娜”之后，收笔时墨水滴在名字上方，留下了一个大大的——在任何人看来都是不吉祥的——墨渍（因为没等晾干就合上了，把前一页也染脏了）。

另外，除了新婚夫妇以外，还有路易十五等十几个人签字，尽管没有线格，但所有人都写得笔直（传闻中王太子路易十六生性愚笨，但这里的笔迹却令人意外的漂亮），唯独安托瓦内特的签名从墨渍处开始明显地向下倾斜着。这似乎预示着在度过无忧无虑的前半生之后，她的人生将开始走下坡路……

不过，对于这位未来的王后，大多数法国民众是欢迎的。人们将她看作和平的象征。她朝气蓬勃，天真烂漫，无疑赢得了人们的好感。虽然算不上正统派美女，但是她有着

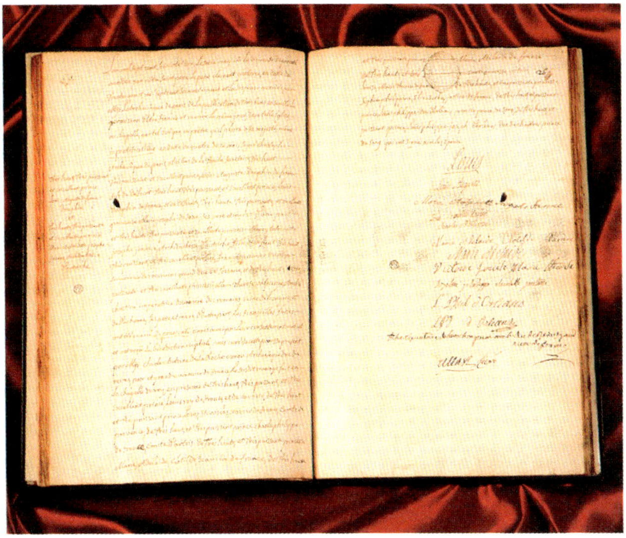

▶玛丽·安托瓦内特的结婚协议书

鹅蛋形的脸庞，光滑白皙的皮肤，炯炯有神的双眼。虽然鼻子稍微有一点像鹰钩鼻，但人们觉得这样看着更像贵族，就连遗传的“哈布斯堡唇”，在她身上也变得可爱起来。最重要的是，她身材苗条，举止优雅，与生俱来的女王般的态度，就连善于吹毛求疵的宫廷人也心悦诚服。

年轻放纵 >>

开头如此顺利，乍一看，哈布斯堡似乎轻而易举地征服了法国，但这对安托瓦内特而言反而是灾难。她在离开祖国之前就受到母亲的谆谆教诲，当上王后之后，母亲仍在书信中叮嘱，说这次结婚对奥法外交乃至欧洲稳定意义重大，千万不要刺激宫廷内的反哈布斯堡势力，要铭记不久前两国还在敌对，凡事小心，不要招人反感。如今她却自大起来，觉得自己即使不做任何努力，仅仅是站在那里就能让人们满足，于是生来的惰性开始显露，完全没有了警惕之心。她无视死板的宫廷礼仪，一味地玩乐起来。看戏，赌博，参加假面化装舞会，热衷服装，迷恋宝石……

然而对于这种纵情玩乐的生活，只责备安托瓦内特一个人恐怕过于苛刻。18 岁从王太子妃变成王后的她有着健康的肉体和多产的血统，而且母亲很早就催她生子，至今还没有成功。这对高傲的哈布斯堡家族成员来说简直是奇耻大辱。这都要怪丈夫路易十六（最大的幻灭就是这个年长一岁的丈夫），他因为胆小，一直拒绝做简单的外科手术，等到他终于拿出仅有的勇气矫正生理缺陷，成为真正意义上的丈夫并当上父亲时，已经是结婚整整 7 年后的事。

7 年，这是一段漫长的岁月。在那些无所作为的日子里，安托瓦内特重复着轻率的行为，渐渐地失去了人心。

蠢蠢欲动的反奥地利派与反路易十六派（弟弟和堂兄弟觊觎王位）、反安托瓦内特派（被她疏远的贵族）联起手来，甚至连把宫廷外的反王政派也卷进来，形成一大势力。另外，国库从上上代路易十四末期（战争过于频繁）就开始减少，上一代路易十五（浪费和寒冷时期的歉收）进一步减少，现在几乎是空的，因此从上层到底层都弥漫着不满情绪。无论向哪一阶层征税，都会遭到强烈的反对。国王对此束手无策，袖手旁观，使得经济进一步恶化，陷入恶性循环。

在这样的状态下，整个国家已经不会为王子诞生这种事而欢欣鼓舞了。

郁闷的怒火正在寻找发泄的出口。路易十六对女人的兴趣不大也是安托瓦内特的不幸。在此之前，法王一直有“宫廷情妇”起到缓冲作用。宫廷情妇不仅仅是情妇，而是从国王众多情妇中挑选出的一个，她在宫殿里住的房间比王后的还大，除了特别的活动，宫廷情妇几乎独占了宫廷的繁华。不过，一旦政策失误，或者出现严重的赤字，她就要承担所有人的憎恶:“都怪她参与政治”“都怪她奢侈浪费”（替路易十五执掌政务的蓬帕杜夫人一半是过劳死）。

因为宫廷情妇的存在，每一代的王后都得以保全，但是路易十六一直没有宫廷情妇，安托瓦内特自然就成了众矢之的，成了直接的憎恶对象，人们说她“提拔朋友做大臣”，是“买衣服导致国家破产的赤字夫人”。

讽刺的是，这些指责——虽然有些是自作自受，但也有很多毫无根据的造谣——都是在安托瓦内特挥霍无度的生活开始有所收敛，且作为抚养王位继承人的母亲而终于有了身为王后的自觉的时候喷涌而出的。玛丽亚·特利莎担心的事情终于发生了。然而，这位伟大的政治家在女儿最需要她的时候已经不在人世了。

历史的惊涛骇浪正在不断逼近，优柔寡断的国王和学识浅薄的王后只能听天由命了。

▶路易十六

画中的死亡气息 >>

这幅《玛丽·安托瓦内特和她的孩子们》是安托瓦内特32岁时的肖像画。

画的作者是当时最成功的女画家伊丽莎白·维杰·勒布伦，她从8年前开始为王后画像，深得王后欢心，几乎成了安托瓦内特专属的画家，为她画了20多幅画。当时的肖像画家比的是谁能把服装的颜色和质感表现得更真实。维杰·勒布伦还懂得如何把模特儿画得比实际更优美，所以尤其受贵族女性欢迎。

《玛丽·安托瓦内特和她的孩子们》在她的作品中属于上乘之作，纯熟的笔法得到了充分的施展：正值女人最好年纪的王后的美，孩子们可爱的动作，裙子边上的毛皮和蕾丝的细腻描画。色彩虽然以华丽的红色为主色调，但整体上却给人以安详宁静的印象，完成度非常之高。

尽管如此，当时这幅画却并未博得人们的好感。这并不是画家的责任，只是因为模特儿被太多人憎恨。这幅画被人们当成了政治宣传画。因为著名的“项链事件”（以安托瓦内特的名义实施的诈骗案）刚刚以令人不悦的结局收尾——没有戴项链是因为这个原因吗？——放纵傲慢的赤字夫人希望能通过这幅画为自己洗去恶名，让自己温柔地抱着孩子的居家形象深入人心。

确实，这样的意图不能说没有。事到如今，安托瓦内特终于想要向受人敬爱的“国母”玛丽亚·特利莎学习了。只可惜，这一转变来得太迟了……

画家用温暖的色彩描绘出了母亲和孩子们充满爱意的交流，但是却没有传递出幸福感。每个人的视线都朝着不同的方向，安托瓦内特的表情也有些恍惚。长子指着一张绿色的婴儿床，上面空空如也，张着黑洞洞的大嘴有些瘆人。有这种感觉并不奇怪，因为原先躺在这张床上的次女刚刚死去。这幅画还传递着另一个信息：失去孩子的王后很可怜。

然而事到如今，谁还会去可怜那个据说曾经放言“没有面包就吃蛋糕”（这当然是反安托瓦内特派散布的谣言）的王后呢？而且因为长期的贫困和饥饿，对国民而言，死亡几乎是家常便饭，他们自顾不暇，并没有余力去同情那个“奥

▶库哈尔斯基《玛丽·安托瓦内特》(约 1790 年),
绘于安托瓦内特囚禁于杜伊勒里宫期间,未完成

地利女人”。此时距离革命的爆发,只剩下短短两年时间。

鉴赏作品的我们,想到革命的脚步正一天天逼近,不由得感到心情沉重。命运对这些没有任何罪过的孩子而言实在是太过残酷了。

在革命之前病死的长子路易·约瑟夫(以手指床的孩子,床代表着死亡)从某种意义上甚至可以说是最幸运的。哥哥死后,坐在母亲膝上的次子路易·夏尔成为王位的第一顺位继承人，因此他的遭遇比上断头台还要悲惨。他从懂事起就被囚禁起来，最后孤身一人，在不见阳光的单身牢房里，受着比动物还不如的待遇，被慢慢折磨，生不如死。

大女儿玛丽·泰瑞丝被囚禁时才13岁，正处在青春期。对一个女孩子而言，长达4年的监狱生活想必如同身处地狱一般，难以诉说。她后来通过人质交换回到了奥地利，据说起初一段时间出现了类似失语症的症状（不管怎么说，她是这几个孩子中唯一一个生还的）。

在某部希腊悲剧中，战败国的年幼的王子在被处决时问道："为什么？"得到的回答是："因为你是国王的孩子。"路易十六的孩子们的悲惨命运，也完全是生为国王的孩子所致。

断头台的结局 >>

革命爆发后，国王一家曾试图在安托瓦内特的情人费尔森的帮助下逃亡国外，结果以失败告终。后来，他们在被囚禁的地方暗中请求奥地利进行武力干涉。结局众所周知，革命政府把路易十六和安托瓦内特先后送上了断头台。

20世纪奥地利文学的代表作家茨威格认为，安托瓦内特跌宕起伏的一生是普通人经历残酷命运而成为不朽存在的故事。他在为她所作的传记中这样写道：

“就像艺术家偶尔会摒弃包罗万象的宏大题材，而选取乍看上去很小的素材来证明自己的创造力一样，命运也会故意找一个无关紧要的主人公，来证明它用脆弱的材料也能产生极致的紧张，意志薄弱的灵魂也能展开伟大的悲剧。在这种被意外地推上主角位置的悲剧中，最美的一例便是玛丽·安托瓦内特。”

托马斯·劳伦斯

▶ 1818—1819 年，油画，哈佛大学福达美术馆，58cm×49cm

第 10 章

Lawrence

《罗马王（莱希斯塔德公爵）》

托马斯·劳伦斯

这个七八岁的少年看上去很聪明。他胖乎乎的脸颊线条柔和，望向我们的大眼睛令人印象深刻，向前突出的额头让人感觉到知性，将来肯定是一个了不起的人物。

拿破仑的面影 >>

托马斯·劳伦斯是乔治三世的宫廷画家，因为他技艺精湛，可以把模特儿画得比实际更具魅力，所以很受欢迎，不仅祖国英国，全欧洲的王侯贵族都争先恐后地请他画肖像画。50岁时，大师地位已经无可动摇的托马斯·劳伦斯受邀前往亚琛。他借此机会花了一年半左右的时间游历各国宫廷，并且来到了维也纳，画了无数的肖像，这便是其中一幅。

这个七八岁的少年看上去很聪明。他胖乎乎的脸颊线条柔和，形状好看的嘴唇，笔挺的鼻子，金黄的头发，望向我们的大眼睛令人印象深刻，想必能长成一个英俊的青年。而且他不光是漂亮，他的眼神也有力，向前突出的额头让人感觉到知性，将来肯定是一个了不起的人物。

抑或，这一切都是出自劳伦斯一流的粉饰？是他那善于讨人欢心的画笔，在画布上捏造了人物原本没有的美丽和气质？

这次好像并不是这样。有无数的证言证明，少年确实姿容俊美，10年后长成了身高186厘米的眉清目秀的青年，令无数女人叹惋。不过，真想不到当时的哈布斯堡家族里竟然还有这样的俊材……

画中的少年让人想起某个人。特别是那漂亮的额头和大大的眼睛，和曾经凭一己之力震撼整个欧洲的稀世英雄简直如出一辙。画家是否无意之间在脑海中浮现了大卫所画的那幅著名肖像画《拿破仑在书房里》呢？因为，这个孩子正是“革命之子”和“高贵的纯血”，即拿破仑和哈布斯堡家族公主所生的嫡子。

话说这个孩子为什么不在法国，而身处奥地利宫廷呢？

法国革命之后，安托瓦内特曾指望大哥约瑟夫二世的营救。约瑟夫突然死去，因为没有孩子，皇位便由弟弟利奥波德二世继承。利奥波德想尽了办法，但是不到两年也病死了，皇位传给了他的儿子弗兰茨二世。对弗兰茨而言，安托瓦内特是素未谋面的姑姑。或许是觉得没有必要为了救她而使王朝陷入危险，他没有出面阻止哈布斯堡家族的女人在异

大卫《拿破仑在书房里》(1812年)

国他乡被送上断头台。

这个皇帝后来将自己的女儿当作牺牲品送给了敌人，但在那之前，还是先经历了惨痛的失败。他原本并没有把这个“科西嘉暴发户”放在眼里，结果四次交战均遭惨败，被当面羞辱（因此流下了懊悔的泪水），接二连三地失去国土，最终连神圣罗马帝国的皇位也不得不拱手相让。

虽然神圣罗马帝国已经与解体无异，但这次才算是正式且完全的灭亡，遥想当年鲁道夫一世和马克西米连一世的奋斗，不禁令人感慨颇多。

最后，弗兰茨二世只好把此前被称为“哈布斯堡世袭领地”的奥地利及其周边改称“帝国”，自称奥地利帝国初代皇帝弗兰茨一世（为避免混淆，下文仍统一称为二世），以保存体面。

神圣血统的交易 >>

然而，屈辱还没有结束。拿破仑见爱妻约瑟芬不能生育，便与其离婚，开始物色新皇后。他希望能找一位出身显赫的王室公主来提升他的威信，确立拿破仑王朝的合法性，从而实现代代相传。他最初的目标是俄国罗曼诺夫王朝的千金，但又觉得能马上生育的更好，于是选中了弗兰茨二世的女儿玛丽·路易丝。

没错，拿破仑就是以献给神的供品的名义，让弗兰茨把女儿交出来的。拿破仑的命令谁敢违抗，更何况是弗兰茨二世。

不争气的父亲就这样同意把女儿交给敌人。这也意味着一直被固执地拒绝了几个世纪的“下贱的血统”进入了哈布斯堡家族。这对玛丽·路易丝的打击可想而知。而且，她对于将姑祖母安托瓦内特送上断头台的敌国法国本就心怀恐惧，自己也有过因为拿破仑军队的进犯而两次逃离皇宫的记忆。

听说拿破仑正在寻找新娘为他生育子嗣，尚未知晓自己命运的她还曾给朋友写信说：“要成为新皇后的人真可怜。”没想到这个可怜的人正是她自己。18 岁的玛丽·路易丝万般无奈地嫁给了 40 多岁的已经开始发福的拿破仑。

无论谁听了，都会觉得这是一个战败国的可怜公主的故事。一般情况下，这样的故事很容易博得人们的同情，然而玛丽·路易丝的人缘却不可思议的差。

这可能也与她不是美女有关，不仅如此，她既迟钝又冷漠，言谈举止乏味，让人感觉不到魅力。对于曾经在杜伊勒里宫同一个房间里苦恼的姑祖母安托瓦内特，她不曾向谁打听一句，连遗骸葬在何处也全然不关心。她本来讨厌拿破仑，但在他无微不至的照顾和礼物的攻势下，她不但很快就适应了新的环境，而且觉得拿破仑怕她，还说感受到了爱。

然而她却把结婚第二年生下的儿子——一出世就被封为“罗马王”——完全交给奶妈照顾，自始至终没有对孩子表现出一丝兴趣。结婚 4 年后，拿破仑被流放到厄尔巴岛，她明明知道拿破仑希望和家人一起住在岛上，而且写信答应说“近期前往”，却早早地带着儿子回到了维也纳的娘家。她始终觉得自己是最可爱的女人。难怪她不受欢迎。

不管怎样，弗兰茨二世收留了重返娘家的女儿，后来任命她为哈布斯堡的领地帕尔马公国的统治者（政事实际由臣下奈佩格伯爵处理）。但是前往帕尔马的条件是把儿子留在维也纳宫廷（以防被拿破仑的余党劫走）。一般做母亲的都会犹豫，不想和骨肉分离，但玛丽·路易丝却没有一丝犹豫，即刻出发，之后返回家乡的次数屈指可数。她明知失去了父亲，又被母亲抛弃的儿子有多么寂寞，却还是屡屡承诺“几时几时回去”又屡屡爽约。

是哈布斯堡高贵的灵魂厌恶混了下等血统的儿子吗？似乎也并非如此。因为玛丽·路易丝的奇妙的宿命再次将她和身份低下的人结合在了一起，而且这次是平民出身（拿破仑好歹是下级贵族）的奈佩格伯爵，两人在帕尔马生下两个私生子（正式的丈夫还在流放地等待妻子前来！）。这似乎也成为她很少回维也纳的原因。

后来，玛丽·路易丝和奈佩格伯爵的贵庶通婚得到正式许可，因为结婚前私生子的事一直没有公开，儿子在青春期时才得知实情，受了不小的打击。大概是对背叛父亲的母亲感到幻灭了，据说他曾向友人吐露：“她配不上我父亲这个英雄。”

▶玛丽·路易丝肖像（约 1811 年）

高贵的囚徒 >>

1814 年被带到维也纳的时候，少年才 3 岁，大概还不懂事。在新的环境中，不准讲法语或者看法语书，也不准走出宫廷，见不到父亲，母亲也很少露面，这样的环境巨变，一定让幼小的心灵深感不安吧。而且，他不会感受不到周围人的为难，渐渐发觉了自己微妙的处境。

对哈布斯堡家族而言，拿破仑是他们深恶痛疾的敌人。不仅国土惨遭蹂躏，而且还不得不在他的恫吓下交出公主，这样的屈辱所有人都记忆犹新（所以才没有人指责玛丽·路易丝的荒唐行为）。而这个少年是可恨的敌人的亲生儿子。他聪明可爱，又是现任皇帝的外孙，所以在看这个孩子的时候心情总会很复杂。手握重权的首相梅特涅等人背地里称他为“小拿破仑”，明确地表示厌烦——后来维克多·雨果为了和大拿破仑对比，称拿破仑三世“小拿破仑”——确实，少年的存在对哈布斯堡家族而言只是个累赘。

但是，如果把他放出去会更加危险。在动荡的政治形势中，其他国家一直不安分地期待着英雄的血脉，想要搬出拿破仑二世——少年在父亲退位后，曾短时间地担任名义上的皇帝——这令奥地利头痛不已。

所以，他们一致认为最好的办法就是把他藏起来，尽量不叫人发现。小拿破仑成了“哈布斯堡的高贵囚徒”，处于半监禁状态。因为他在法国的各种权利和罗马王的称号已经被剥夺，所以在他7岁的时候，弗兰茨二世封他为莱希斯塔德公爵，希望借此让本人和国内外都忘记他和拿破仑的关系，断绝他和拿破仑家族的接触，让他只属于哈布斯堡家族。

然而随着时间的流逝，莱希斯塔德公爵为了克服自我认同危机，还是不得不依靠父亲拿破仑。对父亲的骂声听得越多，他就越不能无视父亲这个稀世英雄的存在。

拿破仑在“百日王朝”之后被流放到圣赫勒拿岛，一直到死。据说10岁的莱希斯塔德公爵得知父亲的死讯后放声痛哭。后来他偷偷地搜寻被禁的文献，通过崇拜父亲来确认自己的根源，决心像父亲一样成为一个了不起的军人。

这样一来，奥地利就像抱着一颗定时炸弹，梅特涅越来越觉得有必要勒紧缰绳。

因为上述缘故，莱希斯塔德公爵的交际圈很窄，但他毕竟是个英俊的青年，难免传出一些绯闻。19 岁嫁给皇帝的次子卡尔大公（玛丽·路易丝的弟弟）的巴伐利亚公主苏菲便是绯闻对象之一。知性而美丽的苏菲比莱希斯塔德公爵年长 6 岁。与自由的巴伐利亚相比，维也纳宫廷让她感到压抑而难以适应，同样的寄人篱下的孤独让她和莱希斯塔德公爵的心彼此靠近。这对没有血缘关系的舅母和外甥起初形同姐弟，后来则亲密如恋人……

苏菲大公妃对脑筋迟钝的丈夫感到厌烦，对他完全没有爱情。可能也跟 6 年都没有生育有关系，她经常邀请莱希斯塔德公爵参加舞会，听歌剧，乘马车郊游，惹得旁人直皱眉头也不以为意。这位后来被称为“哈布斯堡家族唯一的‘男人’”的女中豪杰从这个时候开始就已经展现出她敢爱敢恨的非凡气度。

25 岁时，她终于产下长子弗兰茨·约瑟夫，而莱希斯塔德公爵却从这个时候开始卧病不起。他患上了有“白色鼠疫”之称的肺结核，这在当时是不治之症。父亲拿破仑身材矮胖，但是胸部宽厚。儿子却随母亲，身材修长，胸部很单薄，从小身体就弱。

莱希斯塔德公爵被皇帝任命为匈牙利第十六连队大队长。当然还是在梅特涅的控制之下，虽然有匈牙利字样，总

▶苏菲大公妃

司令部却在维也纳，距离皇宫不远。尽管如此，莱希斯塔德公爵还是为这一地位感到自豪，燃起了野心，以为终于有机会向世人证明自己是伟大的拿破仑的儿子。

然而他的身体却不争气。越是这样，他越想证明自己。他企图用精神的力量来弥补肉体上的脆弱，每每把自己逼到极限，直到身体消瘦得任何人见了都觉得异常，连声音都发不出了，都不肯听从医生的忠告。即使咳血倒下，经过短期的休养之后，他马上又返回处理军务，如此反复，导致病情不断恶化。

母子错过 >>

维也纳的冬天很寒冷。有医生建议莱希斯塔德公爵到那不勒斯去疗养，梅特涅没有答应。因为他很清楚，拥有英雄血统的俊美青年一旦踏上意大利的土地，“推举拿破仑二世为国王”的合唱就会响起。就在不久前还有报纸报道称，法国已经有民众聚集在广场上高呼“拿破仑二世万岁”。为了国家的利益，无论如何都不能让莱希斯塔德公爵离开维也纳。

因为苏菲的悉心照料——莱希斯塔德对她非常感激，称她为“温柔美丽的天使”——莱希斯塔德公爵熬过了寒冬，并于3月迎来了21岁的生日。尽管如此，谁都看得明白，他已时日不多，本人大概也有预感，到了5月，他开始恳求叫母亲来，想见母亲一面。令人难以置信的是，玛丽·路易丝早在两年前就得知儿子身患绝症，竟一次都没有前来探望。

大臣再三写信催促，剩下的日子真的不多了，难道不想在活着的时候再见儿子一面吗？冷漠的母亲终于从帕尔马动身。但她没有直奔维也纳，而是在中途的温泉地休息了数日（当时奈佩格伯爵已死，有人怀疑她是不是又怀了别的男人的孩子，或者流产了），才缓缓地推开病房的门。时间已是6月底，病床上的儿子几乎完全心灰意冷了。

这样的母亲，有什么好挂念的呢？也或许，正因为母亲是这个样子，孩子才更加想去依赖。可怜的莱希斯塔德公爵为母亲的探望而欣喜，再次找到活下去的勇气，多活了一个月。但这已经是极限。他是罗马王，是拿破仑二世，他有着很多巨大的可能性却没有实现任何目标，最后以莱希斯塔德公爵的身份结束了短暂而不幸的一生。既有能力，又有野心，还有能够俘获人心的容姿，却被关在笼子里一直到死，他的懊悔该有多深。

20年后，拿破仑·波拿巴的侄子（弟弟的儿子）作为皇帝拿破仑三世君临法国。如果莱希斯塔德公爵还活着，这地位应该是他的吧。莱希斯塔德公爵没有结婚，他这一死，拿破仑·波拿巴的嫡系从此断绝，但是孩子呢？莱希斯塔德公爵是否连孩子都没有留下呢？

大概在他死的10天前，苏菲生下第二个孩子马克西米连。苏菲和莱希斯塔德公爵在病房的亲密程度众所周知，而且早在孩子出世之前，苏菲就曾半公开地表示自己怀的孩子不是丈夫的，而是莱希斯塔德公爵的，这之中的真伪无从得知。但是，如果这个马克西米连——在大野心家这一点上确实和拿破仑很像——真的是莱希斯塔德公爵的血脉，那可以让拿破仑的血脉暂时还在哈布斯堡家族中延续。

莱希斯塔德公爵被埋葬在美泉宫内的哈布斯堡家族灵堂。

一个世纪后，奥地利再次惨遭涂炭。奥地利孕育的名为希特勒的怪物移居德国，成为德国总理，提出建设神圣罗马帝国的第三帝国，吞并了奥地利。他当时也已经控制了法国，因为实施怀柔政策，将莱希斯塔德公爵的遗骸搬到了法国。

就这样，现在——多么不可思议的机缘——拿破仑父子永远合葬在了巴黎的荣军院。

▶拿破仑之墓。莱希斯塔德的墓也在旁边

弗朗兹·克萨韦尔·温德尔哈尔特

《伊丽莎白皇后》

1865 年，油画，维也纳艺术史博物馆，255cm × 133cm

第 11 章

Winterhalter

《伊丽莎白皇后》

弗朗兹·克萨韦尔·温德尔哈尔特

人称“哈布斯堡家族唯一的‘男人’”的苏菲大公妃曾是最有资格代表哈布斯堡的人。如果没有儿子的话，她说不定会像叶卡捷琳娜女皇一样杀死丈夫，自己称帝。

母爱与长期政权 >>

弗兰茨二世死后，长子斐迪南一世（和约300年前的祖先同名）继承皇位。他身患重病（他似乎也是近亲结婚的牺牲品），政治才能平庸，留下子嗣的希望也不大，但首相梅特涅认为这样反而比较容易掌控，于是让他在宝座上做了13年的吉祥物。

但人们对这种保守反动体制的指责越来越多，梅特涅一度逃亡英国，斐迪南一世也不得不退位，由谁来做下一任皇帝成了问题。如果按继承顺序，应该是斐迪南的弟弟、46岁的卡尔大公，然而却出现了一个有力的反对者。是谁呢？他就是卡尔大公的妻子苏菲。她的意见是，如果让这个蠢货当皇帝，哈布斯堡家族必将走向灭亡（真是真知灼见）。

现在，苏菲大公妃是最有资格代表哈布斯堡的人，甚至得到一个绰号叫“哈布斯堡家族唯一的‘男人’”。如果没有儿子的话，她说不定会像叶卡捷琳娜女皇一样杀死丈夫，自己称帝。幸运的是，她有一个优秀的长子弗兰茨·约瑟夫。让这个从小就接受严格的帝王教育的孩子做皇帝，使得夕阳之色正浓的哈布斯堡家族一度起死回生，安抚了国民的不满。周围的人也一致赞同，皇冠绕过软弱无能的父亲，交到了儿子手里。

苏菲的目的达到了。人们对这个威严可敬的18岁青年皇帝的诞生表示欢迎，在法国二月革命之后紧接着发生的维也纳三月革命也很快平息，匈牙利的暴动也成功地镇压了下去。弗兰茨·约瑟夫将母亲和再次回国的梅特涅奉为政治顾问，从此谨慎、勤勉地运营帝国，保持了在位近68年这一长期政权。能够做到这一点的，除了他恐怕没有第二个人了。

抱着弗兰茨·约瑟夫的苏菲大公妃

唯一的一次反抗 >>

弗兰茨·约瑟夫对母亲的统治能力给予百分之百的信任，他一生对母亲言听计从，唯有一次例外。

这唯一的一次却付出了不小的代价。

效仿哈布斯堡家族的家训——“战争尽管交给别人。幸运的奥地利，结婚去吧！”——苏菲首先策划了与普鲁士的联姻，结果因为俾斯麦横加阻挠，计划受挫。于是她退而求其次，选择了自己妹妹的女儿，也就是弗兰茨·约瑟夫的表妹、巴伐利亚公国公主海伦。她觉得这个贤淑而生性认真的外甥女会成为儿子的贤内助。

在准备周全的见面席上，弗兰茨·约瑟夫一下子坠入了爱河。

对海伦？不是，而是对因为觉得姐姐相亲好玩而跟来的妹妹，15岁的茜茜。可爱的茜茜（即伊丽莎白）仍然稚气未脱，自由豁达，轻松愉快。对于被义务捆绑得一丝不苟、不懂变通的弗兰茨·约瑟夫而言，她大概就像天上飞的小鸟一样快活吧。和自己气质相似的海伦无法吸引他，他希望有一个性格跟他刚好相反的妻子。

无论母亲如何反对都没有用。23岁的年轻皇帝一反常态地坚持自己的意见，说在任何事情上都可以让步，唯独这次不行。童话故事一般的婚约就这样成立了。

伊丽莎白感觉如何呢？皇帝没有选择姐姐而是选择自己，刚开始觉得挺高兴的，可一旦要落实下来，她又觉得不安："如果他不是皇帝，而是裁缝就好了。"为了准备半年后的出嫁，开始育成皇后的短期填鸭教育之后，喜欢打猎、看马戏、讨厌读书的她因为压力发了好几次癔症。

和安托瓦内特一样，伊丽莎白认为如果去做一个小国的王后或者大公妃，虽然不能在历史上留下名字，但或许还能度过幸福的一生。然而，从她跟着姐姐去相亲那一刻起，命运的齿轮就开始发出奇怪的响声了。婚礼当天，伊丽莎白从马车上下来时，头饰挂在门框上，掉落下来（不禁又让人想起安托瓦内特在结婚协议书上签字时滴落的墨水）。

就这样，伊丽莎白成了哈布斯堡家族的一员，然而她并没有做好准备，对社交界一无所知。宫廷里的种种限制，还

▶年轻的弗兰茨·约瑟夫

有堆叠如山的正式活动，很快就让她叫苦不迭。每天早上4点起床、5点开始办公的工作狂丈夫只是像欣赏笼中的小鸟一样欣赏她，除此之外让她全照母亲苏菲的话做。

激烈的婆媳战争爆发了。

无数的传记以及近年大获成功的维也纳音乐剧《伊丽莎白》都倾向于将年轻美貌的伊丽莎白描写为悲剧的女主角，

苏菲因此充当了倒霉的角色，成了一味欺负儿媳的坏婆婆，不过她大概也有自己的说辞吧。要说嫁入哈布斯堡家族这样的世家所受的辛苦，苏菲也一样经历过，所以她不能由着伊丽莎白任性妄为。既然当上了皇后，就必须舍弃个人，以维持帝国的稳定为第一要务，否则就无法渡过欧洲的动荡。她拼命地想让只顾打扮和玩乐的儿媳意识到这些。

结婚第二年，伊丽莎白的大女儿出生了。这时，伊丽莎白想必会说婆婆夺走了孩子的抚养权，但是从苏菲的角度，把宝贝孙女交给还不成熟的儿媳来带实在是无法放心。谁说的有道理，两年后便见分晓。伊丽莎白不顾苏菲反对，带着这个两岁的女儿去匈牙利长期旅行，使女儿病死了……

无论是对婆媳任何一方，还是对弗兰茨·约瑟夫而言，这第一次的失败都是决定性的。从此以后，伊丽莎白不再养育孩子，苏菲越来越不信任儿媳。她后来生下的一男二女都是由苏菲一手带大，伊丽莎白仿佛是为了获得补偿，不但热衷于美容，而且仿佛被什么追赶着似的，将丈夫、孩子、宫廷都弃之不顾，一次旅行接着一次旅行，过上了不安定的生活。所以才有人讽刺她不是“Kaiserin”（皇后），而是“Reiserin”（旅人）。

完美无缺的美女 >>

在这幅肖像画里，28 岁的伊丽莎白光彩照人。

当时已经有了照相机，她也有很多照片，证明王侯贵族御用的德国宫廷画家弗朗兹·克萨韦尔·温德尔哈尔特——与画英国的维多利亚女王和法国的欧仁妮皇后时不同——并没有着意美化什么，因为完全没有美化的必要。哈布斯堡家族的年轻皇后比后面点缀的鲜花更加艳丽，无论和历代哪个国家哪个王室的女性相比都不会逊色，这是公认的事实。

而且我们可以看出，她的美不仅在于精致的脸庞，尽管生了三个孩子，却依然维持着时装模特儿般的身材（身高 170 厘米，体重 50 千克，腰围 50 厘米）。她身上穿着当时非常流行的带克里诺林裙撑（一种钢制的状如圆形屋顶的裙撑）的裙子，这种裙子会让下半身像帐篷似的鼓起来，只适合像伊丽莎白这种腰细的人穿。

为了维持这样完美的体形，她节食过激，运动量惊人——骑马、击剑、吊环、铁哑铃——空腹长时间步行到晕厥，这种强迫症似的努力令人惊讶。

她长长的黑发要用加了鸡蛋的白兰地酒洗，每次花三小时保养。为了维持白皙的皮肤，她洗牛奶浴。钱、人手、时间都很充裕。为了填补内心或人生的空虚，她没有止境地修饰外表，甚至让人觉得可怜。

美的力量无疑是巨大的。伊丽莎白一年中有大半时间都在国外生活，说她擅离职守也并不为过。可尽管如此，伊丽莎白在民众中的受欢迎程度却丝毫没有受到影响。在成立奥匈二元帝国这种牵强的体制时，匈牙利人民还热情地欢迎她去担任王后。然而无奈的是，美貌有时间这个敌人，人注定要败北。不再年轻的伊丽莎白开始不愿意在众人面前露出自己的脸。用扇子把脸挡住的照片留存至今，令人不禁想象，她对当时已经存在的狗仔队的厌恶是否跟容颜已老有关系。

让我们回到画中。

画中的伊丽莎白风华正茂。她站在壮观的大理石宫殿前面，身子微微背向我们，亭亭而立，优雅地回眸看向这边。她引以为豪的头发上戴着几个星形的发饰，裙子上的金色刺绣熠熠生辉，穿在她身上如梦似幻，眼神似乎在夸耀自身的

加冕匈牙利王后时的伊丽莎白

美，但又带着忧郁，仿佛不知该看向哪里。她的嘴唇上挂着王侯惯常展示的微笑，眼中却没有一丝笑意。广阔的天空也和她的表情一样，不够晴朗，加上由裙子下摆升起的阴影，让人无法从画面中感受到多少幸福感。

画家大概不是故意的，但在这幅画里，美与奢华之中蕴藏着深深的孤独和灰暗的预感，使它成为一幅令人难忘的作品。照片诞生之后，肖像画正逐渐失去存在的意义，但是提到伊丽莎白，所有人最先想到的不是照片，而是这幅作品，这就是绘画的力量吧。弗兰茨·约瑟夫在看到这幅画之后称赞道:“这是第一幅展现出皇后真正的美的作品。”让人感觉人生是如此讽刺。

这幅画在前面提到的音乐剧中的运用也令人印象深刻。在陌生的宫廷里，战战兢兢的少女茜茜生下子嗣，意识到自身的美的力量，作为皇后伊丽莎白以这个仪态万千的形象出场，让所有人为之倾倒。这时从上方吊下巨大的画框，告诉观众这幅画画的就是舞台上的人（维也纳观众咆哮般的欢呼声令人难忘）。

伊丽莎白遇刺 >>

正所谓红颜薄命，伊丽莎白也不例外。

婆媳之间根深蒂固的对立和长女的死有着直接的联系，并在夫妻之间产生了裂痕，而这些还只是开始。她偏向亲匈牙利派的间接原因中无疑有着对讨厌匈牙利的苏菲的反抗，而且她只要待在维也纳就会出现忧郁症状，也是害怕婆婆的心理在作怪，因为持续的时间太久，即使苏菲去世（伊丽莎白35岁时），情况也没有改观。她常常取消正式活动，渐渐地淡出民众的视线。

但是她最大的不幸，还是关于王子鲁道夫的绯闻。因为这个孩子一出世就被带到了苏菲身边，作为下一任皇帝精心培养，所以对伊丽莎白而言，虽然是自己亲生的，却没有多深的母子之情。鲁道夫渴望得到爱，感到自己被母

▶伊丽莎白被人用担架抬下船

亲抛弃了，长大之后在政治上与父亲针锋相对。身体不够强健令他感到自卑，被逼与比利时公主结婚后，夫妻关系也不和睦。他匿名在报纸上发表批判君主制的文章，被父亲发现后遭到一顿叱责。他事事不顺，最后在31岁时发生了“梅耶林事件”——他在梅耶林的行宫里，和17岁的男爵千金一起饮弹殉情。

伊丽莎白闻讯从旅行途中赶回，想必有万千思绪涌上心头，或许也觉得自己有责任，她搂着儿子的棺材，日夜悲伤，从此以后一直到死都没有脱下丧服。她比以前更加频繁地四处乱窜——仿佛担心一旦停下脚步就会被抓起来似的——继续毫无目标地游荡。

死亡就等在她游荡的路上。鲁道夫殉情一事已过去将近10年。1898年，初秋的瑞士，61岁的伊丽莎白和侍女走在湖畔，准备去乘坐汽船，一个男人冲了过来，将她撞倒在地。男人逃走后，伊丽莎白马上站了起来，像什么也没发生过似的催促侍女说："我们快点上船吧。"

但是上船不久，她就说自己胸闷，晕了过去。侍女慌张地帮她脱下衣服，发现紧身胸衣上有一块很小的血迹，马上

伊丽莎白的遗容面具

让船掉头，返回酒店，但伊丽莎白还是在一个小时后如睡着似的离开了人世。因为是用很细的锥状锉刀一下刺中了心脏，几乎没有出血，大概也没有感到多少痛苦（留下了表情安详的遗容面具）。

犯人很快被逮捕了。他是意大利的无政府主义者，本来想暗杀其他皇室成员，结果失败了，便把目标改为刚好在附近的伊丽莎白。

“我只想要杀死一名皇室成员，不在意是什么人。”犯人的这句话，让伊丽莎白的一生变得更加虚无和寂寞。无论是结婚，还是死亡，不知道为什么，在这些紧要关头，她都承担了本该属于别人的命运……

日益逼近的帝国末日 >>

据说弗兰茨·约瑟夫得到伊丽莎白遇刺的消息之后，只是说了一句“我已经尝遍了世间的辛酸”，就像平常一样回去工作了。

确实，工作刻不容缓。就像球一旦从坡上滚下就再也没有人能够阻挡一样，帝国的末日已经近在眼前。失去了意大利，被普鲁士打败，又被德意志联邦排除在外，奥匈二元帝国这一奇怪的体制不知道能维持到什么时候，民族问题已经镇压不住。他不能在这个时候停下手里的政务。

认为皇帝终其一生都深爱着妻子的看法未免太过浪漫了。伊丽莎白不是一个合格的妻子，也不是一个合格的母亲，她自始至终都在逃避作为皇后的职责。弗兰茨·约瑟夫在面对困难的政务时，长期由母亲苏菲支持，在母亲死后，又从女演员卡特琳娜·施拉特那里获取精神支持。这对不幸的夫妇花了 44 年时间，最终不过是向彼此证明了他们本不该成为夫妇。

弗兰茨·约瑟夫的个人生活可以说是凄惨的，其中掺杂着一桩又一桩不同寻常的死。首先是 1867 年，弟弟马克西米连大公之死（参见下一章）。那时他要安慰悲伤的母亲，无暇顾及自己。1889 年的鲁道夫殉情事件使他失去了唯一的儿子，尽管打击沉重，他还是要勉力支撑，料理后事。因为天主教不允许自杀，如果殉情一事曝光，就不能葬入教堂墓地。于是弗兰茨·约瑟夫想了各种办法，终于顺利地举办了葬礼，却又传出了“王子因为支持自由主义者，所以被当皇帝的父亲杀了”这样的谣言。最后是 1898 年发生的伊丽莎白遇刺事件。

这还没有结束（毕竟弗兰茨·约瑟夫在妻子死后还要多活 18 年）。1914 年，他失去了被指定为继承人的侄子弗兰茨·斐迪南。众所周知，斐迪南夫妇在萨拉热窝被塞尔维亚人刺杀身亡，成为第一次世界大战的导火索。

弗兰茨·约瑟夫被称为凤凰（不死之鸟），晚年被神化。他死于 86 岁，正是第一次世界大战最关键的一年。据说直到临死的前一天，他还在工作。他成了哈布斯堡帝国最后的皇帝。

1868 年，油画，曼海姆市立美术馆，252cm × 305cm

第12章

Manet

《处决马克西米连》

爱德华·马奈

从小活在优秀兄长的阴影下，这位年纪轻轻的炮舰舰长擅自决定扩大海军部，与维也纳宫廷作对，让哥哥产生了疑心。

活在优秀兄长的阴影下 >>

被人暗地里说成苏菲大公妃和“小拿破仑”（拿破仑二世、莱希斯塔德公爵）的私生子的马克西米连，随着年纪一天天增长，开始为自己的野心无处施展而感到苦闷。

明明只差两岁，哥哥弗兰茨·约瑟夫从小就接受帝王学的教育，最终当上了皇帝，而自己却要像影子似的，过无冕的一生吗……考虑到在溺爱环境中长大，过于相信自己能力的幻想家马克西米连的不满可能给兄弟关系带来裂痕，于是苏菲极力避免两人关系恶化。但是，在年纪轻轻当上炮舰密涅瓦的舰长之后，马克西米连擅自决定扩大海军部，与维也纳宫廷作对，让哥哥产生了疑心（因为历史上有太多弟弟篡位的先例）。

马克西米连 25 岁时和比利时公主夏洛特结婚，这个女

▶马克西米连夫妇隐居的米拉马尔城堡

马克西米连肖像

人和马克西米连一样是个野心家，而且性格高傲——似乎对娘家身份不如自己的嫂子伊丽莎白当上皇后一事心怀不满——她求自己的父亲比利时国王对奥地利做工作，给丈夫更高的地位。马克西米连这才有机会出任哈布斯堡统治下的伦巴第兼威尼斯总督。但是，这对新婚夫妇只享受了这个头衔两年。在这里，他又违背国家的意向，对自由主义者寄予好感，惹怒了弗兰茨·约瑟夫，被免了职。

马克西米连已经没有了容身之所。年仅27岁就被逼隐居的他，在面向亚得里亚海的一处景色绝佳的所在建起城堡。

夫妇二人乘船环游世界，打算借此消愁解闷，但这当然无法燃烧他富余的精力。就这样过了几年，1863 年，法国的拿破仑三世提出了一个奇怪的提议，请他出任墨西哥皇帝。

当时墨西哥正处于内战状态。虽然已经宣布从西班牙独立，但其后 44 年里换了 40 个总统。在这样的大混乱之中，由印第安人出身的胡亚雷斯领导的革命军（共和派）和由英、法、西支持的旧统治阶级（保守派）展开拉锯战，近年共和派的势力日渐壮大。

迫于美国的压力，英国和西班牙都已经撤军，只剩下法国还在继续派兵，企图把墨西哥变成殖民地。拿破仑三世为了早日平息内乱，觉得需要在当地建立傀儡政权，交给欧洲王室中某个赋闲的成员。眼下来看，马克西米连正合适。

最后的希望破灭 >>

听到“皇帝”这个词，妻子夏洛特最先动心了，她和父亲联合起来动员马克西米连。但是他本人一开始还有点儿犹豫，因为一向看人很准的苏菲对拿破仑三世极不信任，说他是“说谎的靡菲斯特”。拿破仑三世是拿破仑·波拿巴的侄子（弟弟的儿子），在莱希斯塔德公爵病故后成为波拿巴家族的一家之主。他利用上一辈的名号，被选为第二共和国总统，随后施行独裁统治。

然而，马克西米连到底是个浪漫主义者，他最终没有听从母亲的判断，接受了拿破仑三世的建议。昔日作为海军少尉前往西班牙时，马克西米连看到哈布斯堡家族的遗迹感慨万千。他心中想必还有着凭借自己的力量，复兴“日不落帝国”这种不合时宜的梦想。还有关于身世的传闻——身上流着稀世英雄的血——不可能没有传进他的耳朵，与拿破仑这个名字的关系可能也令他感触颇多。不管怎样，他都必须打破现状。

第二年春天，就在夫妻二人离开欧洲的当天，哥哥弗兰茨·约瑟夫带着臣下特地赶来。不是为了送行，而是要求他放弃奥地利的皇位继承权。亲近法国、受雇去当墨西哥皇帝的弟弟令弗兰茨·约瑟夫感到气愤。谈判进行了很久，不过马克西米连最终还是接受了哥哥的主张，在文件上签了名。退路已断。乌云笼罩的时候，他起航了。实际上，起航也因为这件事推迟了几天。

而且，在漫长航线的终点墨西哥，等待夫妻二人的不是热烈的欢迎，而是在法军的枪炮威胁下高呼“皇帝万岁”的人群。当地的紧张形势，听到和看到完全两样。在政治上，马克西米连也几乎没有任何权限，他终于知道自己被拿破仑三世骗了。但，真正的背叛是在这之后。胡亚雷斯的优势日益明显，在殊死对决的紧要关头，法国撇下马克西米连和少量的义勇军（奥地利人和当地贵族组成的混合兵）撤军了！本来皇位是以在当地驻军为条件的，结果竟来了个过河拆桥！

拿破仑三世固然冷酷，但是不得不说，马克西米连还是太天真了。不听冷静的母亲苏菲的意见，沉浸在未能实现的梦想里便是这样的结果。

徒有虚名的皇帝被逼无奈，只得先让夏洛特一个人回欧洲向各国求援。不过，从墨西哥到欧洲坐船需要两个多月。在祖国比利时，父王已经去世，又不好向哈布斯堡家族开口，夏洛特抱着必死的决心去找罗马教皇，结果在梵蒂冈——可能是求援遭到了拒绝——突然精神失常。她从此疯疯癫癫，被送回娘家比利时，像胡安娜一样被囚禁在城堡里（将近60年），结束了漫长而郁郁的一生。对于丈夫后来发生了什么，她一概不知。

得到妻子发病的消息时，马克西米连如果想逃走还来得及。共和派想必也觉得他主动逃跑更好吧。然而他——因为他浪漫主义的性格——选择了和他的追随者生死与共。经过激烈的最后一役，马克西米连被胡亚雷斯活捉并枪决。他临死前用西班牙语说的最后一句话是："愿我流的血给这个国家带来幸福！"

此时刚好是他踏上墨西哥的土地的第三年，死时年仅35岁。

画家的告发 >>

哈布斯堡帝国皇帝的弟弟在野蛮的墨西哥被杀——巴黎市民一听到这个消息都感到不胜惊愕，一致谴责共和派的胡亚雷斯，但随着事情的详细经过逐渐明朗，人们才发现原来真正的恶徒就在自己的身边（这也间接导致了拿破仑三世最终倒台）。

爱德华·马奈也是发现真相的人之一。马奈现在被誉为印象派的先驱、“近代西方绘画之父”，但在当时还没有得到认可，他希望自己的画能够入选官方沙龙，但是因为他参展的作品常常存在争议，屡屡落选。这幅历史画《处决马克西米连》也是在事件发生后第二年的1868年发表的挑战之作。

实际处决的时间是6月的一个清晨，地点在克雷塔罗的山岗上。马克西米连以及两名亲信和行刑士兵之间只有5步

▶马克西米连行刑前的照片

的距离。士兵们一齐射击之后，又补了致命的一枪。因为留有行刑时的照片，所以我们知道这幅画有几个与事实不符的地方。画里中间的马克西米连戴着宽边帽，但现实中却没有戴帽子，围观群众也没有扒在墙上，而是站在枪手身后，且实际的人数更多。画中士兵穿的制服不是革命军的，而是和法国的军服很像。右端那个脸朝着我们，正在装弹的戴红帽子的男人，从鼻梁和胡子来看，似乎是拿破仑三世的肖像。

也就是说，马奈用这幅画揭发马克西米连不是为胡亚雷斯所杀，而是被法国，更准确地说是受拿破仑三世利用，最后见死不救所害。他将这幅画在官方沙龙上展出，为的是哪怕落选，也要像《梅杜萨之筏》那样引起巨大反响。结果作品落选了。他的作家朋友埃米尔·左拉为他辩白，称落选的原因是因为审查者对拿破仑三世心存畏惧。

可能真的是这样。不过，这幅画在民众中也并不受欢迎。

拒绝观者共鸣的绘画 >>

这也在情理之中。

马奈的画风一度被批评为“扑克牌上的人头像”，据说他强调“绘画的绘画性”，换句话说，就是让绘画回归二维平面，追求绘画的纯粹性。《奥林匹亚》《吹短笛的男孩》用这样的画法可能无可厚非。但是一旦以震撼性的事件为主题，单薄的人物、毫无真实感的阴影、不合常理的构图都适得其反。这幅作品究竟想要观者感受到什么，又如何去感受呢？

马奈在创作这幅作品时，脑海中一定浮现了戈雅的杰作《1808 年 5 月 3 日的马德里》（描绘拿破仑军队虐杀马德里市民的历史画）。杀人者与被杀者近到令人窒息的距离，看不到脸、像机器人一样没有人性的行刑者，仿佛是无辜的证明似的白得耀眼的衬衫，这些元素都借鉴了戈雅的作品。

在《1808 年 5 月 3 日的马德里》的画面中央，仿佛被钉在十字架上似的两手张开的男人的手掌上，有和钉过钉子的耶稣基督手掌上的圣痕相似的伤口。同样的，马奈也给马克西米连戴上帽子，希望让观者由此联想到神圣的光环（但这个意图似乎并没有达到）。

不过，在戈雅的作品里，牺牲者一个个都是那么的富有个性。机器似的杀戮者更加反衬出每个牺牲者的愤怒、苦痛、绝望和恐怖是多么的强烈。不仅如此，我们甚至可以感受到正在创作的画家本人火一般的愤怒。戈雅的灵魂站在被杀者一边，和他们一起为不公的命运而痛苦不堪。正因为如此，我们在看这幅画时才会被打动，尽管事情发生在历史久远的异国他乡，但感觉就像发生在我们身边，因为这是人间反复发生的共同的悲剧。

而马奈的画……

他有意识地避免戏剧性的表达，这可以理解。但是这样一来，本来应当受指责的拿破仑三世看上去只是没有注意到周遭发生的事，正在不缓不慢地摆弄自己的枪；马克西米连与其说是在临死前仍保持着威严，更像是一个面无表情的木偶。从墙的另一边探出头来的围观者是在为失去自己的皇帝而叹惋，还是为处决的残酷程度所震惊，我们也无法判断。

▶戈雅《1808 年 5 月 3 日的马德里》（1814 年）

没有戏剧性，画面上没有紧张感，人物的动作不自然，仿佛是纸糊的道具。最重要的是，并没有人感觉到画家有什么想要表达的东西。马奈在用头脑画画，却没有一颗火热的心。有颜色，有形状，但却没有灵魂。观者不会对拿破仑三世感到气愤，也不会对马克西米连产生同情。什么也感觉不到。

从丢勒惟妙惟肖的肖像画开始，经历了戈雅的一腔怒火、委拉斯开兹对人的深入理解，绘画已经走出了很远。

但是在某种意义上，马奈这幅拒绝观者共鸣的绘画，在一切都变得相对的现代，确实可以称其为新的表现形式。

简而言之，我们凭什么对拿破仑三世感到愤怒呢？虽然他欺骗了马克西米连，但是渴望独立的墨西哥人民却可能会感谢拿破仑三世做出撤军的决定，而憎恨把战斗延长、使损失扩大的马克西米连。这样说的证据就是，在枪决时马克西米连用金币贿赂枪手，请求他们不要打脸，结果却还是都瞄着脸打。而且直到现在，墨西哥都不承认马克西米连是皇帝。他不过是以奥地利的大公的身份被处死的。

正如上一章所述，从马克西米连的死开始，弗兰茨·约瑟夫的亲人接二连三地离他而去。

等到弗兰茨·约瑟夫像慢动作镜头一般经历了漫长的时

间并最终离开人世时，哈布斯堡王朝事实上已经崩溃。但在形式上，还有一个皇帝卡尔出世。他是弗兰茨·约瑟夫侄子的儿子，在第一次世界大战期间即位，战争结束后被赶下台（逃亡瑞士，后在流放地马德拉岛于35岁病死）。

持续了将近650年的哈布斯堡王朝，说结束就结束了。捷克和匈牙利都已经独立，新生的奥地利共和国沦为像现在一样的小国，领土只有曾经的八分之一，人口减少到了原来的九分之一。

后记 >>

有关哈布斯堡帝国的书籍已经有很多，但是聚焦于名画的点画风格的读物，我多少有些自负地以为这或许是第一本。如果能借助绘画作品的吸引力，让那些对西方历史感到头痛的读者产生兴趣，我将深感欣慰。

这是我在继“胆小别看画”系列之后再一次执笔绘画相关的书籍，这样的工作让我感到很快乐！

毕竟哈布斯堡的人们都是那样个性鲜明，前所未有，即使明知会被无情的命运击垮，仍然以自己的方式继续战斗，纵使灭亡也是惊天动地，无与伦比。

我再一次体会到，读史就是阅人。

反派角色越强大，也就越能反衬出主人公的光辉形象。与腓特烈大帝的较量让我们认识了一个精明强干的玛丽亚·特利莎；通过与伊丽莎白一世你来我往的明争暗斗，才能更加显示出腓力二世的政治手腕。

这其中让我个人最为着迷的，就是这个腓力二世。

无论是提香所绘肖像的安静形象，还是他极其复杂的内心，对欧洲史的影响之深，总之，他是一个任何人都无法忽视的存在，他的所作所为也很耐人寻味。如果篇幅允许，我真想更加详细地写一下他和玛丽·斯图亚特的关系、异端审判，以及西班牙无敌舰队（包括被英国打败的历史）。但愿将来有机会对他做一个全面的描写……

本书的写作是在责任编辑山川江美女士的协助下完成的。她为本书的主题及方向性提出了许多宝贵的意见，并不时地发表感想，给我鼓励。在此表示衷心的感谢。

中野京子

主要参考文献 >>

Allgemeine Deutsche Biographie(ADB [Bd.1—56]), Dunker&Humboldt/ Berlin, 1967

Der Treppenwitz der Weltgeschichte, William Lewis Hertlet, Haude & Spenersche Verlagsbuchhandlunng/ Berlin, 1882

Die Habsburger, Ein biographisches Lexikon, Wien, 1988

Geschichte der habsburgischen Macht, Georg Stadtmuller, 1966

Neue Deutsche Biograhpie, Dunker&Humboldt/ Berlin, 1971

What Great Paintings Say, Rose-Marie & Rainer

Hagen, Taschen, 2003

《符号与意象事典》(*Dictionary of Symbols & Imagery*) A. de Vries/山下主一郎监译，大修馆，1984

《西方美术解读事典》(*Dictionary of Subjects and Symbols in Art*) James Hall/高阶秀尔译，河出书房新社，1988

《世界名画之谜》Robert Cumming/富田章等译，Yumani书房，2000

《尼德兰旅行日记》丢勒/前川诚郎译，岩波书店，2007

《哈布斯堡家族》菊池良生，夏目社，2008

《哈布斯堡家族史话》江村洋，东洋书林，2004

《哈布斯堡帝国》加藤雅彦，河出书房新社，1995

《哈布斯堡一千年》中丸明，新潮社，2001

《缔造哈布斯堡的男人》菊池良生，讲谈社，2004

《变形记(下)》奥维德/中村善也译，岩波书店，1984

《玛丽·安托瓦内特》茨威格/中野京子译，角川书店，2007

《玛丽·路易丝》塚本哲也，文艺春秋，2006

《雇佣兵的二千年史》菊池良生，讲谈社，2002

年表 >>

（仅摘录与正文相关的事项）

1273

哈布斯堡家族的鲁道夫一世被选为德意志国王

1278

马希费尔德之战（鲁道夫一世战胜波希米亚国王奥托卡二世）

1291

鲁道夫一世去世

1477

腓特烈三世让嫡子马克西米连与勃艮第公爵之女玛丽亚结婚

1486

马克西米连一世即位

1493

腓特烈三世去世

1496

马克西米连一世让嫡子美男子腓力与西班牙公主胡安娜结婚

1506

美男子腓力去世

1516

马克西米连一世的孙子查理继承西班牙王位，成为卡洛斯一世

1519

马克西米连一世去世
卡洛斯一世继神圣罗马帝国皇帝位（兼查理五世）。丢勒绘《马克西米连一世像》（第1章）

1527

罗马之劫

1529

奥斯曼土耳其发动第一次维也纳之围

1533

西班牙的皮萨罗灭亡印加帝国

1547

米尔贝格之战（查理五世战胜新教军）

1548

提香绘《查理五世骑马像》（第3章）

约1551

提香绘《穿军服的腓力皇太子》（第4章）

1555

胡安娜去世

1556

查理五世引退，哈布斯堡帝国分为奥地利和西班牙两个分支（前者由弟弟斐迪南一世继承，后者由嫡子腓力二世继承）

1558

查理五世去世

1576

鲁道夫二世即神圣罗马帝国皇帝位

1580

腓力二世兼任葡萄牙国王。海外殖民地进一步扩大

1581

荷兰发表独立宣言，从西班牙王国分离出来

1583

鲁道夫二世将首都从维也纳迁到布拉格

约 1586

埃尔·格列柯绘《奥尔加斯伯爵的葬礼》（第 5 章）

1588

阿尔玛达海战（西班牙无敌舰队败给英国）

约 1591

朱塞佩·阿尔钦博托绘《装扮成四季之神威尔廷努斯的鲁道夫二世》（第 7 章）

1598

腓力二世去世

1612

鲁道夫二世去世

1618

三十年战争爆发（1618—1648）

1656

委拉斯开兹绘《宫娥》（第6章）

1683

奥斯曼土耳其发动的第二次维也纳之围

1700

卡洛斯二世去世。西班牙哈布斯堡家族终结

1701

西班牙王位继承战争爆发（1701—1714）

1740

查理六世去世，玛丽亚·特利莎继位

普鲁士侵略西里西亚。奥地利王位继承战争爆发（1740—1748）

1770

玛丽·安托瓦内特与法国王太子（后来的路易十六）结婚

1780

玛丽亚·特利莎去世

1787

维杰·勒布伦绘《玛丽·安托瓦内特和她的孩子们》(第9章)

1789

法国大革命爆发

1793

玛丽·安托瓦内特被处死

1805

拿破仑攻入维也纳

1806

神圣罗马帝国解体

1810

玛丽·路易丝与拿破仑结婚

1814

拿破仑流放厄尔巴岛(1815年逃离)

1818

劳伦斯绘《罗马王(莱希斯塔德公爵)》(第10章)

1821

拿破仑在流放地圣赫勒拿岛去世

1832

拿破仑二世(莱希斯塔德公爵)去世

1848

弗兰茨·约瑟夫即位

1852

门采尔绘《腓特烈大帝的长笛演奏会》(第8章)

1854

弗兰茨·约瑟夫与伊丽莎白结婚

1865

温德尔哈尔特绘《伊丽莎白皇后》(第11章)

1867

奥匈帝国成立

墨西哥皇帝马克西米连被处死

1868

马奈绘《处决马克西米连》(第12章)

1871

德意志帝国成立

1877

普拉蒂纳绘《疯女胡安娜》(第2章)

1889

弗兰茨·约瑟夫嫡子鲁道夫殉情

1898

伊丽莎白皇后遇刺

1914

萨拉热窝事件(斐迪南大公夫妇遇刺)

第一次世界大战爆发(1914—1918)

1916

弗兰茨·约瑟夫去世。卡尔一世即位

1918

卡尔一世退位。奥匈帝国解体

奥地利共和国成立

1922

卡尔一世在流放地马德拉岛去世

本书选取的画家简介 >>

（按出生年份顺序）

丢勒（1471—1528）德国文艺复兴时期最伟大的巨匠。有很多版画杰作。代表作《四使徒》《忧郁》。

提香（1488？—1576）意大利威尼斯派最伟大的画家。用色华丽，画风舒展。留下了很多作品，代表作《圣母升天》《田园合奏》。

阿尔钦博托（1527？—1593）意大利风格主义画家。被视为20世纪超现实主义的先驱。代表作《水》《火》。

埃尔·格列柯（1541—1614）出生在希腊的西班牙画家。因超前的独特个性而知名。代表作《托莱多风景》《拉奥孔》。

委拉斯开兹（1599—1660）西班牙代表性画家。晚年的技法被视为印象派的先驱。代表作《教皇英诺森十世》《玛格丽特公主》。

维杰·勒布伦（1755—1842）法国女性人气肖像画家。据说画过20多幅安托瓦内特的肖像。

劳伦斯（1769—1830）英国人气肖像画家。代表作《夏洛特王妃像》《威灵顿侯爵像》。

温德尔哈尔特（1805—1873）生在德国，住在巴黎。因受到英国维多利亚女王赏识而知名。

门采尔（1815—1905）德国现实主义画家。因创作了腓特烈大帝的一系列历史画而知名。

马奈（1832—1883）被誉为法国近代绘画之父。代表作《草地上的午餐》《奥林匹亚》。

普拉蒂纳（1848—1921）西班牙画家。曾担任普拉多美术馆馆长。代表作《格拉纳达开城》。

○图片来源

Alamy Images

PPS 通信社

Photolibrary

Harvard University Art Museums Imaging Department

p32、p77 : Erich Lessing / PPS 通信社

p62、p120、p150、p177、p190、p193 : The London Art Archive / Alamy

p123: INTERFOTO Pressebildagentur / Alamy

p132 : AKG / PPS 通信社

p168: President and fellows of Harvard College

p172: The Print Collector / Alamy

○ pV 插图制作

Design Place Demand

王朝物语

12幅名画里的罗曼诺夫王朝

[日] 中野京子 著
王健波 译

中信出版集团 · 北京

图书在版编目（CIP）数据

王朝物语 . 12 幅名画里的罗曼诺夫王朝 /（日）中野京子著 ; 王健波译 . -- 北京 : 中信出版社 , 2018.10 （2020.4 重印）
ISBN 978-7-5086-8843-5

Ⅰ . ①王… Ⅱ . ①中… ②王… Ⅲ . ①罗曼诺夫王朝 (1613-1917) －历史－通俗读物 Ⅳ . ① K109 ② K512.09

中国版本图书馆 CIP 数据核字（2018）第 069959 号

王朝物语 12 幅名画里的罗曼诺夫王朝

著　　者：［日］中野京子
译　　者：王健波
出版发行：中信出版集团股份有限公司
（北京市朝阳区惠新东街甲 4 号富盛大厦 2 座　邮编　100029）
承 印 者：鸿博昊天科技有限公司

开　　本：787mm×1092mm　1/32　　印　　张：8.5　　字　　数：120 千字
版　　次：2018 年 10 月第 1 版　　印　　次：2020 年 4 月第 3 次印刷
京权图字：01-2017-8555　　广告经营许可证：京朝工商广字第 8087 号
书　　号：ISBN 978-7-5086-8843-5
定　　价：168.00 元（全四册）

今天是……扣留一周年纪念日。不禁想起过去这痛苦的一年。接下来等待着我们的会是什么呢？一切都是神的意志。我们全部的希望都寄托在神身上。

——尼古拉二世

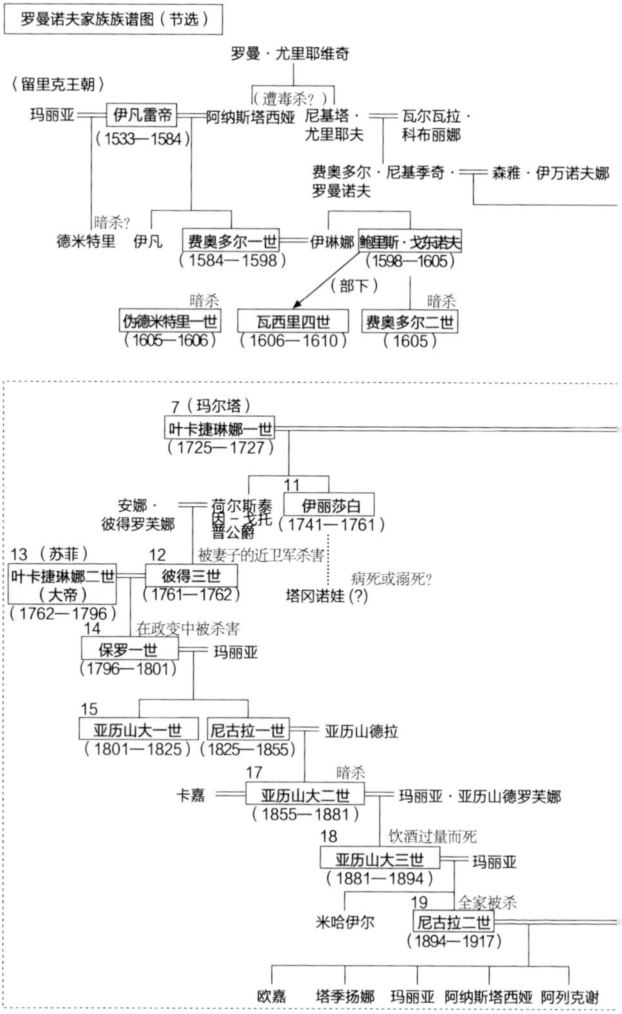
罗曼诺夫家族族谱图（节选）
罗曼·尤里耶维奇
（留里克王朝）
（遭毒杀？）
玛丽亚
伊凡雷帝
（1533—1584）
阿纳斯塔西娅
尼基塔·尤里耶夫
瓦尔瓦拉·科布丽娜
费奥多尔·尼基季奇·罗曼诺夫
森雅·伊万诺夫娜
暗杀？
德米特里
伊凡
费奥多尔一世
（1584—1598）
伊琳娜
鲍里斯·戈东诺夫
（1598—1605）
（部下）
暗杀
伪德米特里一世
（1605—1606）
瓦西里四世
（1606—1610）
暗杀
费奥多尔二世
（1605）
7（玛尔塔）
叶卡捷琳娜一世
（1725—1727）
11
安娜·彼得罗芙娜
荷尔斯泰因－戈托普公爵
伊丽莎白
（1741—1761）
13（苏菲）
叶卡捷琳娜二世（大帝）
（1762—1796）
12
彼得三世
（1761—1762）
被妻子的近卫军杀害
病死或溺死？
塔冈诺娃（?）
14
在政变中被杀害
保罗一世
（1796—1801）
玛丽亚
15
亚历山大一世
（1801—1825）
尼古拉一世
（1825—1855）
亚历山德拉
17
暗杀
卡嘉
亚历山大二世
（1855—1881）
玛丽亚·亚历山德罗芙娜
18
饮酒过量而死
亚历山大三世
（1881—1894）
玛丽亚
米哈伊尔
19
全家被杀
尼古拉二世
（1894—1917）
欧嘉
塔季扬娜
玛丽亚
阿纳斯塔西娅
阿列克谢

※仅收录与正文有关的人物。有省略。
※□表示皇帝（沙皇），⬚表示摄政，（　）内是在位时间。
1 ~ 19 表示皇位继承顺序。

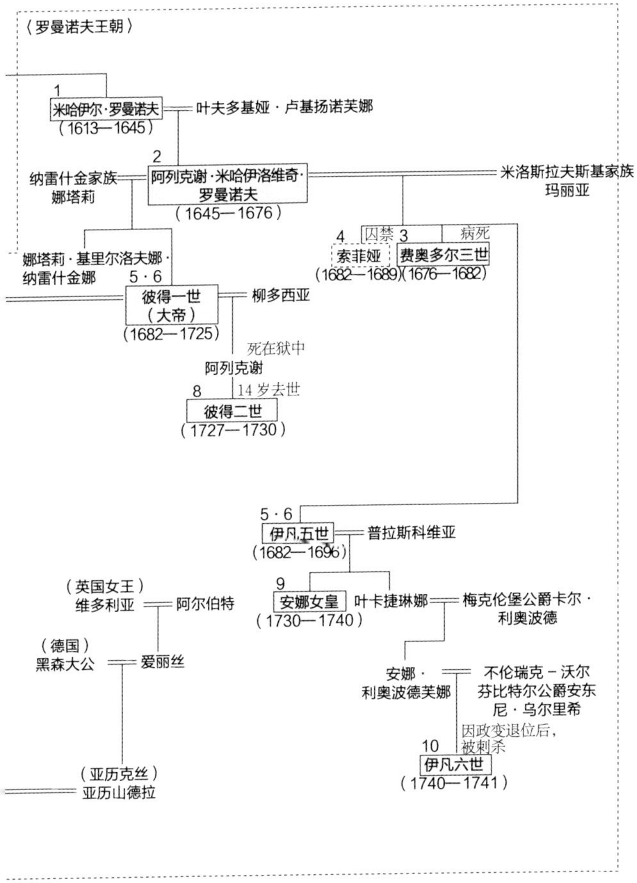

目录

Contents

12幅名画里的
罗曼诺夫王朝

序章 >>

▶罗曼诺夫家族纹章。

艾尔米塔什博物馆门前闪耀的金色“双头鹰”

与德国的渊源 >>

就像哈布斯堡家族的源头不在奥地利而在瑞士一样，罗曼诺夫家族的始祖也并不是出生在俄国。14 世纪初，德国贵族柯布依拉家族从普鲁士地区——让人预感到后世与德国之间的深厚渊源——移居到俄国。到了儿子这一代，家族改姓柯什金，由此再往下数到第五代，罗曼·尤里耶夫根据自己的名字“罗曼”，将家族的姓氏改为罗曼诺夫。当时是留里克王朝伊凡雷帝的时代。

俄国的领土之所以迅速扩大到北至北冰洋、东达旧西伯利亚汗国、南及里海，实际上靠的就是这位伊凡雷帝的铁腕手段。但是在此之前，尚是十几岁年轻人的伊凡雷帝，像灰姑娘的王子一样召集了来自全国各地的贵族小姐参加城堡舞会，从中挑选了罗曼·尤里耶夫的女儿阿纳斯塔西娅作为皇后。由于伊凡是首位作为沙皇（即俄国皇帝）而正式加冕的君主，因此，罗曼诺夫家族的阿纳斯塔西娅也理所当然地成为史上第一位沙皇皇后。

夫妇两人难得地情投意合。阿纳斯塔西娅贤惠美丽，聪明而有教养，巧妙地安抚了生性暴烈的伊凡，在稳定幸福的婚姻生活中生育了三男三女（长大成人的只有次子伊凡和三子费奥多尔）。然而14年后，阿纳斯塔西娅猝然离世，平静的生活突然终结了。阿纳斯塔西娅的死被怀疑是毒杀，虽然没有证据，但雷帝坚信犯人就是保守的大贵族们，因为他的生母也是这样被杀害的。

我们不能说这纯粹是沙皇的妄想。如果皇后的人选不是外国的公主，而是本国大臣的女儿或侄女，就是会有这样的风险。在那些热衷于争权夺势的贵族看来，只要让自己的亲戚坐到皇后的位子上，就能出人头地，这足以构成他们施展阴谋的动机。即使沙皇眼下已经结婚，只要皇后一死，就可以展开新一轮的竞逐。总有野心家把除掉皇后当成一条捷径，更何况这次的罗曼诺夫家族只是一个弱小的贵族，竟然转瞬间把竞争对手远远地甩在了身后，挤进了政权中枢。这令那些实力雄厚的贵族十分不爽。

“暴君”伊凡雷帝 >>

在悼念爱妻之后，伊凡开始了疯狂的复仇。成为怀疑对象的重臣及相关人等，没有经过正式的调查和审判就被统统抓去血祭。伊凡没有了管束，从此变成了真正的“雷帝”。几个世纪后的斯大林时代被拿来与雷帝统治时期做类比，就是因为这两个时代有着许多相通之处：利用肃清的恐怖来支配世界，制造了无数的流亡者、冤案和惨剧。

罗曼诺夫的权势略微有些动摇。虽然阿纳斯塔西娅留下了几个做候选继承人的儿子，但是这并不能阻止雷帝再婚。如果新皇后得宠，那么她生下的儿子就会被指定为继承人。一切都取决于雷帝的心情，而他的心情越来越反复无常。糖尿病宿疾恶化也是影响他情绪的原因之一。他迎娶了一个又一个新皇后，先后 7 人（也有人说是 8 人），都像被诅咒了似的没有生下男嗣（晚年倒是有了一个私生子）。

于是所有人都觉得，新任沙皇会是阿纳斯塔西娅的儿子伊凡（与父亲同名）。他才智过人，博学多识，还在母方罗曼诺夫一族的辅导下积极学习实用的政治手腕，而且是个美男子。雷帝也对这个儿子寄予厚望，然而命运却安排了一场可怕的悲剧。

有一幅题为“伊凡雷帝和他的儿子”的历史画（列宾绘）非常著名。这幅画描绘了沙皇抱着垂死的儿子，为自己犯下的无法挽回的愚蠢罪行而愕然失色的情景，令人触目惊心。50 岁的雷帝和 27 岁的伊凡之间到底发生了什么呢？

老沙皇身边连个劝谏的人也没有了，他变成了一个无人敢惹的暴君，稍有不满就会用长长的权杖殴打身边的人。有一天，儿子伊凡的妻子因为怀有身孕，穿着便装出现在他面前。他看到之后勃然大怒，大打出手，结果导致儿媳流产。儿子忍无可忍，不顾周围人的制止，去父亲的房间理论。父子争吵了起来，雷帝又一次举起了权杖。怒火平息之后，他才发现爱妻留下来的儿子、自己重要的继承人已经倒在地上，奄奄一息……

这一次，雷帝总算意识到自己负有不可推卸的责任。他不仅犯了杀死儿子的大罪，而且给自己好不容易稳定下来的王朝带来了危机。因为他的另一个儿子费奥多尔智商极低，

《伊凡雷帝和他的儿子》伊利亚·列宾，1885 年

根本不是做君主的料。雷帝振奋老迈的身躯，为了再生一个男嗣，迎娶了重臣的女儿玛丽亚为皇后，一边又打探与英国王室联姻的可能。原来，迎娶欧洲名门的公主做皇后是雷帝积年的愿望（这个愿望到了罗曼诺夫家族的时代才终于实现了一半）。他已经做了准备，如果愿望能够成真，他就和玛丽亚离婚。年轻时，他曾经向伊丽莎白一世求婚，如今她已经“人老珠黄”，他谋划着迎娶她的侄女。然而计划还没有成功，玛丽亚就生下了一个男孩儿德米特里，不久之后雷帝就患上了不治之症，53 岁就去世了。

《德米特里》米哈伊尔·涅斯捷罗夫绘，1899 年

驱逐德米特里 >>

这时，留里克王朝已经名存实亡。费奥多尔加冕为沙皇，但是身心脆弱的他显然没有能力留下继承人。而玛丽亚的孩子德米特里——因为俄国正教规定最多只能娶四个妻子——被当作私生子驱逐到了乡下。大贵族们开始在水面之下展开激烈的权力争夺战。阿纳斯塔西娅的娘家罗曼诺夫家族、新沙皇费奥多尔一世皇后的娘家戈东诺夫家族也加入了这场角逐。准确地说，是阿纳斯塔西娅的侄子费奥多尔·尼基季奇·罗曼诺夫和费奥多尔一世皇后的哥哥鲍里斯·戈东诺夫的角逐。后者胜出。因穆索尔斯基的杰作，历史歌剧《鲍里斯·戈东诺夫》而知名的鲍里斯将败者赶到了修道院。费奥多尔·尼基季奇·罗曼诺夫成为修道士菲拉列特，他的妻子和儿子米哈伊尔也被关到另一座修道院。看起来，罗曼诺夫一门已经被完全击溃了。

鲍里斯·戈东诺夫在成为俄国实质上的统治者之后，又萌生了更大的野心。傀儡费奥多尔一世迟早会死。如果想到时候自己戴上沙皇的皇冠，就必须将留里克的血统斩草除根。就这样，和母亲一起在乌格里奇过着默默无闻的生活的德米特里被解决掉了。然而人们没有对少年的死保持沉默，因为那时伊凡雷帝在民众之间依然保持着很高的人气，他的亲生儿子——即便是私生子——不知被什么人杀害了，不，并非“不知被什么人”，这显然是鲍里斯·戈东诺夫所为，人们谴责的声音非常大。

鲍里斯采取了手中握有权力的犯罪者惯用的伎俩。他大肆宣传德米特里的死并非故意杀人，而是玩刀子不慎酿成的事故，并以监管不力为由，将其母玛丽亚及亲属遣送修道院，将责任转嫁他人。他还判乌格里奇教堂的钟有罪，因为它的钟声向人们传递了德米特里被杀害的虚假信息。在众目睽睽之下，可怜的大钟被人从钟楼上扔下来，并挨了 12 鞭。

被判有罪的钟，现存于乌格里奇的教堂

钟锤被卸下，一边的钟耳（用来悬挂的突出部分）被截断，大钟整个被“发配”西伯利亚。以现代人的认知来看，这一行为毫无意义（不过和认为旧物中住着精灵的日本人倒有相通之处），但是对相信物品也有灵魂，尤其对教堂的钟有深厚感情的俄国人来说，钟可以直接当作纪念碑，同时也和人一样可以成为处罚的对象（300 年后，这口无辜的钟在乌格里奇市民的要求下被送回到了当地）。

鲍里斯就这样平息了德米特里问题，如愿地在费奥多尔一世死后成为沙皇，对俄国进行了 7 年的统治。加上费奥多尔时代，他掌握政权的时间前后超过 20 年，一直沿用的伊凡雷帝的农民政策渐渐地不再奏效，到了鲍里斯晚年，17 世纪初，严重的饥荒和由此引发的农民暴动开始频繁发生。再加上本应已经死去的德米特里其实还活着并现身（伪德米特里）和不满分子一起起义，政局动荡，戈东诺夫王朝的基础还没有得到巩固，鲍里斯就因病去世了。王位由其子继承，称费奥多尔二世，此人却在两个月后就被暗杀了。

三年空位 >>

混乱时期仍在继续。

全国都处在无秩序状态。伪德米特里在地方领主的支持和民众的拥戴下成为沙皇，但是好景不长，他第二年就被他的同伙杀害了。接着，鲍里斯的部下加冕成为瓦西里四世。但是，在这位新沙皇在位不到 4 年的时间里，出现了据说是费奥多尔一世私生子的伪彼得和第二个伪德米特里，天下一点儿也不太平。波兰的入侵给了他最后一击。得知波兰国王觊觎沙皇的位子，有权势的贵族们产生了危机感。他们逼瓦西里退位，但是谁都没有胆量靠近沙皇的宝座，以至于出现在长达 3 年的时间里，沙皇的位子一直处于空位状态的危机情况。

1612 年，起义军终于把波兰军队赶出了莫斯科，有权势的贵族在翌年年初召开了推选沙皇的全国会议。候选人有多位，瑞典王子、波兰王子，还有为解放莫斯科付出努力的俄国军人、大贵族，而从中脱颖而出的，就是米哈伊尔·罗曼诺夫。伊凡雷帝的第一任皇后阿纳斯塔西娅是他的姑祖母，被鲍里斯·戈东诺夫击败的菲拉列特是他的父亲。当时他 16 岁。

如果因为他能够在这样小的年纪力压强敌成为沙皇，就以为他是个极富感召力的人物，那你就错了。出任沙皇完全不是出于米哈伊尔自己的意愿，相反，他曾几次坚决地拒绝这一提议。战乱还没有完全平息，国土也荒芜到了极限，在这样的时期被推上沙皇的位子，无异于送命。他害怕重蹈伪德米特里和瓦西里四世的覆辙，而且他自己本来也没有野心。将要延续 300 年的罗曼诺夫王朝的开创者，竟然是个对沙皇的椅子毫无兴趣的懦夫，这样的事实，让人不禁感叹历史是如此讽刺。

推举米哈伊尔的代表（以贵族、商人、哥萨克人为主）清楚他怯懦的性格。可以说，这恰恰是他们推举他的原因。他们当然不希望由邻国的王子来担任新沙皇，新兴的军人和保守派的老贵族也不行，他们只想要一个方便自己扩大势力的沙皇。幸运的是，无论是国民，还是大多数代议员，都对留里克的高贵血统情有独钟。实际上，米哈伊尔和雷帝没有

▶《混乱时期》谢尔盖·伊万诺夫绘，19 世纪末。第二伪德米特里军队的野营

一点儿血缘关系，但是阿纳斯塔西娅是雷帝最爱的皇后，她的名字已经与留里克紧紧地联系在一起，米哈伊尔成为沙皇的正统性因此得到承认。

米哈伊尔·罗曼诺夫的加冕 >>

米哈伊尔当时和母亲一起隐居在伊帕切夫修道院。在使节团到达时，他还在拒绝。使节们无奈之下只得说这个决定是由创造奇迹的圣像做出的，不能违背神的旨意，连哄带吓地把米哈伊尔带到了莫斯科。1613 年 7 月 11 日，在 17 岁生日的前一天，米哈伊尔很不情愿地登基了。他知道自己被选上的原因，在加冕时便已预感到了前途坎坷。

这与哈布斯堡家族的开创者鲁道夫一世 55 岁被选为神圣罗马皇帝的情况非常相似（参见《12 幅名画里的哈布斯堡王朝》）。那些背后的有实力者都把鲁道夫和米哈伊尔视为无能之辈，觉得让他们做傀儡正合适，一旦有什么情况的时候可以方便地舍弃。但是无论是鲁道夫还是米哈伊尔，都发挥出了相当的韧性和实力，没有放过命运交到他们手上的机会。

《米哈伊尔·罗曼诺夫》画家、创作年份不详

与已经步入老年的鲁道夫相比，米哈伊尔因为年轻而更显得力有不逮，但他还是竭尽全力，一边与贵族和会议派协商，一边学习政治。胆小怕事者自有胆小怕事者的智慧，他没有犯下因为强行扩大沙皇的权限而与周围对立的愚蠢错误。而且幸运的是，6年后的1619年，被波兰长期关押的父亲菲拉列特（费奥多尔·尼基季奇·罗曼诺夫）回国了。

从此，这位曾经与鲍里斯·戈东诺夫争权的政治家就作为莫斯科大主教，为儿子提供了有力的支持（初期完全由他掌握政权）。第一代罗曼诺夫通过与俄国正教的政教合一，维持和强化了沙皇制度。

米哈伊尔的在位时间长达32年，在这期间确立了农奴制度和身份制度，加强了中央集权。虽然担任沙皇并非他的愿望，而且他把一生都献给了国家重建，很是操劳，但是他对暗杀、国家颠覆、被外国控制的担心最终被证明是杞人忧天。国民完全接纳了罗曼诺夫王朝。米哈伊尔死后，谁也没有对他的长子阿列克谢即位提出异议。

瓦西里·苏里科夫
〈女贵族莫洛卓娃〉

1887 年，布面油画，特列季亚科夫画廊，304cm × 587.5cm

第 1 章

Vasily

《女贵族莫洛卓娃》

瓦西里·苏里科夫

她是一个罪人，尽管如此，她依然气宇轩昂。她苍白、枯瘦的脸上，目光炯炯有神。她高高举起手臂，正在高呼着什么。

佯狂者 >>

厚厚的积雪上，一架简陋的雪橇由马拉着慢慢地穿过人群。货架子上铺着家畜用的稻草，一个中年女人坐在上面。她身上穿着带毛皮的奢华的黑色衣服，与雪橇的简陋形成鲜明的对比，由此可推测她身份高贵。但是从她的手腕处长长地垂下的，不是珠宝首饰，而是铁锁。她的两个脚踝也被箍了起来。

她是一个罪人。尽管如此，她依然气宇轩昂。她苍白、枯瘦的脸上，目光炯炯有神。她高高举起手臂，正在高呼着什么。

目送她的人们表情各异。画面右侧的女人大多无精打采，有的深深地以目致意，有的把手捂在胸口，有的在抹眼泪，还有人一边祈祷一边跟随着雪橇。而画面左侧的圣职人

▶前页右下角的男人　局部

员的态度截然相反，他们毫不掩饰地嘲笑着护送者。

在烟霭蒙蒙的背景里，还可以看到俄国正教会独具特色的洋葱头式圆顶。不难想象，这是一幅以异端为主题的画作。这样一来，这个宗教意义上的罪人竖起食指和中指的动作应该有着重要的含义。画面右下角打着赤脚，貌似乞丐的男人也竖起两根手指，像在与她呼应，又像在给她鼓励。做这样的事情不会被逮捕吗？

不会。

因为这个男人并不是一个简单的流浪汉，而是佯狂者（即圣愚）。证据就是他脖子上挂着苦行用的重重的项链。所谓佯狂者，就是放弃了一切财产，选择装疯卖傻地生活的苦行僧——当时这种人急剧增加——他们被置于社会的范围之外，因此无论他们的言行如何越出常轨，都能得到原谅，甚至还有少数被列为圣人。所以这幅画中的佯狂者也做了别人想做而不敢做的事，他光明正大地对被护送的罪人表示支持，向官府提出异议。

这是1672年11月费奥多西娅·莫洛卓娃公爵夫人被捕时的一个场面。俄国最著名的画家之一苏里科夫在时隔两个世纪之后，在这幅历史画巨作中再现了当时的情景。苏里科夫的立场很鲜明，他的眼中饱含着对公爵夫人的同情。

她是因什么被捕的呢？

尼孔大主教 >>

这幅画表现的时间是米哈伊尔的儿子、第二任沙皇阿列克谢·米哈伊洛维奇·罗曼诺夫的时代。沙皇的权力与以前相比有所扩大，他将支持他的士族提拔为官僚和军人，稳步地走在通往专制主义的道路上，但是广阔的俄国拒绝管束，问题不断。与教会的关系也进入了一个新的阶段，不再像上一代那样大主教和沙皇父子齐心了。就在这时，野心家尼孔站上了宗教界的顶端。

俄国正教（源于 11 世纪与罗马天主教分裂而成的希腊正教）的各教会仍旧与本土的信仰和旧习有着紧密的联系，不同的地区，对《圣经》的解释以及仪式都有所不同，缺乏作为国教的统一性。于是新上任的尼孔大主教果断地开展了一场自上而下的宗教改革，目的是统一教会的步调，进而实

▶《阿列克谢·米哈伊洛维奇·罗曼诺夫》画家不详，17 世纪 70—80 年代

现国家的西欧化。

但是，这场改革却与路德领导的新教运动截然不同。在后世异教徒看来，他的改革是令人失望的，只不过是修改了仪式而已。例如，将齐唱两遍《哈利路亚》改为三遍，将祈祷时必须站着改为可以坐下，对神行礼由跪拜改为鞠躬礼……写到这里，就明白苏里科夫画中人物竖起两根手指的原因了吧。对于那些一直遵守着古老仪式的人而言，用两指画十字才是绝对正统的，而尼孔却强制他们用三指。这怎么

《尼孔大主教》画家不详，1660—1665 年

▶用两指画十字的基督圣像（埃及圣凯瑟琳修道院，6世纪）

▶《处死异端司祭》格里戈里・米亚索耶多夫绘，1897 年

能接受呢！

尼孔急于看到改革的成果。他将反对者称为分离派，在得到阿列克谢・米哈伊洛维奇的支持后开始实施镇压。他先是设定了赋税加倍的罚则，进而将其作为异端逐出教会，关进监狱等，不断升级，最终以火刑处死了各地的主谋。分离派中有很多都是底层农民，是朴素的乡下人，他们相信教会已经被魔鬼攻占，由此引发了上千人集体自焚的惨剧。

阿列克谢・米哈伊洛维奇免去了尼孔的职务。但此举并不是为了让他承担混乱的责任。尼孔在行使权力十余年之后变得自大起来，开始介入政治，甚至口出狂言，说教会是太阳，而沙皇只是反射太阳光的月亮。

阿列克谢给欧洲各国早已解决的教会问题画上了句号。他让所有人知道，沙皇才是太阳，教会始终在沙皇之下。此后，罗曼诺夫王朝的历代沙皇都在将俄国正教会作为国教加以保护的同时，对其进行着严密的管理和监视。

当然，他并不打算停止改革。依靠宗教来实现国民的一体化是必须的。尼孔下台之后，镇压仍在继续，逃进分离派的修道院的人们被政府军包围杀光，处刑者的人数也一直在增加。据说很多人逃到了边境，其中一部分到达了西伯利亚和今天中国的东北部。处罚还波及了上级贵族。

苏里科夫所绘的女主角费奥多西娅·莫洛卓娃公爵夫人是分离派的守护者，这早已尽人皆知，但是因为她所属阶级较高，又在政界有亲属，所以人们都觉得她不可能被逮捕。但是阿列克谢不希望让改革半途而废，最终连她也被判了死刑，且被处以残酷的饿死刑。画中她的脸非常消瘦，仿佛预见了命运似的，画家大概是在暗示此事吧。

前面提到的佯狂者和朝拜者，将她的殉教事迹传遍了俄国的每一个角落。本作的画家也在佯狂者的背后画了一位神色沉痛、脱帽致意的朝拜者。

斯捷潘·拉辛的叛乱 >>

莫洛卓娃公爵夫人事件前一年，在1671年，主导哥萨克人叛乱的斯捷潘·拉辛被公开处决。在莫斯科的红场，那座美丽的圣瓦西里大教堂俯瞰的广场上，拉辛活生生地被截断四肢，最后斩首，非常凄惨。政府对拉辛深恶痛绝，因为沙皇制度险些被他推翻。

哥萨克的词源是（虽然也有不同说法）土耳其语Kazaklar，也就是“自由的人”。14世纪以后，底层农民和逃亡奴隶等在俄国东南部定居，成为最早的哥萨克人，在顿河、捷列克河等各河流的国境附近形成了几个自治区（故有“顿河哥萨克”等名称）。他们最初以农耕、畜牧、渔业为生，但是为了免受沙皇和诸侯的统治，维护自由，他们武装起来，在自己选举出的头目的带领下，逐渐发展成了独具特

《处死斯捷潘·拉辛》扬·路易肯绘，1698 年

色的骑兵集团（在后世的日俄战争中，勇猛的哥萨克骑兵的战斗力众所周知。此外，动作激烈的哥萨克舞起源于武术，夸示着他们发达的身体能力）。

16 世纪的伊凡雷帝很好地安抚了哥萨克人。他定期向主要的哥萨克集团提供武器、粮食、货币等，让他们警备国境。从这一时期开始，哥萨克集团之间产生了明显的贫富之差，到罗曼诺夫王朝开始时，河流下游地区的富裕层与上游的贫困层之间的对立变得更加激烈了。尤其是在前者开始将逃亡奴隶送交政府之后，后者的贫民流入激增，成为社会不稳定的一大根源。

将农奴制法制化，剥夺农民的流动自由，将农民紧紧地束缚在土地上的，是阿列克谢·米哈伊洛维奇。农奴不仅要缴纳人头税、结婚税、死亡税，而且无处可逃。如前所述，半疯半圣的佯狂者的增加，与这项制度不无关系。为了摆脱现状，对膂力有自信的人可以成为哥萨克，而其他人就只有成为佯狂者这一条路，或者自杀。那时的贫民还没有条件借酒浇愁。因为太过贫穷，无论是地方酒还是伏特加，都无法喝到成瘾。

就在这时，斯捷潘·拉辛出现了。

拉辛将不满于现状的阶层统统纳入麾下。不仅有哥萨克、农奴、城市底层人民，还吸收了受歧视民族、逃亡士

▶《第聂伯河上的哥萨克哨兵》约瑟夫·冯·勃兰特绘，1878 年

《斯捷潘·拉辛》鲍里斯·库斯托季耶夫绘，1918年

兵、反贵族派等，公然打着革命的旗号，进军莫斯科。队伍每到一处，都会有更多的支持者加入进来，发展成了当时规模最大的民众起义，战斗也持续了整整3年。人们期待着拉辛建立一个没有阶级的国家，一个平等的哥萨克的国家。但是政府军与其殊死搏斗，最终，在辛比尔斯克要塞，拉辛大败。

说句题外话，坐落在伏尔加河河畔的辛比尔斯克，在苏联时期变成了乌里扬诺夫斯克市。之所以改成这个名字，是因为恰好在拉辛大败200年后，弗拉基米尔·伊里奇·乌里扬诺夫，也就是列宁在这里出生，乌里扬诺夫斯克就来自他的原名。

水面之下的战争 >>

斯捷潘·拉辛在未来列宁的出生地兵败（据说是因为武器落后）之后死里逃生，又为了组织反攻，返回了本地。但是却被同为哥萨克，但却是富裕层的哥萨克人抓获，卖给了政府军。最后的结果就是严刑拷打，然后被处决。

反沙皇制度、反农奴制的呐喊声消失了。从此以后，农奴制作为维护专制主义的经济手段被不断强化。同时，在无数次的贫困层起义中，斯捷潘·拉辛的名字被深深地铭刻在追求自由的民众心中。他作为传说中的英雄，被写进民歌供人传唱，成为民间传说（就连外国人，如果超过某个年纪，想必也记得那首名为“斯捷潘·拉辛”的歌：“奔流不息的伏尔加河水……”）。

17 世纪 70 年代，阿列克谢·米哈伊洛维奇已步入晚年。他凭借武力推行了宗教改革，平定了大规模叛乱，挺过了对土耳其的战争，实现了领土扩张。阿列克谢面临的新的烦恼是继承人问题。

他十几岁成为沙皇，与第一个妻子生有五男八女，但是在那个多生多死的时代，活下来的男孩儿只有三子费奥多尔和五子伊凡两个，而且费奥多尔体弱多病，难以长寿，伊凡则有智力问题，难以继承大业。四女儿索菲娅聪明，只可惜是个女儿。

妻子死后，41 岁的阿列克谢·米哈伊诺维奇——尚不知道自己余生只剩 5 年——迎娶了比他年轻 20 多岁的第二任皇后。她连续生下三个孩子，虽然最小的一个夭折了，但是高大健壮的长子彼得和女儿纳塔利娅都顺利地长大成人了。

一如既往的势力争夺开始了，这次发生在已故皇后的娘家米罗斯拉夫斯基家族与现任皇后的娘家纳雷什金家族。两家展开激烈的角逐，明争暗斗。米罗斯拉夫斯基家族暗中散布谣言，称沙皇有衰老的迹象，应该已经没有生育能力，彼得一定是皇后和其他男人的私生子。甚至有人说，因为宫廷中人都在窃窃私语，煞有介事，后来以至于彼得曾为此烦恼。也有人说是他觉得这个谣言有趣，当作笑话讲给臣下听的。

不管怎样，阿列克谢没有明确指定继承人就因病去世了。因此，姐姐索菲娅和弟弟彼得之间的激烈战争打响了。

夏尔·冯·施托伊本

1827年，布面油画，瓦朗谢纳美术馆，409cm×1469cm

第 2 章

Steuben

《彼得大帝少年时期的逸闻》

夏尔·冯·施托伊本

1682年，在枪兵队的叛乱中，彼得母子死里逃生。两个世纪后，这幅浪漫派画家的作品就是要告诉人们，他们的得救完全归功于奇迹。

拼命保护儿子的母亲 >>

那是在暴动的最高潮，被逼到死亡边缘的女人和少年。左侧靠里的位置倒着一具护卫官的尸体，后景中的男人正在挥舞着刀枪厮杀，入侵者已经逼到了眼前……两个人是否还能得救呢？

女人身上所穿的衣服显示出她的高贵身份。用白底黑点的、最高档的银鼠皮（白鼬在冬天时的皮毛）制成的肥大上衣，头冠和饰带金光闪闪。她是娜塔莉·纳雷什金娜，上一代沙皇、已故的阿列克谢·米哈伊洛维奇的继室。她拼命地护住自己的孩子彼得（但是这个10岁的少年正勇敢地直面恐惧），一边对暴徒怒目而视，一边指着挂在墙上的圣像。她的眼睛在叱责，如果继续作恶，必将遭神罚。

果然，从圣像附近刮起了一阵怪风，不仅吹动了缝了金线的蓝窗帘和娜塔莉的白色上衣，连暴徒的黑色胡须都开始颤动。男人仰头看着圣母子，呆立不动，明显露出了怯意。他的同伙已经摘下了头盔，匍匐在台阶上，手里还握着锋利的弯刀。他们都被这不可思议的情景威慑住了。

——1682 年，在枪兵队的叛乱中，彼得母子死里逃生。这幅画就是要告诉人们，他们的得救完全归功于奇迹。因为这是事件发生两个世纪后的浪漫派画家的作品，少年长长的金发和脸庞都带上了法国人的偏好（实际上彼得是黑头发）。

嗜尚异国的浪漫派常常会选取其他国家的历史作为题材。这幅画的作者冯·施托伊本看名字就知道是德国贵族（冯是贵族的称号），但他出生在俄国，到 14 岁为止都生活在圣彼得堡。之后他在巴黎的画室学习，入了法国国籍，还被授予了荣誉军团勋章。他衷心钦佩彼得大帝，创作了《拉多加湖畔的彼得大帝》《为叶卡捷琳娜加冕的彼得大帝》等作品。

马基雅维利式的姐姐 >>

为什么会有人想要少年彼得的命呢?

父皇阿列克谢去世后，理所当然地由前皇后之子（彼得同父异母的哥哥）继位成为费奥多尔三世。但是正如人们所担心的，他没有留下子嗣，6 年后 21 岁的时候因病去世了。两任皇后的娘家马上又重新开始较量，这次纳雷什金家族占据了上风，10 岁的彼得一世诞生了。少年轻轻地坐上宝座，把“莫诺马赫王冠”戴在小脑袋上。这顶华丽的王冠从伊凡雷帝开始代代相传，黄金打制的圆冠上镶嵌着红宝石、蓝宝石、珍珠等，用黑貂毛皮镶边，很有俄国特色。

也就是说，彼得成了小沙皇，登基不久便遭遇了暗杀未遂事件。当然，幕后主使是费奥多尔三世的姐姐索菲娅。法国外交官给她的评价是:“肥胖丑陋，但是头脑敏锐，才能出众。”“应该没有读过马基雅维利，但却有着马基雅维利式的政治力。”她24岁，没有生为男儿身的不幸算不了什么，自从看清弟弟们无法胜任沙皇的职位开始，她就瞄准了摄政的地位，一步步地扩大阵营，策划阴谋。在她看来，父皇晚年再婚，生下同父异母的弟弟，纯粹是在妨碍她实现自己的野心。而她的野心，在那个没有人想过女人可以登上政治舞台的时代，可谓天方夜谭。

彼得一世诞生时，人们都以为索菲娅的失败已成定局。但是她却趁着对方放松警惕，开始反击。她煽动手下的枪兵队，说自己的弟弟费奥多尔三世不是病死的，而是被彼得母亲娘家的人暗杀的，另一个弟弟伊凡也有危险，彼得本来就是私生子，没有罗曼诺夫的血统！这一系列行为确实很像马基雅维利。

两位少年沙皇 >>

回想起来，太阳王路易十四也在同样的年龄（比彼得早大约 30 年）从投石党之乱中艰难逃脱。作为西方历史上赫赫有名的专制君主，这两位杰出的人物都曾在善感的少年时期险些被杀，这样的记忆使他们讨厌首都，一个从巴黎搬到了凡尔赛，一个将首都从莫斯科迁到了圣彼得堡，这些事实颇为有趣。

公主索菲娅就这样转败为胜。她对政界进行了改组，让费奥多尔三世的弟弟（被父皇称作“傻伊凡”，排除在继承人候选名单之外）加冕成为伊凡五世。彼得在名义上被降为共同统治者，支持者都被贬到了乡下。

这是一种扭曲的体制。两位少年沙皇都没有实权，实质性的君主是未婚的女性摄政。虽然给人感觉很不稳定，但是

▶1689年发行的硬币。一面印有彼得和伊凡五世，另一边印有公主索菲娅

很遗憾，俄国还没有接受女皇的基础，如此烈女，也只能怪自己出生得太早。尽管如此，索菲娅为了巩固权力，发行了印有自己肖像的货币。只有沙皇才具有这种资格，却也没有人公开反对。她建设了首都，和中国、波兰签订了和平条约，取得了一定的成果。要不是有彼得这个天敌，索菲娅的统治无疑可以持续更长时间。

但是，7年的岁月过去之后，彼得长成了身高两米的魁梧青年，并且娶了上级贵族的千金为妻，吸引了反索菲娅势力。起初在人们眼里，他是个只顾着和同伴玩打仗游戏的废物，不过——像织田信长装傻一样——实际上是借玩的名义，在组织私人军队。索菲娅感觉到危机，她决定这次一定要除掉这个碍眼的弟弟，于是再次派出了枪兵队。

姐弟之争的结局 >>

结局是姐姐惨败。索菲娅被彼得一方擒获，关进了新圣女修道院（如今这里已经成了世界遗产）。她该有多么懊悔，真该在彼得少年时期就把他杀掉。尽管被软禁在修道院的一个狭小的房间，但是长于阴谋的索菲娅并没有放弃，这一点直到 9 年后的 1698 年才被人们发现。

彼得放心了，觉得索菲娅再也没有能力兴风作浪。这时，母亲和共同统治者伊凡五世都已经去世，彼得终于可以单独统治。他创建了俄国第一支海军，并且掌握了通往黑海的出海口。他认为要进一步扩张领土，就必须学习欧洲的先进技术，于是组织了总数近 300 人的大使节团，于 1697 年春离开了俄国。虽然沙皇长期不在国内也引来了一些质疑，但他还是把事务交给了可靠的臣下，去完成这场“伟大的旅

▶新圣女修道院

行”。荷兰、英国、德国、奥地利，一年半之后，正在前往威尼斯的一行人收到了莫斯科枪兵队暴乱的消息。彼得连忙将日程提前，赶回俄国，此时叛乱已经被镇压，大约有 100 人被处死。

但是，彼得的怒火并没有因此平息。他认定是索菲娅在幕后指挥，为此逮捕了近千人，严刑拷打，却还是没有找到证据。为了杀鸡儆猴，这些人大多被拉到新圣女修道院前的广场处死，还特意把被认为是主谋的三个人的尸体挂在索菲娅的房间窗户上。列宾将这一历史事件绘成了一幅震撼人心的作品，这就是《索菲娅公主》(关于本作，在《胆小别看画3：死神与少女》中有详细介绍)。画中，索菲娅的悔恨和愤怒喷薄欲出。她知道，这次她是彻底地失败了。

索菲娅被剥夺了公主身份，剃去头发，监禁在修道院的更深处，有100人时刻看守。虽然年数很短，但却以女子之身占据了国家最高统治者的位置，与彼得展开势均力敌的较量的这只母老虎，6年后在失意中病死，这场姐弟之间的战争终于落下帷幕(可以说，正是因为有她，才奠定了未来俄国接受女皇的基础)。

不过，索菲娅曾两次想要彼得的性命，彼得为什么没有杀她呢？他完全可以捏造证据判她死刑，但是却没有这样做。因为他们毕竟是同父异母的姐弟？不，这不可能。因为彼得后来可是杀死了自己的独生子。他的行事原则实在令人费解。

▶《索菲娅公主》伊利亚・列宾绘，1879 年

▶《彼得一世》戈弗雷·内勒绘，1698 年

俄国的形象提升 >>

让时间稍微倒回一点儿。

彼得的欧洲视察在许多方面取得了很大的成功。对先进国家而言，俄国不过是严寒地区的三流国家，宗教也略有不同，感觉就像一群来路不明的乡巴佬。但是出现在他们眼前的俄国人——虽然确实有些野蛮和土气——却是一出手就是600张貂皮的大富豪，而且率领使节团的彼得本人又充满着野性的魅力，他们的到来在各地卷起了一阵大旋风。

彼得进行了乔装打扮。他让别人假扮沙皇，自己却化装成一个名叫米哈伊洛夫的士兵，混在队伍中，不过他毕竟是身高超过两米的大高个儿，面部特征也早已尽人皆知，所以一眼就会被人识破。彼得本人也清楚这一点。他找替身并不是为了躲避危险。那么他为什么要乔装呢？迎接的一方都困惑至极，彼得却丝毫都不介意。不仅如此，他还在荷兰的造船厂连续多日挥锤劳动。在那个宫廷文化盛行的时代，一个本该视威严胜于一切的专制君主，竟然在户外和平民混在一起，干着木匠活儿。因为闻所未闻，所以来看热闹的人挤满了河两岸，新闻传到各国，所有人为之惊诧。后来，德国作曲家古斯塔夫·阿尔贝特·洛尔青（Gustav Albert Lortzing）以“沙皇与木匠”为题，将这件事写成了歌剧。

彼得在各地与“先进文化”进行了亲密接触。他毫不掩饰孩子般的好奇心，观看了尸体解剖，视察了各种工厂、医院、造币局、大学、天文台、议会、博物馆，搜购了武器、手术用具、书籍和绘画（特别是伦勃朗的作品！！）。他还花高薪将工程师、医生、画家等专业人士聘请到了俄国。因为他有收集癖，所以收集了无数的珍品，还把在奴隶市场上买的患有巨人症、侏儒症、肥胖症、身体残疾的人带回了俄国（有的在死后被做成骨骼标本陈列）。

彼得挥舞剪刀 >>

在这期间，彼得还在无意中为俄国文学做出了贡献。他得到一个埃塞俄比亚的黑人奴隶阿布拉姆，见此人生得漂亮而且聪明伶俐，便让他进了军队，还送他去法国留学。后来阿布拉姆回到俄国，做到将军，与俄国女人结婚生子。子又有子……他的重外孙，就是“俄国文学之父”普希金。

遗憾的是，有一个日本人，同样谒见了彼得，大概是没有阿布拉姆那么大的魅力，没能改写自己的命运。这个人就是漂流者传兵卫，彼得只给了他生活保障和西伯利亚某日语学校教师的职位，而没有像对阿布拉姆那样，亲自当教父让其受洗，把他请进宫廷。传兵卫的生平几乎无人知晓，尽管他比谒见叶卡捷琳娜大帝的大黑屋光太夫要早上一个世纪。

满载着“先进的欧洲”归来的彼得，仿佛如梦初醒一

彼得一世给俄国人剪胡子（讽刺画）

般，再也无法忍受土里土气的祖国。在先进国家，流行戴高级的假发，胡须剃得干干净净，顶多嘴上边留一点儿胡子，俄国人却还穿着老式的粗笨衣服，留着长长的胡须，国家的实力更是不如人意。于是，彼得发明了针对贵族的“胡须税”。如果不剃胡须，每年就要缴纳60卢布。

所有人都选择缴税。因为人们相信，有胡子的人死后才能上天堂。性急的彼得亲自挥舞剪刀，把身边大臣的络腮胡子一个个都给剪了。就像近代日本的发髻、中国的辫子，虽然一开始会有抵触情绪，但是一旦被剪掉，就省去了麻烦，而且习惯以后不见得不好，所以宫廷眼看着就变成了西洋风。有宫廷带头，地方的上流阶级也会向右看齐，这场剪胡子表演的效果可谓立竿见影。

然而，彼得挥舞的不只剪刀，他还很中意从英国带回来的拔牙用的钳子，说自己跟牙医学过，让身边的人一个个张开嘴，发现蛀牙就拔掉，可见他本人的西欧化还差得远呢。

18 世纪的大幕拉开了。

在西班牙，哈布斯堡家族的末代国王卡洛斯二世作为近亲结婚的牺牲品，没有留下子嗣就死去了，由此引发了法国对奥地利的正面对决——“西班牙王位继承战争”；俄国则开始了与强国瑞典之间的“北方战争”。前者法国胜利，确立了波旁王朝的优势，后者则是彼得取得了这场长达 20 年的战争的胜利。

这时，俄国终于从三流国家跻身为二流国家，提高了自身的国际地位。

1871 年，油画，特列季亚科夫画廊，135.7cm × 173cm

第 3 章

Nicola

《彼得大帝父子》

尼古拉·盖伊

皇太子逃跑，这事儿太新鲜了，它让俄国在国际社会上丢尽了脸。彼得大怒，派出追兵，在翌年擒获了潜伏在那不勒斯的阿列克谢，押回俄国，进行了鞫问。

平庸的儿子 >>

彼得大帝是个顶天大汉，孔武有力，有非比寻常的感召力和精明强干的政治力，也有对他人绝不手软的残酷。他会亲手拷问，处决，面不改色，即使是对女人也不例外。无论是同父异母的姐姐，还是其他亲近的人，只要必要，他都会将其幽禁起来，消磨其生命。他在十几岁时通过政治婚姻迎娶了第一任妻子柳多西亚，他不喜欢，离了婚不算，还一直把人家关在修道院里。

他和柳多西亚生下的长子阿列克谢身体孱弱，令彼得大失所望。这个儿子随他的母亲，墨守信仰，在保守派的拥戴下，联合起来反对近代化。这样怎么能继承“宝座的变革者”的事业呢？彼得威胁他：“如果不洗心革面，就剥夺你的皇位继承权。”他却向周遭发泄说：“我想看父亲死。”人

▶现在的彼得保罗要塞

们都在猜测他将有何行动。或许是被逼得太紧，阿列克谢在1716年假装前往战地，从父亲身边，从俄国逃走了！

皇太子逃跑，这事儿太新鲜了，让俄国在国际社会上丢尽了脸。彼得大怒，派出追兵，在翌年擒获了潜伏在那不勒斯的阿列克谢（在这项任务中立下功劳的人，是文豪托尔斯泰的先祖），押回俄国，进行了盘问。

——拥有法国人血统的俄国巡回展览画派画家尼古拉·盖伊根据这一历史事件创作了一幅绘画作品。

头发比黑夜还黑、眼睛比冰还冷的彼得怒目而视，阿列克谢在他的面前无地自容。这里是迁都不久的圣彼得堡，彼得的政务室。45 岁的父皇将他背叛的证据书信（上面写着反对改革的言论）摊在桌子上，仿佛在问他还有什么好辩解的，27 岁的皇太子垂头丧气。他似乎已经看清了自己命运，连开口讲话的气力都没有了。我们可以感受到拥有打破常规的父亲的平庸儿子的悲哀。

在这之后，阿列克谢被送上军事法庭，在一番拷问之后，以叛国罪被判处死刑。父皇并没有法外开恩。这个本该成为下一任沙皇的年轻人，被关押在彼得保罗要塞，不久便离奇地死去了。各种各样的流言四起。自杀，被酷刑折磨致死，不，是被彼得亲手用斧头砍死的，或者毒死的……

大概在 150 年前，西班牙哈布斯堡家族的腓力二世据说亲手杀死了自己的不肖儿子。这些窃窃私语源于周边国家猜疑的目光：在阴郁的西班牙宫殿的深处，谁知道发生了什么呢。同样，野蛮的新兴国俄国的危险的沙皇，杀死自己的子嗣也不足为奇吧。毕竟已经有了伊凡雷帝这样的先例……

不管怎样，和雷帝一样，彼得也在这里亲手断送了自己男性继承人的幼芽。

专制君主与新都 >>

将时间再倒回一些。

因为童年时期的痛苦记忆，以及其与保守势力的密切联系，彼得对莫斯科一直没有好感，他正在尝试着建设新的首都。理想的首都必须面朝大海，是“通往欧洲的窗口”。他最终选择了地处涅瓦河口三角洲、通往波罗的海出海口的沼泽地带。“涅瓦”在芬兰语中是“泥”的意思。这是一片潮湿的土地，不利于健康，浓雾弥漫，虚无、寒冷得令人望而生畏，只有一旦河水泛滥就会被淹没的萧索的村落、荒凉的原野和野狼出没的森林。

没有一个人赞成。就连和他一起长大的心腹都提出异议，而彼得却对此地燃起了激情。他觉得，越是远离莫斯科，越是与莫斯科的地理环境截然相反，越适合做新都。就

▶《彼得大帝视察正在建设的圣彼得堡》瓦伦丁·谢罗夫绘，1907 年

像神在混沌之中创造世界一样，自己也要在灰色的虚无中建造一座首都。他要建造一座不墨守成规的欧式的自由之都。这样一来，旧的俄国一定会发生天翻地覆的变化吧。

就像现代工薪族把盖房子当成目标一样，贵族都想建造华丽的城堡，专制君主则想建造新的首都。

彼得知道，排水开垦低湿地带并不是无谋的计划。因为他在组建大使节团进行视察旅行时，就曾亲眼看过人工建造的城市阿姆斯特丹。虽然需要大量资金和劳动力，但是俄国有农奴。本来，人命在彼得眼里就比羽毛还轻。他动员了五万农奴，对沼泽进行填拓，挖通了纵横交错的运河。有趣的是，最先建起来的是一座用来对抗瑞典的木结构的简陋要塞，后来发展成巨大的彼得保罗要塞，成了关押儿子阿列克谢的地方。它和英国的伦敦塔一样，是令人闻之变色的专门关押政治犯的监狱，叶卡捷琳娜二世时代的女公爵，还有陀思妥耶夫斯基、列宁都曾被关在这里。

街道设计与欧洲一模一样的新都，历经10年的岁月，经历了无数的死伤、火灾等意外事件之后终于落成。但是人们在面对强制移民时依然是犹豫的，不过他们总不能一直违抗沙皇的命令。随着人员和物资增多，城市很快有了活力，原先感觉像是从别人家借来的西洋建筑群，也开始变得顺眼起来，这座美丽的水都有了“北方威尼斯”的别称，正式名称是圣彼得堡。直到社会主义国家苏联成立之前，这里一直作为罗曼诺夫王朝的首都发挥着功能。

关于名称，“圣”即“神圣”，“彼得”指的是“使徒彼得”，“堡”是德语的“城市”，就是“圣彼得之城”的意思。顺带一提，圣彼得是彼得的守护圣人的名字，实质上也就等同于“彼得大帝之城”。但是在第一次世界大战的时候，“堡”这个德语词遭到了质疑（因为与德国交战），一度被改为俄语“格勒”，变成了“彼得格勒”。随后又变成“列宁格勒”（列宁之城），苏联解体之后又恢复为“圣彼得堡”，直至今日（俗称彼得堡）。这段改名的历史，就像是俄国政治转变的象征。

彼得的情妇 >>

定居圣彼得堡之后，彼得进一步加快了改革的脚步。起用官吏更重视能力而不是身份，优待城市商人，振兴制铁业等以实现富国强兵，征兵和秘密警察的制度化，进一步的中央集权化……以农奴制为经济基础的俄国专制主义都在这里完成。

但是彼得个人却始终不像路易太阳王那般光芒四射。他从来没有想过要戴上巨大的假发，穿上红色高跟鞋和金光闪闪的衣服来征服别人。他虽然欣赏欧洲的精致考究，却不肯改变自己暴饮暴食、狂欢作乐、反复无常、炫耀膂力的习惯，豪爽（或者说粗野）才是彼得的性格。这也是俄国人要求他们的领导人具备的资质。

另外，彼得身材高大，却喜欢在狭小的房间里生活。有

▶"彼得大帝夏宫"（圣彼得堡）

人说这是因为他在少年时期曾躲在小房间里逃过枪兵队的追杀，是对他的双重人格的另一种解释。真相不得而知，但是彼得确实是个充满了矛盾的人。首先，他作为专制君主，没有采纳维系王朝的大国的做法。（无论是波旁家族还是哈布斯堡家族，都非常注重血统，继承人必须是君主和出身名门的正妃生下的子嗣。和情妇生下的孩子，不可能成为继承人，最多也就是提拔为贵族。贵庶通婚本身就是不被允许的。）

彼得单方面与大贵族出身的正妃离了婚，立之前的情妇为第二任皇后。她名叫玛尔塔，来历不明，这样的事在欧洲王室是不可能发生的。她出生在利沃尼亚（波罗的海沿岸，那里人种混杂）的贫穷佃户之家，父母死于鼠疫，她一度给德国牧师做女佣，后来与瑞典士兵结婚。不久丈夫战死，她开始跟随俄军，在野营地里转悠，很可能是在做妓女。后来，她引起了彼得的宠臣缅什科夫的注意，成了他的情妇。虽然从肖像画里难以想象，但是玛尔塔似乎充满着强烈的性感魅力。有一次，彼得到缅什科夫家做客，就对她一见钟情，将其据为己有。

玛尔塔是新教徒，讲着带波兰口音的俄语。彼得为她戴上了那顶“莫诺马赫王冠”，举行了加冕仪式，赐名叶卡捷琳娜，并令她改变信仰，成为正室。只是这样就已经算是登上人生巅峰了，她后来却还成了俄国第一位女皇。除了解释为命运对她格外眷顾，还能怎么说呢？

玛尔塔为彼得生下了 12 个孩子。可惜六男六女中长大成人的只有两个女儿——安娜和伊丽莎白。她们出生在玛尔塔正式成为皇后之前，因此后来被人在背后说成私生女，处境很是尴尬。

不管怎样，彼得的想法实在是太令人费解了。他让我想起拿破仑，但是这个“科西嘉的暴发户”尽管爱上了已经有孩子的人妻约瑟芬并娶她做了妻子，但在得到皇帝的宝座之后就和她离婚，与哈布斯堡家族的公主再婚。因为他梦想着通过拥有高贵血统的子嗣，来延续自己的王朝。这作为独裁者的心理很容易理解。但是却没有任何迹象表明彼得有再娶一个年轻的皇后生子的打算。取而代之的是，他制定了帝位继承法，使他可以按照自己的想法决定下一任沙皇的人选。

▶《彼得一世及其家人》格里戈里·姆希基斯基绘，1716—1717 年
（左起，彼得大帝、叶卡捷琳娜、阿列克谢、伊丽莎白、彼得、安娜）

但是他却一直没有在任何文件上写下继任者的名字，因此没有知道他打算指定谁。

还有一件令人费解的事情，就是招致他英年早逝的行动。这件事发生在 1724 年，天气恶劣的 11 月。52 岁的彼得和随从一起策马前往圣彼得堡郊外视察的途中，遇到一艘船在涨水的河中沙洲上触礁，甲板上数十名士兵正在求救。沙皇不顾危险，跳进冰冷的河水里，亲自指挥营救活动。其实他大可不必亲自在齐腰的水中浸泡那么长时间，但是他却——仿佛是为过去轻视人命赎罪似的——为了挽救基层的贫穷士兵的生命而奋不顾身。

而结局可谓讽刺。从当天晚上开始彼得就发起高烧，尿道结石的老毛病也恶化了。正当所有人都不知如何是好的时候，彼得在两个月后的翌年1月去世了。因为他本来还很年轻，很健壮，无论是他本人还是周围的亲属，都没有料到他竟会死得这样早，连继任者都还没来得及指定。

一代风云人物之死，带给人们类似于陨石坠落砸成的巨大坑洞的空虚感。

叶卡捷琳娜一世的诞生 >>

彼得大帝一死，保守派的大贵族和教会势力肯定会像僵尸一样死灰复燃——缅什科夫感到了危机。

和彼得从小一块儿长大的缅什科夫，是个从马夫的儿子被提拔到公爵的人物。他和彼得一样身材高大，具备出色的战斗能力，还兼有敏锐的政治嗅觉，是深得彼得信任的心腹中的心腹。他希望将改革继续下去。好不容易到手的既得权利，他当然不想失去。

缅什科夫行动很迅速。他策划将自己曾经的情妇，现在成了大帝遗孀的玛尔塔推上宝座，此举取得了成效。在反对派还未开始行动之前，他就说服了议会。他主张，作为名正言顺的继承人诞生（大概是彼得的孙子吧）之前的短暂过渡，彼得最爱的皇后是不二之选。

《叶卡捷琳娜一世》让-马克·纳蒂埃绘，1717年

▶《灵床上的彼得》伊万·尼基京绘，1725 年

当时的俄国对于由女人充当国家脸面的抵触，已经由索菲娅公主（彼得同父异母的姐姐）冲淡了。在大帝突然死去的忙乱中，俄国历史上第一位女沙皇——叶卡捷琳娜一世就这样诞生了。虽然说是在缅什科夫的帮助之下，但是新皇帝并不像人们认为的那样愚蠢。尽管她饮食无度导致身体过于肥胖，胡乱地建立情人关系，身上的珠宝首饰戴得乱七八

糟，惹得人们皱起眉头，但她还是明智地落实了彼得规划的几套方案。开设科学院，资助白令探险，改善原先受迫害的古仪式派和分离派（参见第 1 章）的境遇等，都是在她任上做出的善政。

她还为长女安娜和荷尔斯泰因-戈托普公爵（与德国及瑞典王室有关系）成功举办了婚礼。这是彼得生前为了增进与欧洲的联系而缔结的政治婚约。虽然这对新夫妇在德国居住，但是他们生下的男孩儿却成了后来的彼得三世。次女伊丽莎白也和同为荷尔斯泰因-戈托普家族的卡尔有婚约，但是他病死了，伊丽莎白就一直独身，留在了俄国（后来成为女皇）。

玛尔塔，也就是叶卡捷琳娜一世的生平，对她本人来说，想必就像一场梦吧。如果不是她父母死得早，如果没有跟着俄国士兵从一个战场辗转到另一个战场，她也不会有这样的机会。在她快活的妓女时期，有谁能够想象，成为俄国君主的命运正在等待着她。但是，这样的童话真实地发生了。如今她已稳坐皇位，酒想喝多少就喝多少，喝到病倒，喝到双腿浮肿。她在位短短两年，就在 43 岁时因病去世了。

接下来，谁会成为新沙皇呢?

▶1760 年，油画，彼得霍夫宫美术馆，146cm×113.5cm

第 4 章

Karl

《伊丽莎白女皇》

卡尔·范·洛

法国洛可可画家卡尔·范·洛所绘的50岁的伊丽莎白女皇，不但看上去比实际年龄年轻很多，而且怎么看都不像俄国人（或者说乡下人），模特儿肯定也心满意足

法国风的女皇 >>

法国洛可可画家卡尔·范·洛所绘的50岁的伊丽莎白女皇不但看上去比实际年龄年轻很多，而且怎么看都不像俄国人（或者说乡下人），说她是住在凡尔赛宫的贵妇大概也不会有人怀疑。真不愧是路易十五的首席宫廷画家，模特儿肯定也心满意足。范·洛也曾为路易十五的王后玛丽·蕾捷斯卡、情妇蓬帕杜夫人画过肖像，想必感慨很多吧（理由后述）。

从这幅画中，我们可看到伊丽莎白的——虽说经过大幅美化——女性魅力：体态丰满，皮肤白皙，遗传了父亲（彼得大帝）的修长身材和平易近人的气质，还有母亲（叶卡捷琳娜一世）的开朗和可爱。伊丽莎白热衷于法国最新的时尚，她身穿光泽亮丽的缎面礼服，袖子上施有大量的褶边，斜挂着鲜艳的蓝色饰带（带有勋章）。珠宝只有发饰、耳环和手链，控制得恰到好处。肩上披着白鼬皮衬里的红色披风，左腿上方露出了刺绣图案。那是俄帝国的标志“双头鹰”（神圣罗马帝国、哈布斯堡家族、希腊正教会、德国各邦也在使用）。鹰戴着王冠，一只爪子抓着权杖，另一只爪子抓着球形宝珠。而这颗宝珠，就摆在伊丽莎白放右手臂的靠垫的后方。

好一个威风凛凛的君主！但是在王冠到手之前，她走的弯路可不止一点点。本来，她应该是皇位的第一顺位继承人，但是却只能衔着手指，看着别人一个个登上宝座。

二流国家的公主 >>

1727年，母亲叶卡捷琳娜一世病故时，伊丽莎白18岁。到了这个年纪还没有结婚是一种屈辱，而这屈辱的原因，主要是因为她是二流国家的公主。

伊丽莎白外形可爱，举止优雅，会讲一口流利的法语，父母盼望着她有朝一日能做欧洲大国的王后。关于此事，在伊丽莎白16岁时，法国驻俄大使也满口答应，推举她为路易十五王后的候选人。对自己的姿色颇有自信的伊丽莎白，大概曾经陶醉在自己于凡尔赛宫闪亮登场，接受人们喝彩的想象里。法国是当时最显赫的超级大国，凡尔赛宫是各国君主向往的城堡，再加上当时在位的年轻国王路易又是出了名的美男子。简直像在做梦一样。

暗中的试探持续了三个月，但是法国一直没有答复。在

▶《路易十五》亚森特·里戈绘，1730 年

一番完全无视之后，人们突然被告知了路易十五结婚对象的名字——竟然是比国王年长7岁、不起眼的玛丽·蕾捷斯卡。她是正在逃亡的前波兰国王的女儿，这其中有现实的理由——她处在适育年龄（不负众望地陆续生了十个孩子），以及国际交涉。

法国选择了波兰，没有选择俄国，这并不是伊丽莎白个人的过错。尽管如此，正值青春期的少女还是很受伤。母亲越是对路易十五恼怒，她就越觉得是她们奢望过高。法国大使也感到很过意不去，提出替代方案，问她们觉得夏洛莱伯爵怎么样。夏洛莱伯爵是出身名门的大领主，母女二人都觉得可以，结果人家已经订婚了。大使无颜以对，离开了俄国。

娇生惯养的伊丽莎白从这两次侮辱中认清了现实。在法国看来，俄国还只是乡下的暴发户。尽管父皇那样努力，俄国仍没能跻身欧洲先进国家的行列，更何况自己还是这样一个国家的私生女（因为出生在父母正式结婚之前），被历史悠久的国家轻视是没有办法的事情，梦想着成为法国王后本身就是个错误。伊丽莎白咬着嘴唇，在两年后，接受了另一个提亲。他就是姐姐安娜的丈夫荷尔斯泰因-戈托普公爵的堂弟，和迄今为止俄国公主出嫁的地方一样，是一个德意志小公国的主人。18岁，她终于订了婚，本来是件可喜的事，谁知就在那一年，尚未见面的未婚夫竟然得天花死了，而且是在母亲叶卡捷琳娜一世去世之后。母亲和父亲一样，没有指定继承人就死了，所以伊丽莎白失去了眼下以及未来的后盾。

俄国也陷入了混乱。被权力欲支配的人们一齐行动起来，而且毫不掩饰。荷尔斯泰因-戈托普公爵也是其中之一，他为了让妻子成为女皇，一直在俄国活动，最后输给大贵族等保守派，只得无奈地回到德国。安娜和伊丽莎白私生女的身份成了瓶颈，但实际上，是保守派怕她们推进西欧化，从中作梗。

就这样，彼得大帝的孙子加冕成为彼得二世。这个孙子，是被大帝讨厌的正室柳多西亚生下的那个阿列克谢——逃亡后被带回，在彼得保罗要塞殒命的令人失望的儿子——和德国贵族之女所生的独生子。因为还只是一个12岁的少年，所以可以随心所欲地控制。他喜欢打猎，那就让他尽情打猎，远离政治。保守派感觉他们的春天终于来了，不久之后连首都也迁回了莫斯科。

彼得的亲信缅什科夫在做什么呢？曾经把叶卡捷琳娜一世捧上台，继承改革大业的缅什科夫为什么没有站出来反对这样的反动政治呢？

这次，缅什科夫和大贵族们站在了同一阵线。他原以为叶卡捷琳娜一世会活得更久一些，再由安娜或伊丽莎白所生

▶《彼得二世》画家不详，18 世纪

的男孩儿，也就是彼得大帝和叶卡捷琳娜一世的外孙做继承人。但是当事态朝着意想不到的方向发展，这个老奸巨猾的政治家心里萌生了一个巨大的野心。他有一个女儿叫玛丽亚，与少年沙皇正好般配。与其做君主的朋友，不如做君主的岳父，权势更大。他很快就安排了彼得二世和玛丽亚订婚。

缅什科夫的失败并不在于他做得过分，而是因为他在两人正式结婚之前病倒了。就在他躺在床上的几天时间里，政

▶《被流放到西伯利亚的缅什科夫和他的女儿们》瓦西里·苏里科夫绘，1888 年

敌多尔戈鲁科夫设计把他推下了台。他的宅邸被拆，全部财产被悉数没收，全家（包括可怜的玛丽亚）被发配西伯利亚。他在耻辱和贫穷中，在极其寒冷的地方结束了一生。

这次又轮到多尔戈鲁科夫做同样的事情。因为没有年龄合适的女儿，他就让侄女和彼得二世订婚。为了不重蹈缅什科夫的覆辙，他急着操办婚礼，可就在婚礼的前一天，刚满 14 岁的沙皇却因为染上天花死了。不久，多尔戈鲁科夫被别的政敌逮住，和缅什科夫一样被剥夺了一切，还遭受了严刑拷打，最后被处死。

在俄国，国家的最高权力者某一天突然倒台的模式已经屡见不鲜，今后仍将继续。在苏联时期的笑话集中有许多这样的黑色笑话——天亮的时候听到猛烈的敲门声吓得要死，得知要逮捕的人不是自己而是邻居时，“感到人生最大的幸福莫过于此”。无论眼下处在什么样的地位，都没有办法安心，不知道什么时候就会被人拉下马。甚至可能手里已经没有了权力，却还没有发现。而且，在政治斗争中落败的人的命运非常残酷，与欧洲先进国家的情况无法相比。罢免，没收财产，驱逐出境还不算完，还有遭受严刑拷打、发配西伯利亚、截断四肢等公开处决，妻子和家人都要受到株连。就像缅什科夫一家，在被押送到西伯利亚的途中，有民众向他们投掷石块，他的妻子因为操劳过度，还没有到达流放地就死了。

这样一来，每个人都疑神疑鬼，如果不想遭人暗算，就必须先下手为强，不断地施展阴谋，无论男女，无论君臣。

安娜的低俗宫廷 >>

不到3年，少年沙皇尚未娶妻就去世了。此时，彼得大帝支持派催促伊丽莎白出面，但是她明智地选择了按兵不动。眼下，莫斯科大贵族的势力还是太强了。一旦失败，就会像索菲娅公主一样一辈子被关在修道院里。

处理了缅什科夫和多尔戈鲁科夫的老人们让安娜登上了帝位。这个安娜不是伊丽莎白的姐姐。伊丽莎白的姐姐已经不在人世，她和丈夫一起离开了俄国，在德国生下一个男孩儿后不久便去世了。

那么，保守派选择的安娜是谁呢?

就连当时的人们，也在脑子里画问号："安娜是谁？"生活在现代的我们不得不拼命地查找复杂的家谱（每次都会说，西方人的名字实在是少得可怜，令人心累）。

《安娜的低俗宫廷》瓦莱里·雅可比绘，1872 年

请回想一下，罗曼诺夫王朝第二代沙皇阿列克谢·米哈伊洛维奇曾有两任皇后，前妻的女儿（索菲娅公主）和继室的儿子（彼得大帝）曾经为争权拼上性命。前妻另外还有两个儿子（索菲娅的弟弟），都曾短时间登上帝位。费奥多尔三世体弱多病，没有留下子嗣就死了，但是和彼得大帝一起成为共同统治者的"傻伊凡"——伊凡五世却有女儿，她就是安娜。安娜很早就嫁给了库尔兰公国（波罗的海沿岸）的边境伯爵，如今已经是 37 岁的肥胖寡妇。她和俄国几乎断绝了关系，没有孩子，过着贫穷的生活。作为成为女皇的条件，她承诺放弃指定后继者的权力，从边境来到莫斯科接受加冕。

只想找一个无能的摆设，然后由自己自由地统治国家的少数名门贵族这次看走了眼。安娜虽然是伊凡的女儿，但是一点儿都不傻。她登上帝位不久，不但把先前的约定全部作废，还把碍眼的贵族流放到西伯利亚，或者关进修道院。她觉得俄国人不可信，因此重用了许多德国人，还把首都从莫斯科迁回了圣彼得堡。

安娜在位期间被称为“黑暗的十年”。对那些被免了职的俄国大臣来说，确实是这样吧。但是在精明能干的德国人的管理下，俄国设立了合理的军官培养机构，钢铁产量翻倍，在拉多加湖上建设了运河，和英国签订了通商条约。这些都是单靠俄国人无法达成的业绩。

不过，安娜本人并不是政治家。她背叛保守派只是因为不想受到拘束，一旦周围都是自己人之后，就变成了“你们看着办”的风格，远离国政。特别是她在位后期，真正是吃喝玩乐，一种可以说狂躁的性格显露无遗。仿佛是因为她穷苦的日子过得太久了，想要一下子补偿回来，又像是受父亲基因的影响，想要逃离正常世界一般，当然也可能单纯是因为沉重的王冠带来的压力吧。

后世有一幅历史画，题目叫作“安娜的低俗宫廷”。画家根据当时的证言，描绘了她的日常生活。她已经懒得坐在椅子上，而是躺在床上，拼命地喝酒，兴致勃勃地观看小丑、侏儒、巡回演出的演员表演的低俗而怪诞的短剧。女皇所到之处，时常伴随着痉挛似的哄笑，就连宠臣也皱起眉头。但是他们怕惹怒女皇，只得缄口。受到女皇惩罚的老朝臣，被关进涅瓦河畔花三万卢布建起来的冰宫殿里一个晚上。他奇迹般地活了下来，宫殿在翌年融化，安娜也开始看到生命的终点。

或许是荒唐的生活作祟，安娜经常生病。她自知命不久矣，开始考虑继承人的问题。她最讨厌的人就是伊丽莎白。彼得大帝的这个女儿，年过三十还孑然一身，变得越来越美丽动人，在民众和军队中特别受欢迎。对德国人为所欲为的宫廷心怀不满的人似乎都在支持她。安娜想找个理由收拾她，但是她的防御却如铜墙铁壁，没有露出一丝可乘之机。无奈之下，安娜只得把她召来，让她宣誓顺从，确定她对帝位没有野心，但还是不相信她。安娜明明自己是女人（不，或许正是因为自己是女人），对女皇的存在却抱着怀疑的态度，在自己的亲戚中寻找男孩儿。她的愿望成真了，妹妹的女儿（外甥女）生了男孩儿。这就是她想要的继承人。

就这样，安娜死后，这个孩子成了伊凡六世，还是刚出生两个月的婴儿。从这个婴儿的角度来看，姨祖母送的这份出生大礼实在太重了。要是没有她，自己的人生要强得多，然而被赋予了这顶受诅咒的王冠，就注定在懂事之后，发现自己身处地狱。

时机成熟的政变 >>

伊凡六世加冕一年后，1741 年，伊丽莎白看到时机已经成熟，终于行动起来。崇拜她的近卫军——就像苏联时期的笑话讲的一样——粗暴地敲开了还是婴儿的伊凡六世和他担任摄政的母亲的卧室房门，逮捕了二人。政变成功了。32 岁的伊丽莎白终于坐上了父母都曾经坐过的宝座。与其成为法国王后，还是当俄国女皇更好。她只需要今后把圣彼得堡宫廷改成凡尔赛风。

她做的第一件事，就是告诉世人自己是多么的西欧化，或者说与中世纪风的俄国有多么大的隔阂。为此，她先是宣布对那些拥戴伊凡六世的重臣进行拷问，并判截断四肢之刑，又以新女皇的名义予其减刑，流放到西伯利亚。一切都照此处理，伊丽莎白的温和作为罕见的美德广为流传。

▶《伊凡六世》画家不详，1740 年

什么都还不懂的时候就成了沙皇，又在什么都还不懂的时候被废的伊凡后来怎样了呢？

伊丽莎白下令，把他和亲人分开，在无人照顾的状态下单独关押，一旦有人前来营救，格杀勿论。伊凡 23 岁时，一伙人攻入关押他的要塞，试图夺人，他因此被看守刺死。

据说因为虚度了太长的时间，他已经陷入疯狂的状态（不过，这个时候伊丽莎白本人也已经不在这个世上了）。

对于伊丽莎白，因为继任的叶卡捷琳娜大帝曾经恶骂她“只对穿衣打扮感兴趣”，所以人们很容易低估她的贡献，但实际上，她发挥出了不愧为彼得大帝之女的政治力。她重建了因为大贵族们的权力之争而崩溃的地方政治，在外交上则采取亲法路线，对腓特烈大帝领导的新兴势力普鲁士穷追猛打。

另外，在她在位长达20年的时间里，她留下了创建俄罗斯大学、开展正式的人口普查、开设银行、禁止刑讯逼供等众多功绩，可以说执行了父皇彼得的许多改革方案。

1864 年，油画，特列季亚科夫画廊，245cm × 187.5cm

第 5 章

Constantine

《女公爵塔冈诺娃》

康斯坦丁·弗拉维茨基

一个年轻美貌的姑娘，绝望地倚在凹凸不平的墙壁上。从破碎的窗户外面，水流正汹涌地涌进来。在惯于隐匿的黑暗的宫廷里，实际发生了什么谁也无从得知。

变成邮票的名画 >>

19世纪的俄国画家弗拉维茨基在留学意大利期间罹患结核病，回国后因为圣彼得堡寒冷的气候导致病情恶化，才35岁就英年早逝。《女公爵塔冈诺娃》是在他去世之前一年半的时候完成的，受到评论家的极力赞赏。他作为画家可谓前途无量，可惜他已经没有余力去完成下一幅大作了。本作成了他的顶峰之作，一直享有很高的人气，在苏联时期还曾用作邮票的图案。

这幅画里画的是什么呢?

一个年轻美貌的姑娘，倚在裸露的凹凸不平的墙壁上，头发蓬乱，流着绝望的泪水。袖口精美的蕾丝，胸口敞得很开的深红色天鹅绒礼服，缎子的衬裙，显示出她有一定的身份。但是她待的地方，却是一个昏暗寒冷的狭小房间。床铺简陋，床垫露出了麦秸，旁边的脏兮兮的桌子上，只放着硬面包和水壶。

这是一间单身牢房，属于涅瓦河畔的彼得保罗要塞监狱，彼得大帝的儿子也曾被关押在这里。

老鼠在她的脚边爬来爬去。女囚是在害怕这讨厌的害兽吗？——不。画面右侧，从破碎的窗户外面，水流正汹涌地涌进来。河水几乎每年都会泛滥，而这次尤其严重，床已经在水面上浮了起来。看守早就逃命去了，浑浊的河水越涨越高，和老鼠一起溺水而死只是时间问题。

1777 年，袭击圣彼得堡的创纪录的大洪水造成的无数死难者中也包括她，塔冈诺娃……本作就是根据这一传说创作的绘画作品。根据官方的说法，塔冈诺娃早在洪水来袭的两年前就因病去世了，但是在惯于隐匿的黑暗宫廷里，实际发生了什么谁也无从得知。叶卡捷琳娜二世可是杀死自己的丈夫成为女皇的，对于可能动摇她地位的人，对外宣称死亡，而实际上一直关在监狱里，也并非没有可能。这种事情总能引发人们无限的想象。

出现在巴黎的美女 >>

自称塔冈诺娃女公爵的美女突然出现在巴黎，是在这场洪水的五年前左右。她这样诉说自己的身世：她是已故的伊丽莎白女皇（彼得大帝之女）和情夫拉兹莫夫斯基伯爵所生，被人在欧洲偷偷抚养长大。

这话并非完全没有真实性。伊丽莎白女皇虽然一直没有结婚，但是她与拉兹莫夫斯基伯爵的关系却是公开的秘密，所以他们有几个孩子的传闻也根深蒂固。另一方面，就像曾经出了两个伪德米特里一样，俄国也是冒名顶替者的宝库。貌似这位自称公主的美女是个把高贵的身份当作香饵，走遍欧洲的骗子之流。拜倒在她的美貌和莫名其妙的魅力下，在她身上花钱的男人从来不缺。她先后到过布拉格、伦敦、柏林（也有传说称她在做高级妓女），在巴黎才开始自称俄国

▶《沙皇村的伊丽莎白女皇》尤金·兰瑟雷绘，1905 年

公主。

塔冈诺娃在巴黎的名声传到了叶卡捷琳娜二世的耳朵里。对于没有一点儿俄国血统的叶卡捷琳娜来说，自称彼得大帝外孙女的塔冈诺娃的存在，即便是假的也非常讨厌。她甚至觉得这是在大声地指责自己不是罗曼诺夫王朝正统的继承人。而且万一国内的反政府派在利用塔冈诺娃，那就危险了。女皇当然想把她带到俄国。

后来，塔冈诺娃从法国搬到了意大利。据说是得到叶卡捷琳娜密令的亲信奥洛夫公爵巧妙地接近她，暗示想与她结婚，把她骗上了去俄国的船。不过，塔冈诺娃不可能不知道去俄国就等于要她的命，所以还是暴力绑架的可能性更高。不管怎样，到达圣彼得堡之后，等待这位“公主”的就是逮捕、拷问、拘禁，然后是“病死”乃至“溺死”。

少女苏菲 >>

叶卡捷琳娜二世掌握权力的方法也是凭借暴力，而命运一直站在她这一边。

时间回溯到伊丽莎白女皇时期的开始。曾经隐忍十几年的伊丽莎白在加冕之后第二年便早早地——为了不重复父亲的失败——签署了指定暂定继承人的文件。她选择了已故的姐姐安娜的儿子，即使和情夫之间有孩子，她大概也没有打算让那个孩子继承皇位。

上一章提到过，安娜嫁给了德国的荷尔斯泰因-戈托普公爵，在生下儿子后不久便去世了。公爵也在 11 年后死去。少年跟着父亲的亲戚，作为德国人被培养长大。但是对伊丽莎白来说，这个孩子是要好的姐姐安娜留下的独苗，是她的外甥，而且说得浪漫一点儿，还是她曾经的未婚夫的堂兄弟

▶《彼得三世肖像画》Lucas Pfandzelt 绘，约 1761 年

的孩子。最重要的是他的身上流着罗曼诺夫家族的血，流着彼得大帝的血。伊丽莎白决定立他为皇太子，把他迎进了王宫。

伊丽莎白该有多失望啊。她一厢情愿地描绘着玫瑰色的梦。然而这位从德国而来，第一次见到的 14 岁的后继者，既不像漂亮的姐姐安娜，又不像健壮的父亲彼得，而且脑袋也不灵光，连自己的立场都没有搞清楚，毫不顾忌地嘲笑落

▶《皇太子妃叶卡捷琳娜》格奥尔·克里斯托夫·格鲁斯绘，1745 年

后的俄国。让这样一个废物作为彼得三世托付国家的未来，伊丽莎白内心感到羞愧，但是事已至此，别无他法。伊丽莎白改换心情，开始寄希望于让他早日结婚生子。

皇太子妃的遴选开始了。女皇依然遵循了她的浪漫逻辑。自己曾经的订婚对象，在结婚之前病死的德国人有个妹妹，据说现在嫁给了本国贫穷的小贵族，生下了一个女儿。这个少女苏菲是个地道的德国人，比皇太子小一岁。这不是正合适吗!

就是这样一条纤细的线，把苏菲，也就是未来的叶卡捷琳娜大帝带到了俄国。苏菲身材瘦小，相貌寒碜，并没有什么引人注目之处，但是她头脑清晰，而且非常务实，心中藏着野心。她知道，如果没有被选为俄国皇太子妃，她就注定要悲惨地埋没在这片穷乡僻壤。她决定抓住这个千载难逢的机会，赌一把。无论如何也要让女皇对自己满意!

在绚烂的宫殿里，33 岁的俄国女皇和 14 岁的德国少女见面了。遗传了父亲高大身材的伊丽莎白，穿着从巴黎的高级服装店进口的最新时装，凭着光芒四射的美貌和威严，把苏菲完全震住了。涉世未深的小姑娘的奢望一下子萎靡了，她感到绝望，这里不可能有她的容身之处。难道要伴着泪水原路返回吗……

伊丽莎白把眼前这个瑟瑟发抖、土里土气的小姑娘从头到脚打量了一番。女皇非常喜欢男装，因为可以发挥身材修长的优势，她对与自己差不多类型的美女毫不掩饰地嫉妒，而苏菲的外形刚好相反，正合她意。而且交谈之后发现她人不傻，可以从她身上看到德国人特有的勤奋。能生养这一点已经在之前的血统调查中证实了。没有问题，合格!

苏菲这时并不知道女皇看中了自己哪一点。她能做的只有感谢神明的眷顾，在心中发誓今后无论发生什么，都会顺从女皇，这就是自己活着的意义。她心甘情愿地把信仰从新教改成了俄国正教，感恩戴德地接受了女皇赐给她的叶卡捷琳娜这个俄国名字。这个名字里似乎包含着某种宿命。伊丽莎白的母亲叶卡捷琳娜一世也不是俄国人，但她在丈夫彼得大帝死后，登上了宝座不是吗……

皇太子对苏菲是什么态度呢?

他是什么态度压根儿就不是问题。这不是恋爱，而是政治。皇太子负有和苏菲生下男孩儿的义务。这是为了伊丽莎白，不，是为了罗曼诺夫王朝的繁荣。总之，对女皇来说，只要有了男孩儿，皇太子夫妇怎样都无所谓。如果情况允许，跳过皇太子，直接让那个孩子戴上王冠也不是没有可能。

冷酷的宫廷 >>

在王朝故事中，反复上演着王后得不到国王的爱的悲剧。但是这也不能全怪国王，如果对因为政治婚姻而不得不迎娶的对象产生了生理上的厌恶，生孩子无疑是件苦差。和讨厌的人一起睡觉的痛苦，并不是女人专有。皇太子面临的正是这种情况。

他从一开始就对妻子——仿佛预知了被她杀死的命运似的——没来由的讨厌，在外面找了情人。新夫妇住在冬宫（现艾尔米塔什博物馆），奉命努力生子，但是3年过去了，5年过去了，皇太子妃的肚子却一直是平的。

伊丽莎白女皇毫不掩饰她的不悦，这令叶卡捷琳娜如坐针毡。不过，她在这期间发扬了她勤勉的精神，学习俄国历史和俄国正教，没有放松彻底变成俄国人的努力。她强韧的精神得到了锻炼，对女皇始终唯命是从，暗中也切实地笼络了许多支持者，或许可以称为皇太子妃派，特别是在军队中，支持她的人越来越多。或许是出于敏锐的政治嗅觉和不断学习的成本，也或许真的认为继承人不一定非得是和皇太子之间的孩子，不管怎样，她在结婚第九年，终于生下了一下后来饱受质疑的男孩儿（后来的保罗一世）。

整个宫廷都在传，孩子的父亲不是皇太子，而是皇太子妃的地下恋人，但是只要伊丽莎白女皇高兴，就没有任何问题。婴儿很快就被从母亲手里夺走，在伊丽莎白身边接受帝王教育。叶卡捷琳娜想见自己的孩子，必须得到女皇的许可，而且这样的许可并不是每次都能获得。不过，在生下子嗣之后，皇太子妃的地位总算稳住了。尽管如此，她还是没有放松警惕，比之前更加努力地把自己变成俄国人。

另一方面，愚蠢的皇太子仍旧讲着蹩脚的俄语，不但坚持自己是德国人，而且专门跟女皇和妻子对着干。特别是，他认为新兴国家普鲁士的开明君主腓特烈大帝是他的理想和崇拜对象，他学着人家的样子穿起了普鲁士军服，甚至还组建了只有德国人的连队。这样一来，都分不清他到底是哪个国家的皇太子了。后来，伊丽莎白和法国的蓬帕杜夫人（路易十五的情妇）、奥地利的玛丽亚·特利莎联手，结成传说中的“三条衬裙”（因为是三个女人结盟，所以用女人穿的

▶《蓬帕杜夫人》莫里斯·康坦·德·拉图尔绘，1755年

▶《玛丽亚·特利莎女皇》马丁·梵·梅滕斯绘，1759年

内衣的名字命名），准备要对腓特烈大帝赶尽杀绝的时候，竟被自己的继承人拖了后腿。这样的情节，简直就像笑话一样。

腓特烈大帝能够幸免于难，多亏伊丽莎白女皇的突然死亡。1761年，她死之后，34岁的皇太子加冕成为彼得三世。他登基后做的第一件事，就是撤回好不容易攻入普鲁士境内的俄军。收到腓特烈大帝说“陛下是我的救世主”的谢词，新沙皇想必十分得意，但是他却清楚地意识到，此举引起了本国军队的强烈不满。

▶《腓特烈大帝》安东·格拉夫绘，1781 年

彼得三世接下来要做的，就是除掉自己深恶痛绝的皇后。拼上性命的夫妻吵架就此开始。

叶卡捷琳娜早就料到会有这么一天，所以她才花那么多年来笼络人心。那些军人、大臣，虽然起初都曾看不起这个身材矮小、缺少亮点的德国女人，但却渐渐地被她的人格魅力征服了。在他们看来，比起忘记从母亲身上继承来的俄国血统，把自己当成德国人，还想把俄国变成德国的愚蠢的沙皇，还是这个从头到脚都是德国人，却让俄国民众几乎忘记这一点的皇后对国家更为有利。

夫妇发生剧烈的冲突，转瞬之间胜负已分。加冕之后不到半年，彼得三世的王冠就被夺走了。可能有人会想，没有

▶叶卡捷琳娜宫（夏宫）

品德的彼得三世，以及有军队作为后盾的叶卡捷琳娜，胜负从一开始就决定了，但这只不过是已经对历史有所了解的后世的看法。在战斗开始时，人们的行动是无法预测的。现任沙皇虽然愚蠢，但毕竟是彼得大帝的外孙。不顾这个事实，而让一个异国的女人登上皇位，有哪一个俄国人不会犹豫呢？

所以，叶卡捷琳娜毅然向丈夫举起反旗，是非比寻常的勇气，而她胜利的原因，是准备周全的政治力和幸运的青睐。彼得三世在被捕之后不久就为近卫队所杀。虽然历史学家说是在叶卡捷琳娜不知情的情况下，失去控制的军人杀死了沙皇，但是这样的说法很难令人信服。谁会让敌人活着呢，更何况是叶卡捷琳娜这样的天生的政治家。

18世纪的俄国是女皇的时代，叶卡捷琳娜二世是罗曼诺夫王朝最后也是最著名的女皇。作为专制君主，她比彼得大帝的亲女儿伊丽莎白更像彼得大帝。所以和彼得一样，后世也称她为“大帝”。只带了一只装了几件内衣的皮箱，从德国踏上俄国大地的少女，忍耐再忍耐，努力再努力，坚持，战斗，终于在33岁的时候，登上了帝国的巅峰。异国的女皇没有一刻忘记自己的出身，所以她才不能容忍自称公主塔冈诺娃的女人存在。

维吉利·埃里克森

《叶卡捷琳娜二世肖像》

1766—1767 年，油画，丹麦国立美术馆，284cm × 173.5cm

第 6 章

Erikson

《叶卡捷琳娜二世肖像》

维吉利·埃里克森

这是丹麦宫廷画家埃里克森为叶卡捷琳娜二世画的肖像画。尽管采用了大角度的仰视构图，但还是暴露了女皇的身高之矮。这是俄国画家所画的叶卡捷琳娜像很难看到的特征。

安托瓦内特的画家 >>

这是丹麦宫廷画家埃里克森为叶卡捷琳娜二世画的肖像画。尽管采用了大角度的仰视构图，但是写实的笔法还是暴露了女皇身材之矮小。这是俄国画家所画的叶卡捷琳娜像很难看到的特征。

后来，为躲避法国革命而辗转欧洲各地的维杰·勒布伦（因玛丽·安托瓦内特的肖像而知名的人气女画家）也曾被邀请到圣彼得堡谒见叶卡捷琳娜。她也坦率地写下了当时的第一印象：女皇太矮了，令我感到惊讶。这其中大概有两层意思。一是与叶卡捷琳娜的权力之大相比，她过于矮小的肉体令人意外；再就是她不符合当时地位尊贵的美女的身高标准。

维杰·勒布伦虽然出身于平民阶级，但自从出入凡尔赛

《自画像》伊丽莎白·路易丝·维杰·勒布伦绘，1800 年

宫以来，完全醉心于身居高位的贵族女性，特别是安托瓦内特所体现的理想中的美。她看惯了苗条的体形、优雅的举止、出众的时尚品位。在她眼里，叶卡捷琳娜肯定逊色不少吧。本来对于法国人来说俄国就是个落后的国家，掌握着绝对权力，打扮得过于华丽的女皇本人，也不过来自德国的偏僻乡村。

不知道是不是察觉了维杰·勒布伦的想法，叶卡捷琳娜很讨厌她，最终也没有请她画肖像画。维杰·勒布伦在圣彼得堡待了5年，成为俄国艺术院会员，为无数的宫廷贵族们画过肖像，还留下了自画像，但遗憾的是，直到她离开俄国，都没有得到为女皇画肖像的机会。她已经在国际上闻名遐迩，欧洲各国宫廷都抢着请她去。

200克拉的巨大钻石 >>

注意看本作中所画的宝石。

王冠上有大量的钻石和大颗的珍珠装饰，据说重达两公斤。头顶上的尖晶石闪耀着红色的光芒。拿在左手的宝珠也使用了钻石和蓝宝石。最厉害的是权杖顶端镶嵌的近200克拉的巨大钻石，俗称“奥洛夫钻石”，正是取自那位把塔冈诺娃（参见第5章）带到俄国的奥洛夫公爵的名字。

奥洛夫公爵一度是叶卡捷琳娜的情人，他在阿姆斯特丹花大价钱（据说在当时相当于45万美元）买下了这块钻石，是为了留住女皇的芳心，当作礼物送给了她。这块形如半个鸡蛋的钻石，传说曾经是印度王子拥有的“被诅咒的石头”（据说主人一个接一个离奇死亡），但是叶卡捷琳娜对这样的传说毫不畏惧，倒是奥洛夫本人——白白送了礼物——失去

▶奥洛夫钻石（克里姆林博物馆的钻石库收藏）

了女皇的宠爱，只能用讽刺来形容。

王冠、权杖、宝珠，这三样现在都在莫斯科克里姆林博物馆展出，显示着俄国统治阶级惊人的财富积累。说起 18 世纪后期，正是人们开始对君主专制说“不”的时期，欧洲各国的王室都在为财产减少发愁，唯独俄国财大气粗。

现在名列世界三大博物馆之一的艾尔米塔什博物馆（藏品 300 万件），其藏品基础由彼得大帝在欧洲视察旅行时的收藏品构成，进一步的扩充则是叶卡捷琳娜的决断。她从德国画商戈茨科夫斯基手中一次买下了 225 幅绘画作品。这是

从涅瓦河上眺望的艾尔米塔什博物馆

戈茨科夫斯基为普鲁士国王腓特烈大帝收集的著名藏品，大帝因为资金周转不开，忍痛割爱，女皇便不慌不忙地抢了过去，顺便让世人见识到了俄国的财力。因为大量的名画被运到非文明国家俄国，欧洲甚至发生了抗议运动。

在那以后，叶卡捷琳娜继续关注各地的拍卖，除了绘画作品，还花费了大量精力去收集雕塑、陶器、工艺品等。虽然她也征求过法国哲学家狄德罗的建议，但大抵是不加挑选地“批量购买”。新兴国家要通过拥有艺术作品来与一流国家比肩，这种包购方式最直截了当，可谓明智之举（后世的“暴发户”国家美国在印象派身上找出路，是因为市面上已经不存在大批出售藏品的情况了）。

专制君主与启蒙主义 >>

不过，为什么俄国，不，准确地说，为什么叶卡捷琳娜的宫廷和亲信会有如此充裕的财产呢？

答案很简单。这繁荣建立在彼得大帝时期得到强化的农奴这一奴隶制度的基础之上。不，更准确地说，是叶卡捷琳娜把建立在臭名昭著的农奴制基础上的专制主义进行得比彼得时期更加彻底了。

世界正处在启蒙时期。所谓启蒙，顾名思义，就是启发（打开）蒙昧（无知），也就是教育和引导不懂道理、知识的人。在自然科学发展的背景下，以理性和合理主义打破旧习，实现人类的解放，这样的思想就是启蒙主义。新时代的君主们，包括腓特烈大帝和哈布斯堡的约瑟夫二世，还有叶卡捷琳娜本人，都自称启蒙君主。腓特烈把启蒙主义哲

▶农奴的待遇，俄国棒打刑的情形。让－巴蒂斯特·勒·普宏斯绘，约1765年

学的代表伏尔泰迎进宫廷，叶卡捷琳娜没能请到他，只能频频通信。

加冕伊始，叶卡捷琳娜或许是真的想推进国政改革。她设立了由各个阶层组成的立法委员会，虽说是在皇权的绝对性之下，但还是提出了法律面前人人平等的原则。但是很无奈，作为归化的俄国人，她没有祖祖辈辈的亲戚或大臣做她的坚强后盾，所以不得不听取自己的支持群体——贵族的意见。这些人思想保守，而且丝毫不打算放弃原有的特权，女

《路易十六被处死》查尔斯·莫内（版画底图）绘，1794 年

皇的热情自然渐渐地变淡了。

本来，专制君主所考虑的启蒙，指的是自上而下的对自己有利的“教谕”。叶卡捷琳娜敏锐地洞察到新闻出版的重要性，作为国家启蒙事业的一环，她自己也发行了杂志。但是这种东西根本不好卖，好卖的是底层讽刺上层的个人杂志。女皇把这本杂志的发行者当作共济会逮捕，流放到了西伯利亚。

以一知万，立法委员会后来也停开了，启蒙思想的影响被控制在极小的范围，要求发言权和自由的改革派遭到了镇压。另一方面，地方贵族（领主）的权力进一步增加，他们有权将不听命令的农奴流放到西伯利亚，可以无限制地判处徒刑，农奴却不能向政府控诉领主的非法行为。一般认为农奴的人格是得到承认的，所以与奴隶不同，但是领主可以按照自己的意愿将农奴连同土地一起出售。实际上根本没有什么人格可言，启蒙更是无从谈起。

叶卡捷琳娜的在位时间是1762—1796年，长达34年。在这期间，俄国取得了对土耳其战争的胜利，领土扩大（和苏联时期的版图基本相同），在欧洲先进国家面前刷足了存在感，这位女性大帝被赫赫荣光和无尽的财宝环绕着。在位后期，她甚至断言，要管理像俄国这样幅员广大的国家，强权的君主制最适合不过。

启蒙、自由之类的只会让国家变弱，她的这一信念，多半源自她见证了两个国家命运的经历。首先是邻国波兰。这片沃土上的贵族始终将他们自己之间的平等摆在第一位，阻碍强大的国王出现。结果，他们只能各自为战，沦为大国的饵食，在三次"瓜分波兰"的过程中，领土被瓜分一空，国家灭亡。叶卡捷琳娜本人和普鲁士、奥地利一起参与了瓜分（不如说是"抢掠"），所以对波兰的弱点了解得一清二楚。

另一个是法国。凡尔赛宫曾经让整个欧洲羡慕不已，但是在太阳王路易十四死后，又经历了花花公子路易十五，到了软弱无力的路易十六这一代，不但繁华褪尽，还引发了革命。叶卡捷琳娜当然也因为法国革命而感到了强烈的危机感。这不仅仅是因为担心波及自己的国家，也是因为在当时的时代，比起本国的平民（因为阶级差距过大，社会的上层和底层的语言、生活方式甚至相貌都天差地别，所以很难理解身份不同的人），其他国家的王族更能让她产生一体感，因此可以对他们的命运感同身受。

为了救她的国王朋友于水火，俄国和奥地利、瑞典、西班牙等国一起秘密地支援反革命派，但是路易十六和他的王后还是没能逃过殒命断头台的命运，这令叶卡捷琳娜极为震惊。不过，她很快就振作了起来。她将法国失败的原因归结为路易十六及其亲信过于无能，以及没能有效地控制启蒙思想的负面影响，使其蔓延到了全国。就像成功的企业家把经济危机归咎于破产的经营者个人一样。

罗曼诺夫家族还很安稳。领土扩张使农奴的数量有所增加，除了贵族以外，受到启蒙主义恩惠的少数群体，即知识阶级（官吏和工商业者）也为富国强兵提供了支持。

▶《大黑屋光太夫和矶吉》桂川甫周著《吹上秘书漂民御览之记》内的彩图，1792 年

晚年的叶卡捷琳娜和彼得大帝一样，接见了来自没有邦交的日本的漂流者。这个人就是大黑屋光太夫，他那时已经在俄国东部生活了近 10 年，12 个同伴都先他而去。叶卡捷琳娜听说此事十分伤感，让光太夫回国的故事很多人都知道（井上靖《俄罗斯国醉梦谭》中有详细记叙）。

21 个情人 >>

叶卡捷琳娜的私生活如何呢？这已经成为传说，她的情人有 300 个之多，就连她自己的孙子都骂她是“戴着王冠的娼妇”。

历史证明，精明强干的领导人的性欲需求也非比寻常，英雄都好色，女人也不例外。伊丽莎白一世和叶卡捷琳娜二世就是很好的例子。前者将“童贞女王”作为宣传语，所以对宫廷外一直巧妙地掩饰，实际上却有许多情人，一直到晚年都在不断寻找年轻男性侍寝。后者没有英国人那么讲究，所以不会藏着掖着。最新的研究称，包括奥洛夫伯爵和独眼军人波将金在内，她一生有 21 个情人（毕竟没有到 300 个）。

唯一的继承人 >>

与第一位大帝不同，叶卡捷琳娜留下了继承皇位的男嗣。那就是她和曾经的丈夫彼得三世之间生下的保罗一世。不过有传闻称，这个孩子其实是她和情人之间的。

叶卡捷琳娜不喜欢这个孩子。毕竟一出生就被伊丽莎白女皇抱走，并不是自己亲手养大，所以没有多少感情。保罗的想法也一样，说叶卡捷琳娜是他的母亲，其实和陌生人一样，他甚至对她怀恨在心，因为是她杀了自己的父亲。无论在谁看来，这对母子的关系都很差。这样的关系让人想起彼得父子。也有人说叶卡捷琳娜打算跳过儿子，将帝位传给孙子，但是因为没有留下文件，所以保罗戴上了王冠。登基之后，他立即出台了一项又一项新政策。仿佛是在泄愤一般，他做的每一件事都是和叶卡捷琳娜相反

《保罗一世》弗拉基米尔·卢基奇·博洛维科夫斯基绘，约1800年

的。重臣也都换了人。

理所应当的报应在等着他。短短5年后，他在政变中被杀，宝座成了他的儿子、亚历山大一世的。此时已经进入了拿破仑的时代。

1836年，油画，里昂美术馆，192cm×295cm

第 7 章

Nicola

《从俄罗斯撤退》

……尼古拉-杜桑·查理

巨大的画面一半以上都被阴郁的天空占据着，这个褐色和灰色的世界里，看不到一抹生气，接连不断的士兵队伍，几乎让人误以为是行尸走肉。

祖母带大的孩子 >>

亚历山大一世出生于1777年——涅瓦河创纪录的洪水肆虐，相传塔冈诺娃女公爵（参见第5章）溺水而死的那一年。

对儿子保罗感到失望的叶卡捷琳娜二世因孙子的出生而欣喜若狂，于是做了和曾经的伊丽莎白女皇同样的事情。她将孙子从父母身边带走，在自己的监视之下进行帝王教育。

她为亚历山大请了12个家庭教师，让他接受严格的斯巴达教育。除了学习，他还要每天早晨洗冷水澡。亚历山大没有辜负她的期待，他所表现出的知性和才气令身边的人都很满意。关键是他的外形俊美（白里透红的皮肤、金发碧眼、温柔的嘴角、修长的身材），一点儿都不像他的父亲，而且举止也很优雅，所以无论对方是谁，都会很快被他迷倒。也难怪女皇会毫无顾忌地夸耀:“如此优秀的青年再也没有第二个。”

这个由祖母带大的孩子聪明过人，所以他很早就意识到了自己微妙的立场。铁腕政治家祖母和亲普鲁士并且热衷神秘思想的父亲的关系十分紧张，后者几乎不在前者的宫廷露面，在典礼上互不理睬。到最后，保罗的府邸甚至成了反叶卡捷琳娜的根据地。

不久就有传闻称，祖母似乎打算将父亲挤开，让孙子做下任沙皇，这也传入了亚历山大的耳朵。但是，只要学过迄今为止的俄国历史，就知道即便前任沙皇指定了继承人，在他死后贵族暗中活动，阻止继承实现的例子并不少见。遇到这样的情况，被指定的继承人反而会面临危险。罗曼诺夫王朝的历史，就是一部弟弟囚禁姐姐、丈夫囚禁妻子、父亲杀死儿子、妻子杀死丈夫的历史。

随着长大，亚历山大逐渐开始疏远祖母，并出入父亲的宫廷。这里崇尚普鲁士，禁欲、质朴而刚毅，父亲对军队的热情（和对神秘思想的倾注一样）也像火一样。这股阳刚之气，让亚历山大意识到祖母的宫廷是多么的女性化、多么的腐败。叶卡捷琳娜女皇为了发泄政务的压力，每夜举办隆重的舞会，让比儿子还年轻的情人陪侍，任凭那个无能而自负的男人横行霸道。亚历山大对他也很亲切，这当然是为了讨女皇的欢心。

讨眼前人欢心——这是贯彻亚历山大一生的特征，不，应该说是一种才能。无论是祖母还是父亲，都认为自己深受敬爱。亚历山大的一位家庭教师是雅各宾派的瑞士人，讲授启蒙思想，他相信这个将成为专制君主的学生同情农奴，将替他实现共和制。亚历山大的亲密伙伴，提倡政治改革的青年也是如此。就连保守派的长老们，都对他将沿袭叶卡捷琳娜路线深信不疑。

常常有人觉得亚历山大优柔寡断，就是因为这些主义主张各不相同的人都相信自己已经得到了他的赞同，却迟迟不见行动，以为他还在犹豫，内心焦急，所以才会这样感觉。他们当然无法想象，亚历山大明明听得那么认真，还表示同意，内心深处却认为只要倾听就足够了。

后来拿破仑对这个比自己小八岁的俄国皇帝的评价是“才华横溢，但是性格有缺陷”，“很有魅力，但却是个不值得信任的伪善者”，虽然没有全中，却也八九不离十。接受了像亚历山大这样的教育方式，一个人还如何能做到表里如一呢？或许可以说，正是罗曼诺夫王朝，甚至是俄国的广漠和复杂怪异，造就了亚历山大难以捉摸的个性。

亚历山大年轻的时候，人们对他赞不绝口，称他是“阿波罗再世”，女人们的百般奉承令他自我陶醉，但是这个时候他已经写下了遁世的梦想。他一方面经常和父亲的士兵们打成一片，但是自己的办公室却一定要井井有条心里才舒服。他在国际政治的场合里操着流畅的法语，说得仿佛俄国并不存在农奴制一般，令欧洲各国目瞪口呆。临近晚年，他像祖母一样一边提倡启蒙主义，一边强化独裁性，和父亲一样一边增强军备，一边倾心于神秘主义。

亚历山大“弑父” >>

亚历山大对他人和颜悦色，并不纯粹是为了敷衍。他对两件大事的处理充分地说明了这一点。一旦决定了，他就会显示出他的胆量，力排众议也要将事情做到底。一件是弑父，另一件是对拿破仑战争——

叶卡捷琳娜大帝驾崩后，保罗紧接着即位，此时亚历山大18岁（当然对父亲显示出了恭顺之意）。保罗的政策根本是他对母亲的憎恨，因此他疏远以前的重臣，颁布了仅限男子的帝位继承法，确保再也不会有女皇产生。他将普鲁士式的严格纪律也带进了宫廷，严惩原则不仅适用于士兵，也波及了文官，因此军队和大臣都对他心怀怨恨。再加上他支持拿破仑，参加他的海上封锁作战，停止俄英贸易，引起了商人的怨恨，萧条还导致国民的不满。

▶《保罗一世遇刺》(局部)画家，创作年份不详

登基第五年，愚蠢的沙皇完全陷入了孤立无援的境地。人们的希望全都集中在年轻的皇太子身上，有人制订了政变的计划，暗中询问他的意见。亚历山大的答复是自己不想牵涉其中，但是他既没有阻止，也没有向父亲通报，这就相当于默许了。就这样，保罗被近卫军官杀死，对外宣称中风发作。据说拿破仑的亲信塔列朗听闻此事后嘲笑道："俄国人难道就想不出别的病名吗？"这位目中无人的法国政治家后来一有机会就让亚历山大回想起他的弑父之举，使他十分不悦。

不，并非只是不悦这么简单，而是良心作痛，愧对神明吧。一般认为亚历山大虽然希望父亲退位，但是并没有考虑暗杀，不过这样的说法不能盲信。保罗显然不可能老老实实地让位，而只要他活着，政局就不会稳定，所以亚历山大肯定知道，政变就等于让父亲死。尽管如此，当真的置身于打倒父王成为新王的神话般的世界里时，亚历山大还是在内心深处给自己打上了有罪的烙印（其影响在晚年表现了出来）。

1801 年，伴随着 19 世纪拉开帷幕，23 岁的亚历山大一世诞生。此后近四分之一个世纪，他都是俄国的掌舵人。

对拿破仑战争 >>

因为前任沙皇名声实在太差，所以当新沙皇登基时，迎接他的是暴风雨般的欢呼声。如前所述，各种立场的人都将自己的梦想寄托在新沙皇身上，但是他本人却一直不肯明确表态，而是将精力都集中在风云告急的国际形势上。他要对付的是拿破仑。

一开始，亚历山大费尽心思，希望能同法国、英国都保持友好关系，并且同两国都签订了条约。但是拿破仑的扩张政策没有止境，在1804年加冕成为“法国人民的皇帝”，开始对近邻各国展开猛烈的攻势，冲突已难以避免。

俄国加入了英国和普鲁士的反法同盟，1805年，终于在摩拉维亚的奥斯特里茨和拿破仑军对峙。

只能说亚历山大还是太年轻。亲赴战场的他感觉身经

▶《奥斯特里茨战役》弗朗索瓦·杰哈绘，1810 年

百战的勇士、独眼老将军库图佐夫（60 年后，托尔斯泰在《战争与和平》中将其描写为“俄罗斯贤者”）的战法不温不火，对他的外貌也不是很满意。很难想象这个胖得骑马都费劲的老人能够与拿破仑抗衡。在年轻军官们的吹捧之下，亚历山大不听库图佐夫在援军抵达之前按兵不动的建议，中了拿破仑的计策，亲自指挥，发起决战。

结果惨败。

俄国损失了 2.5 万士兵。目睹了死尸累累的惨状，见识了拿破仑的实力，亚历山大茫然若失，亲信说他以这一天为界发生了巨大的变化，他觉得自己不再年轻。亚历山大回国之后忍受着国民的巨大嘘声，开始以实力至上主义起用军

▶《库图佐夫将军》R.M. 沃尔科夫绘，1813 年

官，努力增强兵力。但是因为内疚，他唯独对库图佐夫敬而远之。

第三年，亚历山大与普鲁士联手，再次向拿破仑发起挑战。他现在已经知道自己不擅长实战，所以在距离较远的参谋总部等待时机。新的战场在东普鲁士的弗里德兰。战役上午 9 点开始，晚上 8 点结束，俄军损失了三分之一的兵力，已处于毁灭状态。小看拿破仑天才般的军事谋略，就是这样

《蒂尔西特条约》(局部)尼古拉·戈斯绘，19世纪前期(前景左起为拿破仑、亚历山大一世、普鲁士王腓特烈·威廉三世夫妇)

的下场。

二度惨败的亚历山大唯有接受拿破仑缔结讲和条约的要求。在东普鲁士的小镇提尔西特，战胜国法国大方地迎接了战败国俄国和普鲁士。不过，拿破仑眼里只有亚历山大一世。普鲁士的腓特烈·威廉三世遭到他露骨的无视。为了称霸欧洲，他无论如何都要争取俄国的支持。

亚历山大在这里第一次与“法国革命的儿子”“食人魔”面对面。拿破仑讲着带有科西嘉口音的法语，令他感到惊讶。从平民以破竹之势“暴发”的皇帝和拥有纯正的血统的天生的皇帝，精力充沛的军人和优美的宫廷人，他们之间没有任何共同点，但是两个人还是接连几天促膝而谈，在旁人看来一团和气。此时，拿破仑毫不怀疑地认为他赢得了对方的赞赏，然而像往常一样，不过是亚历山大表现出来的态度比较好罢了。实际上，他在给母亲的信中这样写道：“拿破仑虽然是个天才，但是却有一个弱点，那就是虚荣心。我为了挽救俄罗斯，抛弃了自尊心。”又在给妹妹的信中写道：“笑到最后的人才笑得最好。”是这样的。

《蒂尔西特条约》成了拿破仑称霸大陆的顶点。然而，法国方面的棘手的谈判者塔列朗一方面寄来了讥讽亚历山大弑父的书信，另一方面又令人吃惊地暗中与亚历山大直接接触，说：“只有您才能打倒拿破仑，拯救欧洲。”

这个擅长阴谋的大贵族对未来有着极其敏锐的洞察力，他在拿破仑身上看不到希望，便开始策划波旁家族复辟。这件事让亚历山大受到很大的鼓舞。

▶《塔列朗》弗朗索瓦·杰哈绘，19世纪初

拿破仑远征俄国 >>

根据新条约，和前任沙皇保罗时期一样，俄国不得不停止与英国通商，亚历山大在国内的人气愈发下降。同时，法语的人气也跟着暴跌。比起可恨的敌国的语言，是时候重新认识母语了——就像不久之前的德国那样。王侯贵族依然像往常一样用世界通用语法语交谈，但是渐渐地也开始混杂俄语。以前，无论是哪个乡村的领主家庭都请法国人做家庭教师，现在很多也被辞退了。这就为俄国文学的开花做好了准备，所以战败的影响也不完全是负面的。

另一方面，处在巅峰时期的拿破仑为了巩固自己的王朝，和没能生育的约瑟芬离婚，开始物色新皇后。没有哪一个大国的公主愿意嫁给这个科西嘉的暴发户。拿破仑自认为已经和亚历山大建立起了友谊，向他试探是否可与他的妹妹安娜订婚。亚历山大迟迟没有答复，却突然听到一个意外的消息，拿破仑竟然娶了哈布斯堡家族的公主做皇后（参见《12幅名画里的哈布斯堡王朝》）。还没等亚历山大这边做出正式的答复便订婚，拿破仑的行动对亚历山大是何等的侮辱，俄国对法国的憎恨愈发高涨。不久，亚历山大开始一点一点地让英国船只驶入本国的港口，他开始背叛法国（拿破仑就是这个时候说他是伪善者的）。

《蒂尔西特条约》签订5年之后，1812年，拿破仑以俄国毁约为由，率领65万大军攻入俄国领土。历史上著名的"远征俄国"拉开帷幕。迎击的俄军只有23万多，总司令是库图佐夫。这位老将已经67岁，体态依旧臃肿，在作战会议上会打瞌睡，但是却深受军队依赖和民众欢迎。亚历山大虽然不喜欢他，却也不得不做出这一任命。

战术不劳多想，正面冲突肯定无法取胜。只有利用俄国广大的土地和漫长的时间，且退且战，即使是退到大地的尽头，也要消耗敌人的精力。拿破仑军不知道俄国到底有多大，当他知道时，严冬已至，那时他才第一次体会什么是真正的寒冷。这样的寒冷俄国人早已习惯，但是其他国家的人却难以消受。

以往，法军会袭击城镇和乡村，一边盗取教堂和贵族宅邸的金银财宝一边进军，但是俄军在撤退时将城镇乡村都烧光了，尽量不留下食物。他们采用不正面交锋、不分时段的游击战术，将本国化成焦土，步步后退。在拿破仑看来，这场战争与以往战争的情况完全不同，无论何时何地，都看不到敌人的影子。士兵们不在战斗中阵亡，却因疲劳而病倒、饿倒。

就这样过了三个月，9月，法军减少到了11万人，终于抵达了莫斯科。拿破仑进入克里姆林宫，本以为可以宣告胜利，然而那里只是一个空壳。整个莫斯科都化为一座死城。敌人放弃了比赛。城里火光四起，拿破仑袖手而望，他还在等着俄国政府带着投降条件前来。在没有食物的严寒的莫斯科，空等了一个月。

拿破仑终于放弃，下令撤退。消息传到圣彼得堡的宫廷，群情振奋，都说现在正是进攻的良机。但是亚历山大坚决不听。在此之前也有很多人对不正面交锋，一味后退的战术心怀不满，但无论别人说什么，他都没有改变方针。曾经两度惨败的经历就是很好的教训，这使他学会了忍耐。他相信库图佐夫将军，因此没有亲自下任何命令，只是等待。

库图佐夫巧妙地缩窄法军的撤退路线，并起用哥萨克兵，从侧翼和背后削弱敌兵。拿破仑在少数亲信护卫下，偷偷地离开军队，好不容易保住了性命，回到巴黎。残兵败将有的遭到俄军打击，有的遭到农民偷袭，有的因为寒冷或疫病一个接一个死去。据说最后回到法国的只有3万人。

亡者的行进 >>

浪漫主义画家尼古拉-杜桑·查理在这场战争过去约1/4个世纪之后画下了这幅《从俄罗斯撤退》。

巨大的画面一半以上都被阴郁的天空占据着，表现出俄国广袤无边的大地和严酷的自然环境。一辆马车翻倒在雪原上，盗来的珠宝首饰洒了一地，但是谁都没有看上一眼。有正在射杀俄国人的士兵，也有倒在地上求救的兵。马连一匹都看不见，因为已经充当了口粮。这是一个褐色和灰色的世界，看不到一抹让人感觉到生气的色彩。接连不断的士兵队伍，几乎让人误以为是行尸走肉。

拿破仑的光辉，就消失在这幅画中黯淡的天空和冻土里，仿佛这一代英雄的出现本身就是一场梦一般。

▶《从俄罗斯撤退》局部图

▶1824 年，油画，艾尔米塔什博物馆，238cm × 152.3cm

第 8 章

George

《亚历山大一世》

乔治·达维

从英国肖像画家达维画的这幅穿军装的亚历山大像里可以看出，他的魅力来自他苗条的体型。拿破仑曾经称赞他完全可以说是巴黎的时髦人物。内涵就另当别论了。

战后处理，各国钩心斗角 >>

“大会不行动，大会在跳舞。”

——有人这样揶揄“维也纳会议”。这场重要的国际会议，是为了决定如何改写拿破仑流放后的欧洲地图而召开的。因此，各国的想法彼此碰撞，会议迟迟没有进展。会议从 1814 年 9 月 18 日开始，竟然到翌年 6 月 9 日才结束，签订条约（如果不是这期间拿破仑逃出厄尔巴岛，不知道还要拖到什么时候）。华丽的哈布斯堡之都维也纳每晚都在举办宴会和舞会。在旁人看来，各国首脑都在无忧无虑地跳舞玩乐，但在幕后，间谍、贿赂、背叛愈演愈烈。

维也纳聚集了一百多个国家的君主和外交官，但是直到最后也没有召开全体会议。因为在此之前，俄国、英国、法国、普鲁士、奥地利五大国早已完成了战后处理，决定了自

▶维也纳会议的情形

己的分成，让其他国家同意才是维也纳会议的真正目的，所以很难轻易地让所有人信服。而且本来已经达成共识的大国之间也在暗中行动，一有机会就会抢功或阻挠，以增加自己分得的领土。

法国虽然是战败国，但是谋士塔列朗精明强干，他让世界承认错不在法兰西王国，而是在拿破仑个人，成功地实现了波旁家族复辟。在法国革命中被斩首的路易十六的弟弟普罗旺斯伯爵从逃亡之地回国，理所当然地登上了王位，称路易十八。亚历山大一世自认在拿破仑战争中起到了阿伽门农（特洛伊战争中的希腊军统帅）的作用，所以对路易十八不知感恩、傲慢至极的态度十分生气。令他更为气愤的是连塔列朗都早早地忘记了感激之情。

强悍的谈判对手 >>

作为主办国代表，担任议长的奥地利外交大臣梅特涅也是一位与塔列朗不相上下的谈判高手。4年前，将玛丽·路易丝当作贡品献给拿破仑就是由他促成的。他现在若无其事地背负着哈布斯堡家族，前来阻止俄国扩大势力。但是，年轻的亚历山大也没有输给他，他暗中与普鲁士的腓特烈·威廉三世合谋，两人达成共识分别将波兰和萨克森据为己有。亚历山大余暇时在舞会上跳着华尔兹，品尝着维也纳美食，在女性当中颇有人气，可见祖母给他的附带严格肉体锻炼的帝王教育成果不小。

从英国肖像画家达维画的这幅穿军装的亚历山大像里可以看出，他的魅力来自他苗条的体型。拿破仑曾经称赞他完全可以说是巴黎的时髦人物，未必完全是恭维。与100年

▶《梅特涅》托马斯·劳伦斯绘，约 1815 年

前以粗犷的言行举止在整个欧洲卷起旋风的彼得大帝不同，亚历山大是新时代的俄国人，语言和态度举止完全法国化的俄国人——内涵另当别论。

1931 年德国拍摄的歌剧电影《会议在跳舞》（埃里克·沙雷尔导演）讲述了维也纳的商家姑娘与亚历山大一世转瞬即逝的淡淡爱情。如此梦幻的故事，也只有在他身上才有可能。塔列朗和梅特涅都不行。

亚历山大的失态 >>

1815年2月底，传来一个令人震惊的消息。本应乖乖待在厄尔巴岛的拿破仑，竟然带着兵逃走了。

法国挥舞着三色旗，用欢呼声来迎接如不死鸟一般的拿破仑。这位原法国人民的皇帝，没有发射一颗子弹，带着越来越多的支持者纵贯法国，于3月20日凯旋巴黎，威风凛凛地进入杜伊勒里宫（已经对逃命轻车熟路的路易十八早就逃到了英国）。

这个消息令正在参加维也纳会议的每一个人都大惊失色。已经不是钩心斗角的时候了。为了打败共同的敌人拿破仑，必须赶快把该决定的事情决定下来。在科幻电影里，外星人打过来的时候地球人就会团结起来，然而在维也纳，即便在这样的时候也还是没有召开全体会议。不过，通过秘密

《拿破仑回到巴黎》夏尔・冯・施托伊本绘，1818年

会议和特别委员会，他们好歹在6月将条约拟定出来了。

亚历山大也做出了些许妥协，接受了不把波兰完全变成俄国的领土，而是由俄国沙皇兼任波兰国王的条件，这主要是因为他对拿破仑的处置受到了指责。维也纳会议之前，在巴黎的战后处理时，亚历山大作为唯一一个打败过拿破仑的胜利者，取得了领导地位。有人主张严惩，他没有采纳，而是宽大地将地中海的厄尔巴岛作为公国交给了拿破仑，结果事与愿违。只能说他还是太小看拿破仑了。

亚历山大逼问负责监视的英国的威灵顿：“为什么会让他从岛上跑掉？”威灵顿则反问：“为什么要把他放到那种地方？”而多数人站在了威灵顿一边。亚历山大的荣光从此褪色。而且此后不久，威灵顿作为联军总指挥官，在比利时的滑铁卢与10万拿破仑军交战并取得了胜利。没有人再对败军之将宽大处理，拿破仑被流放到遥远的大西洋南部的圣赫勒拿岛，再也没能活着离开。

如果拿破仑没有逃离厄尔巴岛，搞出一个“百日王朝”，世界的历史书想必会一直将亚历山大视为英雄吧。然而事情已经发生了，于是在人们的印象中，第一次打败拿破仑的不是亚历山大，而是“俄国的严冬”，最后决定性地打败他的英雄则是“威灵顿”。不但在维也纳会议上俄国的存在感变淡了，就连在西方历史上，亚历山大一世的名字，也隐没在

▶《威灵顿公爵》托马斯·劳伦斯绘，1814—1815 年

了威灵顿的阴影里（当然，占据绝对优势的英雄传说的主人公是拿破仑本人）。

回到维也纳决议。

各国都稍做让步之后达成的协议内容是什么呢？简而言之就是强调正统主义和团结合作。前者意味着维持迄今为止的君主制，后者意味着为了阻止革命，各国君主要互相帮助。这之后的世界称为“维也纳体系”或者“梅特涅体系”，但是评价不一。对于那些希望废除君主制的人来说，这不过是对自由的镇压，是推迟共和制国家成立的诸恶的根源，但是另一方面，对于那些已经厌倦战争的人来说，这是一个可以带来暂时的和平和秩序的可贵的协定。

也是在这个时候，瑞士作为永久中立国得到了承认。欧洲深切地感到，需要有一个任何人都可以避难的场所。这就是联邦国家瑞士的特殊性的始发点。

疯狂的屯田制度 >>

回国后的亚历山大才 39 岁。他和皇后还没有男嗣，今后生下男嗣的可能性也很小。不能让自己的孩子继承王朝，他对此做何感想，因为他从未谈及，所以我们不得而知。

他认真谈论的，是神秘思想。年轻时，他对那种事情并没有表现出多少兴趣，但从莫斯科被烧毁时逐渐显露出来。在维也纳和巴黎，他有一段时间完全沉迷于某个据说是预言了滑铁卢战役的女占卜师。他简直是父亲保罗再世。同时，他也忧虑祖国在文化上的落后，提倡启蒙主义和科学的时代。他本人并不觉得这有什么矛盾，就像是保持清醒的意识，却故意让某一部分发狂似的。

不过也可能亚历山大已经对俄国的落后无能为力。他只有在为了欧洲同盟的工作前往国外时才精神抖擞，国内政治

▶《阿拉克切耶夫》乔治·达维绘，创作年份不详

则完全交给他信任的军人阿拉克切耶夫打理。这位阿拉克切耶夫的统治极其糟糕，可以说给亚历山大治世后期抹了黑。

为什么亚历山大会信任阿拉克切耶夫呢？因为他和自己一样喜欢整理吗？

阿拉克切耶夫对秩序有一种偏执的爱，没有一个人喜欢他。用普希金的话说，他就是“恶念和复仇欲的化身，没有智慧，没有感情，也没有高尚的情操”，是“全俄的迫害者”。不仅是普希金，就连在阿拉克切耶夫手下做事的人，也在暗地里骂他是“俄国的恶灵”“被诅咒的蛇”。确实，阿拉克切耶夫就是只懂画直线的官僚和粗暴的军人的恐怖合体。在这个男人的独裁统治下，秘密警察得到了强化，审查制度变得更为严格，医学论文被焚毁，理由是不重视神的意志，大学也被剥夺了自治权，国民生活的角角落落都受到监视。这样的情形，仿佛是预见到了苏联时期似的。

阿拉克切耶夫强制实行的设想中，特别值得一提的是“屯田制度”。这是一场完全无视人类心理的实验，乍看上去有些滑稽，但很快就会让人感到脊背发凉。具体是怎样的制度呢——让士兵居住在几处屯田地上，给他们一模一样的房子、崭新的军服和食品。对他们的军事训练包括田间劳动，必须按照上级的命令，一齐以军队式的步伐行进到田间，全员用同样的动作挥舞锄头（如果不这样做就要挨鞭子）。就连士兵在家休息时在椅子上怎么坐都有规定。随便地分配附近的女性给他们做妻子，“命令”他们按照一定的频率生孩子，特别是要生男孩儿（生不出要罚款）。因为他们的身份还是士兵，所以在任何时候（包括睡觉的时候）都必须穿军装，而且军装必须保持清洁……

谁能忍受这种生活呢？日复一日，年复一年，只是想一想就要疯掉了。当然会有人逃跑，甚至有人绝望自杀，叛乱也频频发生。尽管如此，阿拉克切耶夫还是对这一制度的合理性深信不疑，他认为秩序井然的生活对士兵是有益的。像阿拉克切耶夫这样的变态，在任何时代，任何国家都有。暂且不说他，就连亚历山大也是同样的想法。正是他批准了如此愚昧、没有人性的制度（直到下下任沙皇才废除）。

学习启蒙思想，在国际政治场合上大显身手，和拿破仑促膝而谈，举止优雅如法国人，还和维也纳的商家女传过恋爱绯闻，这样一个人物，看到屯田村里像提线木偶一般被24小时操纵的人，难道没有感到一丝不和谐吗？

如果是支持等级制度的差别主义者塔列朗和梅特涅，可能会考虑将屯田制当作刑罚，但恐怕绝对不会相信这是“善政”吧。

忽然出现的老人 >>

亚历山大去世前正好一年，1824 年 11 月，涅瓦河再次泛滥，造成了许多伤亡。他感觉这场洪水与自己出生时有着某种不可思议的呼应，黯然道："我罪孽深重，这是上天对我的惩罚。"

他又想到了弑父一事，还是想到了更多？

从很早以前，他就对许多人公开地吐露过他隐居的愿望。因为人们都记得，所以才有了传说。1825 年 11 月，亚历山大在皇后的陪伴下前往亚速海东北岸的塔甘罗格视察，结果发了一场原因不明的高烧，一眨眼的工夫就死了。因为是距离首都 2000 多公里的偏僻之地，遗体到达圣彼得堡时损伤严重，所以也没有按正常程序打开棺材向国民公开。

人们私下里传，棺材里会不会是空的，才 48 岁，那么

▶《1824 年 11 月 7 日，涅瓦河泛滥》费奥多尔·阿列克谢耶夫绘，1824 年

《库兹米奇》画家不详，19 世纪末

健康的身体，怎么突然就死了呢？这太奇怪了，亚历山大肯定是在某个地方隐姓埋名，过着不同的人生，因为他一直都说想这样做。

10 年后，在彼尔姆地区出现一个自称库兹米奇的老人，身材高挑，气宇不凡。但是他没有证件，也不记得自己从哪里来，官吏将他驱逐到了西伯利亚。库兹米奇在西伯利亚展现出了他在历史、《圣经》等各个方面惊人的知识储备，而且对任何事情都能给出恰当的忠告，赢得了周围人的尊敬。不久，也不知是谁先说的，人们都把他当成了隐姓埋名的亚历山大。一个据说认识沙皇的士兵向大家担保没错，但是老人始终坚称没有出生的记忆，希望别人不要打扰他。

后来，库兹米奇的传闻传遍了整个国家，传到圣彼得堡的宫廷。不久，他被当作圣人，许多人慕名前来。30 年后，因高龄去世的库兹米奇被厚葬在当地，他的墓成了人们朝拜的圣地。又过了 30 年，在访问日本的归途中造访此地的是尼古拉皇太子，也就是后来的尼古拉二世。

亚历山大在国民中间的受欢迎程度，在他死后可以说是最高的。这也很像他的风格。

《伏尔加河上的纤夫》
伊利亚·列宾

▶1870—1873 年，油画，俄罗斯博物馆，131.5cm × 281cm

第 9 章

Repin

《伏尔加河上的纤夫》

伊利亚·列宾

俄国屈指可数的画家列宾笔下的，最底层的劳动者们。我们仿佛可以听到画面里传出呻吟般的合唱《伏尔加船夫曲》，以及他们每一个人的人生。

被践踏的人们 >>

俄国屈指可数的画家列宾笔下的最底层的劳动者们在画中劳作着。我们仿佛可以听到画面里传出呻吟般的合唱《伏尔加船夫曲》，以及他们每一个人的人生。

现代的我们很难想象纤夫是什么样的工作。大概有人会误以为是将船引向码头，或者移动搁浅船只的工作，其实不是这样的。在没有动力的时代，船在河流上航行，往下游去的时候是靠帆借风力航行，无风时也可以顺流而下，但是要逆流而上，就只有靠马或人拉。

纤夫们身上都套着用皮或布制成的宽带子，拉着船在岸边走上几个小时甚至几天时间。这样的劳动真是太残酷了。

远处可以看到蒸汽船，暗示帆船的时代已经结束。但是对俄国的船主来说，用人更便宜。有农奴，还有因为欠债而外出赚钱的农夫、逃亡奴隶等，贫民要多少有多少。他们可以尽情地购买劳动力，用完就扔掉。当时有几句谚语："还不上钱就得去伏尔加河"，"马儿套颈圈，纤夫套绳索"，"拉纤拉到墓穴挖好"。

这些人只是因为出生在阶级的末端，就要遭受压榨和践踏。他们到处碰壁，完全看不到出口……

继续恐怖政治 >>

亚历山大一世去世后，继承皇位的是比他小 19 岁的弟弟尼古拉一世。尼古拉和他的哥哥一样身材高大（190 厘米），容貌端正。与哥哥不同的是，他是一个彻头彻尾的专制君主，奉行的是恐怖统治。他认为正是亚历山大的宽松政治使得叛乱者逍遥法外。他炯炯有神的双眼，仿佛可以看穿一切，令人不敢正视。他去霍乱流行的地区视察时，人们比害怕霍乱还要害怕他。他在位时期被称为“最黑暗的时代”。

加冕不久便发生的贵族叛乱（十二月党人起义）也使尼古拉变得更加强硬。在先帝时期参与拿破仑战争的年轻军官们看到了欧洲的先进，深刻地认识到祖国落后的现状，特别是与奴隶制度无异的农奴问题。他们站起来提出打倒专制，建立共和制。

▶《尼古拉一世》弗朗茨·克吕格绘，1852年

这和曾经支援美国独立战争的法军青年，将自由、平等这些新大陆的思想带回祖国，最终发展出革命的浪潮何其相似（参见《12幅名画里的波旁王朝》）。

尼古拉粉碎了十二月党人起义，他亲自审问嫌疑人，处死了五个主谋，将牵连的120多人流放到了西伯利亚。此后，他进一步加强了对知识分子和自由主义的压制，并剥夺了大学的自治权。经常有人提起陀思妥耶夫斯基的经历，来

▶描绘十二月党人起义的画。创作年份不详

说明他施虐狂的一面。

——27 岁的新锐作家陀思妥耶夫斯基，因为加入了一个社会主义圈子，遭到逮捕并被判处死刑。在一个严寒的黎明（陀思妥耶夫斯基后来讲述当时的震惊：“并不记得有没有感觉到冷。”），他和 20 个同伴被人从牢里押走。神父要求他们忏悔，最后在行刑队面前被绑在木桩上。就在他们准备迎接死亡的时候，骑快马而来的使者宣布了沙皇的恩赦，将他们减刑，流放西伯利亚。但是，这一切都是尼古拉一世为了折磨那些不法之徒的表演，实际上从一开始他就决定了流放他们（陀思妥耶夫斯基在西伯利亚生活了 5 年，导致宿疾癫痫恶化）。

年轻的政治犯和有自由主义倾向的学生一个个被流放，

▶《逮捕思想犯》弗拉基米尔·马科夫斯基绘，1879 年

去开发西伯利亚。“去西伯利亚的路啊，撒满了白骨，浇满了鲜血，回荡着死亡的呻吟声。”——肖斯塔科维奇的歌剧《姆钦斯克县的麦克白夫人》中的老囚这样唱到。作曲是在 20 世纪，故事却是发生陀思妥耶夫斯基流放的时期，也就是“最黑暗的时代”。

但是，就像我们已经看到的，在罗曼诺夫王朝的历史上，流放至西伯利亚的队伍从来没有断过。我们感到尼古拉一世的时代特别黑暗，只不过是因为有人把他在位时的这段黑暗讲了出来吧。

无名的罪犯、逃亡农奴，偶尔还有在政治斗争中败北的贵族，他们没有机会发出声音，但是现在许多血气方刚的年轻人、知识分子被流放到了西伯利亚。事情发生在他们自己身上，发生在他们的同伴身上，他们才深切地感到这不是别人的事。年轻人在流放地勇敢地发出了声音，更多的同伴在莫斯科和圣彼得堡唱和。反政府的小册子在暗中印刷，引起了许多人的共鸣。

这也说明，国民整体的识字率乃至知识水平终于有了提升。与此同时，俄国——尽管政治和社会依然黑暗——仿佛从漫长的睡眠中忽然醒来一般，艺术一齐冲破冻土，绽放开花。俄国文学（屠格涅夫、果戈理、陀思妥耶夫斯基、托尔斯泰）、俄国音乐（穆索尔斯基、鲍罗丁、柴可夫斯基）、俄国绘画（克拉姆斯柯依、苏里科夫、列宾）这条水量丰沛的大河就是从这一时期开始向欧洲逆流的。特别是俄国文学，很快就作为世界文学的一部分得到了承认。

俄国，不足为惧 >>

尼古拉一世在位 30 年的后期，克里米亚战争爆发。他以保护东正教徒为借口，攻入了土耳其，到这一步还好，但是英国、法国、撒丁王国站在了土耳其一边，这就决定了俄国的失败。

这也是媒体第一次积极地参与战争并发挥作用。和护士南丁格尔同行的《泰晤士报》记者，极力宣传俄国企图从土耳其开始下手，成为整个欧洲的专制君主（虽然没有言中，却也八九不离十。尼古拉自认是“欧洲宪兵”），取得了舆论的支持，增加了捐款和志愿兵。

这次战败使俄国遭受了沉重的打击，充分暴露了俄国产业的落后（《伏尔加河上的纤夫》是克里米亚战争 20 年后的现实！）。海军只有帆船，在黑海的海战中，根本不是具备蒸汽动力的联合舰队的对手。俄国失去了叶卡捷琳娜二世好不容易弄到手的黑海，也失去了亚历山大一世在拿破仑战争中建立起的对欧洲的影响力。

俄国，不足为惧。欧洲各国的共和主义运动从此再也不担心俄国的介入，大刀阔斧地展开了。

尼古拉一世在战败半年前的1855年因肺炎病逝，参与战后处理的是他的嫡子亚历山大二世。他在皇太子时期就进行了历代首次西伯利亚视察，后来被称为“解放皇帝”，受到了欢迎。确实，他不像他的父皇那样强硬（据说他容易激动，在别人面前动不动就哭），他希望温和地推进改革。经历了克里米亚战争，他深刻地认识到，当务之急是发展工业，将俄国变成工业国，为此就必须解放农奴，目的是把被束缚在土地的农业劳动者变成工业劳动者。

亚历山大二世召集了莫斯科贵族进行演讲：“解放农奴与其自下而上，不如自上而下。”他组建了解放委员会进行研究。无奈委员会的全体成员都是地主贵族，显然不会对农奴有一点儿益处。

不过好歹1861年，也就是俄国建国1000周年的前一年，终于颁布了农奴解放令。

由此摆脱农奴身份成为人民的有2250万人。他们一开始并不相信这道解放令是真的。不是因为喜悦，而是因为幻灭太大。

因为农奴解放的传闻早就传来了，农奴终于可以成为自

《亚历山大二世》画家不详，1865 年

《1861 年 2 月 19 日的读书（阅读农奴解放令的农奴们）》格里戈里·米亚索耶多夫绘，1873 年

由的农民，生活得稍微轻松一点儿，他们对此抱了很大的期待。现实却是，此前的耕地被地主削减了五分之二，而要拥有土地，就需要高价购买。至于那些在地主家干活儿的家内农奴，没有得到任何补偿就被赶出了家门，成了失业者。人们难免起疑，地主是不是没有照皇帝的命令做。

当人们得知这种不公的待遇正出自政府的指示时，他们对亚历山大二世的憎恨爆发了。命令颁布之后，仅仅 3 年，就发生了 2000 起农民起义，每次被军队镇压，农民们对皇帝的憎恨都变得更深。因为农奴解放，俄国的工业化开始前进，同时暗杀皇帝的尝试也在反复进行。

恋爱的皇帝 >>

亚历山大二世——就像他的伯父亚历山大一世一样——在位后期变得自闭起来。也许是对运营过于广大的国家感到无力，也许是接连不断的暗杀未遂事件让他失去了干劲儿。亚历山大二世对冷酷的父皇持否定态度，但他也许不过是个效仿启蒙君主的保守主义者。也许是明明想改变俄国，却没有发现自己的各项改革不能适应专制君主制这一体系，或者已经发现了……

另一方面，他情绪化的一面也注定他是一个多情的男人。他并不是在外面找情人，而是追求真爱。

他的婚姻也是从一见钟情开始的。20 岁，当他还是皇太子的时候，曾经去德国旅行，爱上了 14 岁的德意志大公的女儿玛丽亚，不顾周围的反对和她结婚（圣彼得堡最大的

《玛丽亚·亚历山德罗芙娜》温德尔哈尔特绘，1857年

剧场、著名的马林斯基剧院就是以她的名字玛丽亚·亚历山德罗芙娜冠名)。

请看温德尔哈尔特所画的结婚约20年后的皇后肖像。她脖子上挂着大串珍珠，看起来一点儿都不幸福。现实中，她生下了八个孩子，丈夫却对她不管不顾，在宫廷里也没有地位，她不幸、体弱多病，没有什么存在感。亚历山大在结婚后不久就对别的贵族女性移情别恋，还生了三个孩子。眼看50岁的时候，还喜欢上了比自己女儿更年轻的公爵千金卡嘉，不但生下四个孩子，还把新家搬到了那边(对皇后来说，还是有许多情人的情况好得多吧)。

玛丽亚一直后悔结婚，直到她56岁去世。她一死，亚历山大就和卡嘉再婚，但是卡嘉也不算幸福。和彼得大帝的时代不同，欧化的宫廷已经不再承认贵贱通婚，亚历山大死后，卡嘉的孩子们被驱逐出罗曼诺夫一族，母子都被赶出了国门。

亚历山大最终还是死于暗杀。1881年，曾经多次死里逃生的皇帝乘坐的马车被人投进了炸弹，这次他没有得救。他没有当场死亡，而是从马车里爬出来，倚在运河的栏杆上，说:“好冷。把我送到宫殿，我要在宫殿里死。”他的愿望实现了。

在距离宫殿(现在的艾尔米塔什博物馆)不足一公里的

《亚历山大二世遇刺》画家，创作年份不详

滴血教堂

犯罪现场，现在矗立着一座富丽堂皇的教堂。这就是“滴血教堂”。亚历山大二世之子亚历山大三世即位之后做的第一件事，就是建造这座教堂，以纪念父皇。

亚历山大二世虽然当时被国民憎恨，但是他改善了司法制度和教育制度，让女性也获得了接受教育的机会，还改革了警察机构，继续发展工业，谋求从农业向工业的转换。他的儿子继承了他的路线，俄国继续向现代化迈进。

1891 年，油画，艾尔米塔什博物馆，32cm × 26.5cm

第10章

Yamashita

《哈里斯托斯 复活》

山下凛

这是日本最著名的圣像画家山下凛在1891年精心绘制的作品，可以说体现了由希腊正教发展而来的俄国正教和日本文化的幸福结合。

日本女性笔下的圣像 >>

根据《圣经》记载，耶稣在被钉死在十字架上三天后复活。这幅美丽的圣像所画的，就是以健康的肉体复活的耶稣，以及两个服侍他的天使。他们都是神圣的存在，但是让人感觉很温柔、圆润，带着女性的气质。亮蓝色的背景上，映着金黄色的超自然的光，散发着独特的魅力。

请看画面上部从光环中间穿过的文字。“ハリストス復活”——自左向右书写的片假名和汉字（哈里斯托斯是“基督”的俄语读音）！

这是明治时代的日本人，而且是女性笔下的圣像。日本最著名的圣像画家山下濂在1891年精心绘制了这幅作品，因为和描金的画框是一体的，更加有价值。画框上是花草纹，尤其是四角上有日本皇室的菊花纹章，上部中央是希腊

▶《哈里斯托斯 复活》（背面），同前

十字。可以说这是由希腊正教发展而来的俄国正教和日本文化的幸福结合。

画的背面绘有这一时期建造的尼古拉堂（在关东大地震中烧毁），并记录了对罗曼诺夫王朝尼古拉皇太子（后来的尼古拉二世）的日语和俄语献词。这说明这幅圣像是俄国正教会日本支部献给访日的尼古拉皇太子的（在这之前，皇太子曾为尼古拉堂捐出巨款，所以这幅画也包含了感谢的意义）。

不过，能够荣幸地为大国俄国的皇太子创作圣像的画家山下凛究竟是一位怎样的女性呢？

23岁的转机 >>

安政四年（1857年），山下凛出生在茨城一个下级武士之家。她不想嫁给山间的农户，于是在15岁的时候离家出走，去了东京。当时是明治五年（1872年），维新的动乱刚刚平息，一个年轻的姑娘有这样的勇气令人惊叹。虽然当时被领回了家，不过她说服了家人，翌年再次来到东京，当了浮世绘师的寄宿弟子。

她很有才能，一直在摸索新的绘画技法，对锦绘（彩色印刷的木版画）精益求精，换了几位老师，在20岁的时候进入工部美术学校。她是当时最早一批女学生之一。在这里，她接受了意大利特聘教师冯塔聂西的直接指导，觉得自己找到了前进的道路，但是在那个时代的日本，即使是男人，做西洋画家也很难自食其力。碰巧在同一时期，她在

▶山下凛肖像（约 26 岁）

朋友的劝诱下在俄国正教会接受了洗礼，也开始学习圣像创作。

在她 23 岁时，一个巨大的转机到来了。在正教会的推荐下，她有机会在圣彼得堡进修 5 年，学习圣像创作。1880 年岁末，她踊跃地从横滨起航，经历漫长的航海，于翌年 3 月抵达圣彼得堡。在到达圣彼得堡的第三天，凛在酒店的房间里听到爆炸声，那就是亚历山大二世的马车被人投入炸弹的瞬间（参见第 9 章）。当时凛一行人刚刚从城里返回酒店，她在寄到日本的信中写道，如果再晚一点儿，她可能会被卷入其中。

凛能够留学，可以说要感谢向女性打开学问和艺术之门的亚历山大二世，但她一定想象不到，自己有朝一日会为亚历山大二世的孙子、尼古拉皇太子画圣像。对于刚刚踏上圣彼得堡的土地，年轻、充满希望的凛来说，周围的一切都是新的。而且很幸运的是，从亚历山大二世在位的1863年开始，艾尔米塔什博物馆也向市民开放了（虽然和卢浮宫博物馆1793年变成公立博物馆相比晚得多）。凛在艾尔米塔什博物馆亲眼看到一幅幅西洋名画的真迹，既惊叹，又兴奋。

在酒店住了几天之后，她搬到了俄国正教会女子修道院。这里不仅有教堂，还有刺绣作坊、地毯作坊等，修女300人，贫民子女约100人，加上像凛一样的留学生、工女，一共住了500人左右。除了祈祷时间以外，大家都在努力工作，出售刺绣和圣像来维持和运营修道院。凛一到这里，就被分派去画用于出售的圣像。

俄国的圣像与信仰 >>

日本人很难理解圣像的意义。

圣像（ikon）的词源是图片（image）、表象（同 icon）。但是，希腊正教中的圣像与在欧洲发展的“帮助理解《圣经》的宗教画”，乃至“作为艺术作品的宗教画”完全不同，前者是“崇拜的对象”，有时还会创造奇迹。而且，无论是原作还是复制品，都没有差别。

同样，圣像制作也不会被视为个人的创造行为。画圣像本身就是信仰的行为，是将肉眼看不到的神性化为肉眼可见的形式的行为。这就必然要求画家要忠实于正教承认的原型。而且，圣像画家不会在画面上签名，除了 15 世纪的鲁布廖夫那样有出众的才能，画家的名字几乎不会被人们知道。现存的凛的圣像几乎都没有署名，而且全都是摹本。

▶“古典圣像”（希腊）的例子 13—14世纪，俄国

▶“写实圣像”（意大利）的例子，创作于19世纪上半叶，俄国

摹本，匿名——尽管如此，也并非完全体现不出个性。穿同样的服装，用同样的动作和台词表演的歌舞伎就是一个很好的例子。那么多的限制，不同的演员还是能展现出不同的魅力，这是众所周知的。《哈里斯托斯 复活》也是如此，原作是克留科夫创作的石版画，但是凛省略了背景中的建筑，改用通透、明亮的颜色，人物也没有那么严肃。这种偏日系的优美就是凛的特色。

在这之前，凛在圣彼得堡基本上可以说是自学。修道院里不但没有日本的冯塔聂西那样的老师，而且她感觉连一个画画比自己好的人都没有。凛挤出时间，去艾尔米塔什博物馆，拼命地临摹圭多·雷尼的圣像等各种作品，磨炼技艺。这样一来，她更加无法忍受教她的修女们的拙劣的画。在会话能力和表达方式上，凛大概也有问题。周围人开始指责她态度傲慢，缺乏信仰，终于，在11月的时候，她被完全禁止去艾尔米塔什。不仅如此，从此以后凛只能临摹古希腊圣像，理由是她的留学目的不是被培养成西洋画家，而是圣像画家，这完全是刻意刁难。

实际上，当时俄国的圣像制作分成彼此对立的两个流派。因为原本是从希腊传过来的，所以一开始，拜占庭风格的非写实的单调画法长期主导，到了17世纪，自彼得大帝购买了大量欧洲绘画以来，发展出运用远近法和立体表现的现代圣像。凛的目标当然是后者。但是到了19世纪下半叶，伴随着俄国本土化回归，古典圣像（希腊）比写实圣像（意大利）精神性更高的呼声变大。在修道院，两种圣像都会制作，但是修女们相信希腊画的优越性，凛却公然地瞧不起这些“丑画”，这令她们无法原谅。

对凛来说，临摹希腊画简直是酷刑。想看的画不能看，想画的画不能画，被强制画着她讨厌的画。这样的日子，对她的身心都是折磨。留学说起来好听，实际上却是软禁状态，做着量产同样画作的苦役。原定5年的日程缩短到两年，凛憔悴不堪，回到日本。

在日本，她一度离开教会，着手铜版画和杂志插图，也画过油画。她其实希望成为西洋画家，但是经济条件不允许。不久，她又回到正教会，开始制作圣像。好在她现在已经不用画“丑画”，可以画她喜欢的现代圣像，并在原作的基础上加入改变。因为她的技艺超群，无论是谁都看得出，所以才请她来制作给尼古拉皇太子的呈献品。时间是在她回国的8年后。

尼古拉在日记中记下的大津事件 >>

尼古拉皇太子并不了解凛在艺术上的纠葛，但是“纠葛”本身他是懂的。因为祖父遇刺，父皇亚历山大三世不敢再住在冬宫，而是住在守卫森严的城堡，对暗杀怕得要死，且饮酒过量。这些他都看在眼里，甚至有一段时期表示不想继承王朝。

不过，他总的来说还是个公子哥儿，在日记里亲切地称呼父母为“爸爸”“妈妈”，始终是一个听话的好孩子（无论是婚前还是婚后，他一直是个顾家的男人）。

他出生并成长在俄国空前的经济发展期，这造就了他落落大方的气质。在某种意义上，日本能够渡过大津事件这场国难，也是拜他所赐。

他来日本的时候是 22 岁。不过日本并不是他唯一的目

《亚历山大三世》伊凡·克拉姆斯柯依绘，1886 年

的地，而是类似于一场大大的（毕竟是乘坐军舰“阿佐夫号”）旅行。他1890年秋从圣彼得堡起航，途经希腊、埃及、印度、锡兰、新加坡、雅加达、曼谷、西贡、中国香港和广东省，在长崎进港是在6个月后的1891年4月末。虽然是非正式访问，但日本还是以国宾待遇迎接了他。他原定的计划是出了长崎之后去鹿儿岛、神户，再从神户坐火车去京都、大津，再去东京，最后在海参崴出席西伯利亚铁路的开工仪式。

尼古拉从14岁开始开记日记，一直记到50岁死前4天，10000页，51本笔记本。年轻时的日记很多篇幅较长，当然对大津事件也记得相当详细。在他的眼里，事件是这样的——

因为中国给他留下的印象较差，使他对干净的日本、热情的日本人格外有好感。在大津，一行人坐着人力车，正沿着狭窄的京町街前往下榻之处。虽然在欢迎的群众中到处都站着警备巡查，但是其中仍有一人突然抽出佩刀冲了过来。他的头部被砍中了两刀，他怒喝“干什么的！”，但那人还不罢手，他便跳下人力车，逃走了。在大混乱之中，坐在后一辆人力车上的亲戚希腊王子追上来，用竹拐杖痛打凶手。接着跑过来两个车夫，制伏了该男子。之后，他坐在附近布店的折凳上，接受了侍医的处理（所幸只是

▶《尼古拉皇太子》伊利亚·列宾绘，1896 年

▶描绘大津事件情形的报纸插图

轻伤），他还抽了烟。

“看到有栖川殿下等日本人愕然的表情，有些难过。街头的民众令我感动。他们下跪，合掌，表达歉意。”“我最烦恼的是，该如何写电文汇报这件事，才能不让亲爱的爸爸和妈妈担心。”“如果不是伟大的神大发慈悲，我恐怕活不到这一天的结束。这真是美好的一天。”（保田孝一译）

不为人知的日俄交流史 >>

这是琵琶湖沿岸的小城大津被载入世界史的——从时间来看不过几分钟——事件。现在京町街的宽度还和当时一样窄，所以不难想象，这里拥挤起来，后方的随行人员根本注意不到事件的发生。在事发现场，刻有“俄国皇太子遭难之地碑”的石碑静静矗立。

凶手津田三藏为什么要这样做？他供述并没有杀意，但是看尼古拉的日记里那股穷追不舍的劲儿，很难相信他说的是真话。其实，在罗曼诺夫家族的皇太子来日之前，报纸就对俄国的危险性大书特书。而且因为是乘军舰而来，报纸都在煽动，这会不会是侵略之前的侦察？还有对前不久缔结的不平等的《桦太千岛交换条约》的不满，西伯利亚铁路的开通无疑对日本是危险的。津田应该是受到了这些信息的影响。来日之后皇太子没有先问候天皇也令津田感到愤慨。

这个38岁、头脑简单的巡查闯下的祸，震撼了整个日本。错误完全在日本，不知道俄国会出什么样的难题，巨额赔款，割让土地，军舰上的士兵登陆，占领日本……人们想象着最坏的事态，战战兢兢。

但是日本的应对很及时，也很完美。明治天皇立即派出亲王们，同时亲自发电报给亚历山大三世，皇后亲自发电报给亚历山大三世皇后致歉。并且在事件发生的第三天，天皇亲自前往尼古拉下榻的京都的酒店探望，又乘同一列火车将其送到神户。六天后又登上“阿佐夫号”（此举有人反对，怕被绑架），参加了送别尼古拉的宴会。日本全国都自发地寄来了堆积如山的礼物。

因为有之前的“款待”（包括刺青和艺妓的陪伴，一系列充满异国情调又令人兴奋的体验），加上这次到位的善后处理，尼古拉对日本的袒护无可动摇。他强调对日本没有怀恨，实际上他在日记中也反复提过。虽然俄国报纸第一篇报道带着责难的语气，称希腊王子救了皇太子，但日本方面却在袖手旁观，但是因为尼古拉对内对外都在维护日本，父皇亚历山大三世也没有让日俄关系恶化的意愿，所以不满的情绪很快沉静下来（俄国将舵转向对远东的侵略路线是在这几年之后）。

京町街上的大津事件纪念碑

就这样，国难“大津事件”顺利地平息了。尼古拉皇太子提早离开了日本——因为“妈妈”很担心宝贝儿子的安全，一直催他早点儿回去——军舰驶出港口时，日本想必长舒了一口气。津田幸免死刑（成为司法阻碍政府要求的著名案例），被判无期徒刑，但不久之后他就在监狱里死去了。制伏他的两个车夫，由俄国授予了巨额的终身年金。

说回山下凛。

因为原本皇太子要去东京，所以圣像《哈里斯托斯 复活》将在神田尼古拉堂赠呈。凛可能也会出席，甚至晋见皇太子并进行交谈。如果那样，凛的人生说不定会有朝着另一个方向发展，但是因为这起事件，没能亲手递交，圣像被邮寄到了“阿佐夫号”。舰内“因为收到了大量的礼物，都不知道该往哪儿收拾”，尼古拉大概也没有时间慢慢地欣赏圣像。不过据说尼古拉很喜欢凛的圣像，把它摆在客厅里。在革命的风暴中，本作品幸存了下来，现在归艾尔米塔什博物馆所有。

凛后来一直在日本各地的俄国正教会的委托下画圣像。神田的尼古拉堂也摆了很多她的作品，但是如前所述，尼古拉堂在关东大地震中损毁，很遗憾，她的作品也不复存在了。不过，在函馆和上武佐等地的教堂现在还能看到凛的作品。

她和罗曼诺夫王朝关系（或者说关系的结束）发生在晚年。君主制被推翻，宗教被革命政府视为毒品受到否定，教会失去了资金来源，凛被赶出了画室，经济上变得窘迫起来。那两个车夫大概也一样。随着罗曼诺夫王朝结束，那两个车夫的年金也停发了。

鲍里斯·库斯托季耶夫
《皇帝尼古拉二世》

1915年，俄罗斯博物馆

第11章

Custotyev

《皇帝尼古拉二世》

鲍里斯·库斯托季耶夫

20世纪初，圣彼得堡和莫斯科的资产阶级家庭已经挂上了马蒂斯和莫奈。而库斯托季耶夫这种非主流的艳丽、欢快的作品，明显受了印象派的影响，画面很平，色彩鲜艳。

印象派肖像 >>

欧洲艺术历经几个世纪，经历了文艺复兴、巴洛克、洛可可、新古典主义、浪漫主义、写实主义、印象派的变迁，但是俄国艺术开花结果不但晚了许多，而且来得突然，各种艺术风格一拥而上。到了19世纪下半叶，占据俄国学院主流的是写实主义。到上一章为止的主要绘画都证明了这一点。

然而库斯托季耶夫的这幅尼古拉二世像却是个例外。他明显受印象派的影响，画面很平，色彩鲜艳。20世纪初，圣彼得堡和莫斯科的资产阶级家庭已经挂上了马蒂斯和莫奈，所以库斯托季耶夫这种属于非主流的艳丽、欢快的作品（主张这已经不是贵族和官僚的时代，要求革命的也是他们资产阶级）不受欢迎。

不过本作品还是有一些俄国的特色。这样说并不是因为背景里有克里姆林宫、洋葱头式圆顶，还飘着罗曼诺夫王朝的“双头鹰”纹章，而是因为从正面捕捉的尼古拉的脸描画得就像照片一样一丝不苟，使得整个画面带上了童话色彩（或者类似于招牌画的画风），让人感觉有种说不出的讽刺感。

俄国无论是文学、音乐、绘画都以政治为主题，库斯托季耶夫是否也在偷偷地表达他的政治思想呢……

尼古拉二世看上去并不开心，这是理所当然的，因为画这幅画的时候，他时运不佳，四面受敌，但他还是固执地坚持旧思想，终于被逼上了“末代皇帝”之路。

第一次也是最后一次反抗母亲 >>

尼古拉的父亲亚历山大三世害怕被人暗杀，不肯住在皇宫，而是在加特契纳行宫过着半隐居的生活。因为过度摄取酒精，导致肾病恶化，亚历山大三世不到50岁就去世了，但是他在位的13年比较平稳。精明强干的亲信维特的经济政策取得了成效，俄国实现了向工业国的转变，罗曼诺夫家族成为世界上屈指可数的大富豪。

长子尼古拉到青年时期为止一直生活得很幸福。父亲——与历代沙皇截然不同——没有情妇，夫妻关系一直非常和睦，比任何人都看重家庭。专列事故时，他一直支撑着掉落的天花板，保护了妻子和年幼的孩子们。曾经是丹麦公主的母亲玛丽亚包括尼古拉在内养育了四子二女，是家里的太阳。她的美貌可以与同时代的伊丽莎白皇后（哈布斯堡家族弗朗茨·约瑟夫之妻）相媲美，在国民中间也很受欢迎。尼古拉终其一生都没有摆脱恋母情结，在日记中事无巨细地记录下与母亲见面之日的情景，自己的婚礼也定在母亲的生日举行。他几乎每年都会写下：“今天是亲爱的妈妈的生日，也是结婚纪念日。”

他第一次也是最后一次强烈地反抗母亲，是选择皇后的时候。他不顾母亲反对，与少年时期就相识的黑森大公之女亚历克丝订婚，最终结合。有了他这样的成长经历，成为一个顾家的男人可以说是必然的。但是，他的这种顾家有时表现为将家人看得比国事还重要，频繁地休长假。这不但伤害了国民感情，甚至家臣都产生了心理上的叛离。

命运的婚姻 >>

这是母后玛丽亚所担心的吗？——并非如此。

亚历克丝的父亲是德国的黑森大公，母亲是维多利亚女王的次女。问题是，这个为英国带来繁荣的长寿女王带有血友病的遗传基因。血友病是一种因为凝血因子欠缺导致出血难止的遗传性疾病，仅发生在男性身上，当时没有治疗方法。维多利亚的四子饱受该病折磨，长女所生的外孙也死于该病。次女，即亚历克丝的母亲的7个孩子中，次子（亚历克丝的哥哥）因为该病而死。亚历克丝带有该基因的概率很大，很可能给罗曼诺夫家族的后嗣带来严重的健康隐患。尼古拉的母亲所担心的正是这一点（后来她的担忧变成了现实）。

但是，尼古拉坚持要恋爱结婚。即使亚历克丝带有血友

《加冕礼上的玛丽亚·费奥多罗夫娜》伊凡·克拉姆斯柯依绘，1882 年

《维多利亚女王和家人》弗朗茨·温德尔哈尔特绘，1846 年

左起：次子阿尔弗雷德、长子伯蒂、维多利亚女王、丈夫阿尔伯特王子、次女爱丽丝、三女海伦娜、长女维姬。爱丽丝的女儿就是后来改名为亚历山德拉的亚历克丝

病的基因，所生的男孩儿也未必全都会发病。他不觉得这样的不幸会落在自己的头上。无论是孩童时期的铁路事故，还是青年时期的大津事件，不都奇迹般地平安无事吗？

后来，维多利亚女王派来了援军。她希望可爱的外孙女获得幸福，说他们两人非常般配，支持他们结婚。就这样，1894 年，26 岁的尼古拉和 22 岁的亚历克丝（改名为亚历山德拉）这对皇室情侣诞生了。遥想当年，伊凡雷帝希望娶大国的公主做皇后，作为俄国成为文明国家的象征，他向伊丽莎白女王求婚，还向她的侄女打探，却未被理睬，这个未竟的梦，在 300 年后，终于可以说实现了一半（或者说四分之一？）。

父皇亚历山大三世没能看到儿子的婚礼。他在婚礼的大约三个星期前突然死亡，尼古拉要办父亲的葬礼、自己的即位仪式、婚礼，忙得不可开交。加冕典礼则推迟到一年半之后才举行。就在这个时候，发生了一起惨案，仿佛预示着不祥的未来。

作为加冕典礼纪念的一环，尼古拉要在莫斯科郊外向穷人施舍。据说有几十万男女老少聚集到一处，结果发生了踩踏事件，1300 多人（官方数字）被压死。尼古拉在当天的日记里当然也提到了。他接到报告，“因为这件事，今天留下了不好的回忆”。他下午前往现场，庆典已经重新开始，仿佛什么都没有发生过。“晚上八点在妈妈那边用了晚餐，参加了法国大使蒙特维洛的舞会。舞会办得非常漂亮。”跳舞一直跳到半夜两点。

由此可以看到横亘在国民和宫廷、民众和政府之间的深邃黑暗的鸿沟。发生了这么大的惨案，因为皇帝要来，堆积如山的尸体被很快处理，庆典和舞会也照办无误。尼古拉自己认为这是理所当然，他对死者没有同情，只是记录下了他的不悦和气愤。他和他的父皇一样（进而和路易十六一样），相信纯朴的民众无条件地敬爱他们的皇帝，两者被牢固的纽带连在一起，知识分子和革命思想家却想斩断这条纽带。坚持专制是他直到最后也没有动摇的信念。而他没有注意到水面之下，不，已经在水面上掀起波澜的巨大浪潮。

日俄战争之路 >>

巴黎的塞纳河畔，荣军院附近有一座豪华的拱桥，名字叫作“亚历山大三世桥”。为什么是俄国皇帝的名字？

这座桥是尼古拉二世捐赠给巴黎世博会的，没有以自己的名字，而是以亡父的名字命名。他和皇后亚历山德拉一起出席了1897年的开工仪式。他举起金银细工用的铲刀，接受巴黎人的欢呼。这是象征着俄国与法国蜜月关系的庆典。

从父亲在位时就开始重用的大臣维特，尽管扩大了贫富差距，却也带来了俄国工业的持续发展。外资比例年年增加，其中法国资本在这一时期占比超过外资总体的50%，俄国经济对法国越依赖，法国越是为了本国的利益希望俄国持续发展。这种情况促成了后来的英法俄三国协约，与德奥意三国同盟相对立。

巴黎，塞纳河上的亚历山大三世桥

《维特肖像》伊利亚·列宾绘，1903 年

▶《三笠舰桥之图》东城钲太郎绘，1906 年（画像是在关东大地震中烧毁后重画的）对抗波罗的海舰队的“三笠号”战列舰上的日本海军。自右向左：传令玉木信介候补生、传令三浦忠一水、参谋秋山真之中佐、联合舰队司令长官东乡平八郎大将、测量长谷川清少尉候补生、参谋长加藤友三郎少将、传令野口新藏四水、炮术长安保清种少佐、舰长伊地知彦次郎大佐、炮术长附今村信次郎中尉、航海长布目满造中佐、参谋饭田久恒少佐、航海士枝原百合一少尉、传令山崎严龟

在那之前，必须要消灭另一个碍眼的新兴国——日本。

有观点认为尼古拉因为大津事件一直对日本怀恨在心，所以决定发起日俄战争。维特的自传中就是这样写的，但是就像我们在上一章里看到，从尼古拉的日记来看，这种观点很难令人信服。当然，写的人知道日记会传给后世，所以不一定每一句话都是真的。但是将开战的原因归结为私人恩怨还是太极端了。那么，维特为什么会这样感觉呢？因为他一贯是日俄协调派，在两国围绕中国满州和朝鲜半岛的殖民地利益的对立激化时，他依然反对战争。尼古拉没有遵从自己的内心，被好战派拉拢过去，而且还撤了自己的职，如此愚蠢的行动一定令他无法理解。如果将这解释为大津事件以来怀恨在心，大概比较容易接受吧。

尼古拉倾向于战争的原因之一，无疑是国内形势的再度恶化。随着20世纪的大幕拉开，被短暂压制的国民的不满到处喷发。国家富裕了，却只惠及少数人，无论在工业化进程中壮大起来的劳动者，还是被“解放”的农奴，生活怎么也没有变得轻松，所以不满是必然的。1900年发生了恐慌，外资流入减少。1901年，相继发生大规模的工厂罢工、文部大臣狙击事件、内务大臣暗杀事件。1902年，发生多起农民袭击领主事件、工人总罢工。1903年，反犹暴动（针对犹太人的群体性有计划的虐杀）和革命派领导的劳动运动频发……

在这样的情形下，很多人认为将民众的目光转移到国外是稳定国内的有效方法，尼古拉也被拉了过去。而且，好战派毫不怀疑地认为可以轻松取胜。在低估日本的实力这一点上，尼古拉也是一样。

另一方面，维特下台，在给日本亲俄派（伊藤博文等）带来冲击的同时，助长了以年轻军官为中心的主战派的气势。日本希望能够排除俄国的干涉，侵略中国、朝鲜，为了赶在西伯利亚铁路建成，物资运输变得容易之前，1904 年，日本向俄国宣战。当时欧洲各国都认为这是莽撞之举，甚至有一幅讽刺画，画着一个穿和服的武士用扇子对抗一头大熊。然而出乎意料的是，日本人全力应战，于 1905 年在中国旅顺和奉天连续击败俄军。

尼古拉战败 >>

拥有世界上最强大的军事力量的俄国还很乐观。7个月前从波罗的海军港出发的波罗的海舰队（之所以花了这么长时间，是因为结成日英同盟的英国不允许俄舰队通过苏伊士运河，只能从南非绕远路），5月底终于到达对马海峡，本应该在这里将日军打得体无完肤。尼古拉在4月的日记中写道："和士官们长时间谈话。精神振奋。"我们不能笑他。全世界都预测日本将会大败。

结果就像《日俄战争大胜利》那首歌一样，由东乡平八郎率领、与波罗的海舰队对峙的联合舰队在攻击之前，向总部发出了那封著名的电文："今日晴朗波浪高。"就这样，"对马海战"打响了，转瞬之间就已结束。波罗的海舰队几近毁灭。这是近代海战史上罕见的单方面占优势的战役。日

▶描绘对马海战的锦绘

本取得压倒性胜利的消息令人难以置信，以《泰晤士报》为首的欧美知名报纸都花了许多时间来确认消息，甚至推迟了公布。

此后，两国在美国的斡旋下终结战争，在9月签订了《朴次茅斯和约》。当时俄国方面的代表就是被尼古拉罢免了的维特。凭借他不屈不挠的谈判，俄国得到了一个保持体面的结果。尼古拉授予维特伯爵爵位，表彰他的功绩。两个人的心境想必都很复杂吧。

THE SANDS RUNNING OUT

(January 4, 1905)

The Tsardom was badly shaken by its war with Japan.

66

▶刊登在英国某杂志上的烦恼的尼古拉二世像

“血腥星期日”事件 >>

日俄战争的惨败，让推翻君主制的呼声愈发高涨。军首脑是皇族这一点对尼古拉也是沉痛的打击。

早在战争结束以前，国民就厌倦了这场无意义的战争。1904 年，新的内务大臣被暗杀；1905 年 2 月，尼古拉的叔父谢尔盖大公被暗杀。“血腥星期日”就发生在大概一个月前。劳动者和他们的家人不再相信领主和官僚，要直接向沙皇请愿，要求停止战争，体察他们的苦衷。聚集起来的群众很快多达 10 万人，由司祭站在队伍前面，高举圣像和尼古拉的肖像，默默地走向皇宫。军队向这支安静的游行队伍开枪了，人们对罗曼诺夫王朝的信任一落千丈。

这接二连三的变故，让尼古拉很受打击，但他还是坚持一直以来的高压政策。无论用什么样的方法，无论死多少

▶ “血腥星期日”的游行

人，只要能保持表面的平定就可以。其实，在这一时期摆在他心里第一位的不是战争，也不是国民，而是家人，神经过敏的妻子，最重要的是将来继承皇位的儿子。

皇后亚历山德拉婚后差不多每两年生一个孩子，前面4个都是女儿，备受期待的皇太子阿列克谢出生在1904年8

月，也就是日俄战争开战的半年后。尼古拉记道：“在这苦涩的试炼之年，神赐予我这一喜悦，对此我不知该用何种语言来感谢神。”亚历山德拉亲自用母乳哺育孩子，这在当时的王族中是十分少有的。

尼古拉 36 岁得到的这个皇太子，如果能够健康茁壮地成长，他作为专制君主或许还能更多地投身于政治。但是正如尼古拉的母亲玛丽亚所担心的，阿列克谢遗传了外曾祖母维多利亚女王的基因，罹患严重的血友病。亚历山德拉的情绪开始变得不稳定，温柔的丈夫更加把妻子摆在第一位，这时——就像浪漫主义小说一样——“妖僧”拉斯普京登场了。

▶1914年，彩色铅笔和粉彩，艾尔米塔什博物馆，81.5cm×56cm

第12章

Nikondolovina

《拉斯普京》

克洛卡切瓦·埃琳娜·尼康多洛维娜

笔挺的鼻子，紧锁的眉头，锐利的眼神让看的人感到不安。这位在罗曼诺夫王朝结束之际粉墨登场的“妖僧”，是俄国这片与欧洲截然不同的土地的独特产物。

通缉犯 >>

据说在犯罪侦查中，肖像画比照片效果更好。无名的俄国画家所画的这幅拉斯普京的速写，如果用作通缉犯人的传单，比起为数不多的照片，一定能更早找到目击者吧。

笔挺的鼻子，紧锁的眉头，如瀑布一般倾泻而下的络腮胡子，右眼和左眼分别对向不同的焦点，眼光锐利无比，让看的人感到不安。他兼具粗野与神秘，有着非比寻常的存在感。

但是我之所以会这样想，可能只是因为围绕拉斯普京这个名字的许多传说。这位在罗曼诺夫王朝结束之际粉墨登场的“妖僧”，是俄国这片与欧洲截然不同的土地的独特产物。

神一般的人 >>

格里戈里·拉斯普京出生在西伯利亚一个贫寒的村庄。他是一个没有受过教育的农夫，几乎不会写字。30 岁时，他成为苦行僧，在各地流浪。当然，他并不是正式的僧侣。起初他被视为佯狂者（又称圣愚，参见第 1 章），后来渐渐地能够预知未来，治愈了许多病人。作为通灵者，连上流社会都在传他的事迹。他具有独特的魅力——虽然衣服微脏，从不刷牙，吃饭下手抓——从他一直吸引众多女性这一点也可以看出。

关于他是如何混进圣彼得堡宫廷的，一直众说纷纭。在成为僧侣大约 10 年后，1905 年年底，他第一次出现在尼古拉二世的日记中：“认识了神一般的人格里戈里。”在这之后，拉斯普京的名字在尼古拉二世的日记中竟然出现了 90

多次。1905 年，正是皇帝因日俄战争的惨败和血腥星期日事件成为众矢之的那一年，他产生借助拉斯普京力量的想法也不奇怪。

这个“神一般的人”在得到尼古拉接见之前，就已经通过女官获得了亚历山德拉皇后的信任，且这种信任后来变得不可动摇，这跟皇太子阿列克谢有关。皇太子一出生就被查出患有血友病，这在当时是不治之症。因为让血液凝固的遗传因子变异，他饱受皮下出血、黏膜出血、血尿的折磨，宫廷医师团诊断他活不到 20 岁。当他严重发病，医生集体束手无策时，拉斯普京通过祈祷救了皇太子的命。这在谁看来都是奇迹，而且在那之后同样的事情反复发生了好几次。皇后变得比依赖医师团还要依赖拉斯普京，这作为母亲，是很自然的。

一般的解释是，拉斯普京擅长催眠术，进行了类似安慰剂效果的治疗。但是单靠这些就能连续多年挽救少年生命的危机吗？拉斯普京不可思议的能力无法从现代科学的角度得到完全的解释，所以只会突显他“妖僧”的可疑形象，但他具有超群的治愈能力这一点是无可争议的。皇后依赖他，因为他不仅救了儿子的命，而且救了自己。

内向的亚历山德拉和她的婆婆、皇太后玛丽亚脾气不合，她感到很孤独，终于盼来的嗣子身体孱弱，而且自己

▶拉斯普京和沙皇夫妇的漫画，约 1916 年

的娘家达是遗传病的源头，这令她深感自责。多年以来，她一直有头痛、心痛和神经症。拉斯普京减轻了她的这些症状，以至于拉斯普京不在时，皇后就会感到不安。在皇后的影响下，尼古拉也渐渐地开始向拉斯普京寻求政治上建议。

一个来历不明的乞丐僧旁若无人地出入宫廷，肆无忌惮地称沙皇为“爸爸”，称皇后为“妈妈”，像家庭一员似的连休假旅行也跟着去，甚至对人事参与意见，难免引起越来越多人的不满。从 1911 年开始，反拉斯普京派变得活跃起来。秘密警察也揭露了他荒淫、酗酒、受贿的事实，但是都被沙皇夫妇当作诽谤斥退了。下流的小册子开始充斥街头巷尾——妖僧偷偷跑到亚历山德拉皇后的床上进行癔症的治疗，疗效出众，为什么呢……拉斯普京阳物巨大的传说被讲得既有趣又可笑。

更糟糕的是，当时政局不稳，大臣频频换人，这些全都被算在了皇后和拉斯普京的头上。最后，两个人正在策划与敌国单独讲和的假消息传得沸沸扬扬。这与法国革命时期，安托瓦内特被指责图谋向自己的祖国奥地利出卖法国的情形何其相似。来自异国的皇后很容易被当成替罪羊。心怀忧虑的大臣多次劝谏，沙皇夫妇却坚决不肯让拉斯普京离开。支持者越来越少，他们成了所谓的三位一体，绑在了一起。（后来克伦斯基写道：“没有拉斯普京便没有列宁。”）

暗杀之夜 >>

针对拉斯普京的暗杀计划不止一次地浮出水面，甚至有一次内务大臣因为牵涉其中，被免了职。实际的暗杀者之一是尼古拉的堂弟德米特里，也就是皇族，另一个，尤苏波夫公爵是尼古拉的外甥女婿。这已经不只是宫廷内外的对立，就连宫廷内部的分裂都已经无法修复。

暗杀成为妖僧传说的大结局。虽然不知道真实的成分占到多少，但根据参与者的证词，整个过程令人难以置信——

1916 年 12 月深夜，尤苏波夫公爵谎称想为妻子治病，将拉斯普京骗到了自己的豪宅。在通过螺旋楼梯与门厅相连的半地下的小房间里，年轻的公爵用掺有氰化钾的蛋糕招待了这位邋遢的僧人。楼上，德米特里等同伴正在准备见机行事。

蛋糕里掺的毒药，足够毒死几个人，但是拉斯普京吃下却毫无反应。焦急的尤苏波夫又让他饮下毒酒，依然没有效果。时间一分一秒地过去，心焦难耐的同伴们冲进房间，其中一人向他开了枪。子弹命中左胸。拉斯普京猛烈地咆哮着在地上滚来滚去，将暗杀者们吓得发抖之后终于安静了。确认他身体开始僵硬，大家都到楼上去商量如何制造不在场证明。然而当他们再次回到房间的时候，尸体却不见了。他们沿着血迹，发现了在院子里的雪地上爬着想要逃走的黑影。他们再一次乱枪射击，当拉斯普京已经不再动弹之后，尤苏波夫还用棍棒多次击打他的面部。他们觉得这下应该必死无疑了，于是将他装在袋子里，扔进了涅瓦河。

尸体第二天被人发现。拉斯普京满脸是血，身体上有枪痕，胃里检测出了毒物。请不要吃惊，扎住袋口的绳子被从里面解开，肺内有积水。也就是说，在被扔进河里的时候，他还活着，打开袋子挣扎着要逃跑！

再次宣战 >>

据说拉斯普京早就料到自己会被杀死，于是做出了如下预言：如果凶手是平民，王室会继续存在，但如果是皇族，王朝就会灭亡——

即便这只不过是事后编造的闲话，但是可以肯定的是，在拉斯普京死后仅仅两个半月，罗曼诺夫王朝真的灭亡了。

时间稍微倒回——

日俄战争后，抗议专制主义的游行、罢工，还有针对要人的恐怖活动、社会主义运动愈加激烈。在尼古拉的授意下，首相斯托雷平采取严惩原则。仅 1906 年一年，就处决了超过 1000 人，以至于绞刑台有了一个讨厌的别名——“斯托雷平的领带”（这位斯托雷平也在几年后被暗杀）。

从 1909 年前后开始，尼古拉有了明显的变化，他开始长时间地度假。这一年，全家在克里米亚待了4个月。1910年，他和皇后一起去德国旅行了近3个月；1911年，沙皇一家在克里米亚度假3个多月；1912年春，和上一年一样，他们一家在克里米亚度假3个月，秋天，尼古拉又独自一人在佩洛佩西尽情地打猎了2个月；从1913年夏天开始，沙皇一家在克里米亚度假4个月。1914年他也和家人一起在克里米亚度过了2个月以上。在这期间，重臣不得不千里迢迢地找他商量政务。

或许是一心把家庭看得比国家重要，或许是想尽量隐瞒皇后的神经过敏和皇太子的病情，也或许是像历代沙皇多少都会有的那样，尼古拉眼看着这个恐龙般的大国变得暴躁起来，对自己的无能为力感到沮丧……不管怎样，在国家体制动摇的时期，连续六年逃避政务的态度，使得大臣眼中（也是后世眼中）的他不过是一个平庸的君主、彻头彻尾的“家庭人”，失去了辅佐他的决心。尼古拉在狭小的宫廷里也很孤立，这也间接导致他即使想处罚暗杀拉斯普京的凶手也无能为力。1913 年，罗曼诺夫王朝 300 周年纪念庆典隆重举行，但是没能挽回已经疏远的臣下的信任。

1914 年，从比历年稍短但是穷奢极欲的度假（这是沙皇一家最后一次在克里米亚度假）归来的尼古拉，燃起了新的热情。奥地利向塞尔维亚宣战了，导火索是哈布斯堡家族的斐迪南大公夫妇在萨拉热窝遇刺的事件（参见《12 幅名画里的哈布斯堡王朝》）。如果对塞尔维亚见死不救，俄国就会失去其在巴尔干半岛的影响力。尼古拉开始总动员，德国对此提出抗议，并发出最后通牒，俄国置之不理，德国宣战。

背叛、小心和欺瞒 >>

在决定与德国交战的 8 月 2 日，尼古拉的日记仿佛如梦初醒一般气宇轩昂。“在让人精神振奋的意义上，这是特别美好的一天。”“在面朝亚历山德拉广场的阳台上向拥挤的人群发表了讲话。”尼古拉兴奋地认为可以借此机会，展现真正的专制君主形象，他坚信“战争才是他摆脱国内敌人的唯一途径”。军部希望洗刷日俄战争的污名，国民盼望着经济复苏。就连革命派都支持开战，他们希望趁乱把世界搞得天翻地覆。

沙皇夫妇一边用话语鼓励奔赴战场的士兵们，一边分发圣像，久违地体会到了“受民众爱戴的王室”的喜悦。必胜的情绪感染了所有人，但是谁也没有资格笑他，因为整个欧洲都乐观地相信自己的国家将取胜，战争会在圣诞节前结束。

现实却是，战争不但没有在年内结束，而且俄法同盟的法国参战，德国又侵略了中立国瑞士，因此英国也参与进来……战场如野火一般蔓延，最终发展到德国、奥地利、匈牙利、土耳其、保加利亚等同盟国对阵英国、法国、俄国、意大利、日本等协约国，以前所未有的规模，持续了四年半之久。这场后来被称为“第一次世界大战”的国家全面战争，也因结束了哈布斯堡、罗曼诺夫、霍亨索伦、奥斯曼四大王朝而众所周知。

俄国重复着小胜大败的局面。在开战不久之后的坦能堡战役中，俄军死伤 7 万人，9 万人被俘虏，司令官自杀。波兰战线也全面崩溃。但是，人命依然微轻，无能的军部能做的，只是从全国各地抽调农民，派上前线。在开战时 142 万的基础上，又增加了 390 万。结果不但没有充足的武器弹药，军靴和食品也严重不足。

1915 年秋，尼古拉不知道怎么想的，提出要亲自上阵指挥。尽管首相担心出现政治上的空白，强烈反对，他还是离开了首都，常驻前线附近的大本营。果然不出所料，他这样做并没有让战局发生任何好转。后来，逃兵人数达到 90 万，边境完全变成了法外之地。厌战情绪早已转化成了对罗曼诺夫王朝的憎恨。在这期间，发生了拉斯普京遇刺事

▶家人照片。左起依次为欧嘉、玛丽亚、尼古拉二世、亚历山德拉、阿纳斯塔西娅、阿列克谢、塔季扬娜，摄于约1914年

件，紧接着革命爆发，由工人、农民士兵代表组成的苏维埃（工农兵代表会议）的临时执行委员会成立。当时的时间是1917年3月（因为当时采用的是俄国旧历，所以史称“二月革命”）。

远离革命现场的尼古拉对局势的估计过分乐观，他打算乘专列返回首都，结果因为工人罢工，被困在车上。三天后，临时执行委员会的委员登上列车，要求尼古拉退位。让尼古拉最受打击的，是大本营里竟然没有一个人拥护自己。他终于知道人们如何评价自己，在日记里感慨道：“周围都是背叛、小心和欺瞒。”

沙皇相信君权神授，以罗曼诺夫的显赫家世为豪，习惯了接受别人跪拜，如今却被人当面要求退位，这是何等的耻辱，超出现代人的想象。而且尼古拉还必须向他们坦白之前一直隐瞒的阿列克谢的血友病。尼古拉一度也考虑过让位于皇太子，但是在最终的诏书中，父子双双退位，新沙皇的位子让给自己的弟弟米哈伊尔公爵。然而，首都的政局风云告急，米哈伊尔公爵被告知（不，是被威胁）在登基之后不会有人护卫自己，因而不得不谢绝。至此，罗曼诺夫王朝304年的历史完全告终。

灭门 >>

接下来是社会主义革命逐步形成的动荡时代，沦为平民的罗曼诺夫一家也被颠来荡去。不必看波旁王朝的先例，王室只要有人幸存，就还会死灰复燃，只有把他们全部抹杀，革命才能成功，这想必是布尔什维克（以列宁为首的多数派左派）的意见。

尼古拉一家被软禁在首都一段时间，又被扣留在西伯利亚的流放地托博尔斯克一年左右，又从那里被押送到叶卡捷琳堡，并在约两个月后的1918年7月被处决。米哈伊尔公爵夫妇早在几天前就已经被处决，一共有20多个与罗曼诺夫有血缘关系的人被杀。尼古拉“亲爱的妈妈”能够逃走，实属幸运。

尼古拉和妻子亚历山德拉、长得和父母一样漂亮的4个

▶囚禁尼古拉二世的伊帕切夫别墅

女儿（欧嘉、塔季扬娜、玛丽亚、阿纳斯塔西娅）、13 岁的儿子阿列克谢，连同侍医、女官、随从在内共 11 个人被囚禁在叶卡捷琳堡的商人伊帕切夫的别墅里。沙皇夫妇恐怕在这个时候仍然相信，总有一天会允许他们逃亡，最坏也就是在莫斯科接受审判，这种情况下，不会连累到几个孩子。尼古拉还在继续写日记。被扣留一年之后的 3 月，他在日记中写道："今天是（中略）扣留一周年纪念日。不禁想起过去这痛苦的一年。接下来等待着我们的会是什么呢？一切都是神的意志。我们全部的希望都寄托在神身上。"

▶尼古拉和女儿们，摄于暗杀前。

写下这篇日记的 4 个月后发生的事，是否就是“神的意志”呢？尼古拉一家接到转移命令，换上出门穿的衣服，打包行李。他们被关进地下室，等待出发。过了一会儿，4 个持枪的男人打开门，一齐射击。为了让人无法辨识他们的身份，还往他们脸上泼了硫酸，埋在了树林里。

布尔什维克隐瞒了这件事，宣称只有沙皇被处决，妻子和儿女都在安全的地方，但几乎没有人相信。到了 1920

▶尼古拉一家被杀害的房间。弹痕清晰可见。

年，国内外都在流传他们全家被杀的传言，此时又出现了俄国擅长的“其实还活着”的登场人物。到底不是尼古拉，也不是皇后。柏林的精神病院收容的一个失忆的年轻姑娘，突然说自己是17岁时逃过处决的阿纳斯塔西娅。此事闹得沸沸扬扬（后来拍成了电影），有人信以为真，但是当时已经回到丹麦的尼古拉的母亲玛丽亚并没有听从旁人的劝告去见这个“孙女”。阿纳斯塔西娅在拉丁语中是“重生”的意思，引人遐想。

从那之后，岁月流逝。直到 1994 年，罗曼诺夫王室的遗体挖掘调查结束（苏联解体，俄罗斯新生之后，这样的调查才成为可能），才宣布证实了尼古拉一家的身份。据说在 DNA（脱氧核糖核酸）鉴定中还用到了尼古拉曾经在大津事件中用来擦血的手帕。遗体改葬圣彼得堡，俄国正教会将尼古拉一家供为圣人。

引发第一次世界大战的哈布斯堡家族（实质上的）末代皇帝弗兰茨・约瑟夫，在战争进行到一半的时候，在办公室工作期间安详地死去。与其相比，罗曼诺夫全家被秘密处决的这种结局，却让人感到无限的悲凉与恐怖。

这之中还有一个不可思议的偶然的一致。

罗曼诺夫王朝的创建者米哈伊尔被选为沙皇的地点是伊帕切夫修道院，末代沙皇尼古拉的被害现场是同样叫作伊帕切夫的男人的家里。

后记 >>

继《12 幅名画里的哈布斯堡王朝》《12 幅名画里的波旁王朝》之后，名画解读王室故事的第三弹，是俄国的罗曼诺夫王朝。再也没有哪一个欧洲王朝，像这三大名门一样持续地对世界历史产生巨大的影响。毕竟它们都是那样的长寿——奥地利哈布斯堡家族约 650 年，西班牙哈布斯堡家族约 200 年，波旁家族约 250 年，罗曼诺夫家族约 300 年。

政治上、经济上、文化上的捻线状的交织，时而以玛丽·安托瓦内特为结点，时而以拿破仑为结点，但是这当中罗曼诺夫家族起到的巨大作用却往往不为人知（有的西方史学家甚至不把俄国看作欧洲的一部分）。

看过各个王朝的终结，我想到的是，人不会（无法）向历史学习。即使觉得自己是在学习，一旦置身其中，甚至连近在身边的变化迹象都感觉不到（就像巨大的恐龙看不到自己的脚下）。君主专制的灭亡是历史的必然。在这个过程中，尤其以罗曼诺夫王朝的谢幕方式最为令人震撼，这或许是因为它隐藏了太多不为人知、骇人听闻的秘密。许多事情都在暗地里解决，以至于人们不再相信官方公布的信息。“某人其实还活着”的传闻之所以经久不衰，想必也是因为这方面的原因。

还有一点。

提起俄国，就不得不讲一下日俄之间的关系。锁国时代的日本漂流者与彼得大帝、叶卡捷琳娜二世的接触还算友好，末代沙皇尼古拉二世以皇太子的身份访日期间，被警备砍伤（大津事件），即位后引发了日俄战争。这场战争不仅证明日本开始与欧美势均力敌地战斗，而且撼动了罗曼诺夫王朝的支柱，在日本历史上意义重大。

当时，日本这个亚洲小国孤注一掷，打败了超级大国。

如果失败，国土就会惨遭分割，也就没有现在的日本。

罗曼诺夫王朝与哈布斯堡王朝和波旁王朝风格迥异，如果能让读者跟随一幅幅不为人知的俄国名画，领略这一段王朝兴亡史，我将不胜荣幸。

本书也要由衷地感谢山川江美女士一如既往地“陪跑”支持，以及后来接手的樋口健先生。

中野京子

主要参考文献 >>

Die Anwerbung asulaendischer Fachkrafte fuer Wirtschaft Russlands von 15. Bis ins 19. Jahrbunderts (E. Amberger) Wiesbaden

Peter der Grosse (E. Donnert) Leipzig

Peterhof ist ein Traum... . Deutsche Prinzessinnen in Russland [Gebundene Ausgabe] Olga Barkowez (Autor), Fjodor Fedorow (Autor), Alexander Krylow (Autor) Verlag: edition q im Quintessenz Verlag

《可怕的女皇们》A. Troyat，新读书社

《彼得大帝》(作者同上) 中公文库

《亚历山大一世》(同上)

《俄罗斯国醉梦谭》井上靖，文春文库

《彼得大帝和他的时代》土肥恒之，中公新书

《欧洲历史上的战争》M. Howard，中公文库

《俄罗斯》川端香男里，讲谈社学术文库

《我的流浪我的相遇》B. A. Gilyarovsky，中公文库

《湖之南》富冈多惠子，岩波文库

《俄罗斯文学导读》藤沼贵等，岩波文库

《图说·物语俄罗斯的历史》阿列克谢耶夫，新读书社

《谚语解读俄罗斯的人与社会》栗原成郎，东洋书店

《尼古拉二世》D. Leben，日本经济新闻社

《罗曼诺夫家族的最后岁月》A. Summers, T. Mangold，中公文库

《帝国的兴亡（下）》D. Leben，日本经济新闻出版社

《俄罗斯》（地图上的世界历史）河出书房新社

《图说 帝政俄罗斯》土肥恒之，河出书房新社

《照片中的俄罗斯文化与历史》K. B. Muller，罗汉柏书房

《波兰》J. A. Michener，文艺春秋

《图说俄罗斯的历史》栗生泽猛夫，河出书房新社

《尼古拉二世的日记》保田孝一，讲谈社学术文库

《山下凛——明治时期的圣像画家》大下智一，北海道

新闻社

《妖僧拉斯普京》M. Grillandi，中公文库

《最后的俄罗斯女大公》玛丽亚女大公，中公文库

《日俄战争史 1&2》半藤一利，平凡社

《俄罗斯的革命》松田道雄，河出文库

《战争与和平》托尔斯泰，岩波文库

年表 >>

（仅摘录与正文相关的事项）

14 世纪初

罗曼诺夫家族的祖先、德国贵族柯布依拉家族移居俄国

1547

罗曼诺夫家族的阿纳斯塔西娅与伊凡雷帝结婚

1584

伊凡雷帝去世。其子费奥多尔一世即位

1598

费奥多尔一世去世。留里克王朝结束。鲍里斯·戈东诺夫即位，之后是沙皇缺位的大动乱时期

1613

米哈伊尔·罗曼诺夫即位。罗曼诺夫王朝开始

1645

阿列克谢·米哈伊洛维奇·罗曼诺夫即位

1671

领导哥萨克人起义的斯捷潘·拉辛被处决

1672

费奥多西娅·莫洛卓娃因尼孔大主教的宗教改革而被捕并被处以饿死之刑

1682

彼得一世（大帝）即位，与其兄伊凡五世共同统治。其姐索菲娅摄政

1689

索菲娅下台

1696

伊凡五世去世。彼得一世开始单独统治

1698

索菲娅被囚禁于女子修道院

1700

北方战争（对瑞典）开始（1700—1721）

1703

彼得一世开始圣彼得堡的城市建设

1718

彼得一世的长子阿列克谢被判死刑

1725

彼得一世去世。皇后即位，成为叶卡捷琳娜一世

1727

叶卡捷琳娜一世去世。彼得二世即位

1730

彼得二世去世。女皇安娜即位

1740

伊凡六世在出生后两个月即位

1741

伊丽莎白政变成功，即位成为伊丽莎白二世

1756

七年战争。此时，法国的蓬帕杜夫人、奥地利的玛丽亚·特利莎和伊丽莎白二世“三条衬裙”联手，将普鲁士的腓特烈大帝逼得走投无路

1760

卡尔·范·洛绘《伊丽莎白女皇》（第4章）

1762

伊丽莎白二世突然去世。彼得三世即位半年后，其妻叶卡捷琳娜发动政变。叶卡捷琳娜二世（大帝）即位

1766

埃里克森绘《叶卡捷琳娜二世肖像》（1766—1767，第6章）

1777

圣彼得堡发生特大洪水。塔冈诺娃疑在洪水中死去

1789

法国革命爆发

1791

大黑屋光太夫谒见叶卡捷琳娜二世

1796

叶卡捷琳娜二世去世。其子保罗一世即位

1801

保罗一世遇刺。其子亚历山大一世即位

1805

在奥斯特里茨战役中，俄军被拿破仑军击败

1807

《蒂尔西特条约》签订

1812

拿破仑军远征俄国

1814

拿破仑被流放，法国君主制复辟。旨在议定欧洲版图的维也纳会议开始

1815

拿破仑逃出厄尔巴岛，在滑铁卢战役中败北，再次被流放到圣赫勒拿岛

1824

达维绘《亚历山大一世》（第8章）

1825

涅瓦河大洪水。亚历山大一世去世。尼古拉一世即位。发生十二月党人起义

1827

夏尔·冯·施托伊本绘《彼得大帝少年时期的逸闻》

1836

查理《从俄罗斯撤退》(第7章)

1849

作家陀思妥耶夫斯基被捕。被判枪决，又在行刑前被赦免并流放到西伯利亚

1853

克里米亚战争爆发

1855

尼古拉一世去世。亚历山大二世即位

1861

农奴解放令颁布

1863

艾尔米塔什博物馆向市民开放

1864

弗拉维茨基绘《女公爵塔冈诺娃》(第5章)

1870

列宾绘《伏尔加河上的纤夫》(1870—1873，第9章)

1871

盖伊绘《彼得大帝父子》

1881

亚历山大二世被人民暗杀。山下凛前往圣彼得堡。亚历山大三世即位

1887

苏里科夫绘《女贵族莫洛卓娃》(第1章)

1891

尼古拉皇太子访日。发生大津事件

1904

日俄战争爆发

1905

在对马海战中，日本获胜。发生血腥星期日事件

1914

尼康多洛维娜绘《拉斯普京》(第12章)

1915

库斯托季耶夫绘《皇帝尼古拉二世》(第11章)

1916

拉斯普京遇刺。弗兰茨·约瑟夫去世，哈布斯堡王朝名存实亡

1917

二月革命爆发。罗曼诺夫王朝迎来末日

1918

尼古拉二世一家被处决

本书选取的画家简介 >>

（按出生年份顺序）

卡尔·范·洛（Carle van Loo，1705—1765），法国洛可可派代表画家，也很擅长创作历史画、宗教画。代表作《背着安科塞斯的埃涅阿斯》《茱诺》。

维吉利·埃里克森（1722—1782）出生于丹麦。罗曼诺夫王朝、丹麦王朝的宫廷肖像画家。代表作《叶卡捷琳娜二世骑马像》。

乔治·达维（George Dawe，1781—1829），英国肖像画家，在欧洲广为人知，亚历山大一世请他为许多俄国军人画过肖像。

夏尔·冯·施托伊本（Charles de Steuben，1788—1856）出生于德国，活跃在法国、俄国，擅长历史画。代表作《拉多加湖畔的彼得大帝》。

尼古拉-杜桑·查理（Nicolas Toussaint Charlet，1792—

1845），法国画家。凭借历史画、战争画博得人气。代表作《滑铁卢的掷弹兵》《溪谷》。

康斯坦丁·弗拉维茨基（1830—1866），俄国画家。《女公爵塔冈诺娃》最为著名，并被做成邮票。

尼古拉·盖伊（1831—1894），19世纪俄国前卫性的巡回展览画派画家。创作了题材广泛的历史画、宗教画等。代表作《托尔斯泰肖像》《何谓真实？》。

瓦西里·苏里科夫（1848—1916）以场面宏大的历史画描绘民众的形象，被誉为俄国最伟大的画家之一。代表作《近卫军临刑的早晨》《征服西伯利亚》。

伊利亚·列宾（1844—1930），俄国最伟大的画家，留下了历史画、风俗画、肖像画等众多作品。代表作《欢笑的哥萨克人》（又译为“札波罗热人给土耳其苏丹写回信”）。

山下凛（1857—1939），出生于日本常陆国笠藩。日本第一位留学俄国的圣像画家。代表作《救世主哈里斯托斯》《复活圣堂》。

克洛卡切瓦·埃琳娜·尼康多洛维娜（1871—1941），俄国画家。代表作《拉斯普京》藏于艾尔米塔什博物馆。

鲍里斯·库斯托季耶夫（Boris Kustodiyev，1878—1927），俄国画家、舞台美术家。以风俗画、风景画著称。代表作《莫斯科餐厅》《布尔什维克》。

○卷首图

Design Place Demand

王朝物语

12幅名画里的英国王朝

[日]中野京子 著
于晓菁 译

中信出版集团·北京

图书在版编目（CIP）数据

王朝物语．12幅名画里的英国王朝 /（日）中野京子著；于晓菁译．-- 北京：中信出版社，2018.10　（2020.4 重印）
ISBN 978-7-5086-8843-5

Ⅰ．①王…　Ⅱ．①中…②于…　Ⅲ．①英国－历史－通俗读物　Ⅳ．①K109②K561.09

中国版本图书馆 CIP 数据核字（2018）第069958号

王朝物语　12幅名画里的英国王朝

著　　者：［日］中野京子
译　　者：于晓菁
出版发行：中信出版集团股份有限公司
（北京市朝阳区惠新东街甲4号富盛大厦2座　邮编　100029）
承 印 者：鸿博昊天科技有限公司

开　　本：787mm×1092mm　1/32　　印　　张：7.75　　字　　数：167千字
版　　次：2018年10月第1版　　印　　次：2020年4月第3次印刷
京权图字：01-2017-8555　　广告经营许可证：京朝工商广字第8087号
书　　号：ISBN 978-7-5086-8843-5
定　　价：168.00元（全四册）

目录

Contents

序章 >>

以塔为名的城堡 >>

在旧伦敦市区的东部，伦敦塔庄严地矗立在泰晤士河北岸，作为世界遗产中的一处观光胜地享负盛名。既然被称作“塔”，一般人们联想到的自然是像比萨斜塔那样独立耸立着的“塔”，但伦敦塔并非如此。它是一座被坚固城墙包围着的巨大要塞，占地 18 英亩（约 0.07 平方千米），包含大大小小 13 座塔。它的名字就是由此而来，正式名称其实是“女王陛下的宫殿要塞”。

伦敦塔始建于 1078 年，源于当时的威廉一世要建造一座要塞（这里也留有更久远之前古代罗马帝国作为驻扎地的痕迹）。之后，历代王室在这座被护城河和城墙环绕的要塞内，不断增建并重修各个建筑。伦敦塔内出现了类似日本天守阁的白塔、礼拜堂、大堂、铸币厂、天文台、兵营、军械

《塔中王子》，约翰·埃弗里特·米莱斯，1878 年，画布油画，
皇家霍洛威，147.2 厘米 ×91.4 厘米

▶这是现在的伦敦塔，它的前面就是泰晤士河

库，有一阵子还建造了一个动物园。它就这样渐渐成为英国王室的象征。

一开始，伦敦塔是作为迎击敌人的要塞和王室平日所住的居所，但在12世纪初开始作为关押人质和叛国分子的监狱使用。它坚不可摧，从它的内部难以逃脱，所以监禁犯人是再适合不过的了。一开始，它只是关押战争中的人质以此来获取赎金，虽说是幽禁，但待遇还是不错的。直到变身为恶名昭彰的“血之要塞”（甚至建造了“血塔”这样一座令人毛骨悚然的建筑），不过那是在15世纪玫瑰战争之后的事情了。在权力战争中战败的王侯贵族、神职人员、学者等，一个个在这里静待死刑。反叛者之门、铁格地牢、拷问室、绿塔等处刑地，都是令人不寒而栗的著名场所。

令人意外的是，在城墙内被斩首的其实只有王后等七人，其他的死刑犯都是被拖出伦敦塔带到城外的塔下公开处刑的，大部分民众就像赶庙会般边吃边喝，观赏这一

▶伦敦塔的古图

切。砍下的头颅会被涂上煤焦油，暴晒在反叛者之门或伦敦桥上。

在一向对幽灵之说喜闻乐道的英国人中间，盛传着不计其数的在塔内目击到幽灵的传说。最著名的是双手抱着自己头颅的安妮·博林、亨利六世以及少年国王爱德华五世和他的弟弟等。这些人或被处刑或被暗杀，心存怨念，所以他们高贵的灵魂在城墙内四处游荡。夏目漱石在他的著作《伦敦塔》中写过对伦敦塔的造访只限于一次，难道是因为他的第六感过于强烈，感应到什么了吗？

伦敦塔中被囚禁的人们 >>

伦敦塔给人阴森凄惨的印象达到顶峰是在都铎王朝亨利八世时期。随着政治体制渐渐稳定，被处刑者越来越少，到了斯图亚特王朝查理二世时代，实质上的处刑几近消失。等到了汉诺威王朝的维多利亚女王时代，伦敦塔已经不再是王家的要塞，它作为一座历史遗产建筑物的身份越来越明确。

当然，并不是说不再有囚犯，只是拷问、处刑及塔内暗杀的行为不再存在。伦敦塔内的最后一名被囚禁者，是希特勒的得力心腹——纳粹的大人物鲁道夫·赫斯。1941 年，第二次世界大战期间，他靠降落伞谜一般的在英国境内着陆，在伦敦塔内被幽禁了三天之后，被移送到军事基地。自此之后，塔中不再关押任何囚犯。

让我们按照年代顺序来看一下被监禁在伦敦塔内之后被杀害的历史人物：

14 世纪上半叶——苏格兰独立运动斗士威廉·华莱士。

15 世纪下半叶——兰开斯特王朝最后一位国王亨利六世，被暗杀。12 年之后，约克王朝的爱德华五世和他的弟弟，在塔内下落不明。

16 世纪上半叶，关于亨利八世——反对国王离婚的思想家托马斯·莫尔，亨利八世的第二任王后安妮·博林、第六任王后凯瑟琳·帕尔，总理大臣托马斯·克伦威尔，玛丽一世的教母索尔兹伯里伯爵夫人玛格丽特·波尔。

16 世纪下半叶——只做了 9 天女王的简·格雷。

17 世纪上半叶——由于反对伊丽莎白一世被处以叛国罪的埃塞克斯伯爵罗伯特·德弗罗，詹姆士一世爆炸事件中的犯罪嫌疑人盖伊·福克斯。

在处刑之前死于拷问的人其实也不在少数，他们被灌水，施以火刑，送上拷问台，受尽各种折磨。

当然，也有红运当头，活着钻过那被称作绝对无法生还的反叛者之门的生者。其中一位就是伊丽莎白一世，她不但安然无恙地从塔中走了出来，之后的很长一段时间还成了英国的统治者。她也把不少臣属扔进了伦敦塔，除了之前说到的罗伯特·德弗罗，还有她宠幸过的沃尔特·罗利。不过，他的入狱理由只不过是个借口——因为沃尔特·罗利和女王的女官偷偷结婚，招致了女王的嫉妒。两个月后，罗利就从塔内被释放了。

伦敦塔就这样，目睹着一千年中王室这些纷纷扰扰的事件发生。

英国王室 >>

英国的全称，是“大不列颠及北爱尔兰联合王国”（Unite Kingdom of Great Britain and Northern Ireland，略称 UK）。

不过，这个被称作 UK 的国家，是经过数个世纪一场又一场战争才形成的。虽然它只是一个小小的岛国，但英格兰人、苏格兰人、威尔士人、北爱尔兰人，都争夺过这个国家的统治权，而且来自外来的进攻和宗教战争也接连不断。它的历史还真不是一点点复杂。就是因为太过复杂，所以人们就用“英国”“英国人”这种简单的词语来作为总称。在本书中，我们就沿用这个称呼吧。

那么，英国王室究竟是从何时开始的呢？

让我们先把一些异议暂放一边，认为是为伦敦塔打下根基的威廉一世即位的那一年——1066 年吧，因为自此以后，这个国家就一直是由一位国王来统治了。

那么，这位威廉一世是出身于英国吗？

非也。他是一个诺曼人，开创了诺曼王朝。诺曼人的祖先都是海盗，也就是说他属于北欧的日耳曼人。更为复杂的是，这位国王居住在法国，使用法语，是法国国王的朝臣诺曼底公爵，叫作吉约姆。这位吉约姆征服了英国，成了威廉一世，也就是说他当时是一位作为法国国王朝臣的英国国王。威廉一世的别名叫作征服者威廉一世，就是由此而来。之后英法之间关系的错综复杂也的确让人难以反驳。

诺曼王朝持续了将近百年，之后是英国人开创的金雀花王朝，从 12 世纪中叶开始统治了近 250 年。在这个王朝的末期，英法百年战争爆发。由圣女贞德席卷而来的风暴让英

对威廉一世（左）宣誓臣服的哈罗德，截图自《贝叶挂毯》

国只留下了加来海峡，而把迄今所得的大陆领土统统拱手让了出去。

英国王冠最后落入了金雀花家族的分支兰开斯特家族的手里。在战后的各种纷乱中，另一支约克家族开始抬头。同一家族中的这两个分支开始针锋相对，在1455年爆发了30年之久的激烈内战。这就是众所周知的“玫瑰战争”。这个名字听上去极富浪漫色彩，它源于两家的族徽——兰开斯特家族的族徽是红玫瑰，而约克家族的族徽是白玫瑰。

战争的前半期是“红玫瑰”得势，到了后半期，优势就到了“白玫瑰”那里。爱德华四世在王座上坐了22年，大家都以为约克王朝可以这样一直延续下去，没想到他突然病故了。于是，13岁的王子被拥立为爱德华五世，监护人是他的叔叔理查。这个叔叔命令这位新即位的少年国王和他11岁的弟弟于戴冠式之前在伦敦塔中待命。

这位叔叔就是莎士比亚在初期创作的杰作《理查三世》中描绘的那个充满魅力又恶贯满盈的恶棍。莎士比亚在作品中让他这样自嘲地描述自己：“一个瘸子，长得歪歪斜斜，当他从狗的身边走过，狗都会吠叫不止。”他把侄子们关在塔里，让杀手杀害了他们，自己作为理查三世即位……我也想这样武断地说下去，但其实因为莎士比亚是一位反对理查的剧作家，作品中掺杂了大量主观创作的细节，所以历史学家对此也疑义颇多。关于理查三世把两位少年关进伦敦塔，说他们并非是出自正统王室血统的王子，所以才自戴王冠，还有后来不知怎么两位少年就从伦敦塔中消失这些事虽然的确属实，但杀害少年的凶手真的是理查吗？至今未有定论。

19 世纪的重要人物、法国皇家级人物德拉罗什，把这个紧迫的场面栩栩如生地描绘了出来——相依相偎的二人，

▶《理查三世》，画家不明，18 世纪

从门缝朝里窥视的人影，吠叫着的小狗。从这只吠叫着的小狗我们可以得出，德拉罗什应该是相信了莎士比亚的描述（关于这幅油画详细的解读，请参考拙作《名画之谜：历史故事篇》）。

大概在半个世纪之后，英国画家米莱斯也以同一主题画了一幅画（本章第一幅画）。他应该是受到了德拉罗什之前

▶《塔中王子》，保罗·德拉罗什，1831 年

那幅作品的影响，在这幅画的背景中几乎没摆放任何小道具，暗指场所是在冰凉黑暗的监牢底下，更突出了少年们的无依无靠。但画中并没有暗示究竟谁是真正的凶手。在米莱斯的时代，各种研究应该又前进了不少，理查三世虽然只统治了短短两年，但一直施行仁政，也许那时证明他并没有杀害两个侄子的论调更加确凿了也未必。

不管如何，历史并没有站在理查这一边。反约克家族的人们集结在一起发动了一决雌雄的博斯沃思战役，理查三世轰轰烈烈地战死沙场。（莎士比亚写下了著名的台词："给我马！给我马！我就把国家换给他！"）玫瑰战争就此落下了帷幕。

玫瑰战争后 >>

约克家族的直系子孙自此灭绝，兰开斯特家族也没能重整旗鼓。博斯沃思战役的胜利者亨利并不是兰开斯特家族的直系。根据约瑟芬·铁伊的小说《时间的女儿》中所述，他只不过是“国王弟弟儿子的私生子的曾孙”（小泉喜美子译）而已。

也许他本人也感到了底气不足。玫瑰战争之后，新王亨利七世一即位，马上把王朝的名字改成了都铎。为了锦上添花，他娶了约克家的公主伊丽莎白，她是爱德华四世的女儿，消失了的少年们的姐姐，理查三世的侄女（当然，她根本没有说“不”的权利）。

亨利七世——从他的肖像画中就能看出他的精明——这位心狠手辣的政治家杀光了和约克家族相关的所有男性，没收了他们的全部财产（之后他的儿子亨利八世继承了他这种心狠手辣的性格）。他把王后伊丽莎白的母亲（也就是他的岳母）幽禁在修道院里，不但没有对敌将表示敬意，而且尽情侮辱理查三世的遗体（难怪有研究者认为杀死两位少年的凶手可能是亨利）。他给长子取名为亚瑟，就是在宣扬他的家族和亚瑟王之间有深远的关系。而且，他在很久之前就一直对外宣传理查三世的恶棍论。

▶《英国国王亨利七世》，传说为米歇尔·西图所画，1505 年

像这样的王朝理应持续很长时间，但都铎王朝却以出人意料的方式落下了帷幕。不要说和哈布斯堡王朝相比，连罗曼诺夫王朝和波旁王朝也远远不及，只有120年不到的命运。王室在更迭之际总会出现不同寻常的人物，电视剧般的情节层出不穷，这可以说是英国史的有趣之处。从全世界范围来看，至今还保留着王室的大国也只有英国了，它真是一个让人饶有兴味的国家。

本书介绍了关于英国王室的三个王朝——都铎王朝、斯图亚特王朝和汉诺威王朝，以及和他们相关的名画及历史故事。让我们来一一进行解读。

第一部

都铎王朝

都铎王朝家谱

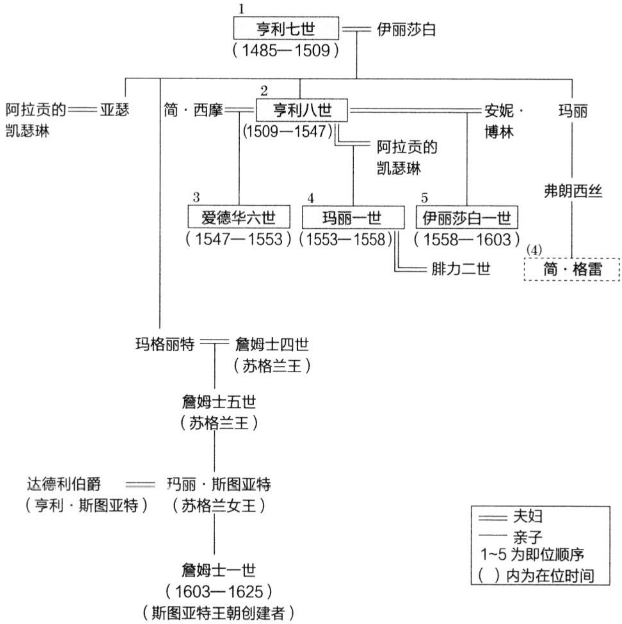
1
亨利七世
（1485—1509）
伊丽莎白
阿拉贡的凯瑟琳
亚瑟
简·西摩
2
亨利八世
(1509—1547)
安妮·博林
玛丽
阿拉贡的凯瑟琳
弗朗西丝
3
爱德华六世
（1547—1553）
4
玛丽一世
（1553—1558）
5
伊丽莎白一世
（1558—1603）
(4)
简·格雷
腓力二世
玛格丽特
詹姆士四世
（苏格兰王）
詹姆士五世
（苏格兰王）
达德利伯爵
（亨利·斯图亚特）
玛丽·斯图亚特
（苏格兰女王）
詹姆士一世
（1603—1625）
（斯图亚特王朝创建者）
夫妇
亲子
1~5为即位顺序
（ ）内为在位时间

第 1 章

Holbein

《大使们》

汉斯·荷尔拜因

当我们靠近画面，从右上角或左下角斜着看过去时，可以在地上看到一个骷髅（死亡的象征），画中每个物件也都包含着各自的意义。

宗教问题 >>

以路德提出的关于赎罪券的《九十五条论纲》（1517年）为发端，一场宗教改革的疾风暴雨席卷欧洲。这场运动也影响到了画家们。当时最大的后台就是教会，举着反对天主教（正统教会）旗帜的新教徒们（提出异议的人）基本上是不承认教会内的圣像和圣人画像之类的。所以，新教国家里的画家们面临着订购数量急剧减少的艰难处境，住在瑞士的德国人汉斯·荷尔拜因就是其中之一。当时，他的这幅画激活了如沙漠般的英国画坛。

汉斯·荷尔拜因给人文学家伊拉斯谟画过肖像，经由这位大师的介绍来到伦敦之后，又得到了效力于亨利八世的大法官托马斯·莫尔的庇护。不久之后，他又获得国王的青睐，开始作为宫廷画家为众多王室成员和大臣们画画。当时英国宫廷的样貌能栩栩如生地展现在我们今天这些人的眼前，毫无疑问多亏了这位杰出的肖像画家。

《大使们》创作于 1533 年，画的是受命于法国国王弗朗索瓦一世，肩负重任来到伦敦的两位大使。这幅画作为“视觉陷阱”是非常有名的。当我们面对这幅画面精致、充满现

▶《大使们》，汉斯·荷尔拜因，1533 年，橡木板油画，伦敦皇家美术馆，207 厘米 ×209.5 厘米

实感的油画时，目光就会不自觉地看向那个仿佛冷不防从旁滑入的不明所以的物体。这是远近法中把画像极度扭曲的一种画法（歪像画法）。当我们靠近画面，从右上角或左下角斜着看过去时，可以在地上看到一只骷髅（死亡的象征）。这种异化效果的冲击力是极大的，更成了这幅作品中一个强烈的点缀部分。

画中的每个物件都包含着各自的意义，让我们来一一进行解读。

从左边站着的骑士丁特维尤拿着的短剑上的数字，我们可以知道当时他是 29 岁。右边主教塞尔维把胳膊支撑在一本书上，上面的数字显示那时他是 25 岁。他胳膊上方的日历上显示着当天的日期——1533 年 4 月 11 日。另外，中间架子上的天体观测仪、三角规、地球仪、数学书等，都显示了这二人具备高等学历。

然而，象征“调和”意味的弦乐器鲁特琴上的琴弦为何如此松弛？鲁特琴的黑色琴罩也掉落在了地面上。在那本翻开着的路德翻译的德文版赞美歌集书上，可以看到天主教使用的歌曲乐谱。地面上的马赛克花样是威斯敏斯特教堂地板的复制品图案；这座建于中世纪的天主教堂，如今正在慢慢改变。另外在画面的左上角，从绿色窗帘的缝隙中可以瞥见被钉在十字架上的耶稣。

这些都暗示了这两位大使的访英目的。因为当时亨利八世向罗马教皇申请和王后离婚却遭到拒绝，于是准备和梵蒂冈断绝关系。一旦那样，欧洲“和谐”的局面就会被打乱，天主教国会越来越少，法国也许将被新教国家所包围。法国国王意识到了这种危机，所以希望亨利八世能打消离婚的念头。

当然，荷尔拜因是知道这一切的，但他更了解亨利八世。这两位优雅的法国官员、年轻的知识分子绝不是那个态度强硬、身高超过一米九的巨汉亨利八世的对手，他不但会殴打大臣，还会大声恫吓拜见者。他们的任务应该会以失败告终吧。画家把他感受到的完完全全传达给了我们这些观画之人。而事实也的确如此。

一箭双雕的宗教改革 >>

创立都铎王朝的亨利七世娶了“消失了的少年们”的姐姐做王后，他们一共生育了八个孩子，其中四个夭折，有两个儿子存活。长子亚瑟虽然体弱多病，但为了巩固王朝基石，15岁时就匆忙成婚。对象是西班牙的阿拉贡的凯瑟琳（16岁），她带来了一笔丰厚的嫁妆。

仪式举行半年后，在夫妻二人没有圆房的情况下，亚瑟就因病去世了。一般像这样只是挂名的王太子妃会回到自己的故乡，但亨利七世不想返还那笔嫁妆，所以强行留下了凯瑟琳。不久之后，亨利七世的王后也因病离世，这正中他的下怀，他开始策划把凯瑟琳娶作自己的第二任妻子。但此举遭到西班牙方面的强烈抗议，亨利七世不得不打消了这个念头。于是，亨利七世让成为新王子的次子亨利与之成婚，而这需得到梵蒂冈方面的特赦。

为什么说需要特赦呢？那是因为在《圣经·旧约》中，记录着弟弟娶兄弟的妻子是一件非常污秽之事。在那样一个宗教完全凌驾于世俗之王的时代里，这件事是不被允许的。但当时梵蒂冈的势力已经日薄西山，新教国家如雨后春笋般诞生，所以他们不得不屈服于边境上的这个二流国家——英国的要求。于是，亨利和比他年长六岁的凯瑟琳定下了婚约。

1509 年，父王去世后，亨利八世加冕为王。据说他和妻子一直关系和睦，如果他们诞有儿子，也许英国的历史就会被大大改写一番了。命运就如同下棋一样，这次命运棋子的走动实在是又讽刺又令人费解。凯瑟琳几度怀孕（据说有六七次），但每次不是胎死腹中就是中途流产，存活下来的只有女儿玛丽一人，后来凯瑟琳也无法再怀孕了。

英国当时还未使用《萨利克法典》（只有男子才有王位继承权的法律），所以作为西班牙伊莎贝拉女王女儿的凯瑟琳，理所当然地以为只要让女儿玛丽继承王位就行了。但是，她越想这样说服丈夫，亨利八世就越是想要一位王子。也许是出自对都铎王朝的开创不够名正言顺的一种自卑感，还有他单方面对法国国王弗朗索瓦一世（当时已经有三个儿子）抱有一种敌意的缘故吧。

这时，安妮·博林登场了。她是法国宫廷中一名充满魅力的教育女官，但在西方历史中常常把她写成恶女。安妮看尽了亨利八世是怎样玩弄女性又喜新厌旧的，所以她坚持只有让她成为王后才肯嫁给他。其实这也不难理解。亨利八世越被拒绝，就越成了欲望的俘虏，他坚信年轻的安妮一定能给他诞下王子。于是，他提出要和凯瑟琳离婚。

但是，天主教是不允许离婚的。于是，亨利八世自私地提出，自己和兄长妻子的这段婚姻本就无效。梵蒂冈没有同意，不，是无法同意，因为此时已与20年前的情况迥然不同。哈布斯堡王朝的查理五世以破竹之势统治了欧洲大部分地区，梵蒂冈也不得不对他言听计从。而这位查理五世正是凯瑟琳的外甥。

无计可施的亨利八世想出的新主意竟是与梵蒂冈断绝关系。他也并不是从罗马天主教转投入路德派，典礼等还是几乎依照原样进行，他制定了英国国王兼任教会首领的《至尊法案》。就在《大使们》这幅油画创作的第二年，英国国教会诞生了。

亨利八世为了离婚，和安妮再婚，仅凭一人之力强行推行了“宗教改革”，真是一箭双雕——以后一旦厌倦了王后，他就能轻松离婚。他还取缔了国内近600家不臣服于自己的修道院和教会，没收了他们全部的土地和财产。王室因此更加富有滋润，而他也借此削弱了其他有权势的贵族们的力量，建立了绝对王权。

《安妮・博林》，画家不明，16 世纪

挡我者亡 >>

压卷之作是荷尔拜因所画的四十几岁时的亨利八世肖像。画家把这位国王的个性和气势毫无遗漏地展现在我们面前，他的形象与他之前及之后的一切行为都完全吻合。

在画中，我们见到的是一张充满男性激素的大脸，蓬起的衣装更显出他高大的身材。他周身散发着一种残酷的暴力感，而那双冷酷之极又锐利无比的眼睛更增强了他身上那种令人恐惧的气场。他是那个野蛮时代绝对君主的典型。正因为他在肉体和精神上都让人感到如此可怕，反而增添了他的魅力和吸引力［都铎王朝虽然历时不长，但出现了像亨利八世、安妮·博林、简·格雷（第2章）、伊丽莎白一世（第3章）这样明星般的人物。关于他们的历史著作、小说、电影和电视剧一直层出不穷，也许至今仍在继续问世。人气如

《亨利八世》，汉斯·荷尔拜因，1536 年

此之高，也真是令人惊叹不已]。

18岁就加冕为王的亨利八世即位后做的第一件事就是和凯瑟琳举行婚礼，接着就是处死他父王的所有心腹。要的就必须得到，挡我者必须被消灭——这种凶狠的行为方式贯穿了他的一生。

被亨利八世尊为师长的托马斯·莫尔因为反对他和安妮的结合，被关进了伦敦塔，一年半后被斩首，之后首级被暴晒在伦敦桥上。逆我者亡。但对于凯瑟琳，他还是不敢随意处刑的，因为当时他还不具有和查理五世背后的哈布斯堡家族抗衡的国力。亨利八世把她幽禁在一个偏僻的小城中，不断在精神上折磨她。虽说凯瑟琳最后是病死的，但其实与被亨利八世所杀也相差无几。

不管怎样，最令人瞩目的还是安妮·博林的悲剧。她短暂的一生，仿佛只是为了推进英国的宗教制度，以及为了生下伊丽莎白一世这样一位杰出人物才存在的。不过，她的死也可以说是因为生下了伊丽莎白，因为她没能生下王子。

安妮曾和亨利八世保证过一定会生下王子，宫廷里的算命师也众口一词地说她可以。像亨利八世那样一个任意妄为的暴君，就因为安妮向他保证过的事情没有实现，对她的爱不但一下子化为乌有，而且转变成了一种强烈的憎恶感。和安妮的结合让亨利八世吃尽了苦头，所以这种愤怒和憎恨变得越来越强烈。他给她捏造了通奸罪和乱伦罪，把安妮和她的亲戚，顺便把有可能成为敌人的大臣们一股脑儿都斩首了。

在猎场听到安妮处刑终了的炮声后，亨利八世抑制不住喜悦之情，立即策马奔赴他的新情人简·西摩的公馆。简·西摩成了他的第三任王后，不久之后产下了王子（后来的爱德华六世），但她本人却因难产而死。当生产时医生告知母子皆有生命之忧时，这位国王回答说："救孩子，取而代之的王后不乏其人。"

为纪念成为英国国教会首领而打造的印有亨利八世头像的金币

的确是不乏其人啊。亨利八世还想要更多的王子，于是又开始寻觅新的王后人选。在大臣的推荐下，德国的公爵之女克里维斯的安妮进入了他的候补人选中，他派荷尔拜因去画她的肖像画。画中的女子美貌无比，他们相隔两地成了婚，但见到真人后，亨利八世发现她完全不是他喜欢的类型，于是当即离婚。亨利八世把气都出在了当初推荐的大臣身上，处死了他们。不知当时荷尔拜因是如何胆战心惊，不过幸好亨利八世并没有追究他（也许是爱惜他的才华吧）。可以说第四任王后是最幸运的，之后她与亨利八世没有一丝一毫关系，安安稳稳地度过了余生，比谁都长寿。

第五任王后是安妮·博林的表妹凯瑟琳·霍华德。她是因为出轨，两年后被斩首。当时年仅20岁的她，据说在斩首台上挣脱开行刑人四处乱逃，也真是可怜。那时这位国王已经年过50，他身上的梅毒症状越来越严重，已毫无当年风采，变得又胖又丑。他一次又一次地让外科医生帮他除去脚上的肿块。但他还深信身边人对他的奉承，觉得那是因为自己风流浪漫所致。

第六任王后是遗孀凯瑟琳·帕尔，她照顾坐在轮椅上的国王三年半。令人惊讶的是，她也得罪了亨利八世（有人告发她是异端分子），差点儿被捕。如果是在亨利八世精力最旺盛的时代，她说不定就被直接处死了吧。幸好这位王后是出现在他晚年时期，才幸免于难。

这个怪物最终也没有受到神的惩罚，反而在床上被照顾周到，直到永远闭上眼睛，享年 55 岁。

▶画着亨利八世及六位妻子的画

中间是亨利八世，从上往下按顺时针方向分别为：克里维斯的安妮、凯瑟琳·霍华德、安妮·博林、阿拉贡的凯瑟琳、凯瑟琳·帕尔、简·西摩。

第 2 章

Mor

《玛丽一世肖像》

安东尼斯·莫尔

这幅画应该没有特别美化女王吧？或者这已经是美化后的样子了？玛丽因为长年身心遭受磨难，与她同时代的人众口一词地说她的样貌比真实年龄看上去更加苍老。

英国史上第一位女王 >>

亨利八世过世以后，爱德华六世加冕为王。简·西摩用自己的生命换来的男孩，后来成了马克·吐温儿童文学作品《王子与贫儿》中的王子的原型。但和故事截然不同的是，现实中这个九岁的孩子什么都做不了，而且因为他患有先天性梅毒而体弱多病，看他的样子就知道活不长，也不可能有子嗣。英国政治被随意操控在他的监护人——一部分贵族手里，长达六年之久。

事态发生重大变动是在1553年少年国王去世之后。在亨利八世的遗书中，明确记录着王位继承者的顺序为：在爱德华的后面是玛丽（第一位王后凯瑟琳的女儿），伊丽莎白（第二位王后安妮的女儿），简·格雷（亨利八世妹妹的孙女＝亨利七世的外曾孙女）。但是，当时手握政权以诺森伯兰公爵为中心的新教一派肯定是不愿意天主教派的玛丽成为女王的，那样的话他们就会统统垮台。于是，他们未雨绸缪，让诺森伯兰公爵的儿子和简·格雷成了婚。只要爱德华王驾崩的消息对外秘而不宣，然后逮捕处死玛丽，简就能成为女王，这就是他们策划的阴谋。

然而他们棋差一招，没能抓住重要人物玛丽。看尽权力斗争下各种阴谋诡计的玛丽一早就识破了对方的鬼蜮伎俩，并躲藏了起来。诺森伯兰公爵无计可施，为了尽快让简·格雷加冕为王，对外宣称玛丽和伊丽莎白只不过是亨利八世的私生女。而此时玛丽由她的支持者守护着，在逃亡之地也揭竿而起，宣布为王。

英国的女王究竟是哪一位呢？

无论如何，亨利八世建立的绝对王政早已被那些权贵给搅乱了，英国国教会也无法完全压制住天主教会。

这场女王争夺战在九天后就分出了胜负（历史上把简·格雷称为“九日女王”）。按照王位继承顺序，排在很后面的简要加冕为王还是非常牵强的，况且这一派也没有集合到预期的兵力，结果遭到惨败。被欢呼声包围着的37岁的玛丽凯旋，她在戴上王冠的同时也处死了那些叛徒。然而对于简究竟该如何处置，玛丽一直纠结到了翌年。很明显，简对于周围的阴谋企图是完全不知晓的。玛丽给了简一个选择，如果简可以投到天主教下，就饶她一命，但简表示绝不放弃自己的信仰，因而断然拒绝。在此期间，简的亲生父亲又发动了一次新的叛乱，于是玛丽不得不在死刑执行书上签了名。简也理所当然地和她的舅舅与亲生父亲一起被处死了。

德拉罗什把在伦敦塔中绿塔（和安妮·博林为同一个处刑场所）内，简被执行斩首前的样子，凄美又恐怖地呈现在

▶《简·格雷的处刑》，保罗·德拉罗什，1833 年

了我们面前。这个仅16岁零4个月的花季少女因为身上所流着的王室血液，被野心家们所利用而惨遭杀害，让我们这些看画之人都感到心在隐隐作痛。

苦难不断的前半生 >>

玛丽对天主教的信仰深入骨髓，这与她艰辛的少女时代有关。她的母亲凯瑟琳是天主教国西班牙的公主，是一位每天要做好多次弥撒的虔诚教徒。父亲亨利八世也许是因为玛丽的容貌还有微带赤红的发色跟自己比较相像的缘故，起初还是很疼爱这个女儿的，并指派身份高贵的索尔兹伯里伯爵夫人做她的家庭教师。

但这样的幸福生活不到十年就结束了。安妮·博林的登场让玛丽的母亲被赶到了一个偏远小城，连面也见不到。而一场形式上的裁判就判定她的母亲和父亲离婚成立，她也沦落为私生女（玛丽公主身份的恢复是在父亲最后那位王后凯瑟琳·帕尔的提议下，但那已是多年之后，那时玛丽已经30岁了）。由于英国国教会的成立，连她天主教的信仰也被否定了。她原本开朗的性格变得阴郁起来，身体也受到了影响。据说玛丽很瘦，个子很矮，就是因为在成长期一直担心自己被安妮一派所毒害，没能好好进食所致。

不久之后，她连进出宫廷也遭到禁止，和父王也见不上面了。不幸之事一个接着一个。20岁时，她被告知母亲愤懑离世。所以，她把安妮·博林看作不共戴天的仇人也是可以理解的（当然，安妮也是在生与死的边界上喘息着）。安妮被斩首后，因父王第三任王后简·西摩的说情，玛丽终于又回到了宫廷。虽说如此，但她的身份依然是个私生女，所以处境也并不体面。之后又发生了一件让她痛苦的事情。始终站在她这边的家庭教师索尔兹伯里伯爵夫人，在伦敦塔里被幽禁了两年多后，在没有任何证据的情况下以叛国罪被处以死刑。这应该和伯爵夫人反对亨利八世和安妮结婚，还有反对把玛丽贬为私生女有关。

玛丽以不屈不挠的斗志忍受着这一切，她的这份固执应该是遗传自她的父母。当有人命令她把所持有的宝石拿出来交给安妮时，她丝毫没有妥协；当被提出只要她肯做安妮的女儿伊丽莎白的女官就让她回归宫廷时，她反驳说“我承认她是我的妹妹，但我不能伺候她”；在爱德华六世在位时，她又被多次命令放弃天主教，而她从未屈服过。

母亲亡故后，西班牙一直是玛丽的精神支柱。西班牙不但是她母亲出生的故乡，也是玛丽信仰的故乡。如今母亲的外甥查理五世作为天主教的守护神统治着那片土地，这位西班牙的主人既是哈布斯堡家族的当家做主者，也是神圣罗马帝国皇帝，而且也是玛丽幼时定下的未婚夫。查理担心姑姑所嫁的英国变成一个新教国，即使后来成立了英国国教会，他依然不断给玛丽寄送秘密信件，在信里告诉她一定得活下去，要相信自己终会成为英国女王，把英国再转变为天主教国只有靠她了。这对在苦境中苟延残喘的玛丽来说不知道是多么大的鼓舞。

终于，玛丽当上了女王。她有两个使命必须完成。一个使命是把英国恢复成天主教国。正因为天主教信仰，母亲才会去世（对于玛丽来说，母亲是因殉教而死的），也正因为天主教的信仰，自己才活了下来。她必须把这个国家带入正轨，然后阻止欧洲的新教化。另一个使命是留下英国和西班牙合体的自己的血脉，虽然那时她已年近40，但还是能生育的。幸好娘家那里正好有适合的夫婿候补——查理五世的嫡子腓力皇太子（后来的腓力二世）正好刚刚亡妻。24岁的腓力比玛丽年轻好多。因为查理的撮合，玛丽心动了。

《穿军服的腓力皇太子》，提香・韦切利奥，1551 年左右

爱与死 >>

在没有照片的那个时代，王侯贵族们的肖像画就相当于相亲时的照片了，双方会交换肖像画。《玛丽一世肖像》会收藏在西班牙的普拉多美术馆，也正因如此。

画家安东尼斯·莫尔是尼德兰人（现在的荷兰），他当时已经谒见过查理五世，应该是受到指派前往英国去画玛丽的肖像画的。在前面一章中我们已经说过，这个任务对于画家来说是左右为难的，想必莫尔当时一定也和荷尔拜因一样很烦恼吧。首先得让面前这位模特儿满意这幅作品，对方肯定希望画家能美化一下自己。而看到画后决定是否结婚的另一方，当然又希望能看到一幅尽量接近真实人物的画像。

这幅画应该没有特别美化女王吧？或者这已经是美化后的样子了？

《玛丽一世肖像》，安东尼斯・莫尔，1554 年，油画版画，普拉多美术馆，109 厘米 ×84 厘米

玛丽因为长年身心遭受磨难，与她同时代的人都众口一词地说她的样貌比真实年龄看上去更加苍老。她头发稀少，因为近视的缘故，眼神也较尖刻，像巫婆般瘦削，由于齿槽脓漏的关系，好像牙齿也掉落了不少。在这幅肖像画中，这些缺点被弱化了。画中的她缺乏女性魅力，给人一种饱经风霜的沧桑感，而她那时还是处女之身。

她衣着朴素，衣服上缝制着西班牙风格的精致图案。她的发饰、戒指、项链和袖子上点缀了大量宝石，强调了英国王室的富贵。她的右手拿着一朵玫瑰，为了尽可能看上去像家族徽章上的都铎玫瑰（约克家族白玫瑰和兰开斯特家族的红玫瑰），画家在红玫瑰的花瓣边缘配上了白色。

腓力在看到这幅画后有何感想，我们无从知晓，但不管是怎样的女性，他都只能遵从父亲的命令。政治联姻与爱情无关，只是国家和国家的结合。只要玛丽能生下腓力的孩子，哈布斯堡家族就能得到更多的领土。那样就行了。

然而，玛丽却做起了超越这一切的白日梦。当玛丽见到西班牙大使们拿出提香事先画好的《穿军服的腓力皇太子》的瞬间，就陷入了情网。白色的肌肤，蓝色的眼睛，相连的一字眉，明亮的发色，在这个身材修长的年轻人身上，哈布斯堡一族特有的地包天下唇也让她并不那么介意了，她反而从他北方人的外形上感受到了蕴含在他内心里那种西班牙隐秘的热情。玛丽二话不说，当场就同意了这件婚事。但这幅提香的作品并没有留给玛丽（现收藏于普拉多美术馆）。画中的腓力本人当然知道这幅杰作的价值，所以是不可能放手送人的（据说婚后交换了别的画像）。

血腥玛丽 >>

结婚的筹备工作顺利进行着。英方提出了以下这些条件：如果玛丽去世，腓力不得继承英国王位；西班牙军队不能常驻英国；生下的孩子要成为英国国王，等等。查理五世当然全部答应，但作为交换条件，以腓力的人身安危为由，要求英方保证他在宗教方面的安全，言下之意就是要求英方把新教彻底扫除干净。这对于玛丽来说，也是一件必须完成的任务。

玛丽一世至今仍被人诟病，就是由于她当时不是解散英国国教会后就罢手，而是以激进的方式强烈镇压新教徒，在短短一段时间里就烧死了300人。因此，人们把她叫作"血腥玛丽"。欧洲人的幽默感也真让人甘拜下风，竟然把这个称呼用在了鸡尾酒上。他们把伏特加和番茄汁混在一起搅拌成像血一样的颜色，然后把这种鸡尾酒取名为“血腥玛丽”。这种不拘小节的作风对于日本人来说还真是无法理解（虽然日本人也喝，但还是不可能用“血腥玛丽”来称呼一种酒）。

年轻的新郎终于来到了英国。对方是位女王，腓力也从父亲那里获得了王位，同行而来的人不多。玛丽尽显荣耀显赫，喜悦之情溢于言表，让旁观者看了也不禁莞尔。我们无法得知腓力当时有何感想，他只是沉默不语、面无表情地发扬着西班牙的骑士精神，极其殷勤而优雅地面对玛丽。据说一位随行人员曾这样说过：“殿下忍耐得真是不错。”夫妇二人还算相敬如宾。不久，玛丽怀孕的消息就让宫廷兴奋不已。

一本脑科学研究著作中介绍，18 世纪初，由于怀上继承者的压力极大，200 人中有一人想象妊娠（在现代，这个比例是一万分之一）。虽然并不清楚这个数字的准确率到底有多高，但不管怎样，在当时这个比例还是很高的。在玛丽生活的 16 世纪，情况应该也差不多吧。人类的大脑真是不可思议，一旦相信自己怀孕了，身体里的激素就会突然发生改变，月经停止，开始孕吐，子宫也会随之增大。玛丽就是如此，直到她分娩时才发现自己原来并未怀孕。玛丽深感羞愧，腓力也因为感到无望而放弃了，他在英国待了仅 14 个月，就借口有事离开了那里。

但玛丽依然深爱着她的丈夫，给他写信，期待着他的再次到来。一年半以后，这次他作为腓力二世现身，在英国待了三个月，从玛丽那里得到了一大笔战争经费和将近一万名步兵后，赶往大陆战场。之后腓力虽然赢得了那场战争，但丢失了加来海峡（在英法战争中唯一留存下来的属于英国的大陆领地）。玛丽也因“把英国卖给了西班牙”而比以往更被人诟病和憎恨。

也许是腓力在滞留期间从玛丽的脸色上留意到了她可能命不久矣，就悄悄跟下一任女王候补伊丽莎白求婚。不知能否说是不幸中的万幸，玛丽并不知道这件事。之后玛丽再度幸福地以为自己怀了孕，不想很快就发现是她肚子里长了恶性肿瘤。

对死做好了准备的玛丽又开始了最后一轮烦恼——她必须决定下一任王位继承人。当时她最憎恶的安妮·博林的女儿伊丽莎白因为叛国罪正被关在伦敦塔内，在她内心深处真想把伊丽莎白一刀斩首，但那样的话，都铎王朝就彻底断后了。想杀，又不能杀。在摇摆和纠结中，最终玛丽还是同意了伊丽莎白成为下一任王位继承人。她在没有任何人的痛惜之下离开了这个世界。

腓力没有出席她的葬礼。

第 3 章

Oliver

《伊丽莎白的彩虹肖像画》

艾萨克·奥利弗

画这幅画时，伊丽莎白已年近七十，但画中的她看上去依然非常年轻，脸上没有一丝皱纹。

圣像肖像画 >>

弗朗索瓦·德·拉罗什富科曾这样说过:“命运总是把好运带给它所宠爱的人。”(《箴言集》)

确实如此。如果要用一句话来形容伊丽莎白一世的话,那就是她是一个“运气超好的女人”。倒不是说她一生一帆风顺,而是在她的一生中,每当有危机或灾难向她袭来时,“命运都会改变一切”,给她带来好运。英国比意大利几乎晚了一个世纪才开出文艺复兴的花朵,而且最终能挤进欧洲列强之列,这些都是由她的超强好运和贤明治国带来的。自此,就开始流传英国在女王时代才能繁荣(比如后来的维多利亚女王时代等)之说。

伊丽莎白虽然是公主出身,但当她的母亲安妮·博林被父亲亨利八世处死后,她就沦为了私生女。按照一般情况，她是不可能继承王位的，多亏亨利八世的第六任王后的体恤，恢复了她的公主身份，让她回到了宫廷。下一任国王是同父异母的弟弟，但很快就去世了。再下一任的玛丽女王（同父异母的姐姐）怀疑她叛国，让她乘船穿过“反叛者之门”，把她关进了伦敦塔。临死之前，她拼命恳求女王，发誓绝对效忠，数月之后她被无恙释放。之后她就心无旁骛地定期参加弥撒，勤奋读书和学习，以此熬过了那段倒霉的日子。

在 25 岁时成为女王的伊丽莎白，要面对的是一个充满宗教纷争、疲惫又贫穷的国家。幸运的是，因为国民对前女王玛丽的反感让伊丽莎白集聚到了人气。她还获得了以枢机顾问威廉·塞西尔（他的儿子是罗伯特）为首的一群有治世经国之才的大臣的支持，才终于闯过了宗教问题这道最初的难关。国教会基本上还是新教，但她也不排斥天主教。这种折中做法，让国家渐渐安定了下来。

可天主教一旦有机可乘就想颠覆国家，而苏格兰女王玛丽·斯图亚特、西班牙和梵蒂冈三家联手，一直企图暗杀女王。塞西尔留下嘱咐说给女王送来的礼物，尤其是服装等穿戴在身上的东西，一定要事先检查是否含毒。虽然伊丽莎白在游行或巡行之际频繁改变时间和路线，但还是发生了在游船中遭到炮击等多次暗杀事件，不过每一次她都虎口脱险。

▶《枢机顾问威廉·塞西尔》，据说为马克思·赫拉多所画，1585 年左右

伊丽莎白在这些事上全都幸免于难，还击退了当时最强大的国家西班牙的无敌舰队。这些事都让人们相信她拥有一种神奇的力量（也许很多人会联想到被称为魔女的安妮·博林）。关于伊丽莎白的容貌，对她的形容不是“美丽”，更多的是“五官端正”。她拥有一种与生俱来的威严感，凛然的气质能自然震慑住对方。当然，她自身也巧妙地使用了形象战略，在早期阶段就以处女国王把自己神格化，让众多画家

为她画肖像画，在版画和书中的插图、地图和扑克牌上都会出现她的肖像。

让我们来看看宫廷画家艾萨克·奥利弗的这幅作品。画这幅画时，伊丽莎白已年近七十，但画中的她看上去依然非常年轻，脸上没有一丝皱纹。这幅画跟她其他的肖像画相比，容貌判若两人。相似的是，画中的她身上依旧到处点缀着象征处女的珍珠，戴着精致的假发，穿着华丽的服饰（伊丽莎白着装讲究，有2000套衣裙，80顶假发）。

如同这幅画的名字《伊丽莎白的彩虹肖像画》一般，她的右手握着彩虹。在它的上面写着拉丁文“Non sine Sole İris”（没有太阳也就没有彩虹）。在《圣经·旧约》中，彩虹代表着“神和人之间的合约”，是和平的象征。她身上披的那件披风也很有特色，布满了代表睿智的大眼睛和耳朵。她左手袖子上的图案——从蜕下的皮可以联想到象征永远的蛇，以及象征爱的红心。在褶领上，画着象征忠诚的护手用具（即手臂到手腕处用于防御的护具）。

简而言之，这幅画与其说是肖像画，不如说是一幅宣传圣像画。

《伊丽莎白的彩虹肖像画》，艾萨克·奥利弗，1600 年左右，画布油画，哈特菲尔德宫，109 厘米 ×84 厘米

眼中钉——玛丽·斯图亚特 >>

伊丽莎白最大的心理阴影就是她的母亲安妮·博林。当她的母亲被公开处刑时，她年仅三岁，对母亲的记忆是模糊的。据说她在公众场合提及她的母亲只有两次。伊丽莎白并不爱她的母亲吗？从她一生都珍藏着一枚藏有她母亲精致画像的戒指，就可知事实并非如此。

安妮和国王的婚姻被宣布无效并被斩首，就等于否定了她是王后的事实，而伊丽莎白也因此被贬为私生子。在欧洲王室中，不管是国王多么宠幸的女子，也不管孩子多么聪慧优秀，私生子是不被承认是王族一员的。即便伊丽莎白只是一时被贬为过私生子，也是给了敌人乘虚而入的机会。她在加冕前，每一次都特别强调自己是亨利八世的女儿，因为她必须宣扬她继承王位的正统性。

在这一点上，她的对手玛丽·斯图亚特的情况跟她截然相反。玛丽·斯图亚特的祖母是都铎王朝开朝国王亨利七世的女儿，父亲是苏格兰·斯图亚特王朝的第七代君王詹姆斯五世，母亲是法国贵族吉斯家族的女儿。玛丽出生六天后因为父亲战死，还在襁褓中的她早早就成了苏格兰女王。她六岁时作为法国王太子妃候补前往法国。她在母亲吉斯家的保护伞下被抚育长大，天生丽质的她在法国宫廷的陶冶下变得更加优美高雅。

15 岁时，她正式成为法国王太子妃，第二年因为丈夫弗朗索瓦二世加冕即位，年纪轻轻的她就成了法国王后，真

《12~13 岁的玛丽·斯图亚特》，弗朗索瓦·克卢埃，1558 年

是荣光鼎盛一时。她本该适可而止，可受到周遭的挑唆，在外交文件中署名为“法国、苏格兰、英国、爱尔兰的统治者”，这就相当于向全世界宣告私生子伊丽莎白是没有资格坐在英国女王那个位置上的。她触碰了伊丽莎白最不愿被人碰触的地方，也难怪伊丽莎白会把玛丽视为觊觎她王位的劲敌。

但即使在这样的背景下，这两位女性依然礼节性地持续交换着信件——在我们看来很有意思，但在欧洲，这种外交形式是很常见的。在伊丽莎白和玛丽二人之间，原本就有着细微的血缘关系。对于伊丽莎白来说，玛丽是表哥的女儿；而对于玛丽来说，伊丽莎白是她父亲的表妹。二人相差九岁。伊丽莎白在信中称呼对方为“我的妹妹”，而玛丽称伊丽莎白为“姐姐”。

荣光和没落 >>

玛丽的一生，界限分明地分为荣光的前半生和没落的后半生。成为法国王后仅一年，原本病弱的国王就驾崩了。没有子嗣的玛丽被法国所弃，不得不返回苏格兰。她在贫穷的母国里建造了一个小法国宫廷，尽情享乐数年之后，与有亨利七世血统的达德利伯爵再婚，生下了继承人（即后来斯图亚特王朝的詹姆士一世）。但夫妻二人的关系日渐疏远冷淡。玛丽之后与伯斯维尔伯爵第三次步入婚姻殿堂，这位伯斯维尔伯爵传闻与她的前夫达德利伯爵被炸死事件有关。

国民们再也无法保持沉默了，他们杀死了伯斯维尔伯爵，要求玛丽退位。玛丽逃出禁闭地之后，以为在英国的“姐姐”“不会杀害逃出来的小鸟”，于是逃亡英国。而对于伊丽莎白来说，没有比这更棘手的事情了——这位美丽的苏格兰女王一直堂堂正正地坚称自己才是英国正统的统治者，此时又来寻求庇护，而且她还是一位天主教徒。伊丽莎白只能先让她待在一个偏远的小城里，当然有森严警备，其实相当于把她幽禁了起来。

于是，玛丽就成了常年长在狮子身上的那只虫子。天主教势力想利用玛丽来推翻伊丽莎白，策划了好几场阴谋。但不管伊丽莎白的大臣们如何提议，她就是没有答应处斩玛丽。不论旁人如何说她优柔寡断，她都不会马上做决定，因为她牢记在不得志的年代里学会的一点——当机立断所做的决定绝不会带来好结果，万事先缓一缓，命运自然会把一切领向好的方向。

玛丽被幽禁了将近20年之后，伊丽莎白得到了玛丽参与暗杀自己计划的确凿证据，终于在斩首书上签了字。200年后，德国的席勒把这场女王斩首女王的历史事件写成了戏剧。又过了将近40年，意大利的多尼采蒂以席勒作品为基础，把它改写成了歌剧《玛丽·斯图亚特》。又老又丑的伊丽莎白与年轻美貌的玛丽当面对决的情节，是这部歌剧中最值得一看的部分。在戏剧中，玛丽一直忍耐着伊丽莎白对自己污言秽语的辱骂，直到最后她说出了“你这个肮脏污秽的安妮·博林的女儿”这句决定性的话，导致

▶走向刑场的玛丽·斯图亚特

被判处死刑。

这个故事写得妙趣横生，在某种意义上也决定了伊丽莎白的形象——凭借胜于男子的政治手腕统治着英国的未婚老女人。她要杀死那个为了爱情被迫让出王位的可怜女人，却依然得不到任何人的爱。整个故事完全是从男性角度衍生出来的腐旧的女性观。事实上，这两位女王在世时没有见过一次面，被幽禁后的玛丽给伊丽莎白写了无数的信件，但伊丽莎白没有回复过她片言只语。玛丽恳求伊丽莎白能与自己见面对话，但英明的伊丽莎白并没有答应她。

伊丽莎白其实最希望玛丽不用处刑而自己病死。她在玛丽的斩首书上签名时的羞愧心态，在她后来对于继承人的指定上有着重大影响。

海贼女王 >>

那是一个野蛮粗暴的时代。在伊丽莎白诞生的1533年，俄国伊凡大帝即位，而西班牙人皮萨罗征服了南美的印加帝国（第二年在日本，织田信长出生）。那个时代不管何时都会发生侵略战争，鼠疫也是周期性地泛滥成灾，叉子还没有出现在餐桌上（当时只有刀和勺子，基本都是用手直接拿着吃）。

伊丽莎白是有名的骑马能手，爱好狩猎，喜欢蹦跳强烈的舞蹈，还热衷于当时一个很受欢迎的活动“逗熊”——把熊绑在柱子上，然后放出许多条狗，让它们去互相残杀的一种流血表演。伊丽莎白在宫廷礼仪上很不讲究，女王和属下之间没什么界限。据说不管对方是对谁，伊丽莎白都会破口大骂，对女官会又打又拧，对朝臣也会拳打脚踢或吐口水。

而另一方面，她又非常爱看书，具备很高的学识，而且为人幽默。也许正是这样一个灵魂粗鲁却又睿智知性的混合体让英国国库变得滋润，把英国带进了最初的黄金期。她还给海盗出资，从海盗处获取佣金。

当时，海洋贸易基本都被西班牙和葡萄牙所操控，根本没有英国的机会。这时，以弗朗西斯·德雷克为首的一群自称为“探险家”的人登场了，其实他们就是海盗。伊丽莎白与他们勾结，当他们袭击西班牙船只时，她就会给他们发放私掠特许状并出资援助，因为她实在太憎恨腓力二世了。就是因为他，英国丢失了加来海峡，她还多次遭到刺客暗算。伊丽莎白的论调就是腓力二世在南美所做之事本就和强盗无异，从强盗那里抢一些东西过来又有什么错。德雷克那些人满载着银子，在归国途中的加勒比海域中屡次袭击西班牙船只。据说德雷克等人带回英国的财富，超过国家一年预算的数倍之多。

腓力二世要求伊丽莎白取缔这些海盗，伊丽莎白佯装无知地答应了下来，当然最后没有任何改进。不久，西班牙那边就发觉在背后操控一切的其实就是女王本人。于是，1588 年的“Armada 海战”开始了，Armada 在西班牙语里是“无敌舰队”之意。17 年前，他们在勒班陀海战中打败了世界最强的奥斯曼土耳其军队，此后就驰名世界。当时谁都认为英国是不可能取胜的。

在与130艘无敌舰队舰船决战之前，55岁的伊丽莎白对着人数上明显处于劣势的英国海军这样说道："我虽然是一介女流，但我的胸膛里是英国国王的心。我会和大家共生死！"

作为一个政治家就必须如此，能召唤到好运的，也只有这种具备领袖气质的人物。众所周知，这场无敌舰队的海战以英国胜利而告终。确切说来，真相是在一时难以决出胜负的情况下，西班牙舰队暂时绕到了外海域，在那里遭遇了暴风雨而灭亡（和元朝东征日本时的情况一样）。即便如此，英国海军的确是做到了没有让敌方踏入自己的领地一步，也算大战告捷。难怪伊丽莎白对外大力宣传这次胜利。

他们马上就把这场胜战画入了肖像画中。在伊丽莎白背后的墙上挂着两幅画，左边画的是在海湾内对峙的两军，右边画的是因暴风雨而沉入海底的敌军。伊丽莎白的手放在一个地球仪上，仿佛在宣称世界之海都是属于她的。

▶《无敌舰队海战时的伊丽莎白》，乔治·格沃，1588 年左右

结婚问题 >>

年轻时的伊丽莎白与罗伯特·达德利一定是相爱过的。罗伯特在马上长枪比赛和跳舞方面都是高手，相貌又英俊，引人注目。他和伊丽莎白同岁，是宫廷女性们的梦中情人。“玛丽女王去世了，新一任女王为伊丽莎白”——把这个消息早早传出来的也是罗伯特。甚至还流传着这样一个传说：那时伊丽莎白在橡树下正好读到《圣经》中的第 180 首赞美诗——“那就是神的旨意，平凡人的眼中是看不到奇迹的”这一段（真让人感觉是在做自我宣传）……

新任女王所做的第一件人事决定就是把罗伯特任命为护卫长。所谓的护卫长就是保护女王的最高职位，必须时刻在女王身边待命。也有人说这是因为女王不想让他离开自己一时半刻。在并没有什么特别的政治功绩下，第二年他又兼任枢密顾问一职，并被授予嘉德勋章。

谁都能看出这种特别的宠幸，大家都相传伊丽莎白想和罗伯特结婚。而事实上，二人之间也的的确确可能有过婚约。当时罗伯特的言行完全就是以女王的丈夫自居。当时还发生了一件令人意想不到的事件。罗伯特在十几岁时通过政治联姻结过一次婚，妻子艾米一直住在乡下。因为他们并不是天主教徒，所以是可以离婚的。但在 1560 年（也就是伊丽莎白即位两年后），艾米突然发生非正常事故去世了。在所有用人都被遣派出去之后，她从屋内的楼梯上掉下来，摔死了。

▶《罗伯特·达德利妻子艾米的谜之死亡》，威廉斯·弗雷德里克·伊姆斯，1877 年

对外宣布艾米是因事故而去世，但这个说法很难让人信服。果然宫廷里开始传言说是因为艾米不肯离婚，所以罗伯特杀死了她。仿佛为了掩盖这种说法，之后又传出另一种说法——艾米罹患重病，所以自杀身亡。还有一种说法是，艾米是被不同意女王和罗伯特成婚的反对势力（重臣塞西尔就是其中之一）杀害。19 世纪的英国画家伊姆斯画下了这幅画——画中在楼梯的暗处站着一个男人，正往下看着艾米的遗体。这个人究竟是谁呢……

无论如何，罗伯特是杀人犯的可能性最小。像这样扎眼又离奇的杀人手法，对于他来说没有一点益处，因为国民是不会同意一个杀死自己妻子的男人成为女王丈夫的。而艾米的死，让这场婚姻成了泡影。

对于伊丽莎白来说，这件事让她重新考虑到了结婚对她来说是一件多么高风险的事。她的母亲就是因为结婚才被杀，艾米也是。当然，伊丽莎白绝没有怀疑过是罗伯特杀害了他的妻子（证据就是在数年之后她又封他为莱斯特伯爵，他的护卫长职位一直给他保留到他去世的前一年）。如果今后她要嫁给谁，而那个男人又是一个野心家，也许会为了争夺王位而谋杀自己，或是和反对派的争斗将会再次引起国家的骚乱。而最重要的是，结婚后如果不能生下男性继承人，作为女王的颜面会一扫而光。

伊丽莎白想一直这样操控国家，她有治国的自信，也有这种使命感。走到今天，她可不想再退到丈夫的身后去。即使不能和罗伯特结婚，也可以做情人，不也足够了吗？而把“结婚”作为一张外交牌才是明智之举，可不能忘了那些想和女王结婚的王侯王储——俄国、法国、奥地利、德国……那些想通过联姻把英国弄到手的国王和王子，是不会对可能成为自己囊中之物的国家开战，让它变得荒芜一片的。伊丽莎白对求婚者从不说一个“不”字，当然也不说“好”，只是一直保持着一种暧昧的态度。她用这种手段一直拖到自己最后能生育的年龄，把诸国的求婚者玩弄于股掌之间。大臣们起初强烈建议她结婚，但慢慢地也认同了一位未婚女王的有利之处。

“我嫁给了英国”——伊丽莎白的这句话中有她的心声。谁也不能否认，她把自己的一生都奉献给了英国。所以即使她有些小缺点，也是可以谅解的吧。比如当喜爱的女官或者大臣结婚时，她会异常愤怒，作为惩戒，她会短时间把对方关进伦敦塔。等她迈入老年之后，她有好多比自己年轻许多的情人，还把宫殿里的镜子统统收了起来……

一生不婚这个决定，也意味着伊丽莎白要把她父亲亨利八世费尽心力创造的王朝亲手结束在自己的手里。一般人都会想让自己的孩子继承王位，但以自己的意志结束王朝，这种选择非常人之举。难怪有传说说伊丽莎白是站立着去世的，让人也不得不信呢。

伊丽莎白的遗言是让玛丽·斯图亚特的独子詹姆士担任下一任英国国王。

第二部

斯图亚特王朝

斯图亚特王朝家谱

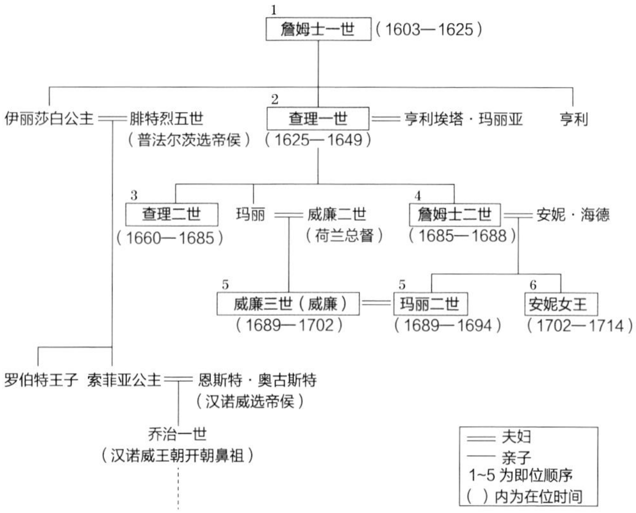

1
詹姆士一世
（1603—1625）
伊丽莎白公主
腓特烈五世
（普法尔茨选帝侯）
2
查理一世
（1625—1649）
亨利埃塔·玛丽亚
亨利
3
查理二世
（1660—1685）
玛丽
威廉二世
（荷兰总督）
4
詹姆士二世
（1685—1688）
安妮·海德
5
威廉三世（威廉）
（1689—1702）
5
玛丽二世
（1689—1694）
6
安妮女王
（1702—1714）
罗伯特王子
索菲亚公主
恩斯特·奥古斯特
（汉诺威选帝侯）
乔治一世
（汉诺威王朝开朝鼻祖）
夫妇
亲子
1~5 为即位顺序
（ ）内为在位时间

第 4 章

Gilbert

《詹姆士王面前的盖伊·福克斯》

约翰·吉尔伯特

在英国有一个叫“盖伊·福克斯之夜”的节日。那天，孩子们会在马路上把用破布做的人偶拖来拖去，当布偶变得破碎不堪之后，他们就会把它拖到广场的篝火上烧了它。

斯图亚特王朝的创建者 >>

据说在玛丽·斯图亚特被斩首的数年之前，曾把一句法语“我死即我生”缝在衣服上。不知这件事是真是假，也有可能是知道历史后事之人杜撰的一笔。但依然有不少人认为这是长年被幽禁中的玛丽，对未来的预感而发生的真人真事。关于这句话，人们体味到的并不是“死后的永恒”，而是另有其意。

那时，不论是玛丽还是伊丽莎白一世都已不再年轻，而一旦当她们都离世，下一任国王的候选人，除继承亨利七世血统的詹姆士（玛丽的儿子）外，别无二选。伊丽莎白虽然生时手握大权，但因为她并没有后继者，所以对于她来说死就是永恒的结束。而身陷囹圄的玛丽虽然在世时弱小无能，但死后她的儿子却可以成为英国国王，她的孙子、曾孙也会一直延续下去……

事实上，都铎王朝的确只延续了118年。接着，斯图亚特王朝开始了。

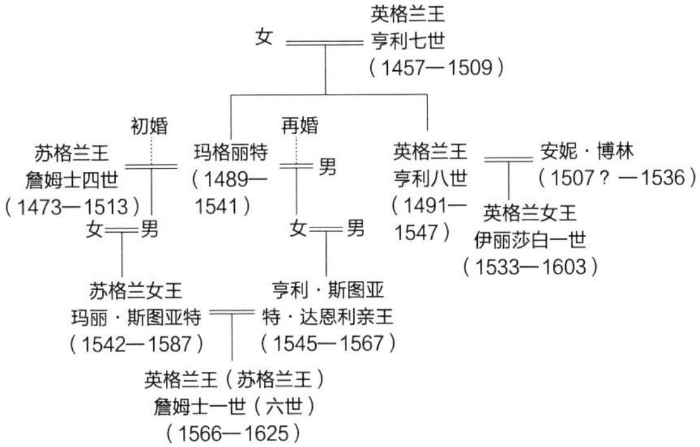

詹姆士身上流着都铎家族的血统，谱系如上图所示。开朝鼻祖的亨利七世有一个名叫玛格丽特的女儿（亨利八世的姐姐），她嫁给了苏格兰的詹姆士四世（他们的孙女就是玛丽·斯图亚特）。丈夫死后，玛格丽特回到了英国，与一位非王族的伯爵再婚（孙子就是达恩利亲王）。虽然有些复杂，通过上面这个家谱，我们能看到玛丽和达恩利亲王的曾祖父为同一人。这二人结婚，生下了詹姆士。

在三十多年后的1603年5月，伊丽莎白驾崩和王位继承人的消息一同传到了爱丁堡城。当时37岁的苏格兰王詹姆士六世欢天喜地地奔赴英国。虽然他的曾祖父和祖父都是在对英战争中战死沙场，母亲也是被前英国女王斩首而亡，但这些事实都没有让他有丝毫的犹豫不决。苏格兰当时仅有80万人口（英国有450万），极度贫困且政局不稳。詹姆士六世那时已对这个国家厌倦至极，在之后的22年里，他只有一次短期回国，对这个国家几乎毫不关心。从某种意义上来说，他是遗弃了自己的祖国（但讽刺的是，被自己的国王遗弃的苏格兰，在之后的很长一段时间里都维持着和平的日子）。

《从南面看到的爱丁堡城市街景》，赫拉，1670年

英国宫廷里的人们恭恭敬敬地出来迎接新王和他的孩子们，喜好奢侈并被叫作“头脑空空”的王后，还有国王的年轻男宠们。詹姆士一世可是以美貌著称的玛丽和以美男闻名的达恩利亲王的孩子啊！也许正因为大家期待过高，詹姆士一世普通的相貌和乡下人般粗鲁的言行，让宫廷人士既震惊又失望。

鼠疫也来迎接了他们（死亡人数达三万人）。由于这场鼠疫，加冕仪式延期到了7月，不过这位苏格兰王最终还是可喜可贺地戴上了王冠，成了英国国王詹姆士一世。不过，这并不是说两国合二为一，只不过是“同君联合”，他既是英国的詹姆士一世，同时也是苏格兰的詹姆士六世。

恶魔研究家 >>

虽然詹姆士一世看上去没那么能干，其实他从苏格兰时代起，就是当时众所周知的屈指可数的文人国王（后世给他取了个绰号，叫作“基督教国中最聪明的笨蛋”）。

他选定学者，出版普及了有国王认可的《钦定英译圣经》。除此之外，他自己也发表了一些著作，有《恶魔学》《自由王国的真正法律》，来到英国后还出版了《烟草排斥论》等。

《恶魔学》——即使从它的时代性来考量——里面也有一种让人不寒而栗的东西。由于是国王亲自撰写的著作，它的影响更为广泛。在这本书中，詹姆士以激烈的笔调列举了恶魔是如何操纵魔女和使妖术的人来作恶，所以他主张必须得给他们以严厉的判决和惩罚，毁灭他们。当然，他也身体力行，当王后突然感到身体不适时，他“看出”（？）是仆人向王后施了魔法，于是拷问女仆，让她招供，然后逮捕了三十多个“魔女”共犯并烧死了她们。他当了英国国王以后，强化了魔女取缔的法律，对于使用魔法之人的刑罚，从之前的终身监禁改成了死刑。搜捕女巫的活动变得越来越激烈和频繁。

当时，莎士比亚以苏格兰为舞台写下了《麦克白》，其中一个重要的登场人物就是女巫，那绝不是偶然。但不知那是莎士比亚在向詹姆士表达敬意，还是暗地里在嘲讽他。

无论如何，上一代伊丽莎白一世治国后半期的繁华已经蒙上了一层阴影，世道再次动荡不安。而詹姆士一世也把他所著的《自由王国的真正法律》中满含激情论述的王权神授论照搬无误地带入了英国。他这里所说的“自由”，指的是国王不被议会（臣民的代表）所左右的自由。他完全不把《大宪章》签署以来英国议会的悠长历史当作一回事。在他在位的 22 年中，仅开过四次议会。他的一生都实行着露骨的专治统治。

詹姆士偏执的性格，也许起因于他的童年时代。他一岁时就成了苏格兰王，自懂事开始就知道自己的母亲被幽禁在英国，不久又得知母亲被伊丽莎白一世斩首。从婴儿时期起就与母亲分别、连母亲的脸庞也几乎没有什么印象的他，对

▶《詹姆士一世》，丹尼尔·麦坦斯，1621年

母亲当然也不会有什么感情。也许在他内心深处对母亲的感情更多的是，她是杀死自己父亲的凶手——母亲是杀父仇人。而反过来，伊丽莎白的父亲杀了她的母亲——父亲是杀母仇人。伊丽莎白对詹姆士来说，也是杀母仇人，但这个仇人又把一顶大国的王冠赠予了他……一切真像一出希腊悲剧。

自从他出生之后，流血事件就层出不穷。

代替婴孩的摄政大臣，不到三年就被政敌暗杀。下一任摄政大臣又同样被政敌杀害。第三位摄政不久又是意外身亡。到他 6 岁时，已经是第四位摄政大臣了。每个摄政大臣都是詹姆士的远亲，他们都是为了一己私利，只是把他当作神牌供着而已。15 岁的詹姆士处死了自己的摄政大臣。当他刚刚准备亲自执政时，不想又被幽禁了起来。第二年，他逃出生天，处死了敌人，终于开始亲自执掌大权。

之后的 20 年间，贵族们一旦有机可乘就发动叛乱，而每一次都被詹姆士镇压下去又夺回大权。他的政治手腕还是相当可以的。因为詹姆士一次又一次被自己的大臣出卖而吃尽了苦头，所以坚定了他王权才是治国安邦唯一手段这个信念，就像他坚信魔女的存在一样，无法被动摇。

爆炸未遂事件 >>

在英国有一个叫“盖伊·福克斯之夜”的节日——在每年11月5日那天会举行盛大的烟火大会（在日本，烟花和幽灵都是夏日的风情诗物，但英国都是在冬天）。在预定举行烟花大会的白天，孩子们在马路上把用破布做的人偶拖来拖去，当布偶变得破碎不堪之后，他们就会把它拖到广场的篝火上烧了它。

细心的读者一定注意到这个名称应该和“血腥玛丽”一样。在这个节日背后，是否也有一段阴森残忍的历史呢？的确如此，盖伊·福克斯确有其人。

1605年，在议会召开数日之前，有密告说有人企图炸毁议事堂。11月5日，搜查队在议事堂的地底下发现了36桶火药，总共有2.5吨之多，还有一个男子在一旁看守。他们抓获了那名男子，并把他带到了詹姆士面前。

19 世纪的水彩画画家约翰·吉尔伯特把这个场面画了下来。詹姆士愤怒地从座椅上站起，右手搁在椅背上，怒目圆睁，紧紧盯着眼前被按在地上跪着的男子。而那个男子双手被粗暴地绑在身后，却依然态度倨傲。记录证词的书记官、持枪的卫兵、脱帽的大臣，每个人都紧紧注视着这个欲实施惊人计划而未遂的恐怖分子。如果没有那个密告，议事堂已经被炸飞了。这般规模的阴谋前所未闻。

这个男子显示出很有骨气的一面。他轻易就承认了自己要炸死国王、王子和议员等计划，但对于自己的本名及同伙的名字三缄其口。即使威胁要对他严刑拷打，其实也真的把他关进了伦敦塔进行拷问，他还是保持沉默。

即使盖伊·福克斯做好了心理准备，对于当时的拷问，他还是无法坚持到最后。被折磨得半死不活的他，终于坦白了自己的真名是盖伊·福克斯，以及另外 11 个同伙的名字。身为天主教徒，他们想废黜詹姆士一世，重新立一个信奉天主教的人做国王。

虽然盖伊·福克斯并不是主谋，但他的男子气概和受刑的惨烈，让他的名字永远地留在了历史上。“游街示众（把他绑在木架上拖到刑场）之后，再在他的脖子上挂上绳圈吊起来（在咽气之前放下），然后挖出内脏（在他面前把那些

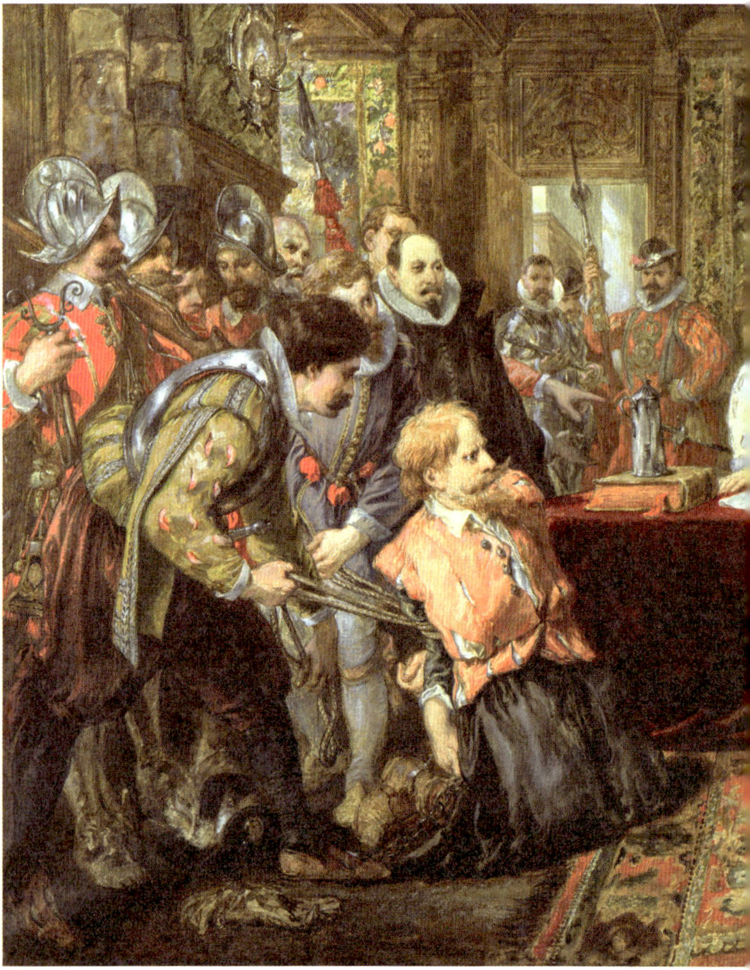

▶《詹姆士王面前的盖伊·福克斯》，约翰·吉尔伯特，1869—1870年，水彩画，哈罗盖特美术馆

从右数第三人即为盖伊·福克斯,《盖伊·福克斯和他的同伙们》, 杜·帕斯, 17 世纪

内脏投进火里), 最后把他的身体四分五裂(砍下头后, 再砍下手足)——就是这样一场非常残酷暴虐, 只给贵族以外的平民观赏的行刑秀。盖伊·福克斯因为之前连日的拷打, 本已非常虚弱, 在被吊起来后就死了。

延续至今的这个节日, 据说当初是为了庆祝防止一场大爆炸而开始的。但即便如此, 看着孩子们开心地拖着盖伊·福克斯的人偶在街上走, 英国人真的没有任何感觉吗? 真是让人不可思议。

账都记在儿子身上 >>

詹姆士一世究竟做了什么过分的事，让天主教徒如此憎恨呢？是因为他推翻了伊丽莎白的中庸政策吗？

并非如此。他并不想介入英国宗教矛盾，犯下那样愚蠢的错误。他在加冕之后发表了会沿袭和伊丽莎白一样以国教会为中心的政策路线，却得到了意想不到的反面效果。英国宗教之所以之前能保持安定局面，是因为有伊丽莎白女王这位领导人物的超凡魅力，才勉强维持下来的，在平静的水面下其实依然有各种不满之声在沸腾。不论是天主教还是新教，不由分说就对这位新国王抱有过大的期待，而由于无法实现，就觉得遭到了背叛而仇视他。

詹姆士虽然信仰新教，但他的王后是归属于接近天主教的一个教派的，而他的母亲玛丽·斯图亚特是尽人皆知的狂热的天主教徒。天主教派对他的期待就在于此。而另一方面，当新教派得知詹姆士会和伊丽莎白一样不打算驱逐天主教时震怒了。新教徒也并非团结一致。清教徒们想把堕落的国教会一扫干净，新教激进派一直给国王施加压力。原本詹姆士是想优待新教的，但那些人基本都是议会派成员，他绝不会把王权神授的专治统治权力拱手让给他们。

这位国王在天主教和新教两边都不讨好，而他又因蔑视议会被大臣们诟病，频繁猎杀魔女的运动也招致了民众的憎恨。即便他为了增加自己这一方的力量而打开国库遍撒金钱，依然于事无补。詹姆士就这样在58岁时平淡无奇地在床上寿终正寝了。

所有的账都记在了他儿子的身上。

第 5 章

Delaroche

《看着查理一世遗体的克伦威尔》

保罗·德拉罗什

听说素养很高的路易十六很喜欢休谟的《英国史》中查理一世失策和处刑那几个章节。路易把查理作为自己的反面教材，但暗中的预感最终也没能让他避免悲剧的命运。

两位国王 >>

千万别小瞧“预感”这东西，它就像从心底的沼泽中涌出的气泡一样，是一种警钟。听说素养很高的路易十六很喜欢休谟的《英国史》中查理一世失策和处刑那几个章节，曾反反复复读过好多遍。他担心自己是否也会重蹈覆辙……路易把查理作为自己的反面教材，与革命派妥协，但暗中涌上心头的预感最终也没能让他避免自己的悲剧命运（请参见拙作《王朝物语　12 幅名画里的波旁王朝》）。

这两位国王跨越 150 年的时空，生于不同国家，却有不少共通之处——原本二人都与王位无缘，他们花在自己兴趣上的时间和精力远超政治，都缺乏作为领袖人物的能力，无法解读时代走向，父债子还，政治联姻所娶的异国王后都让问题更复杂化，等等。

但他们之间也有很多不同之处。查理让他的妻子流亡他乡，因此救了她一命，儿子复辟重新戴上王冠。而路易没有做出那样的选择，结果妻子被杀，他的弟弟复辟了王朝。于是，查理一世王后的名字被人遗忘，而路易十六的王后玛丽·安托瓦内特却在历史书以外至今被人津津乐道。

选择新娘 >>

查理的父亲詹姆士成为英国国王是在他三岁的时候。之后，他就一直生活在英国的宫廷里。当时他有一个比他大六岁的非常优秀的哥哥，所以他几乎没有什么存在感。加上他幼时生病（有人说是脊髓灰质炎），腿脚有些不利索，长得也又小又瘦，还有些口吃，所以没有人对他抱有任何期待。也许正因此他变成了一个非常固执的小孩。

在他 12 岁时，一切发生了转机。王子的哥哥提福斯突然病故，虽然查理对继承王位并没有多大兴趣，却不得不作为继承人被拉到众人的视线中。詹姆士一世对这个小儿子重新开始进行帝王教育，把他的王权神授论硬塞进查理的脑中，同时也开始为他寻找可以托付王朝的未来王后。但是，王家的联姻并不容易，毕竟王子和公主也只是有限的那些人。查理在20岁之前没能定下姻亲。

当时英国的政治状况与伊丽莎白一世相比已经有了天壤之别。处女女王因为憎恨天敌腓力二世而支持荷兰。但到了17世纪，荷兰这个新兴之国迎来了海洋贸易的黄金时代，成了英国出口业上的竞争对手而使两国关系恶化。相反，英国和西班牙、法国结束了无意义的战争而加强了团结。

和曾经的敌国友好地缔结良缘是一个上上之策。英国先向西班牙求婚（腓力四世的妹妹），未果。于是他们又和法国交涉，幸运的是这次成功了——波旁王朝始祖亨利四世和王后玛丽·德·美第奇（出身于意大利富豪之家美第奇家族）的小女儿——亨利埃塔·玛丽亚，她的哥哥就是后来的路易十三，姐姐是腓力四世最初的王后。从这里开始，关系就有些复杂了，亨利埃塔是后来太阳王路易十四的姑姑。她姐姐的女儿又成了路易十四的王后（表兄妹成婚），所以亨利埃塔又是路易十五的高祖姑母。

查理和亨利埃塔的结婚仪式是在订婚后的第二年。詹姆士一世在婚礼前突然离世。1625年，25岁的新国王查理一世即位。数月之后，英国王宫迎来了这位异国新娘。

这里一定会有人产生这样的疑问：

英国是以国教会为中心的新教国，为什么要娶天主教国的公主做王后呢？

关于这一点，法国在宗教立场方面也并非一心一意。亨利四世有个外号叫“在天空翻筋斗的亨利”，足见他在宗教问题上的不坚定。他本是新教徒，后来转入天主教，不过人们都觉得那是他为了平定法国的一时之举（但后来他又被天主教派所暗杀），难怪会有人质疑天主教国苏格兰出生的查理了。不管怎样，这两位国王都是选择了尊重大部分国民宗教信仰的道路。按照这个标准来说，法国算天主教国，而英国则算新教国。

亨利埃塔受意大利出身的母亲的影响，从头到尾都是一个天主教徒。这场联姻从一开始就提出了这样的要求：亨利埃塔的天主教信仰不许遭到任何干涉，得为她在宫殿里建造一座特别的礼拜堂，允许她做“弥撒”（天主教的一种仪式）。这些要求都意见统一后，他们的婚姻才被同意。

虽然这场婚姻在财政上（亨利埃塔带来一大笔嫁妆）和政治上，对于英国来说都算不错，但在宗教方面却是一步坏棋，给国王的人气上抹上了一层阴影。性格强悍的亨利埃塔把让英国重新转变为天主教国当作一己之任，并且毫不隐讳地把这种想法堂而皇之地表现在众人面前，这引起了诸多不满。人们对于她那种自以为来自一级大国的傲慢态度，还有永远都记不住的英语，都频频蹙眉。而且她还跟在革命战争中的梵蒂冈和法国等请求军事支援，这些都让人们更加讨厌她。

不过令人意外的是，夫妇二人倒是伉俪情深，还生下了九个孩子。

与议会的对立 >>

也许是国王和王后在审美方面心灵相通，亨利埃塔在宫廷里万事都走法国奢华优雅的路线，而查理则是艺术大师们的大赞助人，一年在宫廷里要上演将近三十出戏剧。他还大力支持莎士比亚之后的众多作家。在美术方面，他让佛兰德斯的鲁本斯在怀特霍尔宫殿内的国宴厅里画了天顶画，跟意大利的贝尔尼尼订购了上半身的雕像（因被烧毁已不存在）。

比起这些单纯的订购，最了不起的是他三顾茅庐请来了佛兰德斯的凡·戴克作为自己的首席宫廷画家。这应该算是他最大的功绩了吧。年轻俊朗的凡·戴克来到这个美术发展中国家，让肖像画从此增添了前所未有的故事性和微妙神韵，给英国画坛带来了决定性的影响。《查理一世的三面像》虽说是为了给贝尔尼尼的雕刻所做的画稿底样，但正因为经

▶鲁本斯画的国宴厅的天顶画

历过艺术之都罗马爱好者们的鉴赏检验，从中能看出这幅画稿底样透出的凡·戴克的功力：衣着的质感，色彩上微妙的变化，手部的表情，更关键的是从画中我们能感受到查理作为一国之君与生俱来的那种威严感以及一种忧郁的艺术家气质。虽说这幅画可能在很大程度上美化了他，但没有凡·戴克，就绝不会有这样一幅查理画像。

有趣的是，在同时代的西班牙也有这样一对主仆。与凡·戴克同年出生的委拉斯凯兹，受到腓力四世的大加赞赏，而腓力四世与查理一样在政治上毫无建树。委拉斯凯兹

《查理一世的三面像》，凡·戴克，1635 年

用他天才的画笔为后世画下了黄昏时刻的西班牙哈布斯堡宫廷。在查理一世被处斩后，他大部分的美术收藏品都被革命政府给拍卖了，而买入那些意大利绘画杰作的正是这位腓力四世（凡·戴克的最高杰作《狩猎场上的查理一世》最后也是被法国得标）。

闲话到此为止。

也许是查理一世在宫廷生活上的过分奢华惹了天怒，在他治国十年之后，恶劣天气、歉收、暴动频频发生。大臣们看到国库的缩减非常担心，一直进言让他召开国会。查理在即位三年后不情不愿地召开过一次国会，但他深深信奉着父王教导他的王权神授论，当有议员指出他滥用权力时，他非

查理一世被斩首的铜版画

常生气，不久就解散议会并逮捕了指导者。

英国议会历史悠久，可以追溯到13世纪末，由身居高位的神职人员、贵族、各郡骑士以及市民代表等组成召开。随着市民阶层势力逐渐增大，后来有了“没有议会的承认，国王就不能征税”的定例，和绝对王权之间冲突不断。詹姆士一世治国22年中只召开了四次议会（伊丽莎白一世关于重要方案必会召开会议），到了查理时期，他没有打算召开过第二次。在没有议会的承认下，他一需要钱就去征税，还把独占权不断卖给特权商人。查理其实和凡·戴克所画的忧郁形象相差甚远，他是一个惯用高压政策的顽固分子。

破绽就是在不经意中出现的。因为查理要增加教会税，把英国国教会强加给故乡苏格兰，激起了对方的敌意，爆发了前所未有的大规模暴动。查理凑不齐镇压苏格兰所需的军备资金，不得已召开了第二次议会。这次议会让议员们足足等了11年，他们当然不愿意出这笔费用，也不支持国王继续使用他的专治统治权力。而国王则不允许任何人质疑自己的王权，两者之间的矛盾越来越激化，不久爱尔兰也发生了暴动。究竟是谁的过错呢？大家呼喊着都怪专横的国王和奢靡的王后——这样的呼声越来越高。

1642年，国王派和议会派之间终于决裂，内乱爆发，革命开始了。

清教徒革命 >>

我们在上一章中也谈到过清教徒，英国的加尔文派把宗教改革又朝前推进了一步。他们自称清教徒，把澄清腐败教会当作己任。他们中的大部分是教会派的中心成员。从1640年到王政复辟的1660年期间的这场革命被称为“清教徒革命”，和法国大革命一样，是一场从市民中发起的革命。

武力冲突断断续续地持续了五年之久。最初是国王派得势，后来奥利弗·克伦威尔（他出身于地主阶级，曾在剑桥大学学习，后来成了下议员。他和凡·戴克、委拉斯凯兹一样，都出生于1599年）加入了革命派的指挥层。他带领的充满激情的清教徒“铁骑军”，犹如神灵附体般冲锋陷阵，于是形势渐渐逆转。1648年，国王被捕，内乱结束。之后议会对查理一世进行判决，以“专制、反叛、杀人以及叛国罪判处死刑”。斩首行刑就设在国宴厅前的处刑台上，据说国王最后看到的就是我们刚才介绍的那幅天顶画。

被苛捐杂税压得喘不过气的民众，虽然之前漠然地听着别人说国王如何作恶多端也人云亦云（那是一个识字率低得相当可怕的时代），然而一旦当国王在他们面前被判决斩首，他们震惊了，被吓到了。与神明无异的国王竟然被杀了！在那个瞬间，查理一世成了殉教者。人们蜂拥到行刑台边，用布浸透国王流下的鲜血，把这当作了圣人的遗物。

19 世纪的法国历史画家德拉罗什把国王和革命家之间的这次事件画成了真人等身大小的油画——《看着查理一世遗体的克伦威尔》。躺在棺材中的查理还蓄着他特有的胡须，脖子上看得到被斩首后的血淋淋的痕迹，而穿着朴素的克伦威尔站在一旁，脸上泛着极其复杂的表情……查理一世从一个专治君王成了一名殉教者，时至今日对他的评价应该是一位专制君主吧。而另一方面，克伦威尔从神勇军队的将领到杀死国王、创立共和制的人（如今在国会议事堂前还有拿着宝剑和《圣经》的克伦威尔铜像），后来又成了独裁者。而且他在清教徒革命的高潮期间蹂躏过爱尔兰，把从爱尔兰人手中夺取来的土地分给英国殖民者，他们对爱尔兰进行了一场彻底的掠夺。这些至今仍是北爱尔兰纷争持续的元凶，所以时至今日对于克伦威尔也很难进行最终评价。

《看着查理一世遗体的克伦威尔》，保罗·德拉罗什，1831 年，画布油彩画，汉堡市立美术馆，230 厘米 ×300 厘米

让我们再回到之前的话题。

克伦威尔杀死了国王，宣布英国成为共和国，之后他成为拥有绝对实际权力的“护国公”，在全国实行清教徒化。没有戏剧，没有任何娱乐活动，人们的眼中再无笑意，世界一本正经到令人窒息，人们不得不紧闭嘴巴。水至清则无鱼，有时反而让人怀念当年的浑浊沼泽。

克伦威尔的统治不到十年就结束了。正当人们开始厌烦他的时候，他患上了流感，很快就去世了。他的儿子理查德成为新护国公，但因为原本就不是他们家的王朝，正如所料，他很快就被赶下了王位，流亡他国。不过出人意料的是，他竟然活到了85岁高龄。

第6章

Wright

《查理二世》

约翰·迈克尔·赖特

在被清教徒强制下过活的国民们，举国庆祝查理二世的即位，人和马都穿金戴银，让人目眩。

“快活王” >>

1660年，议会宣布决定王政复辟。

在清教徒的强制下，国民们在克制而无味的生活之下快窒息了。他们盛大欢迎斯图亚特王朝的嫡子凯旋，举国庆祝查理二世即位。著名的塞缪尔·皮普斯（后来的海军大臣）在他的《日记》中记录了当时加冕队伍富丽豪华的盛况，人和马都穿金戴银，让人目眩。

众所周知，这位30岁的新国王喜爱铺张喜爱玩乐，在逃亡途中向各国宫廷借了不少钱，除了打扮、美女和美食，别无他念。他从16岁起就开始了漫长的亡命生活，一直处于经济拮据和路途困顿之中，而今一旦国王宝座到手，便准备彻底开心玩乐一番了。他立即重开了克伦威尔当时禁止的各种戏剧表演以及游乐场所，让全国充满了活力。大家把他叫作“快活王”。

他即位不久就让宫廷画家约翰·赖特执笔给他画了这幅肖像画。画中的他右手拿着宝石，头戴当时流行的乌黑卷曲

▶《查理二世》，约翰·迈克尔·赖特，1660—1665 年，画布油画，英国国家肖像馆，126.4 厘米 ×101 厘米

的假发，脖子上挂着最高级别的嘉德勋章。这本是属于骑士团的勋章，表明这是一幅效仿持枪骑马的骑士画像。蓝色披风的肩膀处缝制着许多珍珠，这里也是嘉德骑士团的徽章，在十字周围有“带给恶人以灾难”这样一圈字。

这位天性开朗活泼的查理从小就长着两道浓眉。这幅公式肖像画虽然给人一种一本正经之感，但据说平时他的眼里

▶《查理一世的孩子们》，凡·戴克，1637 年
左数第三个孩子就是后来的查理二世，左数第二个（穿着女孩衣服的）是他的弟弟，就是后来的詹姆士二世

总是闪着戏谑的光。稍厚的下唇和笔挺的鼻子，还有之前所述贪恋女色的地方，几乎就是隔代遗传，跳过父亲，和母亲的父亲亨利四世简直一模一样（大家可以和三十几岁时的亨利四世肖像比较一番）。亨利四世从新教徒变成了天主教徒，又从天主教徒变回新教徒，最后作为天主教徒，被冠以“在天空翻筋斗的亨利”的称号。他在宗教方面像在天空中翻跟斗一样，以这种技巧努力平定政局。而他的一生也是艳福不浅，至今在法国历史上也是数一数二有人气的国王。

《亨利四世》，让·拉贝儿，1584年

可惜英国与法国不同，并没有过高评价艳福家的传统。查理二世在治国的前半期支持率还是很高的，如果没有他临死前带给大家的那个“惊喜”的话，也许至今还会被人民所爱戴吧（后面详述）。查理二世这位国王的气质不太像英国人，大家都觉得他身上所流的法国血统应该更多些，这和他从少年期到青年期辗转的逃亡生活，还有在母亲的故乡法国的生活时间较长有关。那时正好是他表弟路易十四（比他小八岁）的时代，虽然还在摄政期，凡尔赛宫殿也未建成，但法国的奢华和君主强权，让查理极度憧憬。

不过，查理二世并没有愚蠢到想完全效仿法国。他首先对外宣传他并非复仇之神。他把对他父王处斩的主谋者都判了死刑，把克伦威尔从坟墓中挖出来并把其尸体大卸八块，再把他快腐烂的头颅嵌在铁圈上，用长枪插在伦敦桥上暴晒。这些程度根据当时的时代特点来看，也只是仿效先例，并没有什么特别之处，不如说该赞赏他并没有扩大处罚范围。对于一般的清教徒，只要宣誓从此效忠国王也就没事了。他重建荒废的国教会，极力避免和议会发生冲突。对于查理二世来说，国家繁荣才是第一紧要之事。

虽然查理二世不像伊丽莎白一世那样红运当头，但他的运气也算不错的了。在他统治期间，海外贸易方面收益稳定增长，和葡萄牙公主政治联姻，对方带来了巨额财富和红茶，甚至把印度孟买的领地所有权也赠送给了英国（这关系之后印度的统治权）。因为正好是在体制巩固之后，虽然经历了伦敦鼠疫的灾难和第二年的伦敦大火（烧毁了旧市区的4/5地区），查理二世都努力勉强支撑了下来。而那场大火，把没有完全消灭的鼠疫病菌正好烧了个彻底，也成了都市改造的一个契机，危险的木造房子和狭窄的小径被改造成了石头建造的新房子。

当时的灭火方法和日本江户时期一样，只能以毁坏房屋来杜绝火灾范围的扩大。据说当时查理二世满脸烟灰，站在灭火第一线奋力救火。伦敦火灾发生于1666年，日本明历时期的振袖火灾发生于1657年，这两场灾难几乎发生在同一时代。

《伦敦大火》，作者不详，1700年

国王的秘密 >>

查理二世在位的25年间，和众多情人一共生了15个孩子（其中就有已故王妃戴安娜的祖先），可他和王后之间却没有孕育一子。欧洲王室规定只有王后的孩子才有王位继承权，所以他的弟弟詹姆士理所当然就成了下一任国王。

问题是詹姆士当时已公开宣称自己为天主教徒，这样很有可能再次点燃宗教战争。清教徒革命让英国国民对此已深感厌倦，虽然在信仰方面他们一向保持较宽容的态度，但也没有必要再次为此埋下火种。在议会上，大家讨论了是否可以剥夺詹姆士的王位继承权，结果这一提议还是被否决了。

当人们知道詹姆士是天主教徒之后，开始把怀疑的目光转向查理二世。他一直与母亲的母国法国交好，与这个天主教国家结盟，发动了对新教国荷兰的战争（这场战争的战败导致国库锐减）。在他最后的日子里，他也没有再召开过议会。人们开始怀疑快活王是否也倾向于天主教，难道他和他的外祖父亨利一样，要在天空中“翻筋斗”吗？

事实还不仅如此。

1685 年 2 月，54 岁的查理二世突发心脏病，他在临死前传唤的不是国教会而是天主教神父。在接受膏油礼后，他咽了气。虽然不知具体时期，但他应该在很早之前就又皈依天主教了吧。他的外祖父亨利四世是心属新教，对外宣称自己为天主教徒；而身为外孙的查理二世与亨利四世截然相反，他的心和母亲一样属于天主教，对外却宣称自己是新教徒。他欺骗了全国的人民。

在这场震惊后不久的同年 4 月，他的弟弟詹姆士二世加冕为王。詹姆士没有他哥哥那么谨慎，也没有丝毫隐藏想把英国转变为天主教国的野心，他和他的父亲查理一世一样开始了专治统治。时间仿佛又开始逆转。

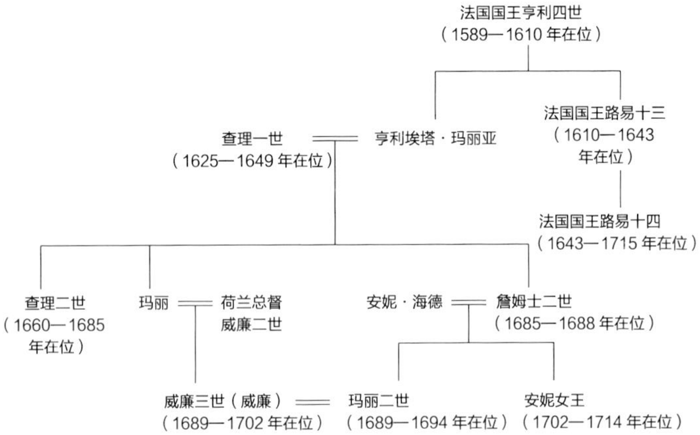
法国国王亨利四世
（1589—1610 年在位）
查理一世
（1625—1649 年在位）
亨利埃塔 · 玛丽亚
法国国王路易十三
（1610—1643
年在位）
法国国王路易十四
（1643—1715 年在位）
查理二世
（1660—1685
年在位）
玛丽
荷兰总督
威廉二世
安妮 · 海德
詹姆士二世
（1685—1688 年在位）
威廉三世（威廉）
（1689—1702 年在位）
玛丽二世
（1689—1694 年在位）
安妮女王
（1702—1714 年在位）

光荣革命 >>

一般的革命是指人民以激烈的方式推翻国家或社会体制的斗争，不可能不发生流血事件。但是1688年的这场革命，在没有出现一个死者的情况下就结束了，由此得名“光荣革命”。

这场革命实际上是嫁到国外的女儿与丈夫一起举兵进攻，把自己的父亲赶下王座，自己加冕称王。“光荣”二字实在让人无法释然。事情的经过是这样的：

詹姆士二世坐上宝座不到三年，在国民中人气跌至谷底，驱逐天主教国王一派占了议会的大部分。议会选中了詹姆士的长女玛丽来当下一任国王，她是一名新教徒（当时父母子女和兄弟姐妹之间有不同信仰是常事）。那时她是荷兰总督威廉三世的妻子，从他们家的家谱中可以看出他们其实是表兄妹。威廉是查理一世的长女（查理二世的妹妹，詹姆士二世的姐姐）生下的孩子。

为何王室成员喜欢近亲结婚呢？就是为了以防不测，比如这一次就发挥了这个作用。虽说这对夫妇是荷兰总督，但其实他们都属于斯图亚特一族，国民很容易就能接受他们。

获得英国议会的首肯后，荷兰派出五万士兵乘军舰列队进入海港。原本站在詹姆士一边的亲戚和贵族们渐渐开始倒戈。国王不战而败，不得不亡命天涯。他后来又活了十年左右，一直想卷土重来，还从法国发出暗杀外甥威廉的指令，可惜天时地利人和都没有，只留下了“英国史上最后一个天主教国王”以及“光荣革命中的不光荣国王”这两个称号。回头再去看油画中他孩提时代身着少女服装的模样，真让人感慨万千。

于是，公主玛丽成了玛丽二世，她的丈夫威廉成了威廉三世，英国史上最初的共同统治开始了。因为当时议会已经取得了主导权，他们在《权利法案》上毫不介意——真想这么说，可被别人限制了自己的权利，如果说在心理上没有一丝抗拒那也是不太可能的——签了名。《权利法案》上的主要内容就是国王不得随意禁止法律条例，重要的法案必须经过议会的承认，天主教徒没有继承王位的权利，等等。英国就这样一边否定国王的绝对权力，一边拥有了一位国王；一边否定共和制，一边又承认了人民的权利。或许是因为他们喜欢阶级社会吧。

在他们共同统治时期，英国又与荷兰进入了蜜月期，而反法情绪更加高涨。玛丽二世即位五年后，在没有子嗣的情况下因病离世。之后威廉三世无甚呼声地独自统治了八年，最后因一场离奇的事故而去世（他骑着的马匹踩入了鼹鼠的洞，从马上跌下摔死）。此时，18 世纪的幕布已经拉开。1702 年，安妮女王的时代到来了。

王位压力 >>

安妮是玛丽二世的妹妹。她是一位新教徒，和丹麦王子成婚后，因为姐姐貌似无缘再生育子嗣，于是和丈夫双双赶回英国。她对成为下一任女王感到了莫大的压力，尤其是在必须诞下王位继承人这件事上。

据说安妮到 37 岁即位为止，怀孕过十七八次（其中包括想象妊娠，所以具体数字不清），但每一次不是流产、胎死腹中就是夭折。她也产下过一个男孩，可惜不到十岁就去世了。次数如此之多，估计是有什么隐秘的病情（有人说是先天性的卟啉病[①]）。和女王夫妻恩爱的丈夫好像头脑也不是很

① 卟啉病又名血紫质病，是血红素合成途径当中，由于缺乏某种酶或酶活性降低而引起的一组卟啉代谢障碍性疾病。可为先天性疾病，也可后天出现。主要临床症状包括光敏感、消化系统症状和精神神经症状。——译者注

▶《安妮女王》，约翰·克鲁斯特曼，1702 年

灵光，所以在生育子嗣问题上应该也不是安妮一个人的原因。

安妮年轻时是个运动健将，但王位给她带来的巨大压力让她开始沉溺于酒精，后来完全成了一个酒精依存症患者，还得了个“白兰地老婆婆”的外号。她暴饮暴食，加冕仪式时因肥胖和痛风，几乎不能走路，一路都乘着轿子，仪式全程都坐在椅子上。她的晚年也是在轮椅上度过的。这样的她当然也不可能长寿，12 年后因病去世。据说因为安妮个子矮，又超级肥胖，当人们把她放进棺材里去时，她简直已经是一个正方形了。这样的女王当然也不可能受到国民的爱戴。

虽说如此，但在安妮执掌朝政期间，还是发生了几件对于英国影响颇大的重要事件。

第一件事就是在安妮统治时期，西班牙发生了王位继承战争（1701—1714年）。因为一直近亲结婚，西班牙哈布斯堡王朝在卡洛斯二世那代绝嗣了（请参考拙作《王朝物语 12幅名画里的哈布斯堡王朝》），于是发生了一场列强各国争抢西班牙的国际战争。英法二国在美洲大陆上接连不断发生激战，这场战争在殖民地战争史上被称为“安妮女王之战”。结果是法国战胜，路易十四的孙子得到了西班牙的王位。但是，作为承认这个结果的条件，英国从法国和西班牙那里获得了众多外国领地。就像在美国独立战争中一样，英国的外交真是让人不容小觑，他们即使战败，依然可以获得许多利益。

第二件事就是英国与苏格兰的合并，加上之前归并进来的爱尔兰，大不列颠帝国出现了，这是后来升级为大英帝国的第一步。

第三件事是，旷日持久的战事引发出主战派和和平派，而这两个派系渐渐分裂为两个立场分明的政党（安妮最初是主战派，后来转变为支持和平派）。多年后，主战派成了自

▶《卡洛斯二世》，胡安·卡雷诺·德·米兰达，1675 年

由党（格莱斯顿、劳合·乔治等），和平派成了保守党（丘吉尔、撒切尔等）。

但因为安妮无子而终，最关键的王朝问题没有解决，斯图亚特家族就此落下了帷幕。

在王政复辟之后的五十几年中，四个朝代五位君主以令人目眩的速度完成了君主交替。而在此期间，法国一直是路易十四这位太阳王一人君临天下，时间长得几乎让国民生厌。国王在位时间太短有弊害，过长也是，究竟哪一个能让国民更容易忍受呢？

第三部 汉诺威王朝

汉诺威王朝家谱

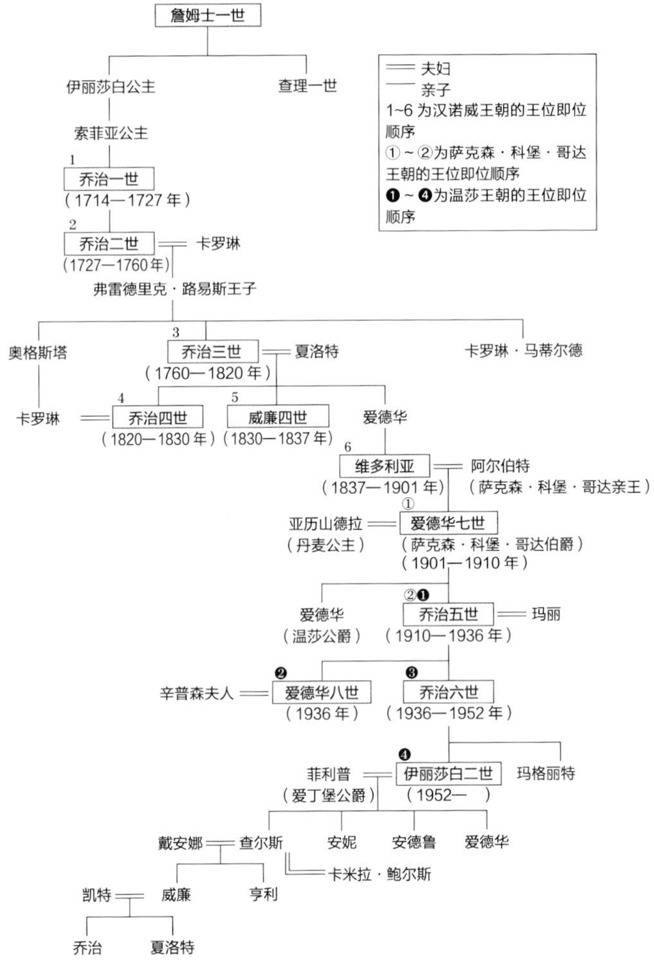

詹姆士一世
伊丽莎白公主
查理一世
索菲亚公主
1
乔治一世
（1714—1727 年）
2
乔治二世
卡罗琳
（1727—1760 年）
弗雷德里克 · 路易斯王子
奥格斯塔
3
乔治三世
夏洛特
（1760—1820 年）
卡罗琳 · 马蒂尔德
卡罗琳
4
乔治四世
（1820—1830 年）
5
威廉四世
（1830—1837 年）
爱德华
6
维多利亚
（1837—1901 年）
阿尔伯特
（萨克森 · 科堡 · 哥达亲王）
亚历山德拉
（丹麦公主）
①
爱德华七世
（萨克森 · 科堡 · 哥达伯爵）
（1901—1910 年）
爱德华
（温莎公爵）
②❶
乔治五世
（1910—1936 年）
玛丽
辛普森夫人
❷
爱德华八世
（1936 年）
❸
乔治六世
（1936—1952 年）
菲利普
（爱丁堡公爵）
❹
伊丽莎白二世
（1952— ）
玛格丽特
戴安娜
查尔斯
安妮
安德鲁
爱德华
卡米拉 · 鲍尔斯
凯特
威廉
亨利
乔治
夏洛特
══ 夫妇
── 亲子
1~6 为汉诺威王朝的王位即位顺序
① ~ ②为萨克森 · 科堡 · 哥达王朝的王位即位顺序
❶ ~ ❹为温莎王朝的王位即位顺序

第 7 章

Hogarth

《南海泡沫事件》

威廉·贺加斯

牛顿损失惨重，而亨德尔因此大大赚了一笔。就在这个时期，威廉·贺加斯登场了，从此之后英国式更加充满讽刺意味的画作发展了起来。

来了一个讨厌鬼 >>

公主是不能随便嫁人的。为了维持国家正常运转，她们得尽量和其他国家的王族成员成婚，因为只有王族之间生下的孩子，当发生继承者人数不足时，才有资格成为重要的候补对象。

随着安妮女王的离世，斯图亚特王朝也同时迈向了终点。通过上述这种机制，英国寻踪觅迹找到了詹姆士一世的女儿伊丽莎白公主（查理一世的姐姐），她嫁给了波希米亚王，其女索菲亚公主出嫁汉诺威，成了汉诺威女公爵。安妮去世后，这位索菲亚是唯一符合具备“拥有斯图亚特王朝血统的新教徒”这一条件的高贵王族成员，于是她成了下一任女王的候选人。然而，当这个决议通过时，她已经八十高龄，并在安妮女王过世的前两个月也离世了。

不过不用担心，索菲亚很能生孩子，她诞有三个健康的男孩，长子汉诺威选帝侯[①]乔治，一边兼任选帝侯一边加冕为英国国王。1714 年，乔治一世登上了历史舞台。有德国血统的汉诺威王朝揭开了序幕。

实际上，这位第一任国王当时已经 54 岁。他和罗曼诺夫王朝的始祖米哈伊尔一样，对这个新职位并不那么感兴趣，他最害怕的就是暗杀和政变。一会儿清教徒革命，一会儿又是光荣革命，英国国王这个职位可一点儿也不安全。

他不太懂英语，对议会制度也有诸多不满。他觉得自己身上虽然流着少许的英国和苏格兰的血液，但自己完完全全是一个德国人。

其实那时还没有叫作“德国”的国家[②]。三十年战争以后，德国这片土地分裂成几百个小领地（真让人震惊！），每个领地上的领主都把自己当成小太阳王，统治着自己的地盘。他们当时的情况和日本群雄割据时期差不多，只不过在当时德意志人的头脑中并没有什么以一位绝对君主来统一全国的概念（德意志帝国的统一是在 150 年以后）。各个领地的宗教信仰分成天主教和新教，在别的王国看来，这个状况真是充满了

① 选帝侯是神圣罗马帝国中参与选举德意志国王（经教皇加冕后成为皇帝）的诸侯。1806 年神圣罗马帝国灭亡，随之取消。——译者注

② 当时德国分裂为许多城邦国家。——编者注

▶《乔治一世》，克内勒爵士，1716 年

便利性，不管是作为自国公主所嫁之地，或是为自国王子选娶结婚对象。小国集团的德意志就像一个很好的狩猎场。

汉诺威虽说是德国北部一个很有势力的选帝侯国家，但面积与普鲁士或拜仁相比还是小得多，与英国更是无法相提并论。从首都人口数上就如实地反映了它们之间的差距。当时伦敦人口几乎有 55 万之多，而汉诺威市还不满 1.5 万人。如果以今天的日本来打比方的话，汉诺威市就好比距离东京十万八千里的一个偏远小城。不过，现在的市长是由淘汰机制产生的，而当时的领主却是世袭制的，可以在领地里随心所欲，对待自己领地里的臣民和对奴隶无异。

乔治讨厌他知性的母亲，变得跟他父亲一模一样——军人气质、粗暴、毫无教养、吝啬、大胃王，喝了酒之后就喜

《索菲亚·多萝西娅》，杰克·班扬，1691 年

欢放声高唱，就像个乡下人一样，一旦发怒，不管是谁，抓过来就是破口大骂。王室聘请的莱布尼茨和亨德尔很早就逃离了宫廷。而且他好像还有些不正常，喜欢虐待以美貌闻名的妻子索菲亚·多萝西娅。索菲亚多次逃回娘家，乔治又以与她离婚为借口把她骗了回来，结果把她幽禁了32年，直到她离世。他不让他们的儿子（之后的乔治二世）与母亲会面，也不允许他们互通信件。不但如此，他还没收了儿子和母亲之间所有的相关物品，这一切导致儿子和父亲长期关系对立。汉诺威家族以关系不睦闻名，人们都觉得他们在这方面是个很奇葩的家族。

英国国民之前一直听说乔治一世是一位多么仁义的君王，可一旦见到本尊，他不讨人喜欢的形象和不知礼仪、缺乏教养的言行使大家震惊万分。更让大家惊奇的是，在国王身边赫然以王后姿态出现的情人，竟然是一个枯瘦的丑女人（在德国，她的外号是“稻草人”；在英国，人们把她叫作“五朔节花柱”）。乔治一世不喜欢美女的说法由此而来。后来他在英国也有一些情人，基本都不怎么好看（如果其中有让人眼睛一亮的美女或才女，相信历史学家们也不会放过这些情节的）。

总之，英国人的感想就是来了一个讨厌鬼，而这个感想在这位国王的生前生后都没有发生过改变。

泡沫经济的崩溃 >>

就在乔治一世加冕后的第二年，发生了一件他一直担心害怕的事——“詹姆士党人之乱”。“詹姆士党人”就是“詹姆士派”的意思，他们想立詹姆士二世的儿子为王，以天主教国法国为后盾。

因为中途路易十四突然过世，所以这场动乱转眼之间就被镇压了下去。而这一切让乔治更讨厌在英国的生活。他虽然对旁人残酷无比，自己却是一个胆小鬼。在战争中，他可以毫不在意地下令使用各种武力，自己却无法适应这种不知敌人在何处的生活。只要能拿到一大笔王室补贴金，他可不在乎英国的命运到底如何。对于乔治来说，他的故乡才是第一位。他一年中有一大半的时间是在汉诺威度过的，只在英国做短期滞留。他把内政托付给了大臣们，只要不出差错能有好的结果，随便他们怎样都行，这对于英国人来说正是求之不得之事。

“君临天下却并不统治国家”的英国君主立宪制是在乔治一世的无能和对国家的不关心之下确立的——这种说法也许并没有错。

就是这样一位无忧无虑，同时享受着第二国王生活的乔治一世，遇到了第二个危机，那就是 1720 年的“南海泡沫事件”。这里所说的泡沫，指的是泡沫经济的崩溃。事情是这样的：

早在十年之前就创立的南海公司，从国家那里得到了独占签约权，垄断了与南美之间的所有贸易活动。起初公司利润丰厚，乔治一世作为公司总裁，获得了相当大一笔报酬。可渐渐地，公司经营开始举步维艰。另一方面，因为之前连绵不断的战争导致国库空虚，所以南海公司接受国债，被允许发行股票。具有国家担保的南海公司的股票被大众抢购一空，股票在眨眼之间涨了将近十倍，不断有人因此一夜暴富。既然这么赚钱，于是 100 多个“泡沫”公司如雨后春笋般创立起来。但继而不断有因泡沫经济连带产生的受害者出现，政府赶紧出来控制局面，南海公司开始衰败，仅仅一年之间就发生了如此大的变故。

这个事件成了“泡沫”的语源。牛顿损失惨重，而亨德尔因此大大赚了一笔。就在这个时期，威廉·贺加斯登场了，很快他就雕刻出了这个铜版画狂想曲。从此之后，英国式更加充满讽刺意味的画作发展了起来。

让我们细细来看一下这幅画（贺加斯对拟人像都标注了英文字母，并在栏外做了说明）。

首先是中央那个巨大的旋转木马正在一边旋转一边上下移动，它象征着股票。在它的上面是写着“想乘的人就上来

《南海泡沫事件》，威廉·贺加斯，1721 年，铜版画，26.1 厘米 ×32.8 厘米

吧”的广告牌和公山羊（象征恶魔），右面是苏格兰的贵族、老妪、擦鞋匠、祭司和妓女。下面的群众不断抬高旋转木马，有的人还想爬上梯子再乘上去。

画面左边的是“幸运女神”，她被人用自己的头发给吊了起来，而恶魔正用镰刀一刀刀在切割她的头发。恶魔为了让大家开心，把幸运的碎片（就像撒豆子一样）撒向下面的人群。在它旁边的阳台上排成一列的一群贵夫人，正在靠抽签抽取“靠股票而一掷千金的新郎”们。

画面左下方的三人分别是犹太教、天主教和清教徒的祭司，他们明显是在模仿《圣经》中“剥下圣衣”的场景，并在用色子决定受刑的耶稣的衣服究竟属于谁。证据就是在右边，我们仿佛可以看到耶稣在受鞭刑的画面。不过在这里受到鞭打的是“名誉”，而狱吏是“恶行”的拟人化。在他们的旁边，正在遭受车轮刑的裸体男人是“诚实”，举着棒子的是“自我利益”的拟人像。有个英国国教会的祭司正读着《圣经》，在他的右边倒下并陷入濒死状态的是“贸易”的拟人像。

右边的建筑物本是为了纪念查理二世时代伦敦大火后复兴而建造的塔，但浮雕所绘和实物不同，在这里改成了这样一句话：“这个纪念碑是为了追悼1720年因南海公司而遭到破坏的城市所建。”

作为一幅可读之画中的典型，在今天看来依然妙不可言。当年那些经历过泡沫经济的人在第二年看到这幅画时，应该更觉得无比有趣吧（除了那些受到极大损失或者获得巨大财富的人）。

沃波尔发挥力量 >>

乔治一世和他的情妇“五朔节花柱”还有他的王子及政府相关人员都参与了这次泡沫经济。他们从南海公司拿到回扣，在股票暴跌之前获得消息抛出股票，因而幸免于难。任何一个时代都是这样，最后倒霉的总是平民百姓。那些受到波及的人，其实就相当于被国家给骗了。

把这场金融界的大混乱给完美压下来的，是被任命为第一首相、当时 44 岁的沃波尔。在后来的二十多年中，也一直是他实质性地操控着英国的政治。第一首相这个职位也一直延续到了今天。英国首相的正式名称是“大不列颠及北爱尔兰联合王国首相兼第一财政大臣兼公务员大臣”这样一个很夸张的称呼。

乔治一世安心把国家交给这位拥有政治铁腕手段的第一

▶《罗伯特·沃波尔》，戈弗雷·内勒，18 世纪

任首相，而国民更加感到放心。当国王在汉诺威唱着歌、暴饮暴食的时候，这位第一首相努力致力于和平外交，对内颁布了优先地主阶级的内政，给英国带来了被称作“沃波尔的和平期”的一段长时间的稳定和繁荣。

乔治一世因中风突然去世是在这场泡沫经济七年之后，享年 67 岁。在此之前的半年前，人生的一大半时间都在幽禁中度过的可怜的王后索菲亚·多萝西娅病死了。对此乔治认为没有必要办理正式丧礼仪式，只是命人把她放进了一个铅做的棺材里。也许是人们都觉得他冷漠无情又不人道，于是留下了这样一个传闻：索菲亚·多萝西娅在死之前，把她对乔治一世的怨恨都写进了遗书，然后托付给身边的人，让人扔进国王的马车里。国王读完遗书就惊吓而死了。

当然，充满暴力的乔治一世是绝不会因为这点儿程度的小事就被吓死的，他粗壮的神经是感受不到旁人的痛苦的。这就是他招人讨厌的原因所在，也是之后人民再遇到异国与众不同的王室，感到那种违和感的源头。

喜好战争的乔治 >>

1727年，一生仇恨父王的儿子在43岁时加冕为王，他就是乔治二世。他虽然憎恨他的父亲，却变得跟他一模一样——军人气质，喜欢耀武扬威，粗鲁，有数不清的情人，与自己儿子的关系也很恶劣。

幸好他的身边有一位聪慧的王后——卡罗琳，他们在汉诺威时代就成了婚。她一直忍耐着并没有指责丈夫到处拈花惹草的行为，出人意料的是他们的关系还挺融洽。应该说这也是公公乔治一世的功劳。坏心眼的乔治一世，故意在自己孙子的诞生宴上给乔治二世送去了一个他原本就非常讨厌的人，乔治二世因殴打了那个人而遭到一时监禁。公公国王讨厌这个儿媳妇更甚于讨厌儿子（也许是因为她也是一位知性美女的缘故吧），他夺走了她的王室宝石，以致她在加冕仪

《王子时代的乔治二世》，戈弗雷·内勒，1716 年

▶《乔治二世的王后卡罗琳》，戈弗雷·内勒，1716 年

式上只能借来使用。因为这个人，乔治二世夫妻二人变得更加团结了。

当公公去世以后，这位王后和沃波尔联手一起料理国政。当时流传着这样一首小曲："英俊的乔治再威武，统治国家的还是卡罗琳王后。"可惜她只做了十年王后就病死了。于是，沃波尔的和平社会开始慢慢瓦解。乔治二世非常好战，他不顾沃波尔的反对意见，在1739年开始征战西班牙，翌年又参加了奥地利的王位继承战——因为哈布斯堡家族没有男性继承人，玛丽亚·特利莎加冕为王之事成了列强诱饵而引发的一场战争。

乔治二世站在玛丽亚·特利莎这一边，1743年在拜恩州击退了法国。他是最后一位亲临出征的国王。不要以为他在国民中支持率很高，虽然在病死前他在王位上坐了30多年，但在历史上并没有什么存在感。

第 8 章

Beach

《乔治三世》

威廉·比奇

乔治三世与之前汉诺威家的男儿风格完全不同，除了同样讨厌自己的儿子这点以外，他和他的曾祖父、祖父还有他的父亲，在想法和行动方面可以说截然相反。

一记板球 >>

汉诺威家族的传统（？）就是由于父亲在女性问题上的品行不端，导致继承父业的儿子极度讨厌自己的父亲。在被父亲虐待过的乔治二世和自己的儿子弗雷德里克·路易斯王子之间也关系疏远。乔治二世把儿子一人留在汉诺威，不许他来英国，甚至没有让他参加祖父的葬礼和自己的加冕仪式。不得不说，这样还没有废除嫡子之位也算是奇迹了。

弗雷德里克 21 岁时第一次住进了英国宫廷。因为从 7 岁起就被放任不管，一来到英国，他就开始发泄一直积压在心中的不满和愤怒。他不但和宫廷乐长亨德尔针锋相对，还出版了暴露父母私生活的讽刺书，和反对沃波尔一派联手扰乱政治。他在 29 岁时迎娶了王妃，虽然二人有众多子女，但和他的父亲一样，他也拥有数不清的情人和私生子。因为资金不够，最后，他对政府直接提出要增加王子费用。

就是这样一个连仆人也为之担心，如金钱无底洞般令人束手无策的不良王子，在他 44 岁的一天，被球突然打中头部，就猝然离世了。对于自己的孩子在事故中丧生，乔治二世没有流下一滴眼泪，只是以一场简朴的葬礼埋葬了他（这让人联想起他们的祖先）。

王位继承权落到了弗雷德里克 13 岁儿子的身上，这就是后来的乔治三世。

过于认真以致过犹不及 >>

乔治三世与之前汉诺威家的男儿风格完全不同，除了同样讨厌自己的儿子这点以外（关于这一点我们后面会详述），他和他的曾祖父、祖父还有他的父亲，在想法和行动方面可以说截然相反。

乔治三世不但品行端正，除了王后以外对别的女性不多瞧一眼，而且非常重视家庭。他做事认真，爱看书，喜欢简单朴素的生活，以至于人们把他那种极端的节省看成是德国人的一种小气。吉尔雷在这幅讽刺画中揶揄了国王夫妻的就餐情景——他们喝的是白开水，吃的食物只有鸡蛋和沙拉，没有肉也没有汤。为了减少椅子后背的摩擦，他们在椅背上套了一个破破烂烂的罩子。

即使被这样嘲讽，乔治三世不论在生前还是死后，人气

▶ 詹姆斯·吉尔雷画的乔治三世的讽刺画，1792 年

都很高。他生于英国，长于英国。比起汉诺威，他对英国更有感情，也非常喜欢庭院作业——这个英国人特有的兴趣爱好。他拥有三个私人农场，在森林里或者田地里散步时会和平民百姓亲切地打招呼。大家给他取了一个亲民的外号——“农民乔治”。

到他加冕为王之前近十年的王子生活中，母亲严格地让他学习了帝王之术。德国贵族出身的母亲让儿子不要只做一个对首相言听计从的摆饰国王，要成为过去那种强大的绝对君主，提升被轻视的王室权威，把国家政治重新夺回自己的手中，恢复因战费而陷于疲态的国力——这些是母子二人共同的目标。因此，他又得到了另一个外号——“爱国国王”。

他在22岁时戴上王冠，在议会上发表了名为《我作为一名英国人感到无比自豪》的演说，赢得了大家的喝彩。可不久，大臣们因这位新国王和身边的亲信们开始慢慢介入政治而感觉棘手，他们无法忍受经过半个世纪终于稳定下来的责任内阁制又变回国王的直接统治。他们觉得，即便这位年轻国王的使命感和责任感如此强烈，但他和他身边的亲信

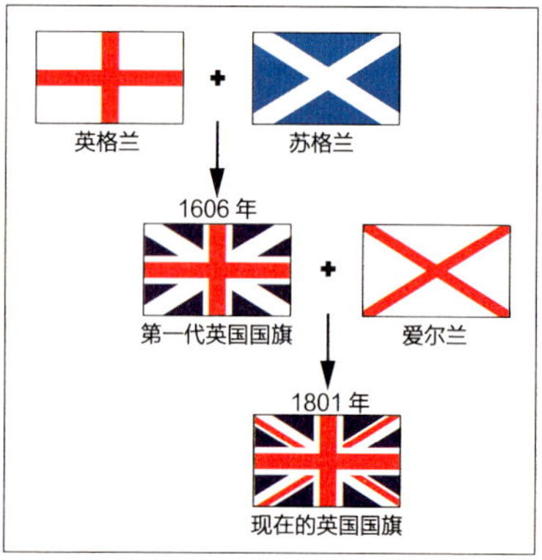

英国米字旗的构成经过

们，都没有太强的政治能力。

乔治三世积极处理朝政将近二十年。在他“爱国心”的驱使下，为了让英国变得更加富有，他在北美十三州的殖民地上增加新税，严厉征收，此举影响到了后来的美国独立战争。受到众人批判的国王不得不任命能谋善断的小皮特（与他的父亲威廉·皮特同名）为首相，以此来推进议会。从此，国家实权又落回议会手中。

虽然如此，乔治三世的统治依然延续了下去。与此同时，他还一直和病痛做着斗争。

苦难重重的私生活 >>

历经六十年的乔治三世时代，经历了美国独立战争、法国大革命、拿破仑战争等动荡期。另一方面，这段时间英国通过贩卖奴隶这种三角贸易的方式集聚了巨大财富，推进了产业革命，也是一个富国强兵时期。这是“大不列颠及北爱尔兰联合王国”开始逐渐形成的时期。

当时，法国路易十六和玛丽·安托瓦内特被处刑；在瑞典，古斯塔夫三世被暗杀；在西班牙，波旁王朝卡洛斯四世夫妻亡命天涯。与他们相比，英国王室稳如磐石，成了那些亡命贵族的避难所。

然而，发生在乔治三世的弟妹和子女们身上的苦难却接连不断。乔治有一个姐姐、三个妹妹、四个弟弟，其中两个弟弟偷偷地和平民结了婚，这对王室来说可是一件大事。因为他们和对方所生的孩子是不被王室所承认的，那样王位继承人的数量就会减少。于是乔治在1772年宣布施行王室婚姻法，法令中规定不满25岁的王族成员结婚必须得到国王的批准。

比他小13岁的妹妹——卡罗琳也给他带来了不少麻烦。乔治把她嫁给了克里斯蒂安七世当丹麦王后。在她出嫁六年之后的1772年，卡罗琳作为“丹麦王室最大丑闻”的当事者震惊欧洲。她和德国宫廷医生施特林泽不但有了感情，还生下了孩子。施特林泽取代无能的国王，开始进行独裁统治，不久之后就被反对派逮捕，被大卸八块，而这位公主也被抓到克伦堡城（别名为哈姆雷特城）幽禁了起来。

乔治三世出面调停，虽然把妹妹从丹麦接了出来，却无法接回英国，最后把她安排在汉诺威领地的城堡中，给她安排了侍女，让她安稳度过余生。卡罗琳·马蒂尔德之后也没活几年，23岁就在寂寞中香消玉殒了。

乔治三世的结婚对象并非英国人，而是跟历代国王一样，娶了一位德国女性。这位王后和乔治的母亲一样对政治从不插嘴，像所有从音乐之国来的人那样喜欢弹奏歌唱。在音乐方面，她师从大巴赫的儿子约翰·克里斯蒂安·巴赫。夫妇二人在私人会馆的白金汉屋（后来的白金汉宫）里邀请过少年莫扎特，还为他举办过演奏会。

▶《卡罗琳·马蒂尔德》，弗朗西斯·考茨，年份不详

这对关系和睦的夫妻一共生育了15个孩子，但不断有孩子给他们制造麻烦。在一丝不苟的父王的严格教育下，以及同样为人端正的母亲的温柔抚育下，也不对，不知是过于严苛还是过于宠溺，他们对孩子的教育可以说一点儿也不成功。其中有三人和平民结了婚，有的参与了受贿事件，有的频繁对人使用暴力，甚至传闻打死过仆人。还有的在花街柳巷里乱交，发生了各种女性问题。不愧是汉诺威家族，各种事件层出不穷。

最惹乔治三世生气的还是王子乔治（之后的乔治四世）。这位王子一开始虽然备受期待，然而自甘堕落、挥霍浪费，渐渐展现出像画中那种不肖子孙的本性，而他受到的斥责越多，反抗心理就越重。在他23岁的时候，和一个比自己大6岁的天主教徒的平民寡妇秘密结婚了。他还真能找到这样一个把所有不利条件都集于一身的女人作为结婚对象。

秘密当然很快就被揭穿，这桩婚姻被取消，因为它本来就是违法的。如之前所述，未满 25 岁的王室成员必须得到国王认可才能结婚。而且，根据《王位继承法》，王室成员禁止与天主教徒成婚（没有一个国民希望重燃血淋淋的宗教战争）。作为王子，他不可能不知道这些规定。这桩婚姻应该是他对父亲的一种嘲讽吧。

这个事件发生之后，王子依然挥霍无度，负债累累。正当他思考如何增加可以任由自己支配的金钱时，他的父亲病倒了。当时乔治三世 50 岁，王子以为父王已经人事不知，想靠摄政把政治和钱财都弄到自己手上来，他向议会提出了摄政方案。不过，出人意料的是，乔治三世很快就恢复了健康，并得知儿子竟然希望自己早点儿死。

就像之前所有汉诺威家族的父子命定互相憎恨一样，这两个人的关系也在这次事件后彻底决裂了。

不治之症 >>

在汉诺威家族中有高度责任感且品行端正、热心于工作的王室成员中，乔治三世是第一人。也许正因此，他的肉体和精神都受到了不良影响吧——一旦发生状况，他会发自内心地烦恼该如何运用自己的力量来解决问题，这种过大的压力无休无止地侵蚀着他的身体。在政治或家族问题上发生重大变故，让他感到巨大压力时，他的病会毫无征兆地发作。

1764 年，他 26 岁时，在宫廷内第一次有人看到他疾病发作。他大叫着胡说八道，陷入了一种错乱状态，把身边的人吓得手忙脚乱。幸好他不久就恢复了常态，让人们以为他只是做了一场白日梦，觉得有些古怪而已。在这之后很长一段时间，他都没有再发作，众人渐渐忘记了这件事。

然而到了中年，这位国王又开始被各种幻觉和强迫症困扰。1783年美国独立那年的发作，他将近花了一年时间才恢复过来。而1788年那场至今为止从未有过的大发作，让人们以为这一次国王肯定好不起来了（王子策划摄政就是在这个时候）。

如今基本可以认定，当时这位国王患的是遗传性的血液病——急性卟啉症，它是由于红细胞的异常而引起的神经系统及腹部的病变。虽然是周期性发作，但病状因人而异。轻度的会头痛、腹痛、对光过敏等，重度的话，就会产生幻觉、失眠、忧郁、严重腹泻、疯狂，如果病情更加严重，会因呼吸困难而导致死亡。

当时大家并不知道这是一种病，都以为他是被恶魔附身了。乔治三世接受过过度的放血以及鞭刑（为了把恶魔从体内赶出来）等粗暴的治疗方法，导致原本就憔悴不堪的身心变得更加虚弱，之后还是不断有些小发作。直到1810年他疼爱的小女儿在和平民结婚后又因病离世，这成了他发病的导火索，之后直到82岁离世之前的10年时间，他对外界

描绘独立战争的《康华利爵士投降》，约翰·特朗布尔，1820 年

毫无意识。

乔治三世的病情对外一直保密，深深印刻在人们心目中的依然是这位国王在田野及农田里悠然漫步的形象。威廉·比奇所画的那个从马上跃下伫立着的，还是那个虽然穿着军装却让人感觉无比亲切的爱国国王及农民乔治的形象。

▶《乔治三世》，威廉·比奇，1799—1800年，画布油画，国家肖像美术馆，233.7厘米×144.8厘米

第 9 章

Turner

《奴隶船》

威廉·透纳

不详的红色晚霞和覆盖着的厚重白云，预告着风暴即将来临。奴隶的手和脚用铁链绑在一起，无法动弹。大自然的残酷和人类的残酷一起，如同一幅启示录般的地狱之画。

放荡儿子欺负妻子 >>

在伦敦观光时，一定会有一个参观高级购物街“摄政街”的项目，这条街道就和乔治四世的摄政时代有关。他的父亲乔治三世在1811年已经完全不能料理政务，将近50岁的乔治四世终于可以正式摄政。他干劲十足地着手市内大改造，摄政街和摄政公园等都由此得名。

这位王子，就如我们在前面一章介绍过的那样，在摄政前完全是一个“不孝子”的形象，在女性和玩乐上大肆挥霍金钱。31岁的时候，他以免除自己所有借款为条件同意了结婚。结婚对象是他父亲姐姐的女儿——德国的不伦瑞克·沃芬比特侯爵的女儿卡罗琳。因为这位王子讨厌父亲，所以恶其余胥，当他第一眼见到这位比他小六岁的表妹时，就非常厌恶她，理由是她又矮又不漂亮，打扮土气，更重要的是受不了她的体臭。当然这只是王子的一面之词，因为首先他根本就没有资格这么说别人。

让我们来比较一下描绘乔治四世的两幅画。

全身肖像画《乔治四世》是人气画家托马斯·劳伦斯的作品。画中的王子一身华丽服装，充满朝气，一副花花公子的派头，连发型也经过刻意修饰，不同寻常。而在另一幅讽刺画中，让人完全不敢相信他们是同一个人。这幅画中的王子头上戴着洛可可风的灰色假发，两腮涂得艳红，暴饮暴食让他成了一个大肉墩。他吊儿郎当地坐在椅子上，像吸烟一样嘴里含着一把叉子，西装背心上只有一个纽扣好不容易扣着，感觉打个哈欠就会崩掉。

大家一定会以为这是一个人过四十后惨不忍睹的例子吧，曾经英姿飒爽的王子随着时光变迁慢慢变得肥胖，曾经的容颜变成了画中的那副尊容。其实不然，两幅画的创作年份写得一清二楚，讽刺画上的那个胖子是在他 30 岁结婚前，而肖像画上那个威武勇猛的男人其实已经 54 岁了！

是他减肥有成效了吗？

非也。王子的肥胖程度在他一生中一直不断增加，他 30 多岁时就已经超过了 100 公斤（据说他最后的体重达到了将近 200 公斤）。也就是说，这幅画完全是靠画家的技术美化了他，美化程度不要说 30%，几乎是翻了一倍。劳伦

▶《乔治四世》，托马斯·劳伦斯，1816 年

▶ 詹姆斯·吉尔雷所画的乔治四世讽刺画，1792 年

斯原本就是一个凭借翻天覆地的粉饰效果来博人气的画家，在这幅画中，他在提升王子的形象上还是花了很多心思的。为了让乔治四世的脸显得小一些，画家特意将他的脖子画长，达到瘦长身形的效果。乔治四世的一只手插在腰上展开斗篷，起到了模糊体形的作用。

那时照相机还未发明，如果凭这样的肖像画来想象本人，见到真人时你一定会大吃一惊。新娘卡罗琳当时一定也是那样吧，也许她就是没有隐藏好自己的震惊和失望之色。虽然这位卡罗琳和一个世纪之前的那位聪慧夫人——乔治二世的王后卡罗琳（第7章）名字相同，但这一位明显欠缺操控渣男老公的能力。

虽然夫妇二人都对对方期待幻灭，不过在造人这件王族大事上还是尽心尽力的。但他们的女儿出生后，王子就对王后极尽虐待，不再同床共枕，在公共场合对王妃所说的污言秽语让旁人都不忍听下去，而且隔绝母女不让二人相见，让女儿生活在自己的情人身边。虽然国民都同情这位王妃，不过王子早已经习惯了自己不受国民爱戴的事实，所以对此毫不介意。

戴冠丑闻 >>

拿破仑战争结束后，大陆地区终于恢复了平静。忍受了15年孤独生活的卡罗琳，离开了没有自己一席之地的英国，四处漂泊。她度过了六年的漂泊生活，后来得知女儿结婚，翌年因褥热突然离世，公公乔治三世去世，还有丈夫乔治四世即位后，立即向议会提出离婚申请并要求获得通过。

卡罗琳立即从定居的意大利急速赶回伦敦，但是乔治四世拒绝和她见面。他直接以妻子不贞为由让贵族院通过他们的离婚案。这时，大众对卡罗琳的同情言论更加沸腾了，原本这位新国王对自己的婚姻就完全不忠，他对她的所作所为让人们想起了汉诺威家族的祖先乔治一世对索菲亚·多萝西娅王后的残酷折磨，看来同样的事情还会发生。因众怒难犯，下议院否决了乔治四世提出的离婚申请。他们没能离婚。

这一切让乔治四世又想出了另外一个坏主意。第二年在威斯敏斯特大教堂举行加冕仪式时，他没有让王后出席。卡罗琳为了行使自己的正当权利赶往大教堂，但受到了实权阻拦的侮辱。不知是打击过大还是发生了什么阴谋，总之不到一个月，王后就突然去世了。王室对外宣称是她得了腹膜炎，但大家并不相信。

国民对这位乔治四世的嫌恶也和他的体重一样直线上升，而这次戴冠仪式更让议会与他的关系变得疏远。像他这般待人不公又残酷的男人，如果像曾经的国王那样掌握了绝对权力，估计会随心所欲、毫不犹豫地就把王后给处死了吧。幸好这不是在亨利八世时代。

历代汉诺威王朝的国王基本都没能过多参与政治，大概是为了一泄心中忧愤，所以他们不断制造丑闻。从某种意义上来说，他们也成了大众娱乐的源头。（如今也是？）

不过，乔治四世在自己的兴趣范围内，倒给世界留下了庞大的遗产，比如之前提及的摄政街。他在修缮上的兴趣让他不惜金钱，他把父王生前那个窄小雅致的白金汉私人官邸改造成了威风凛凛的宫殿（不过在他生前未能完工，所以乔治本人未曾使用），还改造了温莎城堡及海德公园等建筑。乔治四世作为风雅的实践者，并为了证明自己在艺术上的高深造诣，收集了大量艺术品放在自己的美术馆里，还把父王

▶《卡罗琳王后的裁判》，乔治・海特，1820—1823 年

的藏书捐赠给了大英博物馆，并开设了图书馆，没有特殊情况都可以对外开放。

乔治四世在服装上的趣味使他在苏格兰获得了很高的人气。当他加冕后第 ·次访问苏格兰时，在乔治一世和二世时发生的“詹姆士党人之乱”（第 7 章）之后，苏格兰的民族服装——“苏格兰短裙”（用格子花纹的布像裙子一样绕着腰裹起来）一直被禁止穿戴。而乔治四世却把他们的民族服装穿戴整齐参加了典礼，这个举动获得了苏格兰人民的喝彩。可以说乔治四世很有男人气概地风光了一把，当然，他如啤酒桶般的身材肯定需要大量布匹。

他在王位宝座上坐了10年之久（算上摄政期将近执政20年），一直都没有再婚。他和卡罗琳离婚后，也许也想过再娶一个能给他生下继承人的年轻王后，但经过那样的骚乱之后，国民不会同意，议会也不会承认。关于这一点，他心里还是很清楚的。他的晚年是和他的情人（这之前应该有几十人了吧）在他永不衰退的食欲下平静度过的。他在67岁时因病离世，死因是胃部出血。

王冠到了他弟弟威廉四世的手里。

汉诺威家族的四位乔治一共历经100多年，这个时期有时也被叫作“乔治王时代”。议会不断限制国王的权力，最后国王成了一个象征性的存在。而在这个过程中，英国这个国家急速成长，经过了农业革命和工业革命而成为世界霸主。他们不断积累财富，滋润了王室，让他们可以尽情享受奢侈的生活。

乔治四世的奢靡程度与玛丽·安托瓦内特不可同日而语。但和在断头台上结束一生的玛丽·安托瓦内特相比，虽然乔治四世到死一直被人诟病，但最后离世时却是平静的。那是由于英法经济状况的不同导致的。乔治四世一直积极庇护因法国大革命而逃到英国的亡命贵族。

奴隶制废止法令 >>

威廉·透纳出生于乔治三世时代。作为英国风景画的代表画家，他经历了乔治四世、威廉四世和维多利亚女王时代。

▶ 威廉·透纳的自画像

《奴隶船》的原名是《奴隶船：奴隶贩子把死者和垂死之人丢入海洋》，是透纳60多岁时的一幅作品。虽然它画于维多利亚女王时代，但题材是取自发生在乔治三世时代的“‘桑格号’事件”。

当时在货船“桑格号”的船底挤满了440个黑人奴隶。传染病暴发后，置身于恶劣环境中的奴隶们接二连三地被感染。船长害怕最后全体人员都被感染，就把将近140个死者和病人扔进了海里，锁链还系在他们身上，而且有一大半还是活着的。不但如此，船长还向保险公司申请对这些“货物”要求损失赔偿。这件事最后闹上了法庭（初审时胜诉，最终败诉）。

这幅画具有透纳一贯的宏大场面。不详的红色晚霞和覆盖着的厚重白云，预告着风暴即将来临。画面的左边已经开始掀起巨浪，船只被巨浪打得东倒西歪，人们已将所有船帆从桅杆上降下，准备迎接暴风雨。画中的景物乍看上去虽模糊不清，但定睛细看，细节就会渐渐明晰起来。在前景右边可以看到有一条套着锁链的褐色的腿。数不清的鱼和鸟，成群结队地围攻啄食着依然活着的人。在画面的左边，从海中伸出好多只求救的手臂。奴隶商人为了防止奴隶逃走，在运输途中把奴隶分成二人一组，把他们的手和脚用铁链绑在一起，让他们无法动弹。因此，奴隶们根本无法游泳。大自然的残酷和人类的残酷一起，如同一幅启示录般的地狱之画。

说到黑人奴隶，大家都会如同条件反射般先想到美国，那只是在能看到的地方，奴隶们在无情的鞭打下，挣扎喘息于重度的体力劳动中。但实际上，作为贩卖奴隶的中心国家，获利最大的还是英国，但基本上他们并不在自己的国家把黑人当作劳动力，所以一般的英国人对奴隶制度的感觉是迟钝的。

根据 B. 爱德华的研究，1791 年，非洲海岸上有 40 多家欧洲诸国的代理店，其中英国就拥有 14 家。英国买卖奴隶的数量最多，仅一年间就买卖 3.8 万人。据说第二位是法国，2 万人；第三位是葡萄牙，1 万人；第四位是荷兰，4000 人。黑人奴隶在这场三角贸易中只是作为“商品”，就像在“桑格号”事件中大家知道的那样，他们是不被当作人计算的。

英国在 17 世纪加入奴隶贸易，伴随着砂糖需要的增大渐渐扩大贸易范围，在 18 世纪开始了三角贸易。这也是从合理性诞生的需求。船只从加勒比诸岛运来砂糖及烟草，与其空船而归，不如再装上一些货发出，这样也不显浪费。于是从英国运出武器，卖给非洲西海岸捕抓奴隶的部族；而部族从当地廉价购得奴隶，让他们乘上船，再把他们高价卖给加勒比诸岛的庄园主。三角贸易就这样形成了。从奴隶贸易

《奴隶船》，威廉·透纳，1840年，帆布油画，波士顿美术馆，90.8厘米×122.6厘米

中压榨而得的巨大利益，推进了工业革命。

对于现代人来说，这一切真是太可怕了。不对，18世纪的一些英国人也同样觉得这件事非常恐怖。通过他们不间断的运动，在威廉四世时代的1833年，《废除奴隶制法案》颁布。这个法案不但在英国本土，而且在包括西亚等所有的英国领地上一起实行。这个法案的实行一共历时五年，其间经过了王室的世代交替。

威廉四世即位时已经65岁高龄，只治理了国家7年。最后，他低调而无甚存在感地离开了这个世界。

英国终于又迎来了女王时代。

第10章

Winterhalter

《维多利亚的家族》

弗朗兹·温特哈尔特

维多利亚女王在人们心目中的形象是“被爱着的妻子”“温柔的母亲”，当年伊丽莎白一世，也有着超越一切的存在感。而维多利亚与她相比又有何不同呢？

恋父情结？>>

幸运女神直奔维多利亚。和300年前的伊丽莎白一世一样，维多利亚成为女王的概率本来也是极低的，不对，应该说原本她出生于世的可能性都很小。

她的父亲爱德华只不过是乔治三世的第四个儿子，因为和王冠无缘，所以也拒绝政治联姻，一直享受着和情人的安逸生活，活到50多岁。然而，长兄乔治四世、第二个哥哥、第三个哥哥（后来的威廉四世）虽然有数不清的私生子，但都没有嫡出的儿子。王座慢慢进入了他的视野，他急急忙忙从德国迎来了妻子，开始努力造人。

就是在这样的背景下，维多利亚出生了。就像红海在摩西的眼前一分为二，在海底出现了一条光明大道一样，遮挡在维多利亚眼前的障碍被一扫而光。爱德华呢？他在即位之

▶《四岁左右的维多利亚女王》，斯蒂芬·坡因兹·丹宁，1823 年

前突然病死了，当时女儿维多利亚刚出生 8 个月。

如果爱德华继承王位，并在那个位置上一直活到很老的话，一切又会如何呢？是否会像汉诺威家族的负面传统那样，也会发生父王和继承者之间互相憎恨的事情？或者这次因为是父王和女儿，情况会有所不同？不管怎样，维多利亚在自己的记忆中大大美化了那位早亡的父亲。这件事——之后我们会在书中详述——也许才让她对首相梅尔本子爵产生了超出常规的倾慕之情吧。

维多利亚 18 岁即位，是汉诺威王朝的第一位女王。因为之前的男性国王们放荡不羁，全国为这位冰清玉洁的年轻女王的诞生而欢呼雀跃。虽然维多利亚算不上是一位美女，但当时她的身上自有一种稚气可爱的少女气质。从她 4 岁的肖像画中可以推测出，这位女王身材非常娇小，即使穿了高跟鞋可以一定程度模糊身高，但身高最多也只有一米五左右，任谁见了这位我见犹怜的年轻女王都会心生支持之意。

但维多利亚的身心绝不像她表面那么柔弱，她精力充沛，身体健康（众所周知，她出生后曾被扮成过“矮胖子”[①]了）。她作为未来的君王被抚育长大，有觉悟，有实务能力，也喜欢处理文件方面的工作。在她即位后，大家发现

① 矮胖子（Humpty Dumpty），是《鹅妈妈童谣》中的一个人物。——译者注

▶《维多利亚女王的戴冠仪式》，乔治·海特，1838 年

她性格方面有洁癖，做事很有条理，也有浪漫的一面。她登基后做的第一件事就是和自己的母亲斩断关系。她母亲因为自己的女儿成了女王，为了满足自己和侍从（貌似是情人）的权力欲望，滥用权力，胡乱发号施令。维多利亚之前一直和母亲同床共枕，但即位后不顾母亲的意见与她渐渐疏远，旗帜鲜明地表明了自己的独立。之后，她还用女王可以自由支配的收入，立即还清了父亲欠下的债务。

这时，梅尔本子爵登场了。

他是辉格党成员，当时正值成为首相第二年，虽然已经 58 岁，但依然富有魅力，对异性充满吸引力。他的名字常和诗人拜伦一起出现在文学史上，那是他 30 多岁的事情了。他的妻子卡罗琳（后来与其离婚）和拜伦明目张胆的婚外情在社会上引起了轩然大波。从这点看来，梅尔本的确是个受害者，但他其实也因和别的女性发生关系而被两次起诉，风流韵事不断。这位首相生来英俊，头脑清晰，言谈举止得体，与人交流谈笑风生。维多利亚总是以崇拜的目光望着他，梅尔本成了她政治上的良师，并得到了她的充分信任。

当时在维多利亚的日记及信件中记录的都是梅尔本的事情，若是不知情的人读到这些，一定以为这些赞美之词是出自情人之笔。对于维多利亚而言，梅尔本既是老师又是父亲，还是倾慕对象。这位幸福的女王当时唯一担心的事就是

▶《第二代梅尔本子爵威廉・兰姆》，约翰・派特立吉，1844 年

梅尔本离开宫廷，无法与之再见。然而，两年后，这个担心成了现实。议会选出托利党的皮尔作为新首相，梅尔本提出辞职。

这件事遭到了维多利亚的坚决反对，这让周围惊讶不已。她以抗拒皮尔为她选择的女官为由（“寝室女官事件”），阻止了首相的交替。议会不得已只好让梅尔本内阁又延任两年。这次明显的政治干预让维多利亚的人气一落千丈，人们背后把她叫作“梅尔本夫人”。

多年后，维多利亚自己也意识到了这件事是由于她年轻不懂事导致的，并做了反省，但做得如此明显也暴露了她的依赖本性。虽然梅尔本一直告诫她要遵守“君临而不统治”这条规则，但她并不在意，因为她真的非常害怕失去他。维多利亚对自己的父亲没有什么印象，又与母亲关系疏远，从小就被想利用自己的长辈包围。所以，她常深感孤独，一旦她对谁倾注了爱和信任，就会紧紧抓住对方绝不松手。

所以，反过来说，如果有另外值得信赖、值得爱的人出现的话……这时，阿尔伯特出场了。

王位和美德的结合 >>

年轻的女王需要一位丈夫，这位丈夫可以在政治上影响她，女王也将对他言听计从——各国君主这么想也是理所当然。维多利亚当然早就意识到了这一点，在这方面的戒备从没有松懈过。所以当她的舅舅、比利时国王利奥波德一世强烈推荐萨克森·科堡·哥达公爵家的阿尔伯特时，虽然他们之前也有信件往来，但维多利亚一直推推拖拖不肯与之见面。他是维多利亚母亲的哥哥的第二个儿子，也就是她的表弟。他们在数年之前只见过一次面，那时的阿尔伯特还无法与梅尔本相提并论。

1839 年秋，等得不耐烦的比利时国王带着阿尔伯特直接来到了白金汉宫。这一次，维多利亚对阿尔伯特一见钟情，因为此时的阿尔伯特已经长成了一位翩翩公子。这时维多利亚意识到梅尔本已经越来越老，而且永远不可能和她结婚。而阿尔伯特与自己一样，都是21岁，一旦结婚，他们就可以从早到晚在一起，他们的子孙可以继承她的王朝。尽管这也算是一场典型的政治联姻，但在这两个年轻人中间，爱情之花毫无疑问已经绽放。

阿尔伯特的英语不熟练，维多利亚和他用德语交流。二人的性格都是认真而勤勉，在想法和音乐的趣味上也有共同点，所以在一起有很多共同语言。维多利亚主动向阿尔伯特求婚，仅4个月后就举行了婚礼。当时维多利亚穿着一身纯白色的丝绸衣裙，据说就是从那时开始，新娘的嫁衣固定为纯白色。他们开始了无比幸福的夫妻生活，人们都希望能够像他们一样幸福。

维多利亚从心底爱着阿尔伯特，有时也会和他商谈政治上的事。但是她并不准备和他分享公务，因为那是她一个人的领地。维多利亚从少女时代起就非常讨厌别人侵犯她的权力，在这点上甚至有些神经质。阿尔伯特在这方面还是很能理解她的。从这点上来说，比利时国王可以说是打错了算盘。

实际上，阿尔伯特——和玛丽娅·特利莎女王的贤明丈夫一样——并不是一个热衷于政治的人。他以王室经济方面的工作为己任，彻底取消了宫廷中各项无用的开销，显示了他优秀的财政能力。1851 年，他充分利用自己在学术和艺术上的才华，在伦敦成功举办了首届世界博览会。5 个月间，总共有 600 多万人到场，让全世界见识了英国的繁荣昌盛。

但比起这些，阿尔伯特最大的功绩还是成了维多利亚精神上的一剂安定剂。他和维多利亚有 9 个孩子，他很爱自己的妻子，在外面也没有情人（在王室中几乎没有这样的先例）。他把德国装饰圣诞树的风俗习惯带入了英国。多亏在民间流传着的许多照片及版画，我们可以看到他们当时在客厅里装扮圣诞树、幸福地庆祝节日的情景。他们浪漫地从恋爱到结婚，又组织了一个理想家庭——把并非童话故事而是现实的一切展现给国民。人们看到女王夫妇，相信了利

《水晶宫（伦敦世界博览会）》，路易・哈弗，1851 年

顿·斯特雷奇所说的“王位和美德的结合”这句话。这对于维多利亚王朝时代的一切，有着超乎想象的决定性意义。

这对夫妻在钱财上没有穷奢极侈，也不热衷于各种衣装打扮，一见之下也许有人会觉得连王侯贵族都比不上，最多比中产阶级强一点儿，当然实际并非如此。然而，这对夫妻以这样的身份已经算是过得非常朴实稳重了。维多利亚的人气，就是在有了阿尔伯特这位丈夫之后得到了确立。她开始公平对待两大政党，议会和王室之间的不睦关系也渐渐得到修复。

维多利亚女王在人们心目中的形象是“被爱着的妻子”“温柔的母亲”。当年伊丽莎白一世，也有着超越一切的存在感。而维多利亚与她相比又有何不同呢？

女王在位期间的繁荣 >>

在英国有一种说法：只要是女王在位期间，国家就会变得繁荣。维多利亚女王简直就是子孙满堂。

让我们来看看《维多利亚的家族》这幅画。结婚6年时，维多利亚已经有了5个孩子。从左开始分别是穿着女娃娃衣服的二儿子阿尔弗雷德、长子爱德华（后来的爱德华七世）、维多利亚女王、丈夫阿尔伯特、二女儿爱丽丝、出生不久的三女儿海伦娜和大女儿维多利亚（之后她又生了二男二女）。

画这幅肖像画的是德国人温特哈尔特。他是各国宫廷非常受欢迎的人气画家，他画的伊莎贝拉王后以及尤金妮娅王后的肖像画都非常有名。维多利亚非常喜欢这幅画。在这幅画中，画家对维多利亚进行了相当程度的美化，那时的她应

《维多利亚的家族》，弗朗兹·温特哈尔特，1846年，画布油画，王室收藏，250.5厘米×317.3厘米

该已经在为自己的肥胖而烦恼不堪了。

维多利亚的另一个外号是“欧洲的祖母”，因为她把她的女儿们送到了欧洲各国王室做王后，又从欧洲各国的王室中为自己的儿子选了妻子。她一共有 40 个孙子（女）、37 个曾孙子（女），她的血脉像网一样在欧洲王室中铺散开来。她第一次真正当外祖母是在她的大女儿生下孩子时，那时她只有 39 岁，据说她当时非常震惊（不震惊才怪）。

让我们来看看她和哪些大国结下了姻亲：她的大女儿维多利亚做了德国国王腓特烈三世的王后，长子爱德华的王后是丹麦公主亚历山德拉（俄国罗曼诺夫王朝沙皇亚历山大三世的皇后达格玛的姐姐），孙子（女）里有德国国王威廉二世、罗曼诺夫王朝沙皇尼古拉二世的皇后阿里克丝，还有瑞士王后、挪威王后、西班牙王后、希腊王后。维多利亚真是荣光至上。这就是所谓的有钱人和有钱人结婚就是锦上添花，而穷人与穷人结婚就只能……

但是，有光的地方就会有阴影。就像狄更斯笔下真实记录的那样，一边是贵族和新兴的中产阶级不断积聚地位和财富，一边是平民的生活越来越可怜。不，应该说现实远远超过了小说。在《开膛手杰克》中，杰克在贫民区徘徊，残忍杀害妓女后逃之夭夭。这场连环猎奇杀人案的犯罪嫌疑人之一就是维多利亚的孙子克拉伦斯公爵。由此可见，那个时代

▶ 这幅名为《告别英国》的画中画着一对贫穷的夫妻从英国去往澳大利亚，福特·布朗，1852—1855 年

具有两面性。

另一个问题就是血友病。维多利亚是这种病的基因携带者，她通过她的孩子、孙子（女）和曾孙子（女）们把这种病传给了欧洲各个国家的王室和最高贵族们。很多人都知道罗曼诺夫家族的根绝，有一个原因就是最后的王子是血友病患者（请参考拙作《王朝物语　12 幅名画里的罗曼诺夫王朝》)。

维多利亚在位一共 64 年，在当时的英国史上算是最长的了。这段时间分为光明期和阴影期，治国前半期的光明和后半期的灰暗，界限分明。

第 11 章

Winterhalter

《爱德华王子》

弗朗兹·温特哈尔特

大家一定都以为爱德华王子有着令人羡慕的童年吧，其实不然。阿尔伯特公爵和维多利亚为了让儿子成为一位合格的王位继承人，从小就毫不心慈手软地对他进行斯巴达式教育。

让人期待落空的儿子 >>

站在碧海蓝天的悬崖边，穿着当时刚刚开始流行的海军服，漂亮合身，双手插在口袋里，两脚分开。这个从孩提时代起就具有威风凛凛的气质的少年，就是维多利亚的长子爱德华王子，当时他5岁，也就是后来的爱德华七世。

大家一定都以为爱德华王子有着令人羡慕的童年吧，其实不然。阿尔伯特公爵和维多利亚为了让儿子成为一位合格的王位继承人，在他很小的时候（画这幅画时已经开始了）就给他指定了教导官，并毫不心慈手软地对他进行斯巴达式教育。工作勤恳的双亲只看到了儿子轻佻的一面。也有人说是太过严厉的教育适得其反，引起了王子的逆反心理。谁也说不清是先有蛋再有鸡，还是先有鸡再有蛋。不管如何，爱德华的确爱玩爱喝爱赌博，不过也很有人气，身边总有一群人围绕着他。他也

▶《爱德华王子》，弗朗兹·温特哈尔特，1846 年，画布油画，王室收藏，127.3 厘米 ×88.3 厘米

很有女人缘，据说在他一生中和他有染的女性超过100人。

1861年年末，在校读书的爱德华因品行不良又惹出祸事，在读的剑桥大学向王室投诉。阿尔伯特公爵本来身体就不太好，当时又大病初愈，但他不顾自己身体的虚弱，为了尽父亲之责在严寒中走出家门，等他回到家时已经开始发高烧。阿尔伯特公爵因此在42岁如此年轻的年纪就与世长辞了，王室对外公布的死因是伤寒。

结婚21年后，维多利亚成了有9个孩子的寡妇，无法想象这对于一直依赖着丈夫的维多利亚来说究竟是多么大的打击，她把这一切都归罪于放荡儿子爱德华。爱德华心中也不是没有愧疚感的，但对于母亲把所有的责任都推到自己身上，他还是感到了愤怒。母子关系变得更加恶劣，一直持续到死（汉诺威家族的亲子关系真是代代相传）。

维多利亚的伤心从她的信件和日记中可见一斑。“幸福的人生终结了，这个世界对于我来说已经毫无意义，一个人坐在地板上感到害怕……”她在给嫁到普鲁士的长女的信中有一段话这样写道。她曾经是如何每天祈祷丈夫千万不要走在自己的前面，可惜事与愿违。我们可以看到维多利亚的这种依赖心理，与当年梅尔本首相的时候丝毫未变。

那么，如果再出现一位可以让她依赖的人，又会如何呢……

布朗夫人 >>

葬礼之后，维多利亚整天穿着黑色的丧服，躲在白金汉宫的宫殿深处。她从公众的视线中消失了。第二年的议会开席仪式，她没有出席。不久之后，她就远离了伦敦和温莎，往返于南部怀特岛上阿尔伯特公爵设计的行宫奥斯本宫殿和苏格兰的巴尔莫勒尔堡之间，日夜哀叹。人们对她抱着深深的同情，再次感动于夫妻之间的深厚感情。不过，这只是在一开始。

两年过去了，维多利亚依然走不出阴影，几乎不在任何公众场合露面，即使偶尔现身也依然穿着丧服，挂着镶嵌亡夫肖像的链子，一副愁云惨雾的样子。国民实在受够了这样的女王。如果不工作，那就退位吧，让位给和蔼可亲的年轻的爱德华王子——当时出现了这样的呼声。

更恶劣的情况是，有杂志把维多利亚称为“布朗夫人”。事情是这样的：

在苏格兰高地出生的约翰·布朗，是王室夏天避暑之地巴尔莫勒尔堡的仆人（主要照顾马匹），当然维多利亚和他之前就已相识。但在丈夫过世后的第三年，他们的关系突然变得亲密起来（日记中开始频繁出现约翰·布朗的名字）。维多利亚以高薪让布朗成了自己的随身仆人。之后，她一点儿也不顾及旁人的目光，对布朗宠爱有加，不让他离开自己半步。旁人都甚觉困惑。

毕竟，他们的身份太过悬殊。这个年纪比她小、性格粗野，只会说带有浓重乡音英语的体力劳动者，虽然拥有一双漂亮的眼睛和高大的身材，但他不顾及森严的等级制度，对女王的态度太过随便。在维多利亚的孩子中，尤其是爱德华把这种不快明显地表现在了脸上。但对于维多利亚来说，正是布朗的这种态度让她觉得开心，可以缓解她心中的抑郁之情。渐渐地，笑容又回到了女王的脸上，她开始在苏格兰巡幸。每一次，布朗都作为管家在旁伺候，也难怪会被人说闲话了。

《巴尔莫勒尔堡的维多利亚》，就描绘了这样一个画面。46 岁的维多利亚依然穿着丧服，连骑的马也是黑色的。39 岁的布朗抓着马辔近身在旁，也是一身黑色。这也是维多利亚的心爱之画，一是因为画了她和布朗的双重肖像，二是在他们脚下的红盒子（定期送来装有内阁重要文件的盒子）表现了女王即使不在伦敦，依然兢兢业业继续工作的形象。

对于维多利亚不常住伦敦的指责越来越多，加上爱德华的不良品行被揭发，大家认为与其王位交替，不如就此废除王室政权改为共和制，大家感到时机已经成熟。而拯救这个局面的，从某个意义上来说，是已故的阿尔伯特公爵。

《巴尔莫勒尔堡的维多利亚》，埃德温·兰西尔，1865年

复活 >>

1871 年，一向身体强壮的爱德华因伤寒倒下了，他差点儿和他的父亲一样陷入病危状态，维多利亚也赶回来照顾病重的儿子。但不可思议的事情发生了，爱德华在他父亲忌日的那天突然痊愈了。

一落千丈的王室人气，因为这个“奇迹”（或许是能干的首相迪斯累里细致的“剧情”安排）满血复活。当初叫嚣着要废除王政的人，现在是一片女王万岁、王子万岁的呼声。第二年，即 1872 年，在圣保罗大教堂举办的庆祝王子病愈的纪念礼拜上，维多利亚恢复公务，现身了。对于很久未听到的欢呼声，女王本人也并不是不享受的。

回到伦敦以后，布朗依然日夜陪伴在女王身边，维多利亚的精神一直处于安定状态。有一次，暴徒袭击宫廷马车，布朗身先士卒保护了女王，他的勇敢的确让人不得不佩服。他不但得到了女王的特别奖赏，还获得骑士之下的Esquire[①] 称号。维多利亚对他的宠幸越来越明显，她把温莎古堡的部分房间赠予他，供他私人使用，还在奥斯本宫里放了他的上身雕像。虽然传闻并不如之前那么沸沸扬扬，但一直有人交头接耳说其实女王已经和布朗秘密结婚了。

布朗在 56 岁时因丹毒[②] 而病死。维多利亚在温莎古堡为他举行了葬礼，并邀请王族成员列席参加，不过大部分都以各种借口而并未出席。不久之后，她又扬言要亲自执笔写下对布朗的思念并作为刊物发行，此举因遭到激烈反对而作罢。不过，温莎古堡的布朗卧室和阿尔伯特公爵的私人卧室一样，一直保持着他生前的样子。

维多利亚在她 70 岁的日记中频繁出现“我孤独一人”的词句，可见虽然她子孙满堂，身边到处都是友人和仆从，却在孤独中备感痛苦。对于真性情的维多利亚来说，始终需要一个外貌俊朗、可以依靠的男性陪伴在她身边，可惜那第四个人再也没有出现。

布朗真的是给予维多利亚身心慰藉的情人吗？

这种可能性还真不小。有大臣证明说，维多利亚曾在遗

① Esquire，中世纪欧洲见习骑士的意思。——译者注

② 丹毒是一种发生于皮肤和黏膜网状淋巴管的急性炎症。——译者注

言中说让人把布朗的遗物悄悄放入她的棺材里，但遭到即位的新国王爱德华的强烈反对。他不但把母亲保留的布朗照片统统处理了，毁坏了母亲让人制作的布朗的上身雕像，把母亲命令不许任何人动的布朗卧室改造成了桌球室，还把母亲与布朗长时间在一起待过的奥斯本宫赐给了海军学校。

对于爱德华来说，不管母亲自诩生性多么浪漫，他只感到了她的虚伪。她责备儿子玩弄女人，自己不正做着同样的事情吗？这正是维多利亚时代的文化两面性，上面摆出高雅的样子，下面却是藏污纳垢。

一边上流人士觉得说出椅子的“脚”这个词也是一种下流，而另一边，仅是伦敦妓女的数量就达 8 万人，60 家店铺里就有 1 家是妓院（根据 1857 年的统计）。夫妻一边穿着内衣做着生意，一边欣赏着学院派风格的全裸油画。在富人的身旁，就有饿死的贫民。如同上一章提到的，开膛手杰克案件的犯罪嫌疑人正是维多利亚的孙子，也就是爱德华的长子克拉伦斯公爵。在《维多利亚的王室家族》这幅画中，中间是维多利亚，站在她身后的是爱德华，而站在他右边的少年就是克拉伦斯公爵。国民们一边表面上对王族成员们表达着敬意，一边在背后说着他们的坏话。

▶《维多利亚的王室家族》，M.W. 里得雷，1877 年

在 1886 年出版的罗伯特·史蒂芬森的《化身博士》一书中，高尚的杰基尔博士和邪恶的凶手海德为同一人，可以说是直指当时时代核心的一部小说。

英国强权下的世界和平 >>

虽然当时存在着各种矛盾和混沌，但维多利亚时代与英国“空前的繁荣”是联系在一起的，在这一点上应该没有人会提出异议。有人仿照“Pax Romana”（罗马帝国统治下的和平），称呼那个时代为“Pax Britannica”（大英帝国统治下的和平）。英国通过在世界各地扩张殖民地获得巨大财富，这并不是信口胡说，看一下下面这个例子就会明白。

当英国不情愿地结束了奴隶贸易之后，又把目光转向了另外的三角贸易。为了消弭和中国贸易中发生的贸易逆差问题，他们选择把印度生产的鸦片作为奴隶的代替品进行出口贸易。他们拼命把鸦片送往中国（当时的清朝），对方若有抵抗就出兵讨伐（鸦片战争）。尽管英国在野党以“不道德的战争”大加反对通过毒品来削弱他国这种卑劣手段，但梅尔本内阁还是通过了这个决议，而最后批准的就是维多利亚本人。

英国就像当初西班牙的哈布斯堡家族一样，成了一个“日不落帝国”。1886 年处于鼎盛时期的英帝国，在地图上傲视群雄。

相比一个世纪前，英国的领土范围大幅扩大。

萨克森·科堡·哥达王朝开朝鼻祖 >>

据理查德·瓦格纳日记上的记载，他在谒见完维多利亚女王后这样说过："那个蠢女人，为什么始终不让位给她的儿子呢？"

德国的作曲家还是没有这个资格对此说三道四的，不过女王的儿子和瓦格纳的看法是一致的。等了一年又一年，当新世纪 1901 年到来时，讨厌的母亲终于去往天堂。有人说他在母亲的床下放声大哭，也有人说他在葬礼席上大笑祝酒"干杯"，貌似还是后者的可信度更大一些。爱德华七世在年近 60 时终于戴上了期盼已久的王冠，他以父亲阿尔伯特故乡的名字把王朝的名字改成了萨克森·科堡·哥达王朝。

虽然爱德华被称作万年王子，被母亲认为无能而不让其接触政务，但因为他善于社交又灵活，不但游历了欧洲各国，还去过印度、美国、俄国等国，完美地担任起了王室外交的责任。人们奉承他为“和平制造者”。

他的王后是丹麦公主亚历山德拉，以美貌闻名。这次又沿袭了汉诺威家族的传统，国王对王后很是冷淡。亚历山德拉的妹妹达格玛（俄国名字是玛丽亚·费奥多罗夫娜）是罗曼诺夫王朝亚历山大三世的皇后。这两个家族之间亲密的聚会交流，对英俄两国之间关系的建筑起了重大作用。

爱德华和亚历山德拉

维多利亚一直担心在自己死后，那个没出息的儿子若是继承王位，不知英国的未来会变得怎样。由于之前大英强权下的和平社会积存了巨大财富，爱德华七世放荡潇洒地活到了最后，结束了仅 9 年的治世生涯。

直到最后，他身边也不缺情人，他最后的公开情妇也是他最爱的女人，名叫爱丽丝・卡佩露，而她的曾孙女就是当今查尔斯王子曾经的情人、如今的再婚对象卡米拉・鲍尔斯。时代嗖的一下拉近了。

第12章

Ravelli

《白金汉宫的王室成员》

约翰·拉维利

这幅画的背景是白金汉宫，被乔治四世重建之后，从维多利亚女王时代起就作为国王官邸使用。它就像一座城堡一样，一旦发生情况，还可以开启秘密通道。

又是一个让人期待落空的儿子 >>

爱德华七世被自己的母亲认定没有出息，他也断定自己的长子——将来要成为王子的克拉伦斯公爵是个“扶不起来的阿斗”。

关于克拉伦斯公爵，的确有很多并不太好的传闻。在1889年克利夫兰街丑闻（伦敦克利夫兰街上的男妓馆被揭发事件）中，据说他和一名客人发生过口角。当时，男同性恋是犯罪。数年后，就像大家熟知的那样，奥斯卡·王尔德因此被判有罪，服了两年苦役，因此断送了他的文学生命（可惜王尔德没有可以给他撑腰的高贵的祖母和父亲）。

当大家以为又一位没出息的儿子要继承王位之时，克拉伦斯公爵在28岁时突然因肺炎去世。当然，比起这份公告，更多的人相信他是在精神病院里因脑梅毒而死。

于是，王位继承权落到了海军军人出身的二儿子身上。父王在1910年去世后，45岁的乔治五世登上了王位。和他的父亲、哥哥完全不同，他有一种军人气质，谨慎耿直，喜欢搜集邮票（常被人嘲笑是一个上不了台面的兴趣爱好），缺乏幽默感——就是这样一个国王诞生了。但正是他的低调和对待工作一丝不苟的态度，把王室从最大的危机中解救了出来。

不言而喻，这位乔治五世也为了他那个没出息的长子而烦恼不堪。

大战前夜 >>

在《白金汉宫的王室成员》中，画的是加冕为王 3 年后的国王夫妻和他们的长子长女。他们还有 4 个儿子，不过没有被画进去。

这幅画的背景是白金汉宫，被乔治四世重建之后，从维多利亚女王时代起就作为国王官邸使用。在众多奢华的客厅中，这间白色画室尤为优雅。房间以白色和金色为基调，摆放着具有“乔治王时代”（乔治一世到四世）风格的古董家具，墙上挂着好几面超大的穿衣镜。它就像一座城堡一样，一旦发生情况，还可以开启秘密通道。

爱尔兰画家拉维利在日本的知名度不高，他和英国王室关系密切，后来入选皇家艺术学院。他受到了同时代唯美派画家惠斯勒的影响，对房间的描绘与人物周身散发的氛围非

▶《白金汉宫的王室成员》，约翰·拉维利，1913 年，画布油画，英国国家肖像馆，340.3 厘米 ×271.8 厘米

常和谐。在古色古香的背景下，人物的存在感反而显得稀薄，甚至给人一种画在泛黄的黑白照片上的感觉。从高高的屋顶上垂下的枝形吊灯没有一盏是开着的，虽然阳光从右手边的窗子中照射进来，但本应雪白的墙壁仿佛被一种沉重的空气所压迫，在那里一点点沉寂下去。

画中的乔治五世穿着海军提督制服，衣服上隆重地挂着勋章，如同平常一样一本正经，和他的笔挺立领一样摆着一张一丝不苟的脸。他两手放在军刀上保持直立不动的姿势，就是一副严格的一家之长的典型。

他的妻子与他稍稍分开，虽然画中二人并没有站在一起，其实夫妻关系还是不错的（毕竟这位国王一生没有别的情人）。当年维多利亚女王很喜欢王后玛丽那种刚毅的性格，一开始她是克拉伦斯公爵的未婚妻。因为克拉伦斯公爵突然离世，在维多利亚的促使下，她嫁给了克拉伦斯公爵的弟弟。玛丽的母亲是维多利亚女王叔叔的女儿（也就是说她俩是堂姐妹），所以乔治五世夫妻（说起来又是很复杂）二人也是有血缘关系的。

斜靠在王后膝盖上的是他们的长女（他们也只有这么一个女儿）——16 岁的玛丽（和母亲同名）。后来她活了半个多世纪，虽然并不算特别长寿，不过在她的一生中经历过五位国王——祖父爱德华七世、父亲乔治五世、哥哥爱德华八世、弟弟乔治六世和侄女伊丽莎白二世。

这五人中站在画中沙发后面的，就是当时19岁的王子爱德华（后来的爱德华八世）。比起真实年龄，他看上去好像更稚嫩些。根据他后来的自传，他当时受到奶奶的虐待，在学校也常常受欺负。从那时起，他的父王就给他烙上了窝囊废的烙印。画中的他独自茕茕，眼睛不知望向何方。不过话说回来，这位英俊的爱德华很早就开始学会玩女人了。

20多年之后，沃尔特·沙卡特（令人惊讶的是他也是开膛手杰克案件中的一个重大犯罪嫌疑人）画了一幅和爱德华等身大小的肖像画。穿着近卫军第五连队名誉连队长制服的爱德华仿佛身陷丑闻，在保护着自己一样，手里拿着一顶大大的黑色毛皮帽，好像一个大盾牌。他的左臂上绑着黑纱，那时父王乔治五世刚刚去世不久。

据说他的父亲曾在临死之前的床上预言，自己死后，这个儿子也会在一年之内“毁灭”。如果这里所说的“毁灭”指的是从王座上下来的话，那还真是灵验了。爱德华八世为了美国的辛普森夫人“不要江山要美人”，仅做了十几个月国王，就把王位让给了弟弟。但我们若从另外一个角度来看这件事的话，他只是抛下了沉重的公务，逃去恋爱结婚了，过了一段奢侈随意的长寿人生而已。这样其实也很难被称作人生毁灭吧。

▶《爱德华八世》，沃尔特・沙卡特，1936 年

不管如何，在拉维利所画的这幅家族画像中，任谁也想不到后来会发生这样前所未闻的离奇事件吧。而当时可能发生的最恶劣的事态则是——有人要废除王政实现社会主义、殖民地的独立和局部地区引起的经济恶化。愁容满面的乔治五世，也代表着当时王室的忧虑。

“表兄弟之间的战争” >>

1914 年 6 月末，奥匈帝国哈布斯堡家族王储斐迪南夫妇在巴尔干半岛的塞尔维亚遇刺，史称“萨拉热窝事件”。这个事件成了第一次世界大战的导火索，但其实星星之火早就被点燃。

19 世纪下半叶的英国、俄国和奥匈帝国三个大国统治着世界上将近一半的地方，各国之间以一种绝妙的平衡感保持着和平。但新兴的德国以猛烈的势头推进了工业化和军事化，进入新世纪后，复杂的四国局面在平静的水下开始波动。不久之后，德国暴露了从巴尔干向中东进军的野心，各国的利害对立关系渐渐明朗，进入一触即发的形势。作为对德战略，英国与法国、俄国分别签订了协议，而德国为了与之对抗，与意大利和奥匈帝国结成了同盟。这就是萨拉热窝

《萨拉热窝事件》，阿基勒·贝尔特拉梅，1914年

事件发生的背景。

奥匈帝国皇帝弗朗茨·约瑟夫因为王储被杀，故向塞尔维亚宣战。德国的威廉二世旋即表明态度支持奥地利，而俄国的尼古拉二世则站在塞尔维亚一方。各国把敌人的敌人当成己方结成同盟关系，战争瞬时扩大到了世界规模。奥匈帝国、德国、奥斯曼帝国、保加利亚等同盟国对阵俄国、英国、法国、意大利、塞尔维亚、比利时、罗马尼亚、日本、美国等协约国。英国的自治领地——加拿大、澳大利亚、新西兰也加入了战争。

每个国家的君主都以为可以在 5 个月后的圣诞节前结束这场战争，然而飞机、毒气、防御兵器的进化达到了可怕的程度，这场近代战争把普通老百姓都卷入其中，到处堆尸如山，像一场恶作剧般一再延长。战争终于在 4 年后因美国的加入而结束。等一切终了时，哈布斯堡王室、罗曼诺夫王室、奥斯曼王室，还有德帝国（霍亨索伦王室），以及其他弱小的君主国家全部灭亡了（保持中立的瑞典、丹麦、挪威的北欧三国至今仍保有王室）。从狭义上来说，英国的萨克森·科堡·哥达王室其实也不复存在了（关于此点，之后会详述）。

第一次世界大战还有另外一个名字，叫作“表兄弟之间的战争”。当初各国王室原想通过政治联姻，构建血缘关系而避免战争，在几世纪反反复复的近亲通婚中，已经不存在没有血缘关系的敌国了。他们想永远独占财富和地位，当无法再从旁人那里获取时，只好从亲戚中开始争抢。参与第一次世界大战的 4 个国家中，除了天主教的哈布斯堡家族，新教的诸国（英国、德国、俄国）首领都是表兄弟关系。

让我们来看一下尼古拉二世和乔治五世的这幅肖像画。这二人不但样貌和身材相似，连气质都像双胞胎般如出一辙，也难怪据说有时连他们的仆从也会混淆二人。二人的母亲是从丹麦王室嫁出去的一对美人姐妹，而且正如第 10 章中介绍的那样，尼古拉二世的王后是维多利亚女王的孙女，所以毋庸置疑，罗曼诺夫家族诞生时已经有德国血统了。

乔治五世和威廉二世关系也不浅。威廉二世的母亲是维多利亚女王的女儿，他的王后的母亲又是维多利亚女王同母异父的姐姐。乔治五世在第一次世界大战前，还出席了他女儿的结婚仪式。

▶ 尼古拉二世（左）和乔治五世的肖像画

▶ 威廉二世

温莎王室的诞生 >>

四国之一的哈布斯堡家族的老弗朗茨·约瑟夫一直以来被人们神格化，他在第一次世界大战最高潮时，在公务中如熟睡般悄然驾崩了。威廉二世在大战末期，从柏林革命政府手中逃亡荷兰。最悲惨的要数尼古拉二世，被俄国革命的怒涛吞没，被党卫军连同全家一起杀害。

不论受到外界多少责难，乔治五世还是舍弃了两个表兄弟，这应该算是个正确选择。他已经顾不上救助别国国王了，英国正处于君主立宪制的生死存亡时刻。国民对德国的憎恶开始转向外来王朝的萨克森·科堡·哥达家族。不要说汉诺威的称呼，如今王朝的名字也是德国的，大家依然记得维多利亚女王夫妇就是一直用德语交流的。无人不知英国的历代王后都娶自德国，现任王后玛丽就是一个德国人。

这时乔治五世面临着一个苦涩的抉择，在现今的王室，已经不可能无视民意而存活下去了。开战不久，国王舍弃了从父母那里继承的萨克森·科堡·哥达的王朝名称，向公众宣布从今以后使用温莎这个家族名号，这取自伦敦城外作为王室别墅的温莎城堡。乔治五世和国民走得更近了，他大张旗鼓地告知民众，自己是站在民族主义这一边的。

他们也的确言行一致。新温莎一家为了取得战争的胜利，开始四处活动。在战舰出航的港口和军机出发的机场，以及在回归的负伤士兵所在的医院等，都能看到他们造访激励大家的身影，鼓舞征兵的家庭。他们不但将王朝改名，为了抹去宫廷中与德国相关的所有东西，还把曾经授勋给德国人的嘉德勋章也取缔了。总之能让人想到德国的语言、文化都被扫除干净了（就如《潘趣》杂志中所画的乔治五世扫地的讽刺画那样）。他们也封印了玛丽王后有一位德国血统的父亲一事，而常常宣扬她母亲是英国人的事实。在一连串努力之下，温莎家族终于赢得了国民新的敬爱之情。

这位不起眼的乔治五世，面无表情地默默工作，考虑到国民的感情，带领王室闯过了难关，他的政治能力应该获得世人更高的评价。

于是，温莎家族延续至今。乔治五世的不肖长子爱德华八世虽然马上就退位了，但二儿子乔治六世带着英国度过了

▶ 肃清德国一切的乔治五世，取自《潘趣》杂志中的讽刺画

▶ 现在的温莎城堡

第二次世界大战，他的女儿伊丽莎白二世的在位时间超过了之前的维多利亚女王，而且仍在更新纪录中。

哈布斯堡王朝历经近650年，罗曼诺夫王朝历经300多年，波旁王朝历经约250年，那么温莎王朝呢？100年？温莎王朝就是汉诺威王朝，如果不曾改名，那么汉诺威王朝已经历经300多年，它是比罗曼诺夫王朝更长命的一个王朝。

后记 >>

这本书是“王朝物语”系列继哈布斯堡王朝、波旁王朝、罗曼诺夫王朝之后的第四辑。原本我并没有把这套书做成系列的计划，但众多读者提出想了解更多其他王朝的故事，为了满足这些令人喜悦的要求，虽然进展很慢，这个系列还是慢慢增多了起来。

我原来也并没有写英国王室的打算。自都铎王朝以后，他们家族的名字就改变了五次，也许会给人以整个王室被替代的错觉。我一直担心读者是否会误以为这本与之前的三册并不是同一系列。

不过，等大家读完以后就会明白，虽然写的是“王室转换”，但和西班牙哈布斯堡家族绝嗣后由西班牙波旁王朝接手的事例完全不同，都铎、斯图亚特、汉诺威、萨克森·科堡·哥达、温莎——这五个王朝的君主，即使血缘关系很远，但还是相连着的。至少从汉诺威王朝到如今的王朝完全是直系血统，只是家族名字改变了而已。像哈布斯堡及波旁那样传统意识非常强的家族是绝不会轻易改变家族名号的，但英国的王室很轻易，也许是左思右想纠结到最后，当时的君王和议会协商的结果就是通过改变国号来突破困境。英国王室对其他王朝的灭亡如此不屑一顾，他们能存活下来的胜利原因之一就是他们具备这种柔韧性，不，应该说是因为他们具有这样一种强大的力量。

而这个国家君主们的个性，就像故事中的国王一样，真是形形色色。有残虐的绝对君主代表亨利八世，处事老练的处女女王伊丽莎白一世，恶魔研究专家詹姆士一世，在农作业和疯狂之间摇摆不定的乔治三世，还有和所处时代一样具有双面性的维多利亚女王……更令人不可思议的是，大部分君王和将要继承自己王位的孩子之间的关系都是不同寻常的恶劣，不断引起大骚动，不但让自国国民，连周边国家也不断处在震惊之中。

每个王朝的形象也浮现了出来：奥地利哈布斯堡家族“通过婚姻外交像变形虫一样扩大领土”；西班牙哈布斯堡家族“打着日不落之国的旗号，由于反复近亲结婚而绝嗣”；波旁王朝“华丽的宫廷文化和由此招来的法国革命”；罗曼诺夫家族则是“彻底的秘密主义和由农奴制招致的反动发生的俄国革命”；而这次的英国王室则可以说是“历代女王时代带来的繁荣和只需君临无须统治的成功”吧。

希望本书加上之前的三册，能带给大家一段愉快的阅读经历。

和之前一样，这一次也感谢樋口健先生多方面的帮助，借此深表谢意。

中野京子

主要参考文献 >>

《英国的历史》（J. 拜伊洛等，明石书店）

《英国摄政时代的肖像》（C. 埃里克松，Minerva 书房）

《另一个维多利亚时代》（S. 马卡斯，中公文库）

《维多利亚女王》（L. 斯托莱奇，山房百科文库）

《账簿的世界史》（J. 索尔，文艺春秋）

《宗教改革史》（R. 贝因顿，新教出版社）

《乔治王时代的英国》（J. 米诺瓦，白水社）

《伊丽莎白——女王之路》（D. 斯塔基，原书房）

《透纳》（M. 伯凯缪路，Taschen 日本）

《恋爱和奢侈和资本主义》（W. 松巴鲁多，讲谈社学术文库）

《恐怖的城市·伦敦》（S. 琼斯，筑摩文库）

《最底层的人们》（J. 伦敦，岩波文库）

《十七世纪英国的宗教和改革》（C. 西路，法政大学出版局）

《讽刺画解读 18 世纪的英国》（小林章夫等，朝日新闻出版社）

《莎士比亚的时代》（F. 拉洛克，创元社）

《世界历史体系英国史 1~3》（青山吉信、今井宏、村冈健次等编著，山川出版社）

《图解英国历史》（指昭博，河出书房新社）

《英国王室物语》（小林章夫，讲谈社现代新书）

《伦敦塔》（出口保夫，中公新书）

《存在幽灵的英国史》（石原孝哉，集英社新书）

《猎杀魔女》（森岛恒雄，岩波新书）

《大笑着的大英帝国》（富山太佳夫，岩波新书）

《另一个英国史》（小池滋，中公新书）

《伦敦 = 燃烧火焰的世界城市》（见市雅俊，讲坛社选书 Métier）

《英国史上的重要人物 101》（小池滋他编，新书馆）

《英国美术》（高桥裕子，岩波新书）

《危险的世界史》（中野京子，角川文库）

《王朝物语　12 幅名画里的哈布斯堡王朝》（中野京子，光文社新书）

年表 >>

（仅摘录与正文相关的事项）

1066

威廉一世即位。诺曼王朝建立。

1078

威廉一世命令在泰晤士河北岸建造要塞（伦敦塔）。

1154

法国的安茹伯爵亨利，作为亨利二世即位。金雀花王朝建立。

1337

英法百年战争开始。

1453

英法百年战争结束。

1455

玫瑰战争开始（1455—1485）。

1483

爱德华四世去世。爱德华五世即位两个月后被废。理查三世即位。

1485

理查三世战败而亡。

1501

王子亚瑟与阿拉贡的凯瑟琳成婚。

1509

亨利八世即位。与阿拉贡的凯瑟琳成婚。

1534

制定《至尊法案》。英国国教会成立。

1536

安妮·博林被处刑。亨利八世与简·西摩成婚。

1547

亨利八世去世。爱德华六世即位。

1553

爱德华六世去世。玛丽即位。

1554

玛丽一世与西班牙皇太子腓力成婚。

1558

玛丽一世去世。伊丽莎白一世即位。

1567

苏格兰女王玛丽·斯图亚特被废，逃亡英国。

1587

苏格兰女王玛丽·斯图亚特被处刑。

1588

西班牙无敌舰队袭击英国。

1603

伊丽莎白一世去世。詹姆士一世（苏格兰国王詹姆士六世）即位。斯图亚特王朝建立。

1605

发生盖伊·福克斯的火药阴谋事件。

1625

詹姆士一世去世。查理一世即位。

1629

查理一世宣布议会无限期停止。

1642

在国王派和议会派之间发生动乱。

1648

国王派投降，查理一世被捕。

1649

查理一世被处死刑。英国建立共和制。

1660

议会决定复辟王政。查理二世即位。

1665

伦敦鼠疫流行。

1666

伦敦大火。

1685

查理二世去世。弟弟詹姆士二世即位。

1688

荷兰大军登陆。詹姆士二世逃亡法国（光荣革命）。

1689

威廉三世、玛丽二世即位。颁布《权利法案》。

1701

西班牙王位继承战争（1701—1714）。

1702

威廉三世去世。安妮女王即位。

1707

与苏格兰合并。大不列颠王国成立。

1714

安妮女王去世。汉诺威选帝侯乔治作为乔治一世即位。汉诺威王朝成立。

1720

南海泡沫事件。

1727

乔治一世去世。乔治二世即位。

1739

对西班牙战争爆发。

1740

奥地利王位继承战争爆发（1740—1748）。

1745

“詹姆士党人之乱”爆发。

1760

乔治二世去世。乔治三世即位。

1772

颁布王室结婚法。

1775

美国独立战争爆发（1755—1783）。工业革命正式展开。

1788

乔治三世生了一场类似精神障碍的病。

1789

法国大革命爆发。

1810

乔治三世发病，病情恶化。

1811

王子乔治摄政就任。

1815

拿破仑战争结束。

1820

乔治三世去世。乔治四世即位。和卡罗琳王后之间的离婚事件震惊全世界。

1830

乔治四世去世。威廉四世即位。

1833

《废除奴隶制度法案》颁布。

1837

威廉四世去世。维多利亚女王即位。

1840

维多利亚女王和阿尔伯特成婚。

1851

第一届世界博览会开幕（伦敦）。

1861

阿尔伯特因伤寒去世。

1901

维多利亚女王去世。爱德华七世即位。萨克森·科堡·哥达王朝成立。

1910

爱德华七世去世。乔治五世即位。

1914

萨拉热窝事件。第一次世界大战爆发。

1917

把家族名称改为温莎。

1918

第一次世界大战结束。

1936

乔治五世去世。爱德华八世即位，因和已婚的辛普森夫人的关系而退位。弟弟阿尔伯特作为乔治六世即位。

1952

乔治六世去世。伊丽莎白二世即位。

本书选取的画家简介 >>

（按出生年份顺序）

汉斯·荷尔拜因（1497或1498—1543）：出生于德国，作为宫廷画家，受到了亨利八世极大的信赖。代表作品有《在坟墓中死去的基督》《大使们》。

安东尼斯·莫尔（1520—1578？）：出生于荷兰乌特勒支的肖像画家，从意大利去往葡萄牙，给玛丽一世和伊丽莎白公主画过肖像。

艾萨克·奥利弗（1565—1617）：出生于法国鲁昂，后来去往英国，在肖像画和宗教画上名声大噪。代表作品有《查理王子像》。

约翰·迈克尔·赖特（1617—1694）：在巴洛克风格的肖像画方面很有人气，受到查理二世的赞助。代表作品有

《查理二世》《伊丽莎白·克莱波尔》。

威廉·贺加斯（1697—1764）：出生于英国伦敦，洛可可时期的画家，活跃于18世纪的英国画坛。作为版画家，他也创作了许多讽刺作品。

威廉·比奇（1753—1839）：出生于英国的肖像画家。1793年画的夏洛特女王的肖像画被公众认可。

威廉·透纳（1775—1851）：英国风景画家的代表，浪漫主义的巨匠。代表作品有《被拖去解体的战舰无畏号》《雨、蒸汽和速度——西部大铁路》。

保罗·德拉罗什（1797—1856）：出生于法国巴黎，是著名的历史画家。代表作品有《塔中王子》《简·格雷的处刑》。

弗朗兹·温特哈尔特（1805—1873）：出生于德国，之后移居巴黎。法国国王路易·菲利普等众多王侯贵族都向他订购过肖像画，是当时红极一时的画家。

约翰·吉尔伯特（1817—1897）：出生于英国，一边经营不动产，一边自学绘画和版画。1876年成为皇家艺术学院会员。

约翰·埃弗里特·米莱斯（1829—1896）：英国拉斐尔前派的代表画家，代表作品有以小说哈姆雷特的女主角为主题的《奥菲利娅》等。

约翰·拉维利（1856—1941）：苏格兰画家，以银行家及演员的肖像画成名，后被提升为宫廷画家。代表作品有《伊丽莎白二世》《温莎公爵》。